分享经济时代运营管理
理论方法与应用

徐寅峰　徐　琪　郑斐峰　著

科学出版社

北京

内 容 简 介

本书围绕分享经济时代运营管理理论方法与应用的主题，对生产、库存、物流配送等环节的共享制造服务运营管理理论方法进行系统梳理。首先论述共享制造供应链各环节中的运营决策问题，针对具体场景凝练总结出运营管理方法及优化策略；其次，选取共享出行和新零售虚拟试穿技术两个典型的应用实例进行分析，使读者能够深入了解分享经济时代下的平台运营实践管理；最后，从共享技术应用和大数据分析视角进一步拓展讨论分享经济的相关管理理论。

本书可供经济管理相关领域对科学研究感兴趣的高校师生、科研机构研究人员，以及制造服务领域的管理决策人员等阅读。

图书在版编目（CIP）数据

分享经济时代运营管理理论方法与应用/徐寅峰，徐琪，郑斐峰著. —北京：科学出版社，2024.3

ISBN 978-7-03-077525-2

Ⅰ. ①分⋯ Ⅱ. ①徐⋯ ②徐⋯ ③郑⋯ Ⅲ. ①运营管理—研究 Ⅳ. ①F502

中国版本图书馆 CIP 数据核字（2023）第 254399 号

责任编辑：陶　璇/责任校对：贾娜娜
责任印制：张　伟/封面设计：有道设计

科学出版社 出版
北京东黄城根北街 16 号
邮政编码：100717
http://www.sciencep.com

北京中科印刷有限公司印刷
科学出版社发行　各地新华书店经销

*

2024 年 3 月第 一 版　开本：720×1000　1/16
2024 年 3 月第一次印刷　印张：22 1/4
字数：450 000

定价：268.00 元
（如有印装质量问题，我社负责调换）

前　　言

　　数字经济和互联网经济的蓬勃发展，推动分享经济新模式层出不穷，分享经济成为数字经济时代的全新特征之一。分享经济下互联网将海量的碎片化闲置资源有效地整合，满足多样化、个性化的社会和企业需求，促进了全社会的资源配置能力和效率提升。越来越多的企业享受到了分享经济发展带来的便捷和实惠，包括从无形产品到有形产品，从消费产品到生产要素，从个人资源到企业资源，特别是企业闲置的生产要素进入分享的范畴，共享工厂、共享人力资源、共享数据等，为分享经济发展注入了更大的活力。2021年国家信息中心网站发布的数据显示，未来5年，中国分享经济年均增长速度将保持在10%以上，2025年分享经济交易规模将突破5万亿元。

　　本书是以东华大学为依托单位获批的国家自然科学基金重点项目"分享经济环境下企业运营与资源配置理论研究"（71832001）的一个重要研究成果。其主要特色在于顺应分享经济时代发展，结合纺织服装领域中"分享生产能力"、"共享库存"，以及共享出行、区块链等分享经济的具体应用实例，探讨分享制造供应链上下游相关的决策问题。对于供应链的各个决策环节，着重从数学建模、模型分析、最优策略求解、研究结论与管理启示归纳等方面进行严密论述，使本书的研究既具有理论意义，也具有实践应用价值。这里需要指出的是，由于在不同应用场合下可能会使用"分享"与"共享"两个不同措辞，本书从广义层面上认为"分享经济"与"共享经济"二者均是有效利用社会资源的一种新经济形态，在一定程度上都具有资源使用权与拥有权的短暂分离特征，因此在不同章节中会依据使用习惯采用相应的词语。

　　本书共计9章，划分为三部分。上篇基础理论篇包含前5章内容，主要根据制造供应链的不同活动环节，从生产调度、库存、物流配送，以及从供应链整体运营几个方面论述分享经济时代下的制造服务供应链运营管理的基本理论以及决策问题；中篇实践应用篇包含第6、7章，着重探讨网约车运营、虚拟试穿技术在共享经济新零售下的应用等具有代表性的典型实例及其共享平台运营管理。下篇拓展篇包括第8、9章，主要探讨区块链技术在服装供应链中的应用，从大数据视角分析纺织行业的资源分享。本书的整体写作由徐寅峰负责统筹规划，具体各章节内容的写作安排如下：第 1 章由郑斐峰负责撰写，第 2 章由郑斐峰和杨东负责撰写，第 3 章由徐琪负责撰写，第 4 章由王文杰负责撰写，第 5 章由周建亨和徐琪负责撰写，第 6 章由徐琪负责撰写，第 7 章由杨帅负责撰写，第 8 章由沈滨负责撰写，第 9 章由徐寅峰和刘峰涛负责撰写。对于参加撰写和校订工作的孙中苗、高晓晴、郭丽晶、靳凯媛、陈宇鈜、殷玉璐、罗瑶、陈兴礼、陈建宏等研究生，在此一并表示感谢。

由于本书中的内容多为在学术层面上的有益探讨，因此如果读者对于相关的论证思路、分析结果以及管理启示存在不同观点，欢迎联系作者并在学术范围内进行讨论；如果发现其他不妥之处，敬请各位读者不吝赐教。

徐寅峰

2023 年 4 月

目　　录

上篇：基础理论篇

第1章　分享经济时代下制造服务供应链
运营管理概述

"分享经济"一词在我国中央文件中首次出现于 2015 年 10 月中国共产党十八届五中全会闭幕后发布的十八届五中全会公报。公报中提出了"实施网络强国战略，实施'互联网＋'行动计划，发展分享经济，实施国家大数据战略"。随后，在 2016 年政府工作报告中进一步指出了"支持分享经济发展，提高资源利用效率，让更多人参与进来、富裕起来""要推动新技术、新产业、新业态加快成长，以体制机制创新促进分享经济发展，建设共享平台，做大高技术产业、现代服务业等新兴产业集群，打造动力强劲的新引擎"。从"提出"到"促进"，分享经济一词快速成为我国经济学界和实业界的热搜词，而这一经济模式也正式登上了我国的历史舞台，开始在中国经济发展格局中发挥日益重要的作用。2022 年 10 月，党的二十大报告提出"必须完整、准确、全面贯彻新发展理念""增进民生福祉，提高人民生活品质"（中华人民共和国中央人民政府网，2022）。增进民生福祉，提高人民生活品质，重要的路径就是要全面贯彻新发展理念，关键在于把共享发展的理念领会透、落实好。这一要求将分享经济及其生活应用理念提高到了一个全新的发展高度。在各行业制造服务供应链中，"共享制造""云智造"等应用概念正在快速普及与深入。在我国经济的数字化转型过程中，产业模式也正快速迈入工业 4.0 时代；结合物联网、大数据、云计算等新兴技术的应用，共享工厂、共享人力资源、共享数据，以及"社会化"的柔性智能制造模式在我国纺织服装、电子制造、物流仓储以及其他许多行业中不断获得业界的追捧与采纳。

1.1　分享经济发展背景

分享经济这一术语较早源于 1978 年美国得克萨斯州立大学社会学教授马科斯·费尔逊（Marcus Felson）和伊利诺伊大学社会学教授琼·斯潘思（Joe L. Spaeth）在题为"Community structure and collaborative consumption：A routine activity approach"的论文中提出的"合作式消费"概念。在 2000 年之后，随着进入互联网 Web 2.0 时代，世界各地的用户利用各种网络社区、论坛等平台开始了大量的信息分享活动。2011 年萨拉·霍洛维茨（Sara Horowitz）发表的一篇题为"The sharing economy's quiet revolution"的论文使分享经济成为西方媒体中的一个热点话题。与此同时，随着 Uber、Airbnb 等一系列共享服务平台的出现，共享活动开始从以往侧重于信息的无偿分享向物品使用权暂时转移的、有偿的共享模式变化发展。在国外出现分享经济应用的同时，我国也紧随其后，在许多生产服务行业大力推行分享经济新型模式，并且正在逐步渗透至大众生活、企业发展，以及政府治理等领域。2016 年 11 月在澳门召开了世界自由贸易大会暨博览会，其中的一个重要主题论坛名为"2016 年世界分享经济高峰论坛"。2020 年 7 月，国家发展改革委等 13 个部门联合印发的《关于支持新业态新模式健康发展激活消费市场带动扩大就业的意见》（后面简称《意见》）明确提出，培育发展共享经济新业态，创造生产要素供给新方式。《意见》提出了推动形成高质量的生活服务要素供给新体系。鼓励共享出行、餐饮外卖、团购、在线购药、共享住宿、文化旅游等领域产品智能化升级和商业模式创新，发展生活消费新方式；同时，扩大电子商务进农村覆盖面，促进农产品进城和工业品下乡。

简单而言，分享经济是网络平台通过重新整合社会闲置资源和劳动力，按照需求精准配置，实现物尽其用、人尽其才，最终实现降低交易成本、提高资源使用效率的目的。它使一些闲置资源通过移动互联网信息技术手段进入了可交易的范围，可以说是一场名副其实的生产与生活方式的革命（李伟，2017）。分享经济作为一种新经济模式，与互联网的广泛普及、信息交互技术的深度应用密不可分，而所有权与使用权分离的资源共享理念、公众消费理念的升级更新是分享经济得以快速发展的一个关键方面（王家宝等，2016）。目前，分享经济也已经覆盖到了社会活动的各个层面，包括医疗与教育、出行与住宿、生产与物流配送等。此外，共享人力资源也为分享经济提供了一种发展机遇与思路。由国家信息中心发布的《中国共享经济发展报告（2022）》显示，2021 年我国共享经济市场交易规模接近 3.69 万亿元，同比增长约 9.2%。共享经济已然在我国展现出了巨大的发展韧性和未来潜力。在就业岗位上，我国共享经济平台企业员工人数在近 5 年中同样呈现出逐年增长的良好态势，2020 年共享经济平台企业员工初步估算约为 631 万人，同比增长 1.3%（中国发展网，2022）。因此可以说，当前我国社会发展已经进入并正处于分享经济时代。

这里，需要简要交代一下本书对于"分享经济"与"共享经济"二者的理解。狭义地讲，前者侧重于从个人或组织角度通过第三方平台来分享其闲置资源或认知盈余并获取收入，其本质是以租代买；后者则侧重于以获得报酬为主要目的，对社会资源的使用权实现暂时性转移，本质上是整合闲散资源。需要指出的是，本书从广义角度分析认为"分享经济"与"共享经济"二者都是对社会闲置资源进行有效利用的一种新经济形态，在一定意义上均存在资源的使用权与拥有权短暂分离的特征。因此，在后面各个章节中将根据应用行业的措辞习惯，在某种程度上混用上述两个用语,即在不同章节交替使用"分享经济"与"共享经济"两个词语,希望不会引起读者的误解。

分享经济属于最近几十年信息社会发展到一定阶段和深度之后所出现的一种新型经济形态。在纺织服装、石油化工、工业设计等诸多生产服务行业,这种新的经济模式能够生根萌芽与蓬勃发展,总体上需要具备以下四个基本前提条件。

1. 大量资源存在闲置

分享经济可以使企业主体之间分享其所拥有的各种闲置资源,从厂房、仪器、机器设备、运输工具等固定资产到人力资源、资金等其他有形资产再到时间、知识等无形资产。闲置产能是分享经济的消费行为中最为显著的一个前提条件与重要特征。闲置产能往往具有未充分使用的时间与空间,属于一种潜在的社会和经济价值。因此,如果在分享经济市场中参与主体所拥有的闲置产能或资产可以吸引其他参与者,那么就能够以较低的成本将闲置资源的使用权暂时性地转移出去并且获得收益。现实当中,资源的拥有者在其资源生命周期内的使用活动往往具有忙闲时段交替的特征,所以分享经济模式可以有效地帮助这些闲置的空间、时间、技能或者实物在恰当的时间与恰当的市场需求相匹配。它不仅降低了需求方的资源使用成本,而且大大提高了资源使用率以及资源拥有者的创收水平(赵道致和李润,2018)。

2. 资源主动分享意愿

在丰富的闲置资源基础上,拥有资源的所有权并非企业与个体实现利益追求的终极目标。通过向资源需求者有偿地分享资源的限时使用权,从而提升资源的利用率与盈利水平,摊销折旧费用,这对于资源的拥有者通常属于有利无弊的行为。在分享制造资源的过程中,资源拥有者表现出了其资源所有权与使用权的一种分离。在当今时代,为了更快、更好地满足市场的个性化需求,按需生产、按需设计、按需装配等拉动式或者推拉式生产模式成为许多行业、企业普遍采用的生产形式(王作铁和李平,2017)。在这些生产形式下,制造资源随着客户产品需求量的随机波动往往呈现出有规律或者无规律的忙闲交替特征,资源的利用水平也随之变动。在生产饱和与旺季时段,企业自有资源的产能可能存在不足,而在生产清闲与淡季时段又出现了资源的闲置浪费。当前者发生时,企业产生了租借外部资源的短时需求,当后者发生时又产生了向市场有偿出租资源的诉求。不论何者被满足,均能有效降低因资源的闲置而提升的企业运营成本。这表明,一家制造企业对于生产资源的供给与需求状态时常出现转变;与此同时,企业也相应地表现出资源的动态供需意愿。企业资源的这种供需变化特征及拥有者的供需意愿为分享经济市场创造了必要条件。

3. 互联网信息技术广泛应用

在当前拉动式或者推拉式主导的生产模式下，市场上各家企业的制造资源出现动态的供给与需求。但是在缺乏有效的信息沟通渠道时，供需双方往往因为不能及时掌握相应的市场信息而错过供需的有效匹配。全球通信和互联网技术的不断发展与广泛应用，尤其是自 21 世纪 10 年代以来移动互联网、大数据、云计算、网络支付、物联网等技术的日臻成熟，为市场经济活动中的资源配置信息不对称的有效解决提供了有力的技术方法支持。一方面，通过对共享信息的收集、处理与分析，互联网技术完全能够帮助资源供需信息实现动态匹配，使企业资源的使用权得以细化，实现资源的精确分配及其利用率的最大化；另一方面，互联网技术在企业当中的普遍应用也为各个企业即时分享具体资源的供给或需求信息提供了极大的便利。总体上，"互联网＋"的深化应用为分享经济商业模式的实现提供了宝贵的技术支撑。以制造龙头企业为主体或者第三方主导的制造资源共享平台近年来不断涌现，这就是对互联网技术应用于分享经济的一种最佳诠释。

4. 社会诚信评价体系不断完善

共享制造经济模式需要运用互联网信息化手段搭建相应的资源共享平台，通过在共享平台上整合供需双方的多样化资源供给与需求信息，并借助信息技术手段进行精准、快速的匹配，结合合理的利益分配规则来实现资源在线下的共享服务功能（郝家芹和赵道致，2021）。不论具体的资源分享形式如何，分享经济是基于企业主体之间的信任而搭建运转的一种商业模式，它是强调以人为本、可持续发展，崇尚物尽其用、最佳体验的新型经济观念与发展理念。对于制造资源分享平台，它需要为所有参与者构建一套完善的信用评价体系，通过该评价体系开展应用平台的内部监督，保障每一个参与者具有业务诚信以及每一项资源分享活动得以顺利实施。企业诚信度应当被视为在分享经济模式下保障共享平台持续运营的一个重要因素。同时，分享经济的信用制度、信息共享机制、信用评价体系等得以逐渐构建与完善，这为平台选择和成员企业评估提供了重要的支持（张杰等，2019）。

依赖于上述因素条件以及社会经济活动中其他各种有利的环境因素，分享经济模式应运而生，并在近年来获得蓬勃发展，其应用也遍布生产制造、技术研发、民生服务等许多生产与生活服务领域。

1.2 分享经济活动特征

从分享经济的产生与发展背景可以发现：闲置资源是物质前提、诚信信任是商业基础、大众参与是意愿条件、信息技术是环境支撑。因此，从主体、客体、技术、行为四个方面可以归纳出分享经济的四大特征因素（非遗电商，2018）。

（1）主体特征：大众的积极参与意愿。分享经济属于典型的双边市场，供需双方通过共享服务平台进行交易，大量的资源供给方和需求方的积极共同参与是分享经济得以发展的前提条件。双方群体相互吸引、相互促进，大量的参与者使网络经济效应不断放大。需要指出的是，在分享经济中，参与主体的身份在不同时段可能来回切换，即既是生产者又是消费者、既是资源供给方又是资源需求方。基于互联网技术的共享平台具有极大的开放性与包容性，市场主体只要拥有一定的资源或者一技之长，就能够非常便利地参与到分享经济活动中，并发挥其个体潜能，体现市场价值。

（2）客体特征：资源要素的快速流动与高效配置。如前所述，每个市场主体所拥有的资源数量通常是非常有限的。即便如此，在客户的不确定需求下，有限资源的利用仍然经常出现各种闲置与浪费现象，包括厂房仓库的空闲搁置、机器设备的长期停机、一线工人的休假待岗等。分享经济就是要将市场中众多资源供给方分散的闲置资源的可利用信息，以及资源需求方对各类资源的需求信息通过分享服务平台进行有效整合与精准匹配，让诸多零散的闲置资源发挥其最大效用，满足市场的多样化、个性化需求。可以说，分享经济很好地顺应了国家的绿色可持续发展战略。

（3）技术特征：互联网平台及信息技术支撑。21世纪以来，在"互联网＋"应用普及、数字化信息技术快速发展的时代背景下，依托于移动终端、移动支付等网络技术的分享服务平台应运而生，它能够使资源供需双方的巨量信息迅速建立联系，并实现有效匹配。分享服务平台本身并不直接提供服务资源，而是将各方参与者连接起来，并为实现资源供需匹配提供便捷、高效的技术支持以及相关的信息服务。可以说，分享经济不可能脱离对互联网信息技术的依赖性。

（4）行为特征：以资源的使用权交易为主。分享经济在资源的交易活动过程中，最显著的一个新特征就是资源的所有权与使用权产生了限时性分离。通过以租代购的方式，资源所有者让渡资源的使用权，而资源需求方以有偿租赁的形式取得资源在特定时段的使用权，从而实现资源利用率的最大化。无偿让渡使用权的情形可以视为租金为零的有偿租赁的一种特例。需要指出的是，在分享经济中，资源供需双方的身份是动态变化的。一个市场主体在某个时段可能是资源的需求方，而在另一个时段则可能转换为资源的供给方，这主要取决于其自身对所拥有资源的需求情况。

以上是分享经济在其活动过程中所反映出来的四个基础特征因素。除此之外，分享经济在其发展进程中，对社会和经济也产生了非常积极的促进和推动作用，可以简单地归纳为如下三点。

（1）消费价值理念发生转变。在分享活动中，需求方通过较低成本的合理支出使其需求得到满足，而供给方通过分享闲置资源获得额外收益。因此对于资源供需双方而言，他们在分享资源的过程中都获得了利益。分享经济使人们打破了资源的所有权与使用权始终保持一致的传统观念，在消费价值理念上发生了明显改变。

（2）同步促进经济效益、社会效益及生态效益。首先，分享闲置资源使供需双方均获得利益，它产生了直接的经济效益，并创造了新的利润增长点；其次，分享经济催生了新的业态，改变了商业经济模式以及人们的社交生活模式，大大减少了生产与生活成本，显现了巨大的社会效益；最后，分享经济是对资源闲置时间与空间的有效利用，大大促进了资源节约、降低资源消耗、减少浪费，产生了明显的生态效益，并体现了绿色低碳可持续发展的理念。

（3）重塑就业形态。分享经济目前已经普遍应用于制造服务、生活消费等许多领域，它以一种开放式的经济模式打破了传统的封闭式经济行为理念，有力地提升了就业岗位的创造能力，并在很大程度上增加了创业式、兼职型的就业岗位。未来将会有更多的普通劳动力不再选择固定上下班时间的工作模式，而是以一种更加灵活的方式进行就业。

1.3 分享制造供应链特点

相较于传统的制造服务供应链，分享经济下的制造供应链在成员合作模式、服务反应机制两个方面都发生了明显的变化，具体阐述如下。

1. 供应链成员的合作模式发生变化

传统的制造供应链的成员组成相对稳定，通常由一家核心企业来主导供应链管理，它有可能是供应商、制造商、批发商或者零售商；其他企业作为非核心成员加入，往往受制于核心企业的意愿，并服从后者的管理计划；此外，可能还会有一些管理咨询与信息服务企业作为"润滑剂"来协助整条管理供应链上下游的沟通与合作。

相较于传统制造供应链上下游成员之间有限的信息传递分享，在分享经济模式下的信息交互、上下游活动的管理决策更多地由分享制造服务平台来主导和制定，即供应链的主导方发生了变化。所有供应链成员将其予以分享的服务资源信息发布于平台，由后者进行共享资源的优化整合，并设计一体化、集成化的一系列业务流程，有效地消除或弱化了上下游之间的竞争关系，大大提升了供应链效率，降低了供应链运营成本。简而言之，分享经济下的供应链呈现出了平台化、集中化的新管理形态。

需要指出的是，供应链成员企业根据自身业务情况可以在分享平台中提供其能够共享的资源信息，而不必是企业的所有资源信息；而平台方也只是将企业资源共享的那一部分纳入供应链决策当中。同时，供应链成员加入与退出供应链（平台）也变得相对灵活。值得一提的是，供应链分享服务平台的建设与运营者既可能是传统制造供应链的主导企业，也可能是供应链成员之外的其他信息服务企业。

2. 供应链反应机制呈现创新

分享经济下的制造供应链成员通过分享服务平台进行集中化管理，信息在上下游之间能够获得及时、充分的共享，甚至打破了传统的信息链式传递形式。传统的供应链在市场需求从下游向上游传递的过程中经常出现逐级放大的"牛鞭效应"。该恶化效应在分享经济下将由于更加充分的信息沟通、资源的高效合理配置而得以破除。具体地，最下游的客户需求波动通过分享服务平台，借助大数据分析等信息技术能够被及时捕获与分析，并且传递给中上游的制造商与供应商，大大减少了在供应链中间环节的信息传递时滞；同时，上游企业利用分享平台提供的信息可以对生产计划及资源配置进行快速反应，最大限度地减少库存积压，缩短交付周期。

同时，不同于传统供应链的上游商家相对固定的特点，在分享经济下的产品制造供给也发生了明显的变化。通过分享制造服务平台，更多的供应商、制造商参与到供应链服务过程中。分享平台在收集、整理、分析个性化的客户订单需求之后，对相同或相似产品的订单进行整合与分割，并从平台的大量制造商中选择最为合适的一部分制造商来完成相应的生产任务。其中，对于特定客户订单的制造商选择还依赖于制造商在平台中现阶段的加工资源供给状态。这表明在分享经济下的制造供应链服务模式更加灵活，在不同的时间点，参与服务客户订单的制造商并不是保持不变的，也未必是唯一的。因此分享经济模式可以有效地降低上游资源供应不足的情况的发生概率。

1.4　分享制造供应链功能

传统的制造供应链成员企业往往因为供应链的中间环节较多，在信息传递、资源配置以及制造服务管理等方面面临着一些共性问题。例如，企业订单不足导致开工率低、产能过剩，重产品而轻服务，制造业服务化的意识不足，以及在市场中经常出现资源供给和需求的失配。在分享制造供应链中，上下游企业成员利用分享服务平台进行开放形式的集结，制造资源与信息获得即时充分共享，有效地解决了上述指出的传统供应链的共性弱点。在分享制造供应链中分享的信息内容与业务活动包括以下几个部分。

1. 分享产能

通过分享平台，上游制造商在其资源富余时间段有偿出租各种资源的使用权，而资源不足的制造商可以按需租用设备、厂房、劳动力等平台上供给的闲置产能。二者通过以租代买、按时付费的方式形成了新型的生产制造模式。在这种模式下，尤其是中小型企业无须投入高额的成本购买设备，而许多制造商所拥有的生产资源也能通过分享制造模式得到有效的利用，从而实现生产要素与生产条件的最优组合（刘若霞，2017）。另外，上下游供需双方通过分享平台实现产品的定制和生产，极大地提高了生产效率，节约了生产资源，并且构成了便捷、灵活的新型生产制造网络。

2. 分享库存

分享制造供应链不仅可以分享企业的闲置制造资源，还可以分享原材料与产品库存。例如，位于供应链同一环节的同类企业借助分享平台，以互惠互利为原则，通过共享库存来盘活整体的库存资源，实现降本增效。此类共享活动在很大程度上扭转了传统供应链模式下的同行恶性竞争、线上与线下双渠道竞争等不利局面。同时，在分享制造模式下，供应链"链主"的库存也将转化成供应商的库存，并提升了其精准配送的能力，进而提高了供应链的整体运营效率和效益。

3. 分享创新研发资源

在大众创业、万众创新的社会经济发展战略推动下，众创、众包、众扶、众筹等各种分享经济平台快速发展。制造资源在线聚集为资源池、专利池、标准池，形成了网络众包、用户参与设计、云设计、协同设计等新型研发设计模式（王磊明，2016）。这种新型模式将传统的由制造企业自主研发、独立完成的任务转变为向外部资源和大众力量开放，由企业外部研发力量协助完成的企业任务。企业通过多种形式实现研发任务外包，既减少了研发成本，又缩短了研发周期和提高了研发效率。区别于传统的研发任务定向外包形式，在分享制造模式下，企业外包研发任务的接包方往往通过某种竞争方式来确定，它充分调动了社会的优质研发资源，突破了地域限制，实现了研发资源的最大化利用。

4. 形成协作生产网络

依托于互联网的分享制造服务平台不仅整合了各企业的闲置产能，而且在供应链的不同企业成员之间形成了一种灵活的协作生产网络，这种网络具有明显的分散化生产的特点，即平台可以将客户订单整合之后分派给不同的制造商进行同步生产。基于信息共享、资源优化、快速响应的协作生产同盟，充分利用制造商的空闲档期和产能，既可以及时满足客户的需求，又可以更加便捷地响应客户的定制化服务需求（董秋云，2018）。

对于分享制造服务供应链而言，利用互联网共享平台，成员企业之间协同合作，实现闲置资源的使用权交易，解决了产能过剩问题，促进了供需双方的动态平衡，也降低了供应链风险和交易成本。同时，对闲置资源的高效利用也契合了节约资源、保护环境的绿色可持续发展的理念。在经济新常态形势下，我国制造业目前处于转型升级的重要阶段，去产能、去库存、去杠杆、降成本、补短板的任务仍然繁重。搭乘分享经济的"顺风车"，制造服务业需要通过持续创新来完成转型升级的重要任务。

1.5　分享制造供应链平台模式分类

分享制造供应链通常依托服务管理平台来组织供应链上下游资源信息的有效共享。本节综合考虑平台的主体特征、业务模式、共享内容等因素，将我国当前的分享供应链平台划分为以下四种主要模式（思谋网，2022）。

1. 中介型共享平台

中介型共享平台是指为制造链供需双方提供对接服务及资源的第三方平台。在制造业服务化转型的过程中，诞生了制造商＋中介型共享平台服务模型。平台自身不拥有设备、厂房、技术等制造资源，而是通过它的互联网技术优势充分整合多方资源，促进供需双方对接。需求方可以寻找多个生产方来实现众包生产，生产方也可以根据自身的产能水平从平台上接收不同客户的订单。中介型共享平台旨在有效解决传统制造服务市场中普遍存在的供需双方信息不对称问题，实现制造业供需两端的即时匹配（思谋网，2022）。这类平台在现实中的应用非常广泛，例如，阿里巴巴旗下的1688淘工厂平台、"优制网"工业服务分享平台、e-works数字化企业网、"易科学"科研仪器共享和科学实验服务平台等，以及生活服务应用领域的共享单车、智慧医疗领域的第三方处方共享平台等。

2. 众创型共享平台

众创型共享平台一般是由大型制造企业搭建的开放性平台，通过整合平台上的研发、制造、物流、分销等能力以及财务、人力、金融等服务，打造面向企业内部和社会的创新创业生态系统（蔡丹旦，2018）。大型制造企业搭建众创型共享平台，一方面是汇聚行业内的优势资源，激发企业内部的创新活力，推动企业运营和组织向平台化转型，满足企业转型发展的内在需求；另一方面是向社会开放自身的优势资源，搭建起"人人创客"的创业生态系统，助力中小企业创新创业，降低社会创新创业成本。目前典型的平台有海尔集团的"海创汇"、航天云网、美的集团的"美创平台"、创客型"众创空间"等。

3. 服务型共享平台

服务型共享平台通常是由工业技术型企业搭建的平台，以工业系统、软件、智能控制、工业云等技术服务共享为中心，以智能化设备为手段，实现对生产过程的全控制，并提供全方位的生产服务。在服务型共享平台中，设备共享是基础，一般通过以租代买、按时计费、按件计费、增值服务等方式把设备租赁给不同的生产方，降低闲置率，降低中小企业用户的生产成本。平台除了提供设备租赁服务外，更重要的是为制造过程提供各种技术服务，包括信息数据共享、设备、系统、生产控制、产品管理等。发挥互联网对资源的统筹整合能力，使企业可以根据数据调整产品结构和服务类型，实现行业的提质增效和转型升级。目前典型的平台包括沈阳机床厂 i5 平台、上海明匠等。

4. 协同型共享平台

协同型共享平台是多个企业共同使用云服务、生产设备、工厂生产线、办公空间、工人等资源的平台，实现订单共享、协同生产。此类共享平台通常是由多家规模、实力相当的中小型企业抱团取暖，分享各自的生产资源；利用对平台内的所有制造资源进行整合重组，实现订单共享和协同生产。借助于共享平台，内部成员企业往往能够以较低的成本实现客户订单的外包，或者是通过对厂房、设备等资源的合理分享使用，大大降低企业主体的日常运营成本。协同型共享平台的搭建有两种方式：一是由第三方企业主导，平台承接订单，通过需求拆解将其众包给合适的小微制造企业，典型的企业平台如生意帮；二是由小微企业共同搭建产能资源平台，以租赁和购买服务的方式共享平台上的资源，如各类"共享工厂"。

1.6　本　章　小　结

本章首先介绍了分享经济的发展背景与基本前提条件，从主体、客体、技术和行为四个维度阐述分享经济的活动特征；其次，论述了分享制造供应链在成员合作模式、反应机制两个方面呈现出来的特点。相较于传统的制造供应链，分享制造供应链在产能、库存、生产以及研发等资源上可以实现有效分享，为制造服务业的不断创新与转型升级提供了强有力的方案；最后，介绍了分享制造平台的四种主要模式。

在后续章节中，首先，从理论研究角度，根据制造供应链的具体活动，分为生产调度、库存、物流配送，以及从供应链整体运营等几个部分展开详细论述；其次，在实践应用层面上，以网约车运营、区块链技术在服装供应链中的应用为例，分析分享经济时代下的平台运营管理；最后，进一步拓展分享经济运营管理理论，从大数据视角来分析纺织行业的资源共享，以及探讨虚拟试穿技术在共享经济新零售下的应用。

参 考 文 献

蔡丹旦. 2018.打造"制造业 + 共享经济"的创新融合[EB/OL]. [2018-08-07]. https://www.fx361.com/page/2018/0807/3985882.shtml.

董秋云.2018.分享经济下制造业的发展对策[J]. 改革与战略，34（4）：93-98.

非遗电商. 2018. 分享经济与传统经济相比有哪些特征 [EB/OL]. [2018-08-04]. https://zhuanlan.zhihu.com/p/41273828.

郝家芹，赵道致.2021. 分享经济环境下制造业产能分享的三群体演化博弈分析[J]. 运筹与管理，30（2）：1-7.

李伟. 2017. 分享经济发展研究综述[J]. 经济研究参考，（71）：40-52.

刘若霞. 2017. 我国制造业分享经济发展战略研究[J]. 中国工业评论，（6）：58-67.

思谋网. 2022. 制造业服务化案例：制造商 + 共享平台服务模式[EB/OL]. [2022-01-28]. https://www.scmor.com/view/7575.

王家宝，敦帅，黄晴悦.2016.当闲置资源遇见"互联网 +"——分享经济的风靡之道[J]. 企业管理，（6）：55-57.

王磊明.2016.搭上分享经济"顺风车"制造业将成新"蓝海"[N]. 中国经济导报，2016-8-17（B06）.

王作铁，李平.2017. 互联网时代"拉式"生产模式在企业供应链整合中的应用[J]. 商业经济研究，（12）：76-78.

张杰，孙梦玉，李海姣.2019. 我国共享经济发展中信用评价机制的应用与完善——基于信用分的视角[J]. 征信，37（2）：62-66.

赵道致，李润.2018.云制造模式下企业剩余资源分享决策研究[J]. 工业工程与管理，23（2）：33-39.

中华人民共和国中央人民政府网. 2022. 习近平：高举中国特色社会主义伟大旗帜 为全面建设社会主义现代化国家而团结奋斗——在中国共产党第二十次全国代表大会上的报告[EB/OL]. [2022-10-25]. https://www.gov.cn/xinwen/2022-10/25/content_5721685.htm.

中国发展网. 2022.共享经济继续呈现巨大发展韧性和潜力[EB/OL]. [2022-09-29]. https://baijiahao.baidu.com/ s？id = 1745286787696888406&wfr = spider&for = pc.

第 2 章　共享制造下生产调度与产品配置优化决策

2.1　共享制造模式发展背景与基本特征

伴随着国家"互联网＋先进制造业"工作部署的不断推进，在供给侧结构性改革、《中国制造 2025》等国家战略深入实施的当代背景下，包括纺织服装行业在内的制造业产能共享无疑是制造服务产业转型发展的一个重大亮点。相应地，云制造、智能制造、智慧产业生态圈等全新的概念模式不断涌现。在分享经济环境下，供应链的各个参与环节在制造服务业态上发生了前所未有的变化，打破了传统的、封闭的资源管理形式。在研发、设计、生产以及服务等供应链活动中，持续推进基于共享平台的个性化、网络化、柔性化制造与服务化转型，打造上下游联动、成员企业内外协同的新型供应链生态（国家信息中心分享经济研究中心课题组，2018）。2019 年 10 月，工业和信息化部发布的《关于加快培育共享制造新模式新业态 促进制造业高质量发展的指导意见》中指出"共享制造是共享经济在生产制造领域的应用创新，是围绕生产制造各环节，运用共享理念将分散、闲置的生产资源集聚起来，弹性匹配、动态共享给需求方的新模式新业态"。在 2020 年出台的《关于进一步促进服务型制造发展的指导意见》中明确强调，要积极推进共享制造平台建设，鼓励企业建设共享制造工厂，完善共享制造发展生态。因此，共享制造必将成为推动我国制造业转型升级、实现高质量发展的一个突破口和重要推动力。

共享制造模式的优势之一是极大地改变了传统工业中对建造工厂、购买设备等生产活动的诸多硬性要求。在传统制造模式下，制造商自身需要拥有一定的设备、厂房、人才等生产要素，对固定资产与人力资源的投入成本较高。这些既有投入成本在企业转型升级的过程中往往会给制造商带来极大的阻碍和风险。此外，巨大的投入成本要求也是中小微企业进入制造业的一个重要壁垒。共享制造模式则通过以租代买的方式，大大降低了企业创新创业门槛和成本投入要求，可以有效地解决传统制造模式下中小微企业因资金不足而难以加入制造行业的问题。在分享经济环境下，制造企业可以更加有效地提升自身资源和外部资源的利用率、大大降低生产成本。通过"互联网＋"、云制造资源网络，企业可以购买其他生产资源一定时段的"使用权"，或者采用租赁、分包等形式灵活调动同行业企业的闲置资源。这不但可以解决制造商自有资源的临时性短缺问题，也能充分利用其他制造企业的闲置资源，减少社会生产能力的浪费。换言之，共享制造模式打破了供需双方的信息不对称现象，提高了社会制造资源的有效供给水平。通过使用权与拥有权分离、拥有而不占有的分享模式产生经济价值，并促成制造业内资源的合理配置，是解决制造业产能过剩、技术创新能力不足、产业结构失调等一系列问题的有效措施。例如，在近些年，随着网络销售渠道和智能电商平台的快速发展，网络端对服装制造供应链的冲击产生了很强的倒逼效应；服装制造的柔性化和短周期化趋势正在不断加速，而供应链协同、产能分享、云工厂等理念技术让服装制造供应链的运营管理得以不断优化提升。需要指出的是，借助"互联网＋"信息技术，制造企业也可以与其他同行企业缔结中长期的合作同盟，并在同盟内部依照约定合理分享客户订单。

共享制造模式还改变了制造供应链成员在供应链中的参与形式及其影响作用。在传统的供应链中，供应链上各个环节的企业之间存在壁垒，它们通过自身资源条件在某种程度上影响上下游供应链成员的协同运营。在分享经济的理念下，生产制造企业、仓储物流公司、第三方服务平台等众多供应链参与者均在突破传统的参与价值理念，并积极探索有效的共享制造模式。正如第 1 章所指出的，基于现有的协同制造实践，制造资源共享平台目前已经涌现出中介型共享平台、众创型共享平台、服务型共享平台，以及协同型共享平台四种主要模式。在这些共享平台模式下，每一个供应链成员企业在新品研发设计、制订生产计划、响应客户订单时，不再仅局限于在企业自有资源范围内寻求最佳决策方案，而是对共享平台内所有成员企业的闲置资源进行合理利用，即在更加丰富的资源环境下优化决策其生产与服务方案，从而实现了客户需求响应能力和盈利能力的显著提升（Simeone et al.，2020；Li et al.，2019b）。例如，位于浙江桐乡的一家羊绒制品工厂在加盟阿里巴巴 1688 淘工厂平台后，主要为小型网店加工小批量毛衣订单，虽然一个订单的需求量可能只有二三十件毛衣，但是订单的数量较多，使工厂设备的开机率从之前的 60% 提升到 90% 以上；同时，一条生产线可以加工多个品牌的毛衣，在淡季也能实现扭亏为盈。

正是由于共享制造模式给生产服务供应链的运营管理带来了巨大的冲击与影响，本章将尝试探讨在共享制造环境下，供应链制造企业在战术与操作层面上如何优化其生产调度方案，具体探究考虑不同的机器加工特性、客户订单特征、资金时间价值等因素的完全信息决策情形，以及客户订单动态到达的实时调度决策情形，给出主要的调度优化方案以及管理启示。同时，考察基于模块化的产品设计及生产的制造行业，探究在共享制造模式下企业如何有效决策个性化定制产品模块的设计与配置，以及在共享企业中分配模块实例的生产任务，实现使制造总成本最小化。

2.2   共享制造环境下的调度决策

本节考虑在服装生产供应链中以第三方为主导的中介型共享平台运营，平台接收与整合来自不同客户的个性化产品订单，并将所有订单与平台中就绪的企业制造资源进行有效匹配，合理分解生产任务并制订最佳生产方案，在满足客户订单需求的同时实现制造服务成本的最小化或者利润的最大化（Ji et al.，2022；Xu et al.，2022；Jiang and Li，2020；Wu et al.，2022）。以阿里巴巴旗下的 1688 淘工厂平台为例，大致描述客户订单的接收与处理过程如下。

如图 2-1 所示，左侧的客户登录至第三方制造服务平台并下达其个性化订单，所定制的不同订单对应不同的产品需求；右侧的制造商池则是由在平台中已注册的所有制造商及其闲置机器资源组成的；位于中央的共享平台在收到不同客户下达的个性化订单后，首先结合其所需要的产品种类对订单进行分解与重新整合，然后从右侧的制造商池中依据平台系统闲置资源情况选择其中一部分有能力完成这些订单的制造商，并在所选中的制造商中合理分配客户订单，在满足订单交货时间需求的同时，优化平台与制造商的生产成本或利润。

图 2-1   1688 淘工厂平台的订单服务过程示意图

需要解释的是，平台中的每一个制造商因其所拥有的机器资源的限制，通常只能加工某一些产品类型的订单。例如，西装、毛衣、羽绒服、皮鞋等不同产品所采用的设备流水线各不相同，而一个制造商难以同时拥有可以加工上述所有产品的全部设备。因此，平台根据客户订单集合中所涉及的产品类型，从制造商池中选择一个最佳的制造商组合以覆盖加工所有的客户订单。同时，对于参与生产服务的每个制造商，平台将向其支付相应的加工费用或者设备租赁费，费用的多少往往与机器加工负荷或者平台租赁使用设备的时间长度成正比。特别地，在共享制造模式下，平台可以根据产品交付时间的需要以及机器租赁时间的约束，将每个客户的订单拆分成多个子订单并分配给不同的制造商（机器）同步加工。合理的订单拆分不但可以平衡不同机器之间的工作负荷，还能够加快交付相应的订单，提升客户的满意度。对于平台而言，针对给定的客户订单需求，如何选取参与加工的机器（即制造商）集合、拆分与分配订单加工任务，以及安排每台机器上的生产调度方案，实现合理兼顾订单交付时间和加工租赁总成本，是其运营管理的一个重要的决策问题。

为了方便描述，不妨将每个制造商视为一台机器，根据该机器的配置特性，假设它只能加工有限的几种产品类型的订单。在平台分解与重新整合订单后，不妨认为每一个整合后的订单只包含一种类型的产品。在共享制造模式下，平台在分配订单时需要考虑订单与机器二者的加工类型匹配。因此下面给出一个相关的概念。

机器适用性（machine eligibility），它表示某一台机器可以加工的订单的类型数量。如前所述，由于订单具有不同的（产品）类型，而每台机器只能够加工一些特定类型的订单。如果一台机器比另一台机器可以加工更多类型的订单，则称前者具有更大的机器适用性。在本节的后续内容中，首先将讨论同时考虑租赁成本、机器适用性以及可拆分订单的基础调度模型，在该模型中假设所有订单在零时刻全部就绪（郑斐峰等，2023）；其次，在前一模型的基础上拓展至订单具有释放时间的情形（Zheng et al.，2022a）；再次，进一步探讨结合考虑机器加工准备时间和学习效应的拓展情形（Zheng et al.，2022b）；最后，探究考虑资金时间价值的优化调度情形（Xu et al.，2022）。对上述几个模型，均从平台决策角度进行问题刻画、模型分析，以及加工调度方案的设计与效果论证。每个模型均使用调度优化领域中经典的三参数表示法进行表达，这里简单介绍三参数表示法：$\alpha|\beta|\gamma$。其中，α 表示机器加工环境，β 表示订单（或者工件）的属性特征，γ 表示模型的优化目标。表 2-1 列出了几个调度模型共同采用的一些参数与变量符号及其含义。

表 2-1　基本数学符号及其含义

符号	表达的含义
参数	
I	机器集合，机器 $M_i \in I$。令 $|I|$ 表示机器数量
J	订单集合，订单 $J_j \in J$。令 $|J|$ 表示订单数量
p_j	订单 J_j 的加工时间
r_j	订单 J_j 的释放时间
D	一个生产决策周期的时长，即所有订单需在 $[0, D)$ 时段内完成
c	平台租赁每台机器在一个生产决策周期内的租赁费用

续表

符号	表达的含义
参数	
ρ	目标函数中的权重系数
M	一个非常大的正数
ψ_{ij}	二元变量，如果机器 M_i 可以加工订单 J_j，则为 1，否则为 0
决策变量	
x_i	二元变量，如果机器 M_i 被平台选中加工订单，则为 1，否则为 0
α_{ij}	二元变量，如果机器 M_i 加工订单 J_j，则为 1，否则为 0
x_{ijk}	二元变量，如果机器 M_i 加工订单 J_j 早于订单 J_k，则为 1，否则为 0
p_{ij}	机器 M_i 加工 J_j 的（一个子订单）时间
S_{ij}	机器 M_i 加工订单 J_j 的开始时间，若 $\alpha_{ij}=0$ 则 $S_{ij}=0$
C_{ij}	机器 M_i 加工订单 J_j 的结束时间，若 $\alpha_{ij}=0$ 则 $C_{ij}=0$
C_j	订单 J_j 的完成时间，且 $C_j=\max_{M_i\in I}C_{ij}$
u	平台在生产周期内租赁的机器数量，且 $u=\sum_{M_i\in I}x_i$

2.2.1　考虑机器适用性与拆分订单因素的优化调度

在服装供应链共享制造环境下，平台可以根据订单产品类型进行整合与拆分，同时选择租赁平台中的一些机器参与订单加工并支付租赁费用。因此，本书针对这一情形，构建同时考虑机器适用性、租赁成本，以及可拆分订单的平行机调度决策模型，优化目标为最小化机器租赁总成本和订单总完工时间的加权和。运用调度领域的三参数表示法可以将该问题表达为

$$R\,|\,\mathrm{elig},\mathrm{split}\,|\,\mathrm{TC}_M+\rho\cdot\sum\nolimits_{J_j\in J}C_j$$

式中，R 为同类平行机，不同机器具有相同的加工速度但是却有不同的适用性以及可加工订单类型集合；elig 为机器适用性；split 表示订单可拆分且允许并行加工；$\mathrm{TC}_M=c\cdot u$ 为在一个生产决策周期内的租赁总成本，c 的取值大小与生产决策周期的长度成正比；$\sum_{J_j\in J}C_j$ 为订单的总完工时间。需要指出的是，所有订单假设均在零时刻就绪，而且要求必须在生产决策周期内完成，因此决策周期对于平台要租赁的机器最少数量形成了有效约束。此外，现实中客户下单的各种服装产品需求数量必定为整数，而且每件服装产品的加工时间以分钟计

算，往往也是一个整数值。基于此观察，不妨假设任意订单及其拆分的子订单均具有整数长度的加工时间。针对这一问题，我们首先构建了一个整数线性规划模型，并论证该问题的非确定性多项式（non-deterministic polynomial，NP）难性质，分析给出了问题（或者最优目标函数值）的一个下界，进而设计有效的启发式算法与改进的遗传算法对大规模算例进行求解；借助数值实验分析结论总结出了几点有益的管理启示。

现有文献关于考虑订单拆分以及机器适用性因素的研究已有不少的成果（解超，2017）。Serafini（1996）首次探究了考虑订单可拆分的平行机调度问题，之后有许多学者对考虑这一订单属性的平行机调度问题展开了更为广泛的研究（Park et al.，2012；Florêncio et al.，2015；Liu and Zhan，2020；Salimifard et al.，2021）。Xing 和 Zhang（2000）对于订单可拆分的一个平行机调度问题，以总成本最小化为优化目标，提出并论证了多项式时间可解的一些情形；同时，对于考虑机器加工准备时间的特定情形，也给出了启发式算法及其最坏情况的分析结论。黄基诞等（2019）对于 MapReduce 两阶段的一类平行机调度问题进行了研究，其中在 Map 阶段的任务可以任意拆分并在多台平行机上同步加工，对于最小化最大完工时间和总延迟时间的加权和的优化目标，主要设计了结合差分变异策略和逐维扰动机制、改进的鲸鱼优化算法进行求解。Kim J 和 Kim H J（2021）探究了一个 3D 打印机的制造系统，其中每个订单可以被拆分成多个子订单并分别完成，针对最小化最大完工时间的优化目标，提出了一种混合整数规划模型，并开发了一种基于旅行商问题的混合遗传算法来求解问题。Kim Y H 和 Kim R S（2020）研究了在纺织工业和印制电路板制造等不相关平行机环境下，考虑机器故障和适用性的可预测调度和重调度问题。以最小化鲁棒性和稳定性的加权和为目标函数，设计了一种考虑工件拆分的空闲时间插入可预测调度算法，以及提出了一个考虑工件拆分的调度修复规则实现重调度。其中，鲁棒性指最大完工时间的期望值，稳定性表示工件的计划开始时间与实际开始时间的总偏差的期望值。综上，在现有研究成果中，鲜有考虑在共享制造环境下，同时顾及订单拆分、机器适用性以及租赁费用等因素的平行机调度问题。

1. 数学模型构建

对于同时考虑机器适用性与拆分订单因素的共享制造问题，构建一个整数线性规划模型如下。因篇幅所限，这里只列出该模型的优化目标和主要的一些约束条件。

目标函数：

$$\min \text{TC}_M + \rho \cdot \sum_{J_j \in J} C_j = c \cdot \sum_{M_i \in I} x_i + \rho \cdot \sum_{J_j \in J} C_j \tag{2-1}$$

主要约束条件：

$$\psi_{ij} \geqslant \alpha_{ij}, \quad M_i \in I, J_j \in J \tag{2-2}$$

$$\sum_{M_i \in I} \alpha_{ij} \cdot p_{ij} = p_j, \quad J_j \in J \tag{2-3}$$

$$S_{ij} + p_{ij} \leqslant C_{ij} + M(1 - \alpha_{ij}), \quad M_i \in I, J_j \in J \tag{2-4}$$

$$S_{ij} + p_{ij} \geqslant C_{ij} - M(1 - \alpha_{ij}), \quad M_i \in I, J_j \in J \tag{2-5}$$

$$C_{ij} \leqslant S_{ik} + M(1 - x_{ijk}), \quad M_i \in I; J_j, J_k \in J; J_j \neq J_k \tag{2-6}$$

$$C_j \geqslant C_{ij}, \quad M_i \in I, J_j \in J \tag{2-7}$$

$$C_j \leqslant D, \quad J_j \in J \tag{2-8}$$

$$\alpha_{ij} \leqslant x_i, \quad M_i \in I, J_j \in J \tag{2-9}$$

$$x_{ijk} \leqslant x_i, \quad M_i \in I; J_j, J_k \in J; J_j \neq J_k \tag{2-10}$$

$$x_{ijk} + x_{ikj} \leqslant 1 + M(2 - \alpha_{ik} - \alpha_{ij}), \quad M_i \in I; J_j, J_k \in J; J_j \neq J_k \tag{2-11}$$

$$x_{ijk} + x_{ikj} \geqslant 1 - M(2 - \alpha_{ik} - \alpha_{ij}), \quad M_i \in I; J_j, J_k \in J; J_j \neq J_k \tag{2-12}$$

式（2-2）确保订单被分配给有加工能力的机器，即考虑了订单与机器在加工类型上的匹配；式（2-3）表示订单的加工时间等于其所有拆分子订单的加工时间之和，该等式也刻画了在共享制造模式下订单可拆分的特性；式（2-4）～式（2-7）描述了订单加工的开始时间和结束时间之间的关系；式（2-8）表示订单必须在生产决策周期内完成；式（2-9）与式（2-10）表示订单必须分配给平台已经选择的机器进行加工；式（2-11）与式（2-12）表达在任意机器上加工不同订单的先后顺序约束。需要注意的是，式（2-3）是一个非线性表达式，可以利用一个方程组进行线性化等价变换。

2. 问题性质及下界分析

考虑在生产决策周期内租赁一台机器的成本 c 的大小，讨论两种特殊情形。假设有一台虚拟机器可以加工所有类型的订单，令 $\sum_{J_j \in J} C_j^{\mathrm{SPT},1}$ 表示这台虚拟机器按最短加工时间优先（shortest processing time first，SPT）规则加工所有订单的总完工时间。令 $\sum_{J_j \in J} C_j^u$ 表示选择 $u(u \geqslant 2)$ 台机器按照经典的列表调度（list scheduling，LIST）算法加工订单的总完工时间，令 f_u 为租赁 u 台机器加工订单的目标值，即 $f_u = c \cdot u + \rho \cdot \sum_{J_j \in J} C_j^u$。对比平行机与单台机器的加工订单特征，容易得出 $\sum_{J_j \in J} C_j^u \leqslant \sum_{J_j \in J} C_j^{\mathrm{SPT},1}$。因此，在该模型中如果租赁一台机器的成本 c

超过一定的阈值，则选择最少的机器数量可以实现最小的目标函数值，即有以下结论成立。

命题 2-1　假设租赁一台机器的成本 c 取值足够大，即 $c \geqslant \rho \cdot \sum_{J_j \in J} C_j^{\text{SPT},1}$，则问题 $R \mid \text{elig}, \text{split} \mid \text{TC}_M + \rho \cdot \sum_{J_j \in J} C_j$ 等价于选择最小加工机器集合的优化问题，即寻找一个可以加工所有订单的最小机器集合，且后者等价于著名的 NP 难问题——集合覆盖问题（set covering problem，SCP）。

集合覆盖问题描述如下：给定全集 U，以及一个包含 n 个集合且这 n 个集合的并集为全集的集合 S，集合覆盖问题为要找到 S 的一个最小子集，使子集中元素的并集等于全集。

反之，容易观察，若 c 非常小，则该模型的最优解将等同于优化目标为 $\sum_{J_j \in J} C_j$ 的最优解。由于参与加工的机器越多，$\sum_{J_j \in J} C_j$ 的取值将会越小，因而很显然，此时最优解将选择平台中的所有机器参与加工订单，对应的问题转化为给定机器集合的订单分配与加工调度决策。因为 c 取值很大属于所探讨问题的一个特殊情形，因此，根据命题 2-1 的结论，该问题属于 NP 难问题。

下面将着重讨论对于一般的 c 取值，重点设计有效的启发式算法来选择参与加工的机器的最佳集合，并给出最佳加工调度方案。一个完整的调度方案包括：拆分订单为多个子订单、分配各（子）订单至合适的机器，以及安排每台机器上的订单加工顺序。

接下来求取该模型的目标函数值下界，求解该下界的主要思路是首先构建原问题的一个松弛问题，其次求解松弛问题的最优解。显然，松弛问题的最优目标函数值可以作为原问题的一个下界。在松弛问题中，假设每一台机器都能加工所有类型的订单，即忽略了对订单类型因素的考虑，将该松弛问题记为 $R \mid \text{split} \mid \text{TC}_M + \rho \cdot \sum_{J_j \in J} C_j$。结合订单拆分的子订单具有整数长度的假设，每个订单的多个子订单在多台机器上的完成时间最多相差一个时间单位，进而可以计算出任一订单 J_j 的完成时间：

$$C_j = \left\lceil \frac{\sum_{1 \leqslant i \leqslant u} C_{i,\text{pre}(j)} + p_j}{u} \right\rceil, \quad J_j \in J \tag{2-13}$$

式中，$C_{i,\text{pre}(j)}$ 为在机器 M_i 上 J_j 的紧前订单的完成时间。从而将松弛问题的求解简化为决策机器的使用数量 u，通过遍历比较不同 u 值下的最佳目标值，可以得出松弛问题的最优目标值，即原问题的下界 LB，如式（2-14）所示。注意到生产决策周期 D 的约束使平台所选择的机器数量不能少于 $\bar{u}$，后者满足 $\bar{u} = \left\lceil \left(\sum_{J_j \in J} p_j / D \right) \right\rceil$。

$$LB = \min_{\bar{u} \le u \le |I|} \left(c \cdot u + \rho \cdot \sum_{J_j \in J} C_j \right) \quad\quad (2\text{-}14)$$

式中，C_j 的值可以由式（2-13）计算求得。下面通过一个简单的示例，即例 2-1 来解释原问题的下界（即松弛问题最优值）的求解过程。

例 2-1 设有 8 台机器处理 6 个订单，订单长度分别为（2，3，8，11，12，12），每台机器的租赁成本 $c = 50$，生产周期 $D = 25$，目标函数的权重系数 $\rho = 1$。在计算下界 LB 时，假设 8 台机器均可以加工所有订单；同时，最小的机器租赁数量为 $\bar{u} = \left\lceil \left(\sum_{J_j \in J} p_j / D \right) \right\rceil = 2$。现以使用 $u = 3$ 台机器加工订单为例，给出其对应目标函数值的分析计算步骤如下。首先，长度为 2 的第一个订单 J_1 被拆分成两个子订单并分配给三台机器中的任意两台，如机器 M_1 与 M_2，由式（2-13）得到 $C_1 = 1$。其次，对于第二个订单 J_2，其长度为 3，将其拆分成三个单位长度的子订单并分配给三台机器，得到 $C_2 = 2$。其余订单根据式（2-13）类似地进行拆分与分配。根据目标函数表达式 $c \cdot u + \rho \cdot \sum_{J_j \in J} C_j$ 得到，当 $u = 3$ 时的目标函数值为 194。图 2-2 给出了这 6 个订单的拆分调度方案，图中的横轴表示时间，时间轴上的每一个矩形表示一个（子）订单的加工，矩形内标示对应的订单，矩形宽度即为该订单在相应机器上的加工时间，横轴下方的数字为加工某个订单的开始时间或结束时间。依次计算并比较使用 $u(2 \le u \le 8)$ 台机器的目标函数值，最终得到当 $u = 2$ 时达到最小目标值 165，相应的调度方案如图 2-3 所示。因此，该例子的下界 LB=165。

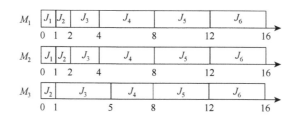

图 2-2 例 2-1 中使用 3 台机器的调度方案

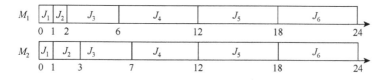

图 2-3 例 2-1 中使用 2 台机器的调度方案

对于上述小规模示例，也可以运用 CPLEX 软件来直接求解原问题的精确解。首先，需要进一步给出机器适用性矩阵，如图 2-4 所示。图中的元素 1（或 0）表示机器可以（或不可以）加工相应的订单。例如，第二行表示机器 M_1 只能加工订单 J_1 和 J_5。

	J_1	J_2	J_3	J_4	J_5	J_6
M_1	1	0	0	0	1	0
M_2	0	0	1	0	0	0
M_3	0	1	1	0	1	1
M_4	0	1	1	1	1	0
M_5	0	1	1	0	0	0
M_6	1	1	0	1	1	0
M_7	0	0	1	0	0	0
M_8	1	0	0	0	1	1

图 2-4　例 2-1 中的机器适用性矩阵

图 2-5 为运用 CPLEX 软件求解得到的精确解。在该最优方案中，共享平台使用了两台机器 M_3 和 M_6，租赁总成本为 100。订单 J_2 和 J_5 被拆分至两台机器上加工，其他四个订单由一台机器加工。该精确调度方案的订单总完工时间为 75，最优目标值为 $100 + 75 = 175$。对于该示例，最优目标值与前面得到的问题下界二者之间的相对误差为 $(175 - 165)/165 \times 100\% = 6.06\%$。

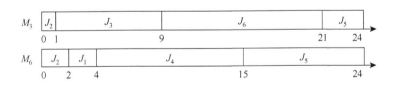

图 2-5　CPLEX 求解例 2-1 的最优调度方案

3. 求解算法设计与分析

前面已分析指出本节所讨论的问题为 NP 难问题，因此，接下来着重设计有效的启发式算法以及遗传算法来求解该问题的大规模实例；同时，主要利用数值实验分析来验证所设计算法的有效性。首先，设计给出一个基于机器适用性的启发式算法，称为适用性贪婪（capability-based greedy，CBG）算法。该算法主要包括机器选择与订单加工调度两个决策步骤，简单描述如下。

（1）首先，选择具有最大适用性的机器，即可以加工最多类型订单的机器；

其次，针对已选择的机器无法加工的剩余订单集合，选择一台能够加工最多剩余订单的机器，如此重复添加机器，直到所选择的机器集合可以完成所有订单。

（2）将所有订单按 SPT 规则排序并依次分配至机器上加工。由前文可知，拆分的子订单具有整数长度的加工时间，且任意订单的拆分方案要求该订单在所有参与加工的机器上完成子订单的时间相差不超过一个时间单位。

为了增大对解的搜寻空间，适用性贪婪算法在上述选择机器集合及调度方案的基础上，循环增加选择机器的数量并更新调度方案；将未被选择的剩余机器按照其适用性从大到小进行排序，并且每次将排在最前的一台机器添加至已选择机器集合中，分别更新订单加工方案并且计算新的目标值；最终选择目标值最小的加工调度方案及其选择机器集合作为适用性贪婪算法的解。

其次，采用遗传算法（genetic algorithm，GA）来求解本节所探讨的模型。遗传算法是在调度优化及其他管理决策领域应用最为广泛的元启发式算法之一，它主要包括染色体（即个体解）的表达、初始种群的生成、适应度函数设计、交叉与变异算子设计、子代种群的选择、算法中止条件设计，以及迭代过程中调整不可行染色体的处理方法。为了加快遗传算法的收敛速度，将适用性贪婪算法的解作为遗传算法的其中一个初始可行解。

在求解本问题的遗传算法中，每条染色体包含 $|I| \cdot |J|$ 个基因，其中，排在最前（$i = 1, i \in I$）的 $|J|$ 个基因的 0/1 取值表示全部订单在机器 M_1 上的分配方案；随后（$i = 2, i \in I$）的 $|J|$ 个基因的取值表示全部订单在机器 M_2 上的分配方案；以此类推。一个基因的取值为 1 代表该订单的某个子订单分配给了相应的机器，取值为 0 则表示该订单没有分配给相应的机器。若一个订单被分配给了多个机器，则每台机器所分配的该订单加工时长为一个随机整数，并满足这些整数之和等于该订单的加工时间。

在交叉算子中采用如下方法：如果两个父代染色体在同一位置的基因相同，则该基因被复制给两个子代染色体；否则，两个子代染色体在该位置的基因随机赋值为 0 或 1。在变异算子中的操作方法为：对于每条染色体，随机生成两个数字确定变异基因的位置，然后交换两个基因的取值。在生成初始种群以及迭代过程中生成子代染色体的过程中，可能产生不可行的染色体，具体包括以下三种情形，分别给出相应的调整方法。

情形一：某一台机器不能加工该订单，则将对应基因的值由 1 改为 0。

情形二：某一个订单没有被分配给任何机器，则将它随机分配给任一台有加工能力的已选择机器。

情形三：所有已选择机器都不能加工某一个订单，则随机增加选择一台可以加工该订单的机器。

对于上述所提出的适用性贪婪算法和遗传算法，主要运用大规模算例的数值实验来验证二者的执行性能。在解的质量上，适用性贪婪算法在不同算例下的平均目标值略大于遗传算法的值，二者的相对误差为 1.24%；在求解速度上，适用性贪婪算法和遗传算法的平均运行时间分别为 0.6s 和 227.4s，因此前者运行速度明显更快。在大、中、小不同输入规模上，两个算法求得的平均目标值与问题下界的相对误差始终在 20%~28% 波动，而小规模下用 CPLEX 求出的精确解目标值与下界的相对误差也大于 20%，这说明在大规模输入实例下，两个启发式算法的解仍然十分接近最优解。同时，精确解与下界的误差超过 20%，说明松弛机器的适用性对于问题的最优调度方案具有十分显著的影响。此外，通过大量数值实验的运行结果分析，还可以得出以下几点管理启示。

（1）在给定生产订单集合下，机器可以加工的订单的数量越多意味着其加工能力越强。因此，共享平台应该优先租赁具有最大适用性的机器。

（2）由于平台需要同时考虑总租赁成本和订单总完工时间，因此租赁机器的数量需要在两个目标之间进行权衡。如果一台机器的租赁成本较高，则需选择较少的机器数量来加工订单；反之，则应当选择较多的机器加工订单以缩短总完工时间和提升客户满意度。

（3）平台应当尽量采用拆分策略来加工订单，将订单尽可能多地拆分并分配至有能力加工的机器上以缩短订单完成时间，使订单尽快完成加工并交付，提高客户的满意度。

2.2.2　考虑释放时间因素的优化调度

在服装供应链共享制造平台处理客户订单的过程中，比较常见的情况是不同客户的订单随时间推移陆续到达，而且每个订单只有在被平台接收之后才能进行分配与安排加工。订单动态到达现象在生产实践中普遍存在，例如，按单设计（engineer-to-order，ETO）/ 按单生产（make-to-order，MTO）等经典的拉动式供应链也是针对个性化订单动态到达的一种有效响应模式，在接到客户订单之后才启动相应的设计与生产活动。考虑订单释放时间这一属性对生产调度方案的影响受到了许多学者的关注（Park and Kim，1997；李凯等，2013）。Yalaoui 和 Chu（2006）探究了具有订单释放时间、以最小化总完工时间为优化目标的一个平行机调度模型，通过允许订单拆分或者放宽释放时间约束，论证了问题下界的一个多项式时间求解方案。Nessah 和 Chu（2010）研究了机器具有非加工时间段的一类平行机调度问题，针对最小化加权总完工时间的优化目标，提出了在多项式时间内可以求得的一个下界。上述这些研究的优化目标中大多只考虑订单的完工时间，并未涉及机器租赁成本。

因此，本节将拓展 2.2.1 节的调度模型，进一步结合订单释放时间因素，探讨同时考虑租赁成本、机器适用性，以及可拆分订单具有释放时间的平行机调度决策。假设每个订单拆分之后在机器上的加工过程中不允许被新释放的订单中断。用三参数法将这一模型表达为

$$R\,|\,r_j,\mathrm{elig},\mathrm{split}\,|\,\mathrm{TC}_M+\rho\cdot\sum\nolimits_{J_j\in J}C_j$$

式中，r_j 为订单 J_j 的释放时间，其他符号的含义与 2.2.1 节的模型相同。针对这一模型，本节首先剖析其松弛问题，即不考虑机器适用性以及允许加工抢占的模型，论证松弛问题的最优解在多项式时间内可以求得，并且给出了松弛问题最优解的计算方法，将其作为原问题最优目标值的一个下界。其次，设计给出了一种结合先到先服务规则和最短加工时间优先规则的循环优化算法，以及一种改进的差分进化算法来求解原问题的大规模输入实例。最后，总结给出了利用数值实验得到的一些基本结论。

对于 $R\,|\,r_j,\mathrm{elig},\mathrm{split}\,|\,\mathrm{TC}_M+\rho\cdot\sum\nolimits_{J_j\in J}C_j$ 模型，共享平台处理订单的基本操作流程与 2.2.1 节的模型相似；不同之处在于，前者要求每个订单的加工开始时间不能早于该订单的释放时间。同样地，以最小化机器租赁总成本和订单总完工时间的加权和为优化目标，构建一个混合整数线性规划模型。在前一模型的基础上增加如下约束条件：

$$S_{ij}\geqslant r_j,\quad M_i\in I,J_j\in J \tag{2-15}$$

这个约束条件使得对该问题的加工方案设计以及问题的下界求解思路都产生了很大差别。

1. 问题的下界分析

下面对原问题的目标值下界进行分析，首先，松弛原问题的机器适用性条件，即假设每台机器可以加工任何类型的订单；其次，松弛订单加工不允许抢占的约束，即假设任一订单或子订单在加工过程中可以随时被其他订单中断，并且在后续任一时刻从其中断点恢复继续加工。将同时松弛原问题上述两个因素的松弛问题表示为

$$P\,|\,r_j,\mathrm{pmtn},\mathrm{split}\,|\,\mathrm{TC}_M+\rho\cdot\sum\nolimits_{J_j\in J}C_j$$

式中，P 表示所有机器是相同类型的；pmtn 表示任意订单可以被中断与恢复加工。

在松弛模型中，首先，通过 $\bar{u}=\left\lceil\left(\sum\nolimits_{J_j\in J}p_j/D\right)\right\rceil$ 计算出最少使用的机器的数量。其次，通过遍历所有 $u\,(\bar{u}\leqslant u\leqslant|I|)$ 值，对于给定的某个 u 值，求解松弛问题的最优调度方案及其目标函数值；最后，对比不同 u 值下的调度方案目标值，选择目标值最小的调度方案，将其对应的目标值作为原问题的下界值。下面将给出问题

下界的求解过程。

首先，在给定任意 u 值的条件下，机器租赁成本 $\mathrm{TC}_M = c \cdot u$ 是一个常数，因此，松弛问题 $P \mid r_j, \mathrm{pmtn}, \mathrm{split} \mid \mathrm{TC}_M + \rho \cdot \sum_{J_j \in J} C_j$ 等价于问题 $P_u \mid r_j, \mathrm{pmtn}, \mathrm{split} \mid \sum_{J_j \in J} C_j$。其中，$P_u$ 表示 u 台同类型机器。Yalaoui 和 Chu（2006）证明了即使机器的可用时间段不相同，最短剩余加工时间（shortest remaining processing time，SRPT）优先规则对于问题 $P_u \mid r_j, \mathrm{pmtn}, \mathrm{split} \mid \sum_{J_j \in J} C_j$ 也是最优的。因此，将带订单拆分的 SRPT 优先规则记为 ES-SRPT 算法，它可以应用于精确求解机器在零时刻可用的 $P_u \mid r_j, \mathrm{pmtn}, \mathrm{split} \mid \mathrm{TC}_M + \rho \cdot \sum_{J_j \in J} C_j$ 问题。给定 u 台机器，ES-SRPT 算法将每个订单平均拆分成 u 个子订单，并分配给 u 台机器，即每台机器加工一个子订单。此外，任意一台机器上的所有子订单按 SRPT 优先规则加工。

定理 2-1　对于松弛问题 $P \mid r_j, \mathrm{pmtn}, \mathrm{split} \mid \mathrm{TC}_M + \rho \cdot \sum_{J_j \in J} C_j$，ES-SRPT 算法可以在多项式时间内输出最优调度方案。

证明：只需证明 ES-SRPT 算法可以精确求解给定 u 值时的等价性问题 $P_u \mid r_j, \mathrm{pmtn}, \mathrm{split} \mid \sum_{J_j \in J} C_j$ 即可。不妨分析不同 u（$\overline{u} \leqslant u \leqslant |I|$）值下的最优调度方案，并从中选出目标函数值最小的调度方案及其对应的 u 值即为该问题的最优解。

首先，对于 $u = 1$ 即单机器问题 $1 \mid r_j, \mathrm{pmtn} \mid \sum_{J_j \in J} C_j$，SRPT 优先是最优调度规则（Baker，1974）。因此当 $u \geqslant 1$ 时，问题 $P_u \mid r_j, \mathrm{pmtn}, \mathrm{split} \mid \sum_{J_j \in J} C_j$ 的最优调度方案必定是将所有机器上的子订单按照 SRPT 优先规则加工。其次，针对 $\overline{u} \leqslant u \leqslant |I|$ 的问题 $P_u \mid r_j, \mathrm{pmtn}, \mathrm{split} \mid \sum_{J_j \in J} C_j$，在 ES-SRPT 调度方案下的任意订单 J_j，有 $C_{ij} = C_{i'j}$（$1 \leqslant i < i' \leqslant u$）成立。这表明对于任意机器 M_i（$1 \leqslant i \leqslant u$），订单 J_j 的完成时间满足 $C_j = C_{ij}$，并且 $\sum_{J_j \in J} C_j = \sum_{J_j \in J} C_{ij}$（$1 \leqslant i \leqslant u$）。将 ES-SRPT 算法生成的订单加工方案记为 σ；令 $p_{ij}(\sigma)$、$S_{ij}(\sigma)$ 和 $C_{ij}(\sigma)$ 分别表示在方案 σ 中，机器 M_i 上的子订单 J_{ij} 的长度、加工开始时间与完成时间；令 $C_j(\sigma)$ 表示订单 J_j 在 σ 中的完成时间。令 I_u 表示问题中 u 台机器的集合。

下面用反证法证明 σ 为最优加工方案。假设存在另一个最优方案 σ'，除了订单 J_j 之外，所有订单均等分为 u 个子订单且加工排序与 σ 相同。对于 J_j，至少存在两台机器 M_w 和 M_v 所分配的子订单长度不等，对应的子订单分别为 J_{wj} 和 J_{vj}，满足 $p_{wj}(\sigma') + p_{vj}(\sigma') = 2p_j / u$ 且 $p_{wj}(\sigma') > p_{vj}(\sigma') \geqslant 0$；同时，对于 $M_i \in I_u \backslash \{M_w, M_v\}$，有 $p_{ij}(\sigma') = p_j / u$。在 σ' 中，由 $p_{wj}(\sigma') > p_{vj}(\sigma')$ 和 $p_{wj}(\sigma') > p_j / u = p_{wj}(\sigma)$ 可知，在 σ 中子订单 J_{wj} 与其后相邻订单的加工顺序在方案 σ' 中可能进行了交换。这表明子订单 J_{wj} 在序列 σ' 中的加工开始时间不会早于在 σ 中的开始时间。因此，由 $S_{wj}(\sigma) \leqslant S_{wj}(\sigma')$ 可以得到 $C_{wj}(\sigma) = S_{wj}(\sigma) + p_{wj}(\sigma) < C_{wj}(\sigma') = S_{wj}(\sigma') + p_{wj}(\sigma')$ 且 $C_j(\sigma) = C_{wj}(\sigma) < C_{wj}(\sigma') = C_j(\sigma')$。对于其他任意订单 $J_k \in J \backslash \{J_j\}$，由于 $C_{ik}(\sigma) = C_{ik}(\sigma')$（$M_i \in I_u \backslash \{M_w, M_v\}$），则有 $C_k(\sigma) \leqslant C_k(\sigma')$。并且 $C_k(\sigma) = C_{xk}(\sigma)$（$x \in \{i, w, v\}$），

而 $C_k(\sigma') = \max_{x \in \{i,w,v\}} C_{xk}(\sigma') \geqslant C_{ik}(\sigma')$。因此，方案 σ' 的目标函数值严格大于方案 σ，表明 σ' 不是最优加工方案，即假设不成立。类似地，若订单 J_j 有更多个子订单的长度不等，或者超过一个订单未均等拆分为 u 个子订单，则可以进行类似分析并得出相同的结论。因此，可以判定 σ 为最优加工方案。

考察 ES-SRPT 算法的计算时间复杂性。对于给定的 u 台机器，ES-SRPT 算法结合均分方案和 SRPT 优先规则生成的调度方案花费时间为 $O(|J| \log |J|)$。因此，该算法共生成 $|I| - \bar{u} + 1$ 个调度方案并从中选择一个最优方案，总耗费时间为 $O(|I| \cdot |J| \log |J|)$。证毕。

由定理 2-1 可知，ES-SRPT 算法输出松弛问题 $P|r_j, \text{pmtn}, \text{split}|TC_M + \rho \cdot \sum_{J_j \in J} C_j$ 的最优加工调度，记为 σ_{u^*}，对应 u^* 台租赁的机器。在该方案中任意订单 J_j 被均分为 u^* 个子订单。考虑到每个订单只能被拆分成整数长度的子订单。因此，需要对方案 σ_{u^*} 进行可行性调整。其大致调整思想如下：对于订单 J_j，如果 p_j/u^* 不是整数，则令一部分子订单的长度向上取整而另一部分子订单的长度向下取整，保证调整后的子订单总长度等于该订单的长度并且所有子订单的完工时间最多相差一个时间单位。因为它是 ES-SRPT 算法的简单微调，这里省略详细的调整步骤。对于松弛问题的最优加工方案对应的最小目标函数值可以作为原问题 $R|r_j, \text{elig}, \text{split}|TC_M + \rho \cdot \sum_{J_j \in J} C_j$ 的一个下界 LB。因此，基于上述分析可以得出如下结论。

命题 2-2 对于问题 $R|r_j, \text{elig}, \text{split}|TC_M + \rho \cdot \sum_{J_j \in J} C_j$，由式（2-16）可以计算得出目标值的一个下界。其中，订单 J_j 的完成时间 C_j 可由 ES-SRPT 算法求解相应的松弛问题 $P|r_j, \text{pmtn}, \text{split}|TC_M + \rho \cdot \sum_{J_j \in J} C_j$ 得出。

$$LB = \min_{\bar{u} \leqslant u \leqslant |I|} \left\{ c \cdot u + \rho \cdot \sum_{J_j \in J} C_j \right\} \tag{2-16}$$

下面用例 2-2 简单说明下界的计算过程。

例 2-2 本例包括 6 台机器与 6 个订单，订单的释放时间分别为（0，2，3，6，6，7），加工时间分别为（4，6，10，3，5，6）；权重系数为 $\rho = 1$，生产周期为 $D = 15$，每台机器的租赁成本为 $c = 10$。考虑到生产周期约束，首先计算需要使用的最少机器数 $\bar{u} = \left\lceil \left(\sum_{J_j \in J} p_j \right) / D \right\rceil = \lceil 34/15 \rceil = 3$，然后依次计算 ES-SRPT 算法在松弛问题中使用 $u(3 \leqslant u \leqslant 6)$ 台机器的最优调度对应的目标函数值。比较得到当 $u = 3$ 时，6 个订单的完成时间分别为（2，4，9，7，10，12），因此最优目标值为 $3 \times 10 + 44 = 74$，对应的最优调度方案如图 2-6 所示。

2. 求解算法设计

由于所探讨的模型属于 NP 难问题，对于小规模的输入算例可以利用 CPLEX

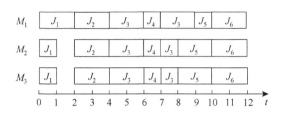

图 2-6　例 2-2 的松弛问题最优调度方案

软件求解给出精确解和最优目标值；而对于大规模算例，CPLEX 不能够在有限时间内输出最优解或者可行解，因此主要采用启发式算法进行求解。由于该模型同时考虑了订单释放时间和机器适用性，采用 SPT、先到先服务（the first come first serve，FCFS）等单一的经典加工规则不易生成高质量的满意解。因此，我们提出一种结合 FCFS 规则和 SPT 规则的循环优化（cyclic optimization，CO）算法和一种改进的差分进化（improved differential evolution，IDE）算法进行求解（Zheng et al.，2022a）。下面分别阐述这两个算法。

CO 算法主要包括四个步骤。

（1）根据机器的适用性指标基于贪婪思想选择最小的一个机器集合。

（2）将订单按释放时间非递减即 FCFS 规则排序，若两个订单释放时间相等，则按 SPT 规则排序。同时，从前往后依次将订单分配到多台机器上；如果订单可以在多台机器上加工,订单拆分的原则是子订单在这些机器上的完成时间最多相差一个时间单位。如果订单的加工不满足周期约束，则放弃该调度方案。

（3）对步骤（2）生成的订单加工顺序进行局部优化，即从前往后依次交换相邻订单的加工顺序判断是否改进目标值，若有改进则保留交换。

（4）循环扩大参与加工机器的集合，每次增加一台适用性最高的剩余机器，并重复步骤（2）、步骤（3）生成新的加工调度方案。最终选择一个目标函数值最小的调度方案作为 CO 算法的最终解。

在上述步骤（2）中，分配每个订单的具体操作如下。令 I_{CO} 为所选机器的集合。对于任一订单 $J_j \in J$，令集合 $I_j \subseteq I_{CO}$ 包含所有能够加工订单 J_j 的机器。将订单拆分为 $u\,(\overline{u} \leqslant u \leqslant |I_j|)$ 个子订单并分配至 I_j 集合中的 u 台机器上加工，满足 u 台机器在完成 J_j 之后的累计负载最多相差 1 个时间单位，即如果机器 M_i 和 $M_{i'}\,(M_i, M_{i'} \in I_j)$ 都被选择加工订单 J_j，则有

$$C_{ij} - C_{i'j} \leqslant 1 \qquad (2\text{-}17)$$

根据式（2-17），加工完成订单 J_j 后，I_j 中的 u 台机器的当前完成时间均不小于 $C_j - 1$。其中，C_j 的取值依据如下公式：

$$C_j = \left\lceil \frac{\sum_{M_i \in I_j} \max\{C_{i,\text{pre}(j)}, r_j\} + p_j}{u} \right\rceil, \quad J_j, J_{\text{pre}(j)} \in J \qquad (2\text{-}18)$$

式中，订单 $J_{\text{pre}(j)}$ 为 J_j 在机器 M_i 上的紧前订单；$\lceil \cdot \rceil$ 为向上取整符号。需要注意的是，对于不同的机器，J_j 的紧前订单 $J_{\text{pre}(j)}$ 可能不相同。另外，结合对 u 台机器的负荷约束公式即式（2-17）以及订单 J_j 的完成时间计算公式即式（2-18）可以确定 u 的取值。

在步骤（3）中，主要采用了循环迭代局部搜索来改进目标函数值。每一次循环被定义为从搜索调度方案中第 1 个、第 2 个订单的交换加工开始，到搜索第 2 个、第 3 个订单的交换加工，一直到搜索序列中最后两个订单的交换加工结束。在每次搜索过程中，如果交换相邻两个订单的加工顺序可以改进目标值，则保留交换并更新相关订单的编号；否则，撤销此次加工交换。如果某一次循环与前一次循环的目标值相同，则终止该循环优化过程，并将当前加工调度方案作为当前所选择机器集合下的最佳解。

在 CO 算法中，上述步骤（1）需要对 $|I|$ 台机器的适应度进行从大到小的排序，因而时间复杂度为 $O(|I|\log|I|)$；步骤（2）采用 FCFS 规则对所有订单排序，耗时 $O(|J|\log|J|)$；步骤（3）逐次交换相邻的订单加工次序，运行时间为 $O(|J|)$；步骤（4）循环运行步骤（2）、（3）的次数少于 $|I|$ 次，即为 $O(|J|)$ 时间。因此，该算法的时间复杂度为 $O(|I| \cdot |J| \log|J|)$。

IDE 算法基于经典的差分进化（differential evolution，DE）算法，后者应用比较广泛，它从一个初始染色体群体开始，在每一轮迭代过程中，先后经过变异和交叉操作，产生一个新的子代种群；通过在父代和子代种群中利用适应度指标择优，选择能够作为父代种群进入下一轮迭代的那些个体。经过有限次循环迭代，将最后一轮迭代中具有最优目标值的个体作为最终解输出。在 IDE 算法中，不但对初始个体种群以及在迭代操作过程中产生的新个体进行可行解检查和有针对性的调整，而且将 CO 算法生成的解作为 IDE 算法的初始可行解之一，以便加速迭代过程。

关于 IDE 算法的初始染色体设计如下。每条染色体由 $|I| \cdot |J|$ 个二进制基因组成，其中，基因 $(i-1) \cdot |J| + j$ 表示订单 J_j $(1 \leqslant j \leqslant |J|)$ 在机器 M_i $(1 \leqslant i \leqslant |I|)$ 上的分配情况，取值为 1 表示订单 J_j 或其子订单分配给机器 M_i 加工；取值为 0 表示 M_i 不加工该订单。如果对于任一 i，基因 $(i-1) \cdot |J| + j$ 对于 $1 \leqslant j \leqslant |J|$ 取值均为 0，则表示机器 M_i 没有被共享平台选择来加工订单。对于染色体的不可行性检查及其调整有两种情形：第一，某个订单被分配给了一台没有能力加工该订单的机器，则消去这一不可行的分配并将相应的基因取值由 1 修改为 0；第二，某个订单没有被分配给任何机器，则需要将该订单随机分配给一台能够加工该订单且已被平

台租赁的机器，将相应的基因取值由 0 修改为 1。如果不存在这样的机器，则随机增加租赁一台能够加工该订单的机器。需要指出的是，对于每条染色体的上述可行性检查可能需要重复多遍，并在最后一遍检查中无须调整任何基因的取值。

在每一条可行的染色体中，只是标识了订单在机器上是否进行分配，而并未给出所分配子订单的加工长度以及在机器上的加工顺序，因此还需要进一步解码以确定订单的拆分方案。首先，对任意订单 J_j，计算染色体中被分配加工该订单的机器数量 u_j；其次，将订单 J_j 随机划分为 u_j 个子订单，要求满足加工时间总和等于 p_j；最后，对每台机器所分配的（子）订单随机生成一个加工序列。

IDE 算法的变异操作如下。首先，从父代种群中随机选择三条染色体，记为 w_1、w_2 及 w_3，由这三条染色体生成一条经过变异的新染色体 y；其次，染色体 y 的第 q $(1 \leqslant q \leqslant |I| \cdot |J|)$ 个基因的取值确定方法如下，令 $\zeta = \delta \cdot (w_1(q) - w_2(q)) + w_3(q)$，其中 δ 为缩放因子。如果 $\zeta \leqslant 0$，则该基因取值为 0，如果 $\zeta > 0$，则取值为 1。通常情况下 δ 的取值位于区间 $[0,2]$，对于本模型，大量算例测试结果表明，当 $\delta = 1$ 时，IDE 算法的表现最好，因此设置 $\delta = 1$。图 2-7 给出了变异操作的一个示意图。

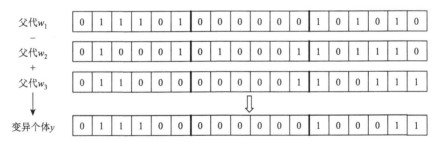

图 2-7　IDE 算法中的变异操作示意图

IDE 算法的交叉操作是由上述变异染色体 y 与一条随机选择的父代染色体 w_4 来完成的，并生成一条子代染色体 z。类似于一些已有的研究，这里将交叉概率 θ 设置为 0.1。染色体 z 的第 q $(1 \leqslant q \leqslant |I| \cdot |J|)$ 个基因的取值办法如下。生成一个随机数 $\xi \in [0,1]$ 并与交叉概率 θ 进行比较。如果 $\xi < \theta$，则基因 q 的值等于染色体 y 的第 q 个基因取值；否则，其取值与染色体 w_4 的第 q 个基因相同。IDE 算法运行达到事先设定的最大迭代次数时即终止；迭代结束时，输出最后一次循环中得到的最优染色体作为该算法的解。

在小规模算例下 CO 算法、IDE 算法得到的目标值与最优值以及命题 2-2 的理论下界的相对误差分析，以及在大规模输入算例中两种算法与下界的相对误差的数值结果分析表明，对于订单个数在 10 以内的小规模算例，CO 算法与 IDE 算法在不同规模下的输出解均较为接近最优解，平均误差分别为 1.94% 与 2.64%；

同时，最优解与下界的平均误差为 6.24%。相比较于 2.2.1 节实验中最优解与下界的相对误差高达 20%，本节考虑订单释放时间的调度模型所给出的目标值下界明显更加接近最优值。对于订单个数为 60~200 的中大规模算例，IDE 算法和 CO 算法与下界之间的平均误差分别为 13.74%和 13.76%，表明对于大规模算例，两个算法的目标值与最优值的差距有所增大。同时，IDE 算法比 CO 算法在目标值上改进了大约 0.1%，说明二者的性能基本相当。进一步比较分析机器适用性比例对算法性能的影响。当机器适用性比例为 40%、50%和 60%时，IDE 算法和下界的相对误差分别为 9.42%、5.34%和 3.30%。这表明较大的机器适用性比例可以提高订单的拆分可能性和缩短订单的完成时间。由于下界 LB 是通过设置机器适用性比例等于 100%而解得的值，因此机器适用性比例越大，IDE 算法求解的目标值与下界的差距也就越小。此外，在解的质量方面，CO 算法的性能与 IDE 算法类似；而 CO 算法的平均运行速度比 IDE 算法快很多。因此，从求解质量和求解时间两方面考虑，在实际生产中，CO 算法是一种高效且有效的求解机器选择方案和订单加工方案的算法。

2.2.3 考虑准备时间与学习效应因素的优化调度

随着社会经济的不断发展，服装制造供应链中的客户在服装产品需求上越来越追求个性化、多样化。在共享制造环境下，通过平台共享制造机器可以更好、更快地响应客户需求。与此同时，各种新技术也不断推动着服装产品机器设备的改进升级，使一台机器或者一条流水线具备加工多种类型服装产品的性能；但是在加工不同类型的产品时，往往需要切换刀具、夹具等工具，以及更换加工原材料等。不妨将切换工具与原材料的准备活动所花费的时间称为加工准备时间。在服装制造等行业的生产实践中，此类准备活动十分常见，而且它所耗费的时间对于整个生产作业的调度安排具有重要的影响，通常不能够忽视。同时，在服装产品的加工活动中有一个尤其显著的特点，即人工参与度很高，并且一线员工的作业操作速度往往呈现出某种学习效应。具体表现为：员工每接触一种新服装产品，在初始阶段的加工速度较慢，而随着加工件数的增加，操作越来越娴熟，单件产品的加工速度逐渐加快，从而使越靠后生产的每件产品所使用的时间越少。因此，对于需要大量人力资源进行加工的产品，人工的学习效应也不容忽视。在共享制造时代，上述两个因素同样存在并且显著影响着服装制造商制订其生产计划方案。

近年来，已有一些文献针对同时考虑机器适用性、准备时间和订单释放时间的模型进行了详细探讨（Rabiee et al., 2016；Baykasoğlu and Ozsoydan, 2018）。Shahvari 和 Logendran（2017）探讨了具有双资源约束的不相关平行机批调度问题。他们考虑了机器和操作员可用时间的动态性、机器处理订单的能力、批处理能力限制以及操作员的不同技能水平等因素，建立了同时最小化最大完工时间和总成本的双目标规划模型，并设计了四种基于双目标粒子群优化的搜索算法。Ekici 等（2019）将电视的生产调度刻画为考虑顺序相关准备时间、不同释放时间、机器-工件的兼容性限制以及工作负载平衡约束的不相关平行机调度问题，考虑最小化延迟和提前时间之和的优化目标，提出了顺序算法、禁忌搜索算法、随机集划分方法，以及利用禁忌搜索进行局部强化的求解方法进行问题求解。Yunusoglu 和 Yildiz（2022）针对多资源约束下考虑优先关系的不相关平行机调度问题，建立了一个约束规划模型，并通过增加下界约束和冗余约束来提升对该模型的刻画。在已有文献中，考虑了与本节模型相关的机器处理能力约束、准备时间以及订单释放时间等三个因素，但是尚未发现在上述基础上又结合考虑基于共享制造环境的机器租赁成本、订单可拆分性，以及学习效应的相关研究成果。

综上，本节将探究综合考虑机器租赁成本、订单可拆分性、准备时间、学习效应以及机器适用性五个因素的平行机加工环境，并对这一影响因素较多、相互作用复杂的加工情境设计有针对性的加工调度方案。首先，通过分析给出了该模型目标函数值的一个下界；其次，设计了结合利用机器准备时间与学习效应两个因素的一种贪婪算法对问题进行求解，通过算例和实验分析验证了所设计算法的有效性。

关于模型中准备时间因素的刻画，大多数已有文献假设当机器加工的两个相邻的订单属于不同类型时，会产生一次加工准备活动并且准备时间为一个非负常数，记为 $s(>0)$，即准备时间的大小与前后订单的具体类型无关。当然，也有少数文献定义了与前后订单的具体类型有关的准备时间。本节模型中将采用前一种刻画形式。对于学习效应的刻画则体现在订单的加工时间变化趋势上。沿用 Biskup（1999）的表达形式，假设机器 M_i 加工子订单 J_{ij} 的原有加工时间为 p_{ij}，且该子订单是在机器 M_i 上加工的第 $r(\geq 1)$ 个同类型订单，则该机器加工这一订单的实际加工时间为 $p_{ijr} = p_{ij} \cdot r^a$，其中参数 $a(<0)$ 为学习率。$|a|$ 越大，表明学习效应越明显，相应的实际加工时间越短。通常，学习率的取值范围定义为 $a \in (-1, 0)$。

图 2-8 对比了学习率 a 的三种不同取值对应的加工时间变化趋势。$a = -0.25$、-0.50、-0.75 分别对应图中最上方的实线、中间的长虚线，以及最下方的短虚线。在图 2-8 中，订单的原有加工时间为 1，因此当处于第 $r=1$ 个加工位置时，实际加工时间等于原有加工时间。随着机器加工同类型订单数量的增加，第 r 个订单的实际加工时间逐渐缩短，但是这种学习效应随着 r 的增加会越来越小，表现为加工时间缩短量逐渐减少，曲线趋于平缓。同时，从图 2-8 中可以看出，当学习

率 a 从 -0.25 减小为 -0.50 以及 -0.75 时，学习效应逐渐增强。例如，当 $r=50$ 时，三种学习率对应的订单实际加工时间分别为原有加工时间的 37.6%、14.1%、5.3%。

本节模型仍然以最小化机器租赁成本和订单总完工时间的加权和作为优化目标，用三参数法将该模型表达为

$$R \mid s, p_{ijr} = p_{ij} \cdot r^a, \text{elig}, \text{split} \mid \text{TC}_M + \rho \cdot \sum_{J_j \in J} C_j$$

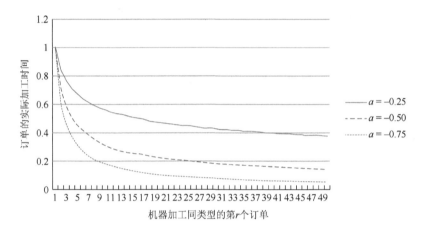

图 2-8　学习效应示意图

1. 问题的下界分析

类似于 2.2.2 节的模型，我们通过放宽机器的适用性约束，即考虑所有订单都是相同类型的松弛问题，从而机器不需要加工订单的准备时间，将该问题表示为 $P \mid p_{ijr} = p_{ij} \cdot r^a, \text{split} \mid \text{TC}_M + \rho \cdot \sum_{J_j \in J} C_j$。显然，松弛问题的精确解对应的目标函数值可以作为原问题 $R \mid s, p_{ijr} = p_{ij} \cdot r^a, \text{elig}, \text{split} \mid \text{TC}_M + \rho \cdot \sum_{J_j \in J} C_j$ 的一个下界。Zheng 等（2022b）对于松弛问题设计给出了精确算法，称为调适 SPT（adapted SPT，ASPT）算法。ASPT 算法包括以下两个主要步骤。

（1）考虑有 u（$\bar{u} \leqslant u \leqslant |I|$）台机器参与加工的情形。将所有订单按照 SPT 规则排序；同时，将所有订单拆分为相等的 u 个子订单并分配至 u 台机器同时启动加工。因此每一个订单的完成时间等于它在 u 台机器上的各个子订单的完成时间，即 $C_j = C_{j-1} + (p_j/u) \cdot j^a$ 对于任意 $J_j \in J$ 成立；计算有 u 台机器参与的该调度方案下的目标函数值。

（2）对比所有的 u（$\bar{u} \leqslant u \leqslant |I|$）取值下的最优目标值，并选择最小目标值对应的调度方案以及 u 值作为该算法生成的最终解。

ASPT 算法对于上述松弛问题有如下结论。

定理 2-2　对于松弛问题 $P \mid p_{ijr} = p_{ij} \cdot r^a, \text{split} \mid \text{TC}_M + \rho \cdot \sum_{J_j \in J} C_j$，ASPT 算法

可以在多项式时间内生成最优解。

证明：首先分析给定 $u\,(\bar{u}\leqslant u\leqslant|I|)$ 台机器的情形，即分析模型 $P_u\,|\,p_{ijr}=p_{ij}\cdot r^a,\mathrm{split}\,|\,\mathrm{TC}_M+\rho\cdot\sum_{J_j\in J}C_j$。因为在 ASPT 算法中，每个订单在不同机器上的加工开始时间以及结束时间都相同，不妨只考虑任意一台机器上的子订单加工方案。为了方便表述，记 ASPT 算法生成的调度方案为 $\sigma(u)=(J_1,J_2,\cdots,J_{|J|})$。其中 J_j 表示 $\sigma(u)$ 中第 j 个被加工的订单。根据算法的步骤（1），原有加工时间 $p_j\leqslant p_{j+1}$ 对于 $1\leqslant j\leqslant|J|-1$ 成立。令 S_j 和 C_j 为任意订单 $J_j\,(1\leqslant j\leqslant|J|)$ 在 $\sigma(u)$ 中的开始时间与结束时间。

下面用反证法证明 $\sigma(u)$ 为使用 u 台机器时的最优加工方案。假设存在另外一个加工方案 $\sigma'(u)$ 具有更小的目标函数值，这里，$\sigma'(u)=(J_1',\cdots,J_{j-1}',J_j',J_{j+1}',J_{j+2}',\cdots,J_{|J|}')$ $=(J_1,\cdots,J_{j-1},J_{j+1},J_j,J_{j+2},\cdots,J_{|J|})$，即后者仅将 $\sigma(u)$ 中满足 $p_j<p_{j+1}$ 的两个相邻订单 J_j 与 J_{j+1} 对调加工顺序，而所有其他订单的加工与 $\sigma(u)$ 中保持相同。令 S_j' 和 C_j' 为任意订单 J_j' 在 $\sigma'(u)$ 中的开始时间与结束时间，p_j' 为 J_j' 的原有加工时间。在 $\sigma(u)$ 中：

$$C_j=S_j+(p_j/u)r^a$$

$$C_{j+1}=S_{j+1}+(p_{j+1}/u)\cdot(r+1)^a=S_j+(p_j/u)r^a+(p_{j+1}/u)\cdot(r+1)^a$$

而在 $\sigma'(u)$ 中：

$$C_j'=S_j'+(p_j'/u)r^a=S_j+(p_{j+1}/u)r^a$$

$$C_{j+1}'=S_{j+1}'+(p_{j+1}'/u)\cdot(r+1)^a=S_j+(p_{j+1}/u)r^a+(p_j/u)\cdot(r+1)^a$$

因此，结合 $p_j<p_{j+1}$ 与 $r^a>(r+1)^a$：

$$(C_j+C_{j+1})-(C_j'+C_{j+1}')$$
$$=[2(p_j/u)r^a+(p_{j+1}/u)\cdot(r+1)^a]-[2(p_{j+1}/u)r^a+(p_j/u)\cdot(r+1)^a]$$
$$=(2r^a-(r+1)^a)(p_j-p_{j+1})/u<0$$

同时，$C_{j+1}-C_{j+1}'=(r^a-(r+1)^a)(p_j-p_{j+1})/u<0$。这意味着 $\sigma(u)$ 中在 J_{j+1} 之后的所有订单的开始时间早于 $\sigma'(u)$ 中的相同订单。由此可以得出结论：加工方案 $\sigma(u)$ 的总完工时间以及目标函数值严格小于加工方案 $\sigma'(u)$ 对应的值。这与假设方案 $\sigma'(u)$ 优于 $\sigma(u)$ 相矛盾。因此，不存在这样的加工方案 $\sigma'(u)$。对于有多个订单的加工顺序不同于方案 $\sigma(u)$ 的情况，可以通过类似的分析得出相同的结论。所以，$\sigma(u)$ 是 ASPT 算法使用 u 台机器时的最优加工方案。通过对比不同的机器使用数量，ASPT 算法可以生成最优的加工方案。

接下来分析 ASPT 算法的计算时间复杂度。首先，对所有订单从小到大排序花费 $O(|J|\log|J|)$ 时间。其次，对于给定的 u 台机器，ASPT 算法对于任意订单

采用均分加工的思想，它所生成的调度方案使用时间为 $O(|J|)$。因此，该算法共计生成 $|I|-\bar{u}+1$ 个调度方案并从中选择一个最优方案，其总共花费的时间为 $O(|J|\log|J|)+O(|I|\cdot|J|)=O(k|J|)$，其中 $k=\max\{\log|J|,|I|\}$。证毕。

给定 u 台机器，ASPT 算法的调度方案满足：

$$C_j = S_j + (p_j/u)r^a = C_{j-1} + (p_j/u)\cdot j^a \qquad (2\text{-}19)$$

式中，对于第一个订单定义 $C_0 = S_1 = 0$。因此，可以计算得出松弛问题的 ASPT 方案目标函数值，即原问题的一个下界 LB 如下，这一表达式与 2.2.2 节调度模型的式（2-16）相同：

$$\text{LB} = \min_{\bar{u}\leqslant u\leqslant|I|}\left\{c\cdot u+\rho\cdot\sum_{J_j\in J}C_j\right\} \qquad (2\text{-}20)$$

使用一个包含 6 台机器和 6 个订单的例 2-3 来解释下界的求解过程。

例 2-3　6 个订单的原有加工时间分别为 $p_1=14$、$p_2=10$、$p_3=18$、$p_4=13$、$p_5=15$ 以及 $p_6=13$。每台机器的租赁成本为 $c=100$，生产周期为 $D=50$，准备时间为 $s=1$，学习率为 $a=-0.322$，权重系数为 $\rho=1$。由生产周期 D 可得最少的租赁机器数量为 $\bar{u}=\left\lceil\left(\sum_{J_j\in J}p_j\right)/D\right\rceil=\lceil 83/50\rceil=2$。所有订单按 SPT 规则排序，即（$J_2,J_4,J_6,J_1,J_5,J_3$）。下面以使用 $u=2$ 台机器的加工方案为例。首先，从原有加工时间最短的订单 J_2 开始，将 J_2 拆分成两个长度相等的子订单，并在两台机器上从 $S_2=0$ 时刻开始加工，得到 $C_2=S_2+p_2/2=5$。其次，将订单 J_4 同样地一分为二且其加工开始时间 $S_4=C_2=5$。由式（2-19）计算得到 $C_4=5+(13/2)\cdot 2^a=10.2$。后续订单进行同样的拆分和分配加工，由此可以计算出使用两台机器时的目标函数值为 $c\cdot u+\rho\cdot\sum_{J_j\in J}C_j=301.7$，对应的加工方案如图 2-9 所示。对于 $u=3,4,5,6$ 的其他机器租赁数量，利用相同的分析可以得到相应的调度方案及目标函数值。根据式（2-20），通过比较得到 $u=2$ 时对应的目标值最小，因此，LB $=301.7$。

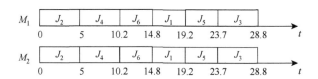

图 2-9　例 2-3 中租赁两台机器时松弛问题的最优调度方案

2. 求解算法设计

由于本节模型所刻画的问题为 NP 难问题，对于小规模算例，可以利用 CPLEX 等软件求解相应的混合整数规划模型来获取最优解；对于大规模实例，则可以设计启发式算法进行求解，通常产生问题的近优解。我们针对该模型综合考虑多种因素的特征设计了结合机器准备时间与学习效应的贪婪算法，称为准备-学习贪婪（setup-learning greedy，SLG）算法（Zheng et al.，2022b）。该启发式算法主要包括两个步骤：步骤一是生成许多不同的参与加工机器集合，满足每个集合中的机器能够加工所有订单；步骤二是针对每一个机器集合生成一个加工方案，并且从所有方案中选择目标函数值最小的加工方案以及加工机器集合作为该算法所生成的解。

SLG 算法在步骤一中生成每个机器集合的方法如下。初始化集合为空，令每台机器作为集合的第一台参与加工的机器，即集合最初有 $|I|$ 种仅包含一台机器的可能情形。在此基础上，逐次选择一台新的机器纳入集合，满足每次所选择的机器使当前集合中的机器可以加工最多的订单；循环这一添加机器的过程直至集合中的机器可以加工所有订单。上述操作可以产生至多 $|I|$ 个所包含的机器不完全相同的集合，不妨记为 $\Omega_1, \Omega_2, \cdots, \Omega_{|I|}$。针对每一个 $\Omega_k (1 \leqslant k \leqslant |I|)$，逐次添加一台适用性最大的机器产生一个新的机器集合 Ω。因为共有 $|I|$ 台机器，由每个 Ω_k 集合可以生成 $|I| - |\Omega_k|$ 个新的集合。根据上述产生集合的操作方法，共计最多可以生成 $\sum_{1 \leqslant k \leqslant |I|} (|I| - |\Omega_k| + 1)$ 个可行的机器集合。需要指出的是，在这些集合中存在一些相同的集合。

SLG 算法在步骤二利用每一个参与加工机器集合生成加工方案如下。订单按 SPT 规则先后排序，任一订单拆分至可以加工它的机器上进行并行加工，且它的所有子订单具有相等的完成时间。由此，一个订单并非一定拆分至所有可以加工它的机器上进行加工，而是可以根据这些机器的当前负荷从中选择尽可能多的机器进行拆分加工，以期最小化该订单的完工时间。对于任一订单 $J_j \in J$，令 M_j 表示在当前使用的加工机器集合中可以加工该订单的机器子集。若 J_j 由其中 $m (1 \leqslant m \leqslant |M_j|)$ 台机器并行加工，记为 $M_{[1]}, M_{[2]}, \cdots, M_{[m]}$，根据数学推导可得，该订单的完成时间可以由如下公式进行计算：

$$C_j = \left(p_j + \sum_{i=1}^{m} \left(S_{[i]j} / r_{[i]}^a \right) \right) \Big/ \left(\sum_{i=1}^{m} \left(1 / r_{[i]}^a \right) \right) \tag{2-21}$$

式中，$S_{[i]j}$ 为机器 $M_{[i]}$ 启动加工订单 J_j 的时间；$r_{[i]}^a$ 为该机器的学习效应。根据式（2-21）可以计算所有订单的完工时间以及相应的目标函数值。进而对比所有的加工机器集合所生成的加工方案，选择目标函数值最小的加工方案以及对应的加工机器集合作为 SLG 的解。

下面使用启发式算法 SLG 求解前面的例 2-3。给出订单和机器的类型信息如下：6 个订单的类型分别为 $(L_2, L_1, L_4, L_3, L_2, L_1)$，其中，$L_l$ 表示类型 l。每台机器可以加工的订单类型如图 2-10 所示。

在图 2-10 中，1（或 0）表示机器可以（或者不可以）加工对应类型的订单。例如，第二行表示机器 M_1 可以加工 L_1、L_3 和 L_4 类型的订单，即订单 J_2、J_3、J_4 和

	L_1	L_2	L_3	L_4
M_1	1	0	1	1
M_2	0	0	1	0
M_3	1	1	1	0
M_4	0	1	1	1
M_5	0	0	1	1
M_6	1	0	1	1

图 2-10　例 2-3 中的机器适用性矩阵

J_6。在算法的步骤一中，将 M_1 作为第一台参与加工的机器，可以得到一个可行的机器集合 $\{M_1, M_3\}$；由这一机器集合生成的加工方案所对应的订单 SPT 序为 $(J_2, J_6, J_4, J_1, J_5, J_3)$。图 2-11 给出了相应的加工方案，带斜纹阴影的矩形表示准备时间，6 个订单 J_1、J_2、J_3、J_4、J_5、J_6 的完成时间分别为 32.7、5、36.7、17.7、44.7、10.2。该机器集合对应的租赁总成本为 200，因此得出机器集合 $\{M_1, M_3\}$ 对应的加工方案目标值为 347。对于其他加工机器集合的加工方案，可以类似地计算其目标函数值，通过计算发现，其他加工方案的目标值均大于 347。因此，SLG 算法输出最佳加工调度方案如图 2-11 所示，其目标函数值等于 347，对应的加工机器集合为 $\{M_1, M_3\}$。

图 2-11　启发式算法求解例 2-3 的最佳调度方案

　　通过大量的数值实验分析发现，对于工件个数不超过 10 个的小规模输入算例，由 CPLEX 输出的最优解目标值与理论下界的平均相对误差为 26.76%，而 SLG 算法得到的解与下界、最优解之间的相对误差分别为 28.37%、1.27%。相较于之前的两个模型的数值分析结果，说明当进一步考虑准备时间和学习效应之后，通过松弛一些约束所得到的下界与实际最优解之间的相对误差变得更大了，即当模型变得更加复杂之后，类似的松弛模型将会与原问题最优值的偏离程度更加明显。对于工件个数为 20～100 的中等规模算例，SLG 算法得到的解与下界的平均误差约为 30%，参照小规模算例下的误差 28.37%，说明当问题输入规模增大时，SLG 输出的解依然保持接近最优解。同时，随着机器个数从 6 台增加到 20 台，在中等规模算例下的 SLG 相对误差从 30.84% 下降到了 29.66%，表明随着可选择的机器集合的增大，SLG 算法可以搜寻到更优的机器组合来参与加工订单。

此外，通过数值分析可以得出以下几点管理启示。

（1）平台应当与尽量多的制造商合作，从而丰富制造商池中的机器数量及种类，这使机器集合的选择更加具有多样性。它可以提高选择更加合适的机器集合的概率，进而更快地完成所有订单，提升客户满意度。

（2）客户订单的类型增多（表明订单的个性化程度变强），可能会减小学习效应的作用以及导致产生更长的机器准备时间，这将使订单的完成时间延长。如果允许共享平台拒绝少部分订单，则平台应当尽量接收较多机器都能够加工的订单，这样既可以避免由于个别订单的需求租赁更多机器，又可以最大限度地利用订单拆分和学习效应来改善订单的完成时间。

（3）在一个加工方案中，关于参与加工的最佳机器子集以及机器数量的决策往往是对机器租赁费用与订单数量的一种权衡；更多的订单意味着可能需要租赁更多的机器，而更贵的租赁费用又会导致减少租赁机器的数量。同时，在决定是否对某个订单进行拆分加工时也需要权衡相应的机器准备时间和订单加工时间二者的大小关系。准备时间相对于加工时间越长，则拆分订单的概率越小，反之亦然。

2.2.4　考虑资金时间价值的优化调度

前面主要讨论了从服装供应链共享制造平台角度来组织与优化设计服装订单的加工方案，所有服装生产企业将其闲置资源共享至制造平台中，并由后者负责调配最佳的制造资源集合参与到客户订单的生产过程中。那么，从每一家服装制造企业角度而言，它自身拥有一定数量的机器设备，除了参与平台的生产活动，企业还会通过其他渠道接单与安排生产。因此，服装制造企业作为决策主体需要决定分享自有机器设备的哪些时间段，以及在其生产过程中，根据客户订单的交货期要求，可以通过共享制造平台租赁一部分外部机器来协助生产，从而保证客户订单均能按时交货（Xu et al.，2022）。在生产运营过程中，对于现金流的有效管理常常发挥着重要作用。相应地，运转资金的时间价值（time value of money，TVM）即资金在未来的价值对制造企业的生产决策以及制造收益的影响不容忽视。因此，本节将资金的未来价值因素纳入制造企业的生产计划决策中，探讨考虑收益的未来价值对生产调度的影响作用。首先，我们构建了优化目标为完工订单总收益在生产周期末的价值最大化的混合整数规划模型；其次，在论证问题为 NP 难以及分析最优解性质的基础上，设计了改进的遗传算法和基于最早交货期优先规则的启发式算法来求解问题的大规模输入算例。

TVM 的概念比较多地出现于库存优化管理领域（Nagaraju et al.，2016；Gong et al.，2017；Johari et al.，2018）。在生产调度领域，有少部分学者同样关注到了时间价值因素对调度方案的影响。其中，Chandra 和 Bahner（1985）是将 TVM 和通货膨胀因素引入订单调度和经济批量决策优化问题的最早研究工作之一。Chen 等（2018）提出了一个多周期的动态规划模型和符号距离方法（signed distance method），用以分析 TVM 与通货膨胀对制造/再制造生产决策的影响。Hermans 和 Leus（2018）研究了马尔可夫计划评审技术（project evaluation and review technique，PERT）网络调度问题，考虑在任务持续时间呈指数分布的情况下如何实现最大化净现值。在现有研究中尚未发现将 TVM 概念引入共享制造环境下企业生产调度优化决策的相关成果。

不妨将任一订单 J_j 的完工收益在未来的价值（future value of a job's profit，FVP）记为 FVP_j，用数学表达式表示如下：

$$\mathrm{FVP}_j = a_i (P_j - w_j T_j)(1 + r(\hat{T} - C_j)) \qquad (2\text{-}22)$$

式中，P_j 为该订单的完工收益；w_j 为延迟惩罚系数；$T_j = \max\{C_j - d_j, 0\}$ 为订单超过交货期 d_j（due date）的延迟交货时间；a_i 为收益获得比例，若订单由制造企业的自有机器进行加工，则 $a_i = 1$，即企业赚取该订单的所有收益，否则 $0 < a_i < 1$；r 为资金价值的贴现率；$\hat{T}$ 为生产周期，即企业必须在 $[0, \hat{T}]$ 时间窗内完成客户订单；$r(\hat{T} - C_j)$ 为该订单收益对应在周期末价值的利息率。这里，假设企业在完成交付客户订单时即刻获得收益，因此越早完成订单，即 C_j 越小，该订单在周期末的价值越大。此外，每个客户订单 J_j 设定一个允许的最晚交货时间 $\bar{d}_j (\bar{d}_j \leqslant \hat{T})$（deadline）。对于制造企业，其追求的目标是针对给定的客户订单集合和生产周期，制订一个能够充分利用自有机器与外部机器的生产调度方案，使完工订单总收益在生产周期末的价值实现最大化。用三参数法将该模型表达为 $P_m | \bar{d}_j | \mathrm{TFVP}$。其中，$P_m$ 表示企业自有机器与平台外部机器共计有 m 台同类型机器可以使用，$\mathrm{TFVP} = \sum_{J_j \in J} \mathrm{FVP}_j$ 表示订单完工收益在生产周期末的总价值。

1. 数学模型构建

假设制造企业拥有的自有机器与共享平台可租赁的机器数量分别为 m_1 和 m_2。令全部的可用机器数量为 $m = m_1 + m_2$，则所有机器的集合为 $I = \{M_1, M_2, \cdots, M_{m_1}, M_{m_1+1}, M_{m_1+2}, \cdots, M_{m_1+m_2}\}$。令 $x_{ij} = 1$ 表示订单 J_j 分配给机器 M_i 加工，否则 $x_{ij} = 0$。这里考虑订单可拒绝的情形，即如果 $x_{ij} = 0$ 对于任意的 i、j 成立，则表明该订单被企业拒绝。该模型假设所有的机器为相同的类型，且一个订单只能被分配给其中一台机器加工，即不考虑拆分订单因素。

模型优化目标：

$$\max \text{TFVP} = \sum_{i=1}^{m}\sum_{j=1}^{n} a_i x_{ij}(P_j - w_j T_j)(1 + r(\hat{T} - C_j))$$

$$= \sum_{i=1}^{m}\sum_{j=1}^{n} a_i x_{ij}(P_j - w_j T_j) + \sum_{i=1}^{m}\sum_{j=1}^{n} a_i x_{ij}(P_j - w_j T_j)r(\hat{T} - C_j) \quad （2\text{-}23）$$

上述优化目标属于非线性表达式，需要通过辅助变量进行线性化。令 $F_{ij} = x_{ij}T_j$，令 $A_{ijt} = [P_j - w_j(t + p_j + s_i - d_j - 1)]r[\hat{T} - (t + p_j + s_i - 1)]$。通过表达式 $t + p_j + s_i - d_j - 1$ 和 $t + p_j + s_i - 1$ 来获取 T_j 和 C_j 的所有可能取值；令 $y_{ijt} = 1$ 表示机器 M_i 在 $t + s_i$ 时刻开始加工订单 J_j，否则 $y_{ijt} = 0$。这里，s_i 表示机器可以用于加工订单的开始时刻，对于企业自有机器 M_i，则 $s_i = 0$。对于外部机器 M_i，则 s_i 的取值取决于提供该机器的企业，令 R 为一个足够大的正数。

主要约束条件：

$$F_{ij} \geqslant T_j - R(1 - x_{ij}), \quad M_i \in I, J_j \in J \quad （2\text{-}24）$$

$$C_j \leqslant S_j + p_j - 1, \quad J_j \in J \quad （2\text{-}25）$$

$$C_j \leqslant R\sum_{i=1}^{m} x_{ij}, \quad J_j \in J \quad （2\text{-}26）$$

$$C_j \geqslant S_j + p_j - 1 - R\left(1 - \sum_{i=1}^{m} x_{ij}\right), \quad J_j \in J \quad （2\text{-}27）$$

$$S_j \leqslant \sum_{i=1}^{m}\sum_{t=1}^{\hat{T}} y_{ijt}t + \sum_{i=1}^{m} x_{ij}s_i, \quad J_j \in J \quad （2\text{-}28）$$

$$S_j \geqslant \sum_{i=1}^{m}\sum_{t=1}^{\hat{T}} y_{ijt}t + \sum_{i=1}^{m} x_{ij}s_i - R\left(1 - \sum_{i=1}^{m} x_{ij}\right), \quad J_j \in J \quad （2\text{-}29）$$

$$\sum_{t=1}^{\hat{T}} y_{ijt} = x_{ij}, \quad M_i \in I, J_j \in J \quad （2\text{-}30）$$

$$y_{ijt}t - y_{ihq}t \geqslant p_h - R(2 - y_{ijt} - y_{ihq}), \quad M_i \in I; J_j, J_h \in J;$$
$$J_j \neq J_h; t, q \in [0, \hat{T}]; t > q \quad （2\text{-}31）$$

式（2-24）定义了决策变量 F_{ij} 的取值；式（2-25）～式（2-27）刻画了一个订单的完工时间；式（2-28）和式（2-29）定义了一个订单的加工开始时间；式（2-30）表明一个订单要么被分配给某一台机器并且只能被启动加工一次，要么被拒绝；式（2-31）指出如果两个订单 J_j、J_h 均分配给机器 M_i 加工且 J_j 在 J_h 之后加工，则两个订单的加工启动时间的距离不能小于工件 J_h 的长度。

2. 问题性质分析

首先，判定问题 $P_m|\bar{d}_j|\text{TFVP}$ 的求解难度。由于问题 $1\|\sum_{J_j\in J}w_jT_j$ 及 $P_m\|\sum_{J_j\in J}w_jT_j$ 均属于强 NP 难问题，对于问题 $P_m|\bar{d}_j|\text{TFVP}$，当 $\bar{d}_j\to+\infty$、$r=0$ 且外部机器数量 $m_2=0$ 时，该问题的优化目标 $\max\text{TFVP}=\sum_{J_j\in J}(P_j-w_jT_j)$ 等价于 $\min\sum_{J_j\in J}w_jT_j$，即 $P_m|\bar{d}_j|\text{TFVP}$ 退化为问题 $P_m\|\sum_{J_j\in J}w_jT_j$。因此，问题 $P_m|\bar{d}_j|\text{TFVP}$ 属于强 NP 难问题。

其次，考虑该问题的单机器加工环境，以及所有订单的最晚交货期限均等于生产周期的特殊情形，存在如下结论。

命题 2-3 对于问题 $1|\bar{d}_j=\hat{T}|\text{TFVP}$，按照 P_j/p_j 的非递增顺序加工订单属于最优调度方案。

证明： 用反证法。首先，由 $\bar{d}_j=\hat{T}$ 可知，所有订单都将会在最晚交货时间之前完成加工，表明 $T_j=0$；由 $m=1$ 可知 $a_i=a_1=1$，再由式（2-22）可得订单在周期末的价值为 $\text{FVP}_j=P_j(1+r(\hat{T}-C_j))$。令 σ^* 表示按照 P_j/p_j 非递增顺序的加工方案。其次，假设存在另一个最优加工方案 σ' 不满足 P_j/p_j 的非递增顺序，则在 σ' 中至少存在两个相邻的订单 J_j、J_k 满足 $P_j/p_j<P_k/p_k$ 且 J_j 在 J_k 紧后加工；不妨设 σ' 中其他订单的加工与 σ^* 中的相同。令 S_j^* 表示订单 J_j 在 σ^* 中的加工启动时间。在 σ^* 方案下，$\text{FVP}_j^*=P_j(1+r(\hat{T}-S_j^*-p_j))$ 且 $\text{FVP}_k^*=P_k(1+r(\hat{T}-S_j^*-p_j-p_k))$；在 σ' 方案下，$\text{FVP}_j'=P_j(1+r(\hat{T}-S_j^*-p_j-p_k))$ 且 $\text{FVP}_k'=P_k(1+r(\hat{T}-S_j^*-p_k))$。计算两种加工方案下两个订单的周期末价值之差如下：$(\text{FVP}_j^*+\text{FVP}_k^*)-(\text{FVP}_j'+\text{FVP}_k')=r(P_jp_k-P_kp_j)<0$。结合其他所有订单的加工启动和完成时间在两个方案中均相同的结论，表明 σ' 方案劣于 σ^* 方案。因此 σ' 是另一个最优加工方案的假设不成立。对于 σ' 中有多个订单的加工顺序不满足 P_j/p_j 非递增顺序的情形，可以类似地进行分析并得到相同的结论。因此，可以得出结论：P_j/p_j 非递增顺序是最优加工方案。证毕。

命题 2-4 对于问题 $P_m|\bar{d}_j|\text{TFVP}$，存在一个最优调度方案 σ^*，满足以下两点。

（1）参与加工的任意一台机器在加工相邻两个订单之间不存在空闲时段。

（2）企业在任何一台自有机器上安排加工的订单个数不超过 $|J|-m_1+1$。

其中第（2）点结论表明，当订单个数超过企业自有机器数量 m_1 时，企业的全部自有机器均需参与加工客户订单。否则，至少一台自有机器出现空闲而另一台自有机器加工两个以上的订单，那么将后者的订单转移至空闲机器上加工，目标函数值将会增加。因此第（2）点结论成立。

3. 求解算法设计

根据前面的分析，$P_m|\bar{d}_j|\text{TFVP}$ 属于强 NP 难问题，因而我们设计改进的遗

传算法和改进的最早交货期优先（modified earliest deadline first，MEDF）算法进行求解。

首先，遗传算法的染色体编码方法是采用 $2|J|$ 个基因表达一条染色体。前 $|J|$ 个基因表达订单的加工顺序，取值范围位于区间 $[1,|J|]$；后 $|J|$ 个基因表达订单在机器上的分配，取值范围为区间 $[1,m+1]$。若在机器分配基因段上的取值为 $m+1$，则表示制造企业拒绝了该订单。在进行染色体交叉与变异的过程中，主要嵌入了结合问题特征的不可行染色体的修复算法和局部改进订单分配的启发式算法。遗传算法在运行事先设定的迭代次数后停止迭代，并输出最后一次迭代过程中发现的最佳染色体作为该算法的解。

其次，MEDF 算法的加工方案生成过程主要包括以下四个步骤。

（1）在企业自有机器上分配订单。将订单按照最早交货期优先（earliest deadline first，EDF）规则排序，并采用 LIST 规则在企业自有机器上分配订单，LIST 规则总是将订单分配给当前负荷最小的机器。计算每个订单的完工时间，如果存在订单的完工时间超过其最晚交货时间的情况，则从在它之前分配的订单中选择一个 P_j/p_j 最小的订单重新分配给一台外部机器，重新计算所有订单的完工时间。重复这一过程，直至企业自有机器加工的所有订单均在其最晚交货时间内完工。

（2）在外部机器上分配订单。外部机器的订单分配原则与企业自有机器分配的原则相同，即订单按 EDF 规则排序，并采用 LIST 规则在外部机器中进行分配。若有订单完工时间超过最晚交货时间的情况，则从在它之前分配到外部机器的订单中选择一个 P_j/p_j 最小的订单予以拒绝，重新计算相关订单的完工时间。重复这一过程直至所有订单均在其最晚交货时间内完工。

（3）调整订单的加工顺序以减少延迟惩罚。对于每一台机器，如果它加工的某个订单 J_j 完工时间大于其交货期即 $C_j>d_j$，则从后往前寻找该机器上位于 J_j 之前的某一个订单 J_h 交换加工顺序，要求交换之后满足 J_h 以及 J_h 与 J_j 之间的所有订单仍在各自的交货期之前完工。重复这一过程直至该机器上没有订单可以与 J_j 交换加工顺序。

（4）在保证不增加延迟时间的情况下，再次调整订单的加工顺序以增加资金的时间价值。对于任何一台机器，如果先后加工的两个订单 J_h 与 J_j 满足 $C_j>d_h$，$P_j/p_j>P_h/p_h$，并且二者交换加工顺序后不会导致新订单交货延迟，则交换 J_h 与 J_j 的加工顺序。重复这一过程直到该机器上不存在满足上述交换条件的两个订单。

上述步骤（1）与步骤（2）均花费 $\max\{O(|J|^2\log|J|),O(|J|^2m)\}$ 时间来分配订单至企业自有机器或者外部机器上；步骤（3）与步骤（4）均花费 $O(|J|^2)$ 时间进行订单加工顺序的交换。因此，MEDF 算法的时间复杂度是 $\max\{O(|J|^2\log|J|),O(|J|^2m)\}$。

通过小规模和中大规模输入算例的数值实验分析可以发现，对于订单个数至多为 20 个的小规模算例，改进的遗传算法和 MEDF 算法取得的目标函数值与CPLEX 的最优值之间的平均误差分别为 1.31% 和 9.86%；同时，随着企业拥有的自有机器数量的增加，两个算法的求解质量将会得到提升。对于订单数量为 40～100 个的中大规模算例，两个算法输出的解对应的目标值比较接近，且遗传算法比 MEDF 算法的效果更好一些；二者的最大差距为 3.17%，平均差距约为 0.9%。在运行时间上，遗传算法需要耗时几百秒甚至两千多秒来解大规模算例，而 MEDF算法始终少于 0.5s，因此 MEDF 算法有明显的运行速度上的优势。利用数值分析可以总结得出以下几点管理启示。

（1）所设计的两个算法均能产生问题的近优解，可以用于辅助企业制订生产计划，而且遗传算法给出的加工方案在优化目标上要略微优于 MEDF 算法的调度方案。

（2）企业租赁外部机器需要支付的租赁费用越高，对应的 a_i 越小，则应当减少将订单交付外部机器加工。同时，若订单交货期和最晚交货期很宽松，企业应当由自有机器加工尽量多的订单。

（3）当客户订单较多时，适当地提高拒绝订单的比例以及外部机器加工订单的比例，反而可能提升企业的完工订单在生产周期末的总价值，这是因为如果企业接受并自行加工这些订单，其产生的延迟成本可能反而超过其完工收益。

2.2.5　小结

本节从订单加工特征、加工设备属性，以及企业资金的时间价值等角度详细剖析了四种不同的共享制造情景，对各种情景进行了数学模型刻画与求解算法设计，结合数值实验分析给出了以下主要研究结论。

（1）对于考虑订单类型与机器加工能力相匹配的共享制造情形，从平台角度以最小化租用机器成本与总完工时间的加权和为优化目标构建数学模型，通过设计启发式算法求解和实验分析发现，平台应优先租赁加工能力最强的机器，且在租赁过程中需要权衡单台机器的租赁成本与完工时间所代表的客户满意度大小。此外，拆分订单可以有效地缩短订单的完工时间，提高客户满意度。

（2）当订单具有不同的释放时间时，在通过理论分析给出问题下界值的基础上，主要设计改进的差分算法和结合经典调度规则的启发式算法来求解问题，借助数值实验分析指出，所设计的算法随着输入规模的增加与最优解之间的相对误差有所增大，表明算法性能受到问题规模的一定影响；同时，算法给出的解与下界的相对误差随着机器加工不同类型订单的性能的提升而降低，表明较大的机器适用性可以提升订单的拆分概率，进而缩短订单的完工时间。

（3）当机器加工订单具有一定的准备时间以及学习效应时，通过研究发现，平台与更多的制造商合作可以增大机器租赁选择的多样性，从而能产生更短的总完工时间的加工方案，提升客户满意度。同时，随着订单类型的增加，机器学习效应将会降低，而机器准备时间也会增加，两个因素的叠加将导致整体加工方案的恶化。此外，在该模型下订单是否拆分的决策受到机器准备时间的负面影响，即越长的准备时间将导致越低的订单拆分概率。

（4）从制造商角度研究考虑时间价值因素即贴现率的调度优化决策。此时，订单在不同时间节点的完工收益换算至未来的价值将会不同，越早完工的订单在决策周期末的价值越大。通过对最优加工方案的分析论证指出，当企业租赁外部机器的费用越高时，自有机器将承担越多的加工任务，同时，订单交货期越宽松也会导致企业自有机器的负荷越重。此外，适当地拒绝收益不高的订单有利于制造商获取更高的完工收益的未来价值。

2.3　个性化定制下产品配置与制造任务分配优化决策

国家信息中心分享经济研究中心的报告显示，2016～2018 年我国制造业产能共享市场规模分别约为 3300 亿元、4120 亿元和 8236 亿元，年增速从约 25%提高到约 99.9%。例如，"共享工厂"充分利用了闲置的生产设备，降低了企业成本，加速了我国制造业的转型升级；"共享制造"则把包括设备、技术、人才等的众多社会资源放在一个平台上，实现生产资源的加速流通。这种"共享"包括租赁、折价购买，以及多方在不同时间点的共同使用等多种方式。共享经济借助互联网技术实现了供需的最优化资源配置，在更大范围内实现了生产要素的最优组合，极大地提高了资源利用效率（张孝荣等，2017）。例如，阿里巴巴旗下的 1688 淘工厂平台整合了全国 1.5 万家服装工厂，通过一个订单由多家工厂协同加工并利用各厂的空闲设备实现产能共享的定制化生产。中国航天科工集团第二研究院基于云制造平台，将下属 600 余家企业的制造资源、生产能力进行整合和分享，实现上下游企业多任务并行协同生产，解决了生产单元闲置与设备超负荷运转并存的难题。此外，海尔集团研发的"定制＋分享"的智能化在线交易平台通过整合不同企业设备、人才、基础资源等闲置能力，实现了分享经济下的协作生产。沈阳机床于 2016 年末开发上线了 iSesol 云平台，机床制造商可以通过该"线上＋线下"的共享生产力平台把昂贵的机床设备提供给消费者（主要是中小微企业）"共享"，按小时或加工量收费。消费者通过租赁共享机床来代替传统的购置机床，大幅度降低了设备购置及维护成本，实现了"轻资产"运营（马化腾，2016；齐二石等，2017）。

从共享模式来区分，共享制造可以采用个人对个人（peer-to-peer，P2P）模式或者商对客（business-to-customer，B2C）模式以及混合模式。不论在哪种共享模式下，共享平台都在共享制造中起着重要的作用。在共享制造中，平台起着重要的作用，为制造需求方匹配资源，负责制造任务的分配和执行（晏鹏宇等，2022）。李凯等（2022）研究了在云平台下共享制造模式的定价策略。通过云平台，设备制造商并不出售设备本身，而是共享其闲置能力，利用以租代买的服务模式共享其设备；同时，进一步讨论了在两种云平台下（公共云平台和商业化平台）设备制造商的最优定价策略和最优设备使用量。Zhao 等（2020）研究了产能共享供应链：一个具有闲置产能的供应商、一个具有产能需求的制造商和平台运营者，分析了固定单位费率和基于质量的收费模式的收费策略对供应商和制造商的利润影响。赵道致和朱晨威（2021）研究了当订单需求增加时，企业以传统方式来购买设备或者通过产能分享平台租赁设备进行生产的情况下，产能分享对设备用户的影响。其结论是设备用户企业总是能够从产能共享中受益，但其收益大小与订单需求的增加量相关。Ren 等（2020）针对制造企业通过共享平台将产品租借给顾客的问题，探讨了在合作和非合作情况下，产品回收对共享平台和制造企业的服务定价和利润的影响。Wang 等（2021）谈到了共享制造下的基于数字孪生技术服务建模的最优共享资源选择分配，并考虑了制造时间、价格成本和信誉的加权多目标优化。他们指出，在共享制造下每个制造资源都是一个独立的实体，因而共享平台在调度一组任务时，应该考虑资源的自主性和协调性。他们提出了基于扩展拉格朗日的优化求解算法，其主要创新点之一是考虑了共享资源的信用度和自主性，但并没有考虑共享资源的时间可用性以及对共享资源的调度。赵道致和王忠帅（2019）研究了产能分享下的云平台调度优化，并设计了双目标粒子群优化（particle swarm optimization，PSO）算法。在云平台下，企业可以在其空闲时间内分享其剩余产能。通过对云任务订单的集中调度和优化，其优化结果表明，可以提高企业闲置产能资源的利用率。但该研究事先假定任务订单已经分配到具体的共享资源，因而并没有考虑共享资源的选择分配决策问题。

此外，一些研究人员进一步从理论和模型方面研究了共享制造平台双方匹配的方法。例如，Li 等（2019a）提出了采用犹豫模糊方法的双边匹配模型，以匹配双方的非功能属性，如产品的质量和供应能力等。Tao 等（2009）通过计算包含任务输入、输出和非功能属性在内的相似度来匹配服务双方的需求。Liu 和 Chen（2019）提出了通过聚类和相似度方法来推荐云制造共享服务，其相似度计算考虑了任务的相似度和服务质量（quality of service，QoS）指标。

可以看出，共享平台所承担的功能越来越复杂，与共享双方的结合也更为紧密，共享系统也从松耦合的状态转变为紧耦合状态，这也对共享制造提出了新的要求。尽管共享制造模式在我国发展迅速，已经涌现出了众多的共享平台和共享企业，但很少有研究将个性化定制和共享制造相结合。个性化定制生产中常常需要专用、昂贵的设备，购买这些设备往往会占用企业大量的资金，从而使定制成本高昂。借助于共享制造，个性化定制生产可以利用其他企业的闲置专用设备，实现产品的个性化定制生产。此外，目前共享制造中也缺乏对绿色低碳制造的考虑。因而，本节将主要针对分享制造下的个性化定制产品及生产任务配置采用运筹优化算法理论进行决策优化研究。

2.3.1 考虑共享度约束的优化决策

对于服装、轿车等产品生产活动已经较为成熟的行业，制造企业应对市场变化时，往往在对产品结构及其零部件规范性解析的基础上，采用基于模块化的产品设计与生产方式，在按单设计、按单生产的个性化定制加工模式下，其客户定制产品通常由实现定制功能的模块所组成。定制模块需要企业一次性地购买专用或特殊设备；而随着共享制造模式的兴起，共享制造可以有效地利用闲置资源、避免一次性的设备固定投资，具有成本优势和方便快捷等特点。因而，定制企业可以采用基于共享制造平台的生产方式，即模块的设计和配置由本企业负责，但模块的生产则通过共享平台以服务的方式由共享企业来完成。

图 2-12 表示基于共享模式的共享制造平台的层次结构。如图 2-12 所示，定制企业的产品由功能模块 $M_i(i=1,2,\cdots)$ 所组成，而每个功能模块均由可实现相同

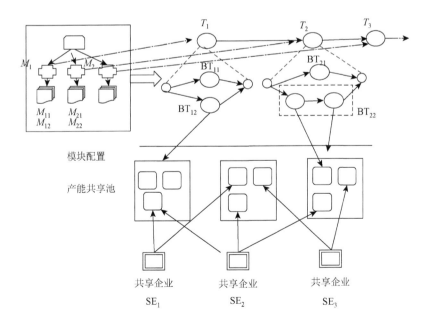

图 2-12 基于共享平台的产品定制模式

功能但价格或性能上略有差异的变型模块实例 M_{ij}（即零部件）所组成。通过对这些模块的组合从而实现对具有不同需求的客户的个性化配置。每个模块 M_i 由任务 T_i 制造而成，任务 T_i 又可进一步分解成下层的子任务集 BT_{ijk}。其中，BT_{ijk} 子任务集对应制造模块实例 $M_{ij}(j \in J_i)$ 的子任务。在共享制造平台模式下，有多个共享企业 $SE_s(s=1,2,\cdots)$ 具有闲置资源可以提供 BT_{ijk} 子任务集的制造服务，其资源的可用时间窗记为 $[LT_s, UT_s]$。在共享制造平台模式下，基于模块的产品配置决策问题就是选择哪些模块实例、将制造子任务分配给哪个共享企业提供的模块实例进行加工，以及确定子任务的开始和结束时间，从而实现满足客户需求、产品交货期，以及制造成本最小化的目的。

在共享制造平台模式下，尽管总的配置成本最小化起着至关重要的作用，但是共享经济的主要目的之一是最大化闲置设备的利用率，即对于共享度的要求。例如，对于图 2-13，如果将一个制造时间为 $T=4$ 的制造任务分配到两个共享企业 SM_1 和 SM_2，它们的闲置设备可用时间窗分别为[6，14]、[7，12]，假设两个共享企业的制造成本均相同，则它们的闲置设备利用率分别为 50%和 80%，因而，从最大化闲置设备利用率的角度来看，将该制造任务分配到共享企业 SM_2 将是一个更优的决策。从上述简单的例子中可以看出，在共享制造平台模式下，为共享企业分配任务时有必要考虑平台的共享度约束要求。

本节所考虑的优化配置模型基于以下一些基本假设。

假设 1：模块的制造（即上层任务）属于有序加工，即一个模块加工结束后才能启动下一个模块的加工。

假设 2：模块实例可以由一个子任务或多个子任务完成，子任务之间只考虑有序加工的情况。

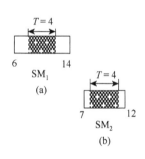

图 2-13　闲置设备利用率

假设 3：通过功能域-物理域的映射关系，可以将顾客需求表达为对模块实例的需求选择。

假设 4：每个共享企业的制造资源具有不同的闲置时间窗约束，即只能在其时间窗内提供共享制造服务。

假设 5：对于每一个子任务，存在多个可提供共享制造服务的共享企业，但只能将其分配给其中一个共享企业进行加工。

1. 模型描述

下面给出优化模型中需要使用的符号、参数、集合，以及决策变量的定义及解释，如表 2-2 所示。

表 2-2　参数及决策变量定义

符号	表达的含义
参数	
$i \in I$	模块 i，$i \in \{1, 2, \cdots, G\}$
M_{ij}	模块 i 的实例 M_{ij}，$j \in J_i = \{1, 2, \cdots, H\}$
BT_{jk}	模块实例 j 的制造子任务 BT_{jk}，$k \in K_j = \{1, 2, \cdots, N_j\}$
XOR_i	模块 i 的"多选一"实例集合
INC	模块的互斥规则集合，$(i_j, i'_{j'}) \in INC$
SEL	模块条件选择规则集合，$(i_j, i'_{j'}) \in SEL$
CR	顾客需求表达的集合，$r_{ij} \in CR$
Q	定制产品数量
DT	产品的交货期
SEQ_{ij}	模块实例 M_{ij} 的制造子任务集合
CM_{ij}	模块实例 M_{ij} 的配置设计成本
CP_{jks}	共享企业 SE_s 所提供子任务 BT_{ijk} 的共享服务价格
T_{ijks}	共享企业 SE_s 提供子任务 BT_{ijk} 的服务时间
$[LT_s, \ UT_s]$	共享企业 SE_s 的空闲时间窗
M	一个足够大的实数
α	平台的共享度要求
γ	惩罚系数
决策变量	
tb_{ijk}	子任务 BT_{ijk} 的服务时间
e_i	模块 i 的制造任务 T_i 的开始时间
f_i	模块 i 的制造任务 T_i 的结束时间
eb_{ijk}	制造子任务 BT_{ijk} 的开始时间
fb_{ijk}	制造子任务 BT_{ijk} 的结束时间
x_{ij}	选择模块实例 M_{ij}，0-1 变量
y_{ijk}	选择子任务 BT_{ijk}，0-1 变量
z_{ijks}	选择共享企业 SE_s 提供子任务服务 BT_{ijk}，0-1 变量

2. 模型构建

基于以上符号表示，构建共享制造平台模式下的产品配置及共享资源分配决策模型如下：

$$F_1 : \min \sum_{i \in I} \sum_{j \in J_i} \text{CM}_{ij} Q x_{ij} + \sum_{i \in I} \sum_{j \in J_i} \sum_{k \in K_j} \sum_{s \in S} \text{CP}_{ijks} Q z_{ijks}$$

$$\text{(P)} \qquad +\gamma \left(\sum_{i \in I} \sum_{j \in J_i} \sum_{k \in K_j \setminus \{N_j\}} (\text{eb}_{ij,k+1} - \text{fb}_{ijk}) + \sum_{i \in I \setminus \{G\}} (e_{i+1} - f_i) \right) \qquad (2\text{-}32)$$

$$\text{s.t} \sum_{j \in \text{XOR}_i} x_{ij} = 1, \quad \forall i \in I \qquad (2\text{-}33)$$

$$x_{ij} + x_{i'j'} \leqslant 1, \quad \forall \left(i_j, i'_{j'} \right) \in \text{INC} \qquad (2\text{-}34)$$

$$x_{ij} \leqslant x_{i'j'}, \quad \forall \left(i_j, i'_{j'} \right) \in \text{SEL} \qquad (2\text{-}35)$$

$$x_{ij} = r_{ij}, \quad \forall r_{ij} \in \text{CR} \qquad (2\text{-}36)$$

$$x_{ij} = y_{ij1}, \quad \forall i \in I, \forall j \in J_i \qquad (2\text{-}37)$$

$$y_{ijk} = y_{ijk'}, \quad \forall (k, k') \in \text{SEQ}_{ij}, \forall i \in I, \forall j \in J_i \qquad (2\text{-}38)$$

$$e_{i+1} \geqslant f_i, \quad \forall i \in I \setminus \{G\} \qquad (2\text{-}39)$$

$$e_i \leqslant \text{eb}_{ij1} + M(1 - y_{ij1}), \quad \forall i \in I, \forall j \in J_i \qquad (2\text{-}40)$$

$$e_i \geqslant \text{eb}_{ij0} - M(1 - y_{ij0}), \quad \forall i \in I, \forall j \in J_i \qquad (2\text{-}41)$$

$$f_i \leqslant \text{fb}_{ijN} + M(1 - y_{ijN}) \quad \forall i \in I, \forall j \in J_i \qquad (2\text{-}42)$$

$$f_i \geqslant \text{fb}_{ijN} - M(1 - y_{ijN}), \quad \forall i \in I, \forall j \in J_i \qquad (2\text{-}43)$$

$$\text{fb}_{ijk} \geqslant \text{eb}_{ijk} + \text{tb}_{ijk}, \quad \forall i \in I, \forall j \in J_i, \forall k \in K_j \qquad (2\text{-}44)$$

$$\text{tb}_{ijk} = Q \sum_{s \in S} T_{ijks} z_{ijks}, \quad \forall i \in I, \forall j \in J_i, \forall k \in K_j \qquad (2\text{-}45)$$

$$\text{fb}_{ijk} \leqslant M y_{ijk}, \quad \forall i \in I, \forall j \in J_i, \forall k \in K_j \qquad (2\text{-}46)$$

$$\text{eb}_{ijk} \leqslant M y_{ijk}, \quad \forall i \in I, \forall j \in J_i, \forall k \in K_j \qquad (2\text{-}47)$$

$$\text{eb}_{ijk'} \geqslant \text{fb}_{ijk}, \quad \forall (k, k') \in \text{SEQ}_{ij}, \forall i \in I, \forall j \in J_i \qquad (2\text{-}48)$$

$$\text{eb}_{ijk} \geqslant \text{LT}_s z_{ijks} - M(1 - z_{ijks}), \quad \forall i \in I, \forall j \in J_i, \forall k \in K_j, \forall s \in S \qquad (2\text{-}49)$$

$$\text{fb}_{ijk} \leqslant \text{UT}_s z_{ijks} + M(1-z_{ijks}), \quad \forall i \in I, \forall j \in J_i, \forall k \in K_j, \forall s \in S \quad (2\text{-}50)$$

$$\sum_{s \in S} z_{ijks} = y_{ijk}, \quad \forall i \in I, \forall j \in J_i, \forall k \in K_j \quad (2\text{-}51)$$

$$\frac{1}{G} \sum_{i \in I} \sum_{j \in J_i} \frac{1}{N_j} \sum_{k \in K_j} \sum_{s \in S} \frac{QT_{ijks} z_{ijks}}{\text{UT}_s - \text{LT}_s} \geqslant \alpha \quad (2\text{-}52)$$

$$f_H \leqslant \text{DT} \quad (2\text{-}53)$$

$$e_1 = 0 \quad (2\text{-}54)$$

$$e_i, f_i \geqslant 0, \quad \forall i \in I \quad (2\text{-}55)$$

$$\text{eb}_{ijk}, \text{fb}_{ijk}, \text{tb}_{ijk} \geqslant 0, \quad y_{ijk} = 0,1, \quad \forall i \in I, \forall j \in J_i, \forall k \in K_j \quad (2\text{-}56)$$

$$x_{ij} = 0,1, \quad \forall i \in I, \forall j \in J_i \quad (2\text{-}57)$$

$$z_{ijks} = 0,1, \quad \forall i \in I, \forall j \in J_i, \forall k \in K_j, \forall s \in S \quad (2\text{-}58)$$

式（2-32）的目标函数是最小化总成本，包括模块的配置设计成本、共享制造成本以及制造的等待惩罚成本。式（2-33）表达了隶属于同一模块的可候选模块实例之间的异或（exclusive OR，XOR）关系，即只能从该模块的所有候选模块实例中选择一个。式（2-34）和式（2-35）表示了两种不同类型的配置规则，即互斥规则和条件选择规则。其中，式（2-34）为互斥规则，即一个模块的实例 M_{ij} 和另外一个模块的实例 $M_{ij'}$ 不能同时选择在一个产品中。式（2-35）为条件选择规则，即如果选择一个模块实例 M_{ij}，则必须选择另外一个模块实例 $M_{ij'}$；反之，则不成立。式（2-36）为顾客对模块的选择要求。式（2-37）表示一旦选择了某个模块实例，就应该选择该模块实例的第一个子任务，以完成该模块实例的生产制造。式（2-38）表示如果某个模块实例的子任务之间存在顺序关系，那么选择前一个子任务，就应该选择后一个子任务。式（2-39）～式（2-43）是上层任务和下层子任务之间的约束关系。其中，式（2-39）表示只有在模块 i 的制造任务 T_i 完成时才能开始执行模块 $i+1$ 的制造任务。式（2-40）和式（2-41）表示一个模块任务的实际开始加工时间应该等于其模块实例第一个子任务的开始时间。式（2-42）和式（2-43）表示一个模块任务的实际结束时间应该为其模块实例的最后一个子任务的结束时间。式（2-44）表示子任务的结束时间为其活动开始时间和制造时间之和。式（2-45）表示子任务的制造时间为所选择共享企业的制造服务时间。式（2-46）～式（2-48）为决策变量之间的逻辑关系。式（2-48）表示当两个子任务存在顺序关系时，后一个活动的开始时间必须大于前一个活动的结束时间。式（2-49）和式（2-50）表示子任务的开始时间和结束时间必须满足共享企业的时间窗限制。式（2-51）表示对于某个子任务，只能选择一个共享企业去执行该子任务。式（2-52）是共享平台对配置共享度的要求，其定义为每个模块实例制造任务的共享企业平均利用率。式（2-53）表示最后一个模块任务的完成时间必须满足产品的交货期限制。式（2-54）为上层任务的初始条件，即第一个模块任务的开始时间从零时刻开始。式（2-55）～式（2-58）定义了决策变量的可行域。

3. 案例分析

考虑一家产品定制企业，其产品组成结构及对应的制造任务分解图如图 2-14 所示。该产品 P 由模块 A、B、C 组成，而这三个模块又分别有两个变型模块实例，即 A_1 和 A_2、B_3 和 B_4、C_5 和 C_6。同一模块的两个模块实例实现相同的功能，但在性能或价格方面具有差异。

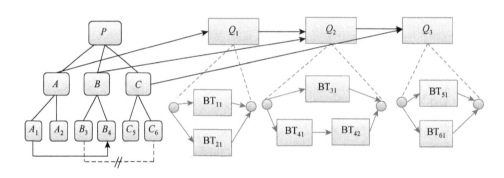

图 2-14　某产品的模块结构及对应的制造任务

模块信息如表 2-3 所示；模块之间存在着配置规则，如表 2-4 所示。例如，配置规则 R_2 是互斥规则，它表示模块实例 B_3 和 C_6 不能同时存在于相同的配置中。此外，模块 A、B、C 分别对应于上层的制造任务 Q_1、Q_2 和 Q_3。上层任务进一步分解为对应于模块实例的子任务。例如，Q_1 可以分解为子任务 BT_{11} 和 BT_{21}；其中，BT_{11} 对应于模块实例 A_1 的制造活动，BT_{21} 对应于模块实例 A_2 的制造活动。模块实例也可以对应于一系列具有前后顺序关系的子活动，由这些子活动共同完成对子模块的制造活动。例如，模块实例 B_4 对应的子任务为 BT_{41} 和 BT_{42}，这两个活动具有前后顺序关系。表 2-3 也详细列出了各个模块、模块实例及对应的任务和子任务信息。表中的"—"符号表示该项无相关信息。

由于采用了基于共享平台的制造模式，这些模块子任务将由共享平台分配给提供共享制造服务的企业执行并完成。假定平台已经找到匹配各个子任务的共享资源，如表 2-5 所示。子任务 BT_{21} 和 BT_{42} 具有三个候选的共享企业资源，而其他子任务只具有两个候选的共享企业资源。共享企业的服务时间、服务价格和可闲置的时间窗见表 2-6。

表 2-3　模块信息

模块	配置设计成本	任务数	对应的制造任务
A	□	□	Q_1
A_1	890	1	P_1
A_2	810	1	P_2、P_3
B	□	□	Q_2
B_3	1560	1	P_4
B_4	1670	2	P_5
C	□	□	Q_3
C_5	1120	1	P_{51}
C_6	1410	1	P_{61}

表 2-4　模块的配置规则

规则编码	规则类型	规则内容
R_1	条件选择	选择模块实例 A_1，必须选择模块实例 B_4
R_2	互斥规则	模块实例 B_3 和 C_6 不能同时存在于一个配置中
R_3	交货期约束	交货期必须小于 140
R_4	顾客需求	顾客指定需要模块实例 C_5

表 2-5　候选的共享制造资源（一）

子任务	BT_{11}	BT_{21}	BT_{31}	BT_{41}	BT_{42}	BT_{51}	BT_{61}
候选的 共享资源	SE_{111} SE_{112}	SE_{211} SE_{212} SE_{213}	SE_{311} SE_{312}	SE_{411} SE_{412}	SE_{421} SE_{422} SE_{423}	SE_{511} SE_{512}	SE_{611} SE_{612}

表 2-6　共享企业资源的相关参数（一）

共享企业	服务价格	制造服务时间	可用时间窗下界	可用时间窗上界
SE_{111}	2980	28	0	30
SE_{112}	3160	33	0	50
SE_{211}	2670	22	5	40
SE_{212}	2920	31	0	42
SE_{213}	2790	34	0	45
SE_{311}	5170	47	25	80

共享企业	服务价格	制造服务时间	可用时间窗下界	可用时间窗上界
SE$_{312}$	5150	54	30	80
SE$_{411}$	2210	24	25	75
SE$_{412}$	2020	20	28	75
SE$_{421}$	3100	26	30	90
SE$_{422}$	3250	28	30	90
SE$_{423}$	3010	30	25	90
SE$_{511}$	3460	45	50	160
SE$_{512}$	3500	50	75	130
SE$_{611}$	5300	60	45	145
SE$_{612}$	5450	53	45	140

基于模型（P）和以上的案例数据，我们采用 Python 语言编程实现了该模型，并运用 Gurobi 优化求解器求解该模型。在给定不同的共享度要求下，其模块配置、对应的制造任务选择和共享企业的选择结果如表 2-7 所示。可以看出，共享企业的闲置设备平均利用率分别为 53.0%和 89.6%，后者明显比前者高了不少，闲置设备利用率增幅较大。此外，后者总的流程时间比前者略短，对应产品的交货期更短，但是配置总成本则较大。因此，在制造企业给定成本预算的前提下，从共享平台的角度出发，在共享制造环境下以最大化共享利用率为优化目标更为恰当。当然，如果一味追求成本最小化，可能会面临共享平台总的利用率不高的情形，可能和共享经济的宗旨背道而驰。

表 2-7　产品配置及共享制造任务决策结果

决策结果	$\alpha = 50\%$	$\alpha = 80\%$
模块选择	A_2，B_4，C_5	A_1，B_3，C_5
子任务选择	BT$_{21}$ BT$_{41}$，BT$_{42}$ BT$_{51}$	BT$_{11}$ BT$_{31}$ BT$_{51}$
共享企业选择	SE$_{213}$ SE$_{412}$，SE$_{423}$ SE$_{511}$	SE$_{111}$ SE$_{311}$ SE$_{512}$
总成本	1488	1522
平均利用率	53.0%	89.6%
总流程时间	140	125

下面进一步研究独立优化和联合优化的决策结果。独立优化是指先进行产品配置模块的最优决策，然后在给定产品配置模块决策结果的前提下，再根据共享平台共享企业的资源进行任务的分配决策。具体来说，首先建立产品配置决策模型（Q）如下：

$$(\text{Q})\quad \min \sum_{i\in I}\sum_{j\in J_i}\text{CM}_{ij}Q\,x_{ij} \tag{2-59}$$

$$\text{s.t}\quad \sum_{j\in \text{XOR}_i} x_{ij}=1,\quad \forall i\in I \tag{2-60}$$

$$x_{ij}+x_{ij'}\leq 1,\quad \forall \left(i_j,i'_{j'}\right)\in \text{INC} \tag{2-61}$$

$$x_{ij}\leq x_{i'j'},\quad \forall \left(i_j,i'_{j'}\right)\in \text{SEL} \tag{2-62}$$

$$x_{ij}=r_{ij},\quad \forall r_{ij}\in \text{CR} \tag{2-63}$$

$$x_{ij}=0,1,\quad \forall i\in I,\forall j\in J_i$$

其目标式（2-59）是最小化模块配置设计成本。式（2-60）～式（2-62）分别为模块实例的 XOR 结构限制、互斥配置规则和条件选择规则。式（2-63）是顾客需求约束。其决策变量是模块实例的选择，即决策选择哪些模块实例组成一个满足顾客要求的产品。对模型（Q）进行优化求解，从而得到最优的决策变量 x_{ij}。然后，将其最优值代入前面的模型（P）从而得到共享平台下的最优任务资源分配决策。

独立优化和联合优化决策对比如表 2-8 所示。从表 2-8 中可以看出，尽管独立优化的产品交货期略短于联合优化，但独立优化的配置总成本也高于联合优化的结果。因而，将模块决策和模块的制造任务分配决策同时进行优化，有助于降低总的生产成本。

表 2-8　独立优化和联合优化决策对比

决策结果	独立优化	联合优化
模块选择	A_2，B_3，C_5	A_2，B_4，C_5
子任务选择	BT_{21} BT_{31} BT_{51}	BT_{21} BT_{41}，BT_{42} BT_{51}
共享企业选择	SE_{212} SE_{311} SE_{511}	SE_{212} SE_{412}，SE_{423} SE_{511}
总成本	15 040	15 010
总流程时间	123	126

2.3.2　考虑碳排放和共享度的多目标优化决策

2.3.1 节主要从产品定制企业的角度出发研究了基于共享平台的产品配置与制造任务分配决策。然而，从平台的角度来讲，除降低成本外，提高共享平台的闲置设备利用率也是共享经济所着力追求的目标。此外，随着国家"双碳"目标的实施，企业和平台在追求降低成本和提高闲置设备利用率的同时，也应考虑降低产品的碳排放量，实现共享经济和绿色制造的深度融合。共享企业在完成共享制造任务的同时，不可避免地将产生碳排放量，从而对环境产生一定的污染。随着绿色制造的兴起，在共享制造中考虑降低碳排放量已成为必然的一个决策内容。由于成本、共享利用率和碳排放量这三个目标存在一定的冲突和不一致性，通常不可能同时取得最优。因而，在共享平台下考虑上述三个因素的产品及任务配置决策构成了一个多目标优化问题。本节主要从经济、环境以及闲置资源利用率的角度出发，采用多目标优化的方法来研究共享平台下的产品配置及制造任务分配决策优化，主要考虑了最小化制造总成本、最小化碳排放量以及最大化共享平台的闲置设备利用率。根据多目标优化结果，共享平台和定制企业可以根据自己的目标偏好合理选择决策方案。

1. 问题描述及多目标优化模型建立

在共享平台下，不妨记共享企业 SE_s 提供的制造服务为 BT_{ijks} ，对应产生的碳排放量为 EC_{ijks} 。因而，定制企业通过共享平台实现模块的制造任务，其总的碳排放量等于各个制造任务的碳排放量之和。基于前面的模型（P）和相应的符号，考虑成本、闲置设备利用率和碳排放的产品配置与制造任务分配多目标优化模型 (MO) 可以表达如下：

$$F_1: \min \sum_{i \in I} \sum_{j \in J_i} CM_{ij} Q \, x_{ij} + \sum_{i \in I} \sum_{j \in J_i} \sum_{k \in K_j} \sum_{s \in S} CP_{ijks} Q z_{ijks}$$

$$\text{(MO)} \qquad + \alpha \left(\sum_{i \in I} \sum_{j \in J_i} \sum_{k \in K_j \setminus \{N_j\}} (eb_{ij,k+1} - fb_{ijk}) + \sum_{i \in I \setminus \{G\}} (e_{i+1} - f_i) \right) \qquad (2\text{-}64)$$

$$F_2: \max \sum_{i \in I} \sum_{j \in J_i} \frac{1}{N_j} \sum_{k \in K_j} \sum_{s \in S} \frac{QT_{ijks} z_{ijks}}{UT_s - LT_s} \qquad (2\text{-}65)$$

$$F_3: \min \sum_{i \in I} \sum_{j \in J_i} \sum_{k \in K_j} \sum_{s \in S} EC_{ijks} z_{ijks} \qquad (2\text{-}66)$$

s.t 式（2-33）～式（2-51），式（2-53）～式（2-57）

式（2-64）是最小化总的配置成本，式（2-65）是最大化共享设备利用率，式（2-66）是最小化总的碳排放量。模型 (MO) 是一个多目标优化模型。对于多目标模型来说，通常采用加权和法（weighted sum method，WSM），其缺点是决策者必须事先规定各个目标的权重值，因而不太适用于决策环境动态变化的情况。另外一种方法是求出多目标函数的帕累托边界（Pareto frontier），位于帕累托边界上的点都属于非支配解，构成了最优的决策解集。但这些决策点之间不具有可比性，它们在某个目标值上优于其他决策解，但在另外一些目标值上劣于其他解。决策者可以实时地根据决策环境和目标偏好程度在这些候选点（帕累托边界上的点）上进行选择，从而作为最终的决策解。

在模型求解方法的选择上，由于基于 ε- 约束法（ε-constraint）与基于 WSM 相比具有并不要求目标函数的可凸性等优点，因而广泛应用于目标函数具有非凸性的优化问题中。增强的 ε- 约束方法（augmented ε-constraint method，AUGMECON）在 ε- 约束法的基础上，通过字典序优化的方法避免产生过多的弱支配解，从而加快了帕累托支配解的求解过程。因而，对模型 (MO) 将采用基于 AUGMECON 的多目标优化算法来求解共享平台下的产品配置及任务分配优化问题。

2. 多目标优化算法设计

AUGMECON 是基于 ε- 约束法，即在求解多目标优化时，以一个目标作为优化目标函数而将其他目标作为约束进行处理的方法。通过迭代求解多个单目标优化问题，从而得到原多目标优化问题的帕累托边界。不同于 ε- 约束法，AUGMECON 首先通过字典序优化方法来获得目标值的范围，所获得的目标值范围比 ε- 约束法所获得的范围（即理想点和 Nadir 差点）更为精确。因而避免了在冗余的迭代循环中求解多个无效的线性优化问题，从而加速了获得帕累托边界的速度，提高了算法的时间性能。

根据 AUGMECON 的思路，在模型 (MO) 的基础上，将目标 F_1 作为优化目标，而将 F_2、F_3 作为约束，构建模型（MO-ε）如下：

$$(\text{MO}-\varepsilon)\quad \min\ F_1 - \text{eps}\frac{\lambda_2}{r_2} - \text{eps}\frac{\lambda_3}{r_3} \tag{2-67}$$

$$\text{s.t.}\ F_2 - \lambda_2 = \varepsilon_2 \tag{2-68}$$

$$F_3 + \lambda_3 = \varepsilon_3 \tag{2-69}$$

式（2-33）～式（2-60）

$$\lambda_2, \lambda_3 \geqslant 0$$

在该模型中，式（2-68）和式（2-69）表示将目标F_2、F_3转换为约束来进行处理。其中，λ_2、λ_3分别是约束$F_2 \geqslant \varepsilon_2$、$F_3 \leqslant \varepsilon_3$对应的剩余和松弛变量。式（2-67）中的eps是一个非常小的正实数，通常取$10^{-6} \sim 10^{-3}$的值。式（2-67）在原来的目标函数F_1中增加了第2项和第3项，其目的是避免模型产生弱支配的解。其中，r_2、r_3是目标F_2、F_3的值域范围，其作用是量纲归一化，其值可以从目标函数的支付表（payoff）中得到。

将AUGMECON应用于求解上述共享平台下的多目标模型（MO-ε），其算法流程如下。

基于AUGMECON的多目标优化求解算法流程

步骤1. 基于字典序优化方法，获得支付表

（1）$\min \mu_1^c = F_1(x, y, z)$s.t. 式（2-33）～式（2-58）

$\max \mu_2^c = F_2(x, y, z)$s.t. 式（2-33）～式（2-58），$F_1(x, y, z) = \mu_1^c$

$\min \mu_3^c = F_3(x, y, z)$s.t. 式（2-33）～式（2-58），$F_1(x, y, z) = \mu_1^c$，$F_2(x, y, z) = \mu_2^c$；

求解上面的优化问题，获得非支配解$\left(\mu_1^c, \mu_2^c, \mu_3^c\right)$；

（2）$\min \mu_2^s = F_2(x, y, z)$s.t. 式（2-33）～式（2-58）

$\max \mu_1^s = F_1(x, y, z)$s.t. 式（2-33）～式（2-58），$F_2(x, y, z) = \mu_2^s$

$\min \mu_3^s = F_3(x, y, z)$s.t. 式（2-33）～式（2-58），$F_2(x, y, z) = \mu_2^s$，$F_1(x, y, z) = \mu_1^s$；

求解上面的优化问题，获得非支配解$\left(\mu_1^s, \mu_2^s, \mu_3^s\right)$；

（3）$\min \mu_3^e = F_3(x, y, z)$s.t. 式（2-33）～式（2-58）

$\max \mu_1^e = F_1(x, y, z)$s.t. 式（2-33）～式（2-58），$F_3(x, y, z) = \mu_3^e$

$\min \mu_2^e = F_2(x, y, z)$s.t. 式（2-33）～式（2-58），$F_3(x, y, z) = \mu_3^e$，$F_1(x, y, z) = \mu_1^e$；

求解上面的优化问题，获得非支配解$\left(\mu_1^e, \mu_2^e, \mu_3^e\right)$；

步骤2. 计算目标函数的取值范围

（1）计算目标F_2的最大和最小值，即$\mu_2^{\max} = \max\left(\mu_2^c, \mu_2^s, \mu_2^e\right)$，$\mu_2^{\min} = \min\left(\mu_2^c, \mu_2^s, \mu_2^e\right)$；

计算目标F_3的最大和最小值，即$\mu_3^{\max} = \max\left(\mu_3^c, \mu_3^s, \mu_3^e\right)$，$\mu_3^{\min} = \min\left(\mu_3^c, \mu_3^s, \mu_3^e\right)$；

（2）计算目标F_2的取值范围，即$r_2 = \mu_2^{\max} - \mu_2^{\min}$；

计算目标F_3的取值范围，即$r_3 = \mu_3^{\max} - \mu_3^{\min}$；

（3）分别计算目标 F_2，F_3 的步长 $\Delta_2 = \dfrac{r_2}{n_2}$，$\Delta_3 = \dfrac{r_3}{n_3}$；

步骤 3. 求解并输出帕累托解集

（1）迭代求解多目标优化问题；

设 λ_2、λ_3 分别为目标 F_2、F_3 对应的剩余和松弛变量；

令迭代次数 $i_s, i_e = 0$；

While　$i_s \leqslant n_s$

令 $i_e = 0$；

While　$i_e \leqslant n_e$

求解优化模型（MO-ε）；

将目标值 $\left(F_1^*, F_2^*, F_3^*\right)$ 添加到集合 Ω 中，即 $\Omega \leftarrow \Omega + \left(F_1^*, F_2^*, F_3^*\right)$；

置 $i_e \leftarrow i_e + 1$；

根据步长，更新约束式（2-68）和式（2-69）的右边值，即 $\varepsilon_2 \leftarrow \varepsilon_2 + \Delta_2$，$\varepsilon_3 \leftarrow \varepsilon_3 + \Delta_3$；

EndWhile

置 $i_s \leftarrow i_s + 1$；

EndWhile

（2）输出帕累托集合 Ω。

首先，采用字典序优化的方法获得目标函数的支付表，见表 2-9。在字典序优化方法中，赋予每个目标一个优先级，在模型 (MO) 中，赋予配置成本 F_1 为最高优先级，共享利用率 F_2 为第二优先级，碳排放 F_3 优先级最低。而字典序优化是指以优先级最高的目标作为主要优化目标；当存在多个最优解时，再以次优先级的目标作为优化目标；以此类推。如算法的步骤 1 所示，首先优化求解优先级最高的 F_1 线性规划模型，从而获得最优的目标值 μ_1^c。其次，优化求解次优先级的目标 F_2 线性规划模型，并增加约束 $F_1 = \mu_1^c$，获得最优的目标值 μ_2^c。最后，优化求解优先级最低的目标 F_3 线性规划模型，并增加约束 $F_1 = \mu_1^c$ 和 $F_2 = \mu_2^c$。对于每一个目标函数，都以类似的过程获得字典序优化结果，从而得到表 2-9 所示的支付表。在步骤 2 中，基于目标函数的支付表可以计算最大目标值 $\mu_2^{\max}$、$\mu_3^{\max}$ 和最小目标值 $\mu_2^{\min}$、$\mu_3^{\min}$ 及对应的目标值取值范围 r_2、r_3；根据网

格点数 n_s 和 n_e，从而得到目标值 F_2 和 F_3 的迭代步长 Δ_2 和 Δ_3。在步骤 3 中，通过迭代求解模型（MO−ε），从而得到目标值 $\left(F_1^*, F_2^*, F_3^*\right)$，并将其添加到帕累托集合 Ω 中。根据步长更新约束式（2-68）和式（2-69）的右边值，然后继续下一次迭代。当迭代次数达到规定的次数时，则迭代求解过程结束。最后，输出模型的帕累托集合 Ω。

表 2-9　三个目标函数的支付表

优化模型	目标值 F_1	目标值 F_2	目标值 F_3
$\min F_1$	μ_1^c	μ_1^s	μ_1^e
$\max F_2$	μ_2^c	μ_2^s	μ_2^e
$\min F_3$	μ_3^c	μ_3^s	μ_3^e

3. 案例分析

考虑 2.3.1 节给出的案例，其产品模块结构、任务分解结构保持不变，但是增加部分模块子任务的共享企业个数，如表 2-10 所示。每个共享企业的碳排放量以及其他参数见表 2-11。

表 2-10　候选的共享制造资源（一）

子任务	BT_{11}	BT_{21}	BT_{31}	BT_{41}	BT_{42}	BT_{51}	BT_{61}
候选的共享资源	SE_{111} SE_{112} SE_{113}	SE_{211} SE_{212} SE_{213}	SE_{311} SE_{312} SE_{313}	SE_{411} SE_{412} SE_{413}	SE_{421} SE_{422} SE_{423}	SE_{511} SE_{512} SE_{513}	SE_{611} SE_{612}

表 2-11　共享企业资源的相关参数（二）

共享企业	服务价格	制造服务时间	可用时间窗下界	可用时间窗上界	碳排放量
SE_{111}	298	28	0	30	56.9
SE_{112}	316	33	0	50	47.8
SE_{113}	287	36	0	40	62.3
SE_{211}	267	22	5	40	35.7
SE_{212}	292	31	0	42	30.8
SE_{213}	279	34	0	45	41.8

续表

共享企业	服务价格	制造服务时间	可用时间窗下界	可用时间窗上界	碳排放量
SE$_{311}$	517	47	25	80	68.8
SE$_{312}$	515	54	30	80	72.6
SE$_{313}$	498	49	25	90	82.3
SE$_{411}$	221	24	25	75	29.8
SE$_{412}$	202	20	28	75	40.6
SE$_{413}$	226	22	30	70	26.7
SE$_{421}$	310	26	30	90	20.8
SE$_{422}$	325	28	30	90	19.8
SE$_{423}$	301	30	25	90	28.7
SE$_{511}$	346	45	50	160	16.7
SE$_{512}$	350	50	75	130	21.3
SE$_{513}$	337	40	70	145	14.5
SE$_{611}$	530	60	45	145	27.9
SE$_{612}$	545	53	45	140	36.7

　　基于 AUGMECON，对前面的模型（MO－ε）采用 Python 编程并结合 Gurobi 求解器进行多目标优化的求解。网格点数 n_s 和 n_e 均设为 20，其三个目标函数的支付表如表 2-12 所示。所编写的程序运行 2.57s 得到最优的帕累托边界，结果见图 2-15。它由 25 个帕累托最优解组成。表 2-13 给出了其中的七个决策点的多目标优化值以及对应的模块选择和共享任务分配决策结果。其中，决策方案 Q_1 是总成本最低的决策结果，其模块选择由 A_2、B_3、C_5 组成，对应的子任务选择是 BT$_{21}$、BT$_{31}$、BT$_{51}$，共享企业选择是 SE$_{213}$、SE$_{313}$、SE$_{513}$；决策方案 Q_2 是碳排放量最低的决策结果，其模块选择是 A_2、B_4、C_5；决策方案 Q_3 是闲置设备利用率最高的决策方案，其模块选择是 A_1、B_4、C_5。这三种方案的对比如图 2-16 所示。

表 2-12　案例目标的支付表

优化模型	目标值 F_1	目标值 F_2	目标值 F_3
min F_1	1463	2.042	137.4
max F_2	1562	2.789	125.2
min F_3	1540	2.288	89.1

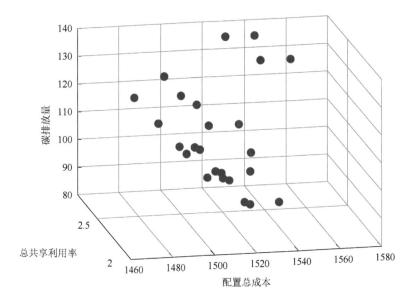

图 2-15　案例决策的帕累托解

表 2-13　帕累托边界上的决策点

决策方案	(F_1, F_2, F_3)	模块选择	子任务选择	共享企业选择
Q_1	(1463, 2.04, 137.2)	A_2, B_3, C_5	BT_{21}, BT_{31}, BT_{51}	SE_{213}, SE_{313}, SE_{513}
Q_2	(1540, 2.29, 89.4)	A_2, B_4, C_5	BT_{21}, BT_{41}, BT_{42}, BT_{51}	SE_{212}, SE_{413}, SE_{422}, SE_{513}
Q_3	(1562, 2.79, 125.1)	A_1, B_4, C_5	BT_{11}, BT_{41}, BT_{42}, BT_{51}	SE_{111}, SE_{411}, SE_{422}, SE_{512}
Q_4	(1489, 2.40, 133.9)	A_2, B_3, C_5	BT_{21}, BT_{31}, BT_{51}	SE_{212}, SE_{313}, SE_{512}
Q_5	(1503, 2.30, 109.2)	A_2, B_4, C_5	BT_{21}, BT_{41}, BT_{42}, BT_{51}	SE_{213}, SE_{413}, SE_{423}, SE_{513}
Q_6	(1516, 2.28, 98.7)	A_2, B_4, C_5	BT_{21}, BT_{41}, BT_{42}, BT_{51}	SE_{212}, SE_{413}, SE_{423}, SE_{513}
Q_7	(1479, 2.17, 123.6)	A_2, B_4, C_5	BT_{21}, BT_{41}, BT_{42}, BT_{51}	SE_{213}, SE_{412}, SE_{423}, SE_{513}

　　为了比较所提出的 AUGMECON 与加权和法在求解共享平台下的产品位置及任务分配问题方面的优劣，下面进一步运用加权和法来求解该问题。该方法是将各个目标进行加权求和，从而将多目标优化模型转化成单目标优化模型。

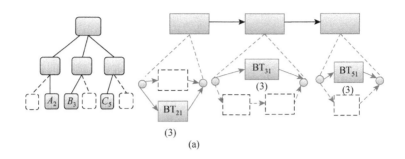

(a)

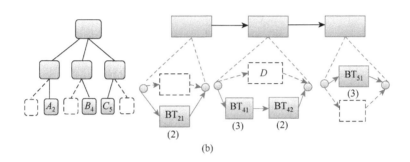

(b)

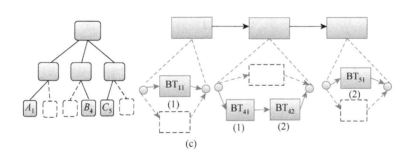

(c)

图 2-16　三种方案对比

基于模型（MO），采用加权和法的共享平台产品配置及任务分配问题的模型可以表达如下：

$$\text{(MO-wsm) min } w_1 F_1 - w_2 F_2 + w_3 F_3$$

$$\text{s.t. 式（2-33）～式（2-58）}$$

在上述模型中，由于目标 F_2 是最大化，因而将其转化为最小化问题处理。图 2-17 表示采用加权和法求解 (MO-wsm) 的算法流程。其中，Δw 是权重更新步长。

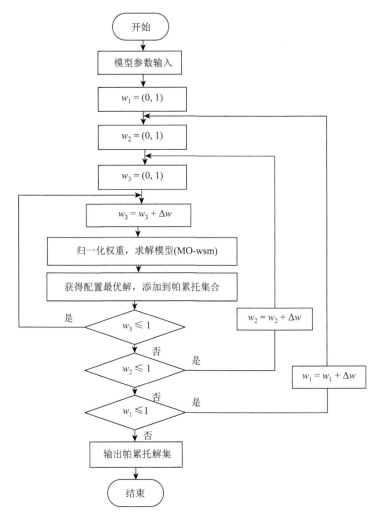

图 2-17　基于加权和法的多目标优化求解流程

如图 2-17 所示，初始化时设置目标 1 的权重 $w_1 = 0$、目标 2 的权重 $w_2 = 0$。每次迭代的过程中，三个目标的权重 w_1、w_2、w_3 更新增量值均为 Δw。每次迭代仍然采用 CPLEX 求解产品配置优化问题。按照 Δw 分别为 0.1、0.05、0.03、0.02、0.01，对 2.3.1 节中的案例进行优化求解，所得到的产品配置结果如表 2-14 所示。其中，覆盖率定义为 $\dfrac{N_w}{N_\varepsilon}$。这里，$N_w$ 表示采用权重法所得到的帕累托非支配解的个数，N_ε 表示采用 AUGMECON 所得到的帕累托非支配解的个数。覆盖率的值衡量了优化算法在帕累托边界上的覆盖程度。

表 2-14　采用加权和法得到的配置结果

权重更新增量 Δw	帕累托边界点	覆盖率	CPU 时间/s
权重法 $\Delta w = 0.1$	5	20.0%	7.941
权重法 $\Delta w = 0.05$	7	28.0%	50.697
权重法 $\Delta w = 0.03$	8	32.0%	220.565
权重法 $\Delta w = 0.02$	8	32.0%	696.683
权重法 $\Delta w = 0.01$	10	40.0%	5564.550

从表 2-14 中可以看出，采用加权和法来求解产品配置优化问题，其获得的帕累托点的数目最多仅为 AUGMECON 的 40.0%。具体来说，对于该案例，加权和法仅求得了 10 个帕累托点，而 AUGMECON 则可以得到帕累托边界上的 25 个点。很显然，采用 AUGMECON 比加权和法能够获得更加完整的帕累托边界。此外，采用加权和法的求解时间也远远大于 AUGMECON。图 2-18 给出了 AUGMECON 与加权和法（$\Delta w = 0.01$）所获得的帕累托边界的对比。可以看出，除了一个点之外，加权和法所获得的点均被 AUGMECON 方法所获得的点覆盖，且后者所获得的帕累托点数也远远多于前者。

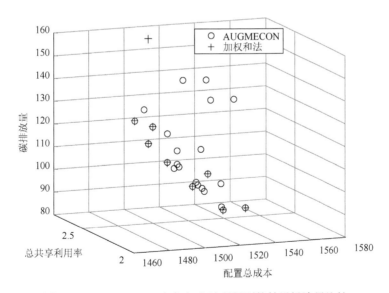

图 2-18　AUGMECON 与加权和法所得到的帕累托边界比较

为了进一步比较 AUGMECON 与加权和法所获得的帕累托边界的质量，采用总非支配向量数（overall non-dominated vector generation，ONVG）、集合覆盖指标 $C(A, B)$、多样化指标（diversification measure，DM）、广泛性评价（spread performance，SP）来比较两种方法在性能上的差异。其中，ONVG 指的是该方法所产生的所有非支配解的总数。$C(A,B)$ 定义如下：

$$C(A,B)=\frac{\left|\{x\in B\mid \exists x', x'\succeq x\}\right|}{|B|}$$

式中，$x'\succeq x$ 表示解 x' 支配 x，即 x' 优于或不差于 x；集合 A 和 B 是两个互相比较的帕累托集合。如果 $C(A,B)=1$，则表示 B 中所有的解都被 A 中的某些解所支配，即 A 中的解优于 B 中的解，或者至少不差于 B 中的解。

DM 度量了集合在帕累托边界上的拓展宽度，其定义如下：

$$\mathrm{DM}=\sqrt{\sum_{q=1}^{Q}\left(\max_{i\in I}F_q^i-\min_{i\in I}F_q^i\right)^2}$$

式中，F_q^i 为第 i 个解的目标 F_q 归一化后的值（$q=1,2,\cdots,Q$）；Q 为总的目标个数。DM 度量了解集合在各个帕累托边界上的宽度。通常，DM 值越高越好。

SP 度量了帕累托边界上点与点之间的均匀间隔，其定义如下：

$$\mathrm{SP}=\frac{1}{\bar d}\sqrt{\frac{1}{n}\sum_{i=1}^{n}\left(d_i-\bar d\right)^2}$$

式中，d_i 为集合中第 i 个解和其近邻解之间的欧氏距离；$\bar d$ 为所有距离 d_i 值的平均值，即 $\bar d=\sum_{i=1}^{n}d_i/n$；$n$ 为集合中帕累托解的个数。通常，SP 值越小越好，即表示帕累托边界点的分布越均匀。

表 2-15 给出了 AUGMECON 与加权和法（$\Delta w=0.01$）所获得的帕累托边界在这四个指标上的质量性能对比。可以看出，AUGMECON 的非支配解个数远大于加权和法。而集合覆盖指标 $C(A,B)>C(B,A)$，说明 AUGMECON 优于加权和法，即后者所产生的大部分解都被前者支配。AUGMECON 的分布均匀指标 SP 更小，也表明其所产生的帕累托边界点分布更为均匀。不过，加权和法的分布扩展指标 DM 值更大，这说明加权和法所产生的帕累托边界拓展性更好一些。因此除了 DM 指标之外，AUGMECON 所获得的帕累托边界的质量更优。此外，考虑到 AUGMECON 的求解时间仅为 2.57s，而加权和法为 5564.55s，因此，不论从算法性能还是质量上，AUGMECON 在求解共享平台下的多目标优化问题时都远远优于加权和法。

表 2-15 AUGMECON 方法与加权和法的性能比较

AUGMECON（A）					加权和法 $\Delta w=0.01$（B）				
CPU 时间/s	ONVG	$C(A,B)$	DM	SP	CPU 时间/s	ONVG	$C(B,A)$	DM	SP
2.57	25	0.90	110.02	0.536	5564.55	10	0.36	121.25	0.551

2.3.3　考虑制造时间不确定的鲁棒优化决策

由于共享企业在采用闲置设备提供共享制造服务时，其制造时间受所服务的模块、零部件的尺寸差异、前序服务的执行情况、设备的维修保养状况而不可避免地出现波动，因而其制造时间会存在不确定性而偏离其预期值。假设共享企业的共享服务制造时间为 $\tilde{T}_{ijks}$，基于 2.3.1 节的模型，不确定情况下共享平台的产品配置及任务分配决策模型刻画如下：

$$\text{(PS)} \quad \min \sum_{i \in I} \sum_{j \in J_i} \mathrm{CM}_{ij} Q \, x_{ij} + \sum_{i \in I} \sum_{j \in J_i} \sum_{k \in K_j} \sum_{s \in S} \mathrm{CP}_{ijks} Q z_{ijks}$$
$$+ \alpha \left(\sum_{i \in I} \sum_{j \in J_i} \sum_{k \in K_j \setminus \{N_j\}} (\mathrm{eb}_{ij,k+1} - \mathrm{fb}_{ijk}) + \sum_{i \in I \setminus \{G\}} (e_{i+1} - f_i) \right) \quad (2\text{-}70)$$

s.t. 式（2-33）～式（2-35），式（2-48）～式（2-53），式（2-55）～式（2-60）

$$\mathrm{fb}_{ijk} \geqslant \mathrm{eb}_{ijk} + Q \sum_{s \in S} \tilde{T}_{ijks} z_{ijks}, \quad \forall i \in I, \forall j \in J_i, \forall k \in K_j \quad (2\text{-}71)$$

$$\frac{1}{G} \sum_{i \in I} \sum_{j \in J_i} \frac{1}{N_j} \sum_{k \in K_j} \sum_{s \in S} \frac{Q \tilde{T}_{ijks} z_{ijks}}{\mathrm{UT}_s - \mathrm{LT}_s} \geqslant \alpha \quad (2\text{-}72)$$

在该模型中，由于 $\tilde{T}_{ijks}$ 是不确定参数，其存在分布函数难以估计、概率难以获取等问题。鲁棒优化作为一种处理不确定性优化的方法，主要关注最坏情况下的最优值，它并不要求对不确定参数的分布函数或概率做出准确估计。基于区间的鲁棒优化仅仅要求不确定参数在一个区间内取值。对于实际问题，获取每个参数的区间范围比获取其概率分布要相对容易得多。因此，下面用基于预算的区间鲁棒优化的方法来处理共享服务时间的不确定性。

1. 模型的鲁棒化处理

模型 (PS) 中的式（2-71）和式（2-72）均包含共享服务时间 $\tilde{T}_{ijks}$ 的不确定性。定义 $\tilde{T}_{ijks}$ 的取值范围为 $[T_{ijks} - \hat{T}_{ijks}, T_{ijks} + \hat{T}_{ijks}]$，即 $\tilde{T}$ 的不确定集为

$$U_T := \{\tilde{T}_{ijks} \in [T_{ijks} - \hat{T}_{ijks}, T_{ijks} + \hat{T}_{ijks}], \forall i, j, k, s\}$$

式中，T_{ijks} 和 $\hat{T}_{ijks}$ 分别为共享服务时间的预期值和最大偏离值。

对于式（2-71）的鲁棒优化处理，引入预算控制参数 Γ_1，其目的是根据决策者的风险意识调整参数 $\tilde{T}_{ijks}$ 的变动个数，从而调整模型的鲁棒性和最优性。该控

制参数的含义是认为不太可能所有参数的不确定性同时发生，而是最多只可能有 $\lfloor \Gamma_1 \rfloor$ 个参数发生变化，且另外一个参数其值改变 $\left(\Gamma_1 - \lfloor \Gamma_1 \rfloor \right) \hat{T}_{ijks}$。引入集合 $S_{ijk} = \{ s \mid \tilde{T}_{ijks} > 0, \forall ijks \}$ 表示具有不确定变化的参数下标集合。Γ_1 的取值区间为 $\left[0, |S| \right]$，其值可以为整数或实数。因而，引入预算控制参数 Γ_1 后，式（2-71）可以重新表达为

$$\mathrm{fb}_{ijk} \geq \mathrm{eb}_{ijk} + Q \sum_{s \in S} T_{ijks} z_{ijks} + \beta_{ijk}(Z, \Gamma_1), \quad \forall i \in I, \forall j \in J_i, \forall k \in K_j \quad (2\text{-}73)$$

式中，$\beta_{ijk}(Z, \Gamma_1)$ 为保护函数，其定义如下：

$$\beta_{jik}(Z, \Gamma_1) = \max_{\left\{ S_1 \cup \{v\} \mid S_1 \subseteq S_{ijk}, |S_1| = \lfloor \Gamma_1 \rfloor, \ v = S_{ijk} \setminus S_1 \right\}} \left\{ Q \sum_{s \in S_1} \hat{T}_{ijks} z_{ijks} + Q \left(\Gamma_1 - \lfloor \Gamma_1 \rfloor \right) \hat{T}_{ijk,v} z_{ijk,v} \right\}$$

定理 2-3　式（2-61）和式（2-71）等价于如下的约束式：

$$\mathrm{fb}_{ijk} \geq \mathrm{eb}_{ijk} + Q \sum_{s \in S} T_{ijks} z_{ijks} + \sum_{s \in S} \lambda_{ijks} + \rho_{ijk} \Gamma_1 \quad (2\text{-}74)$$

$$\text{s.t.} \quad \rho_{ijk} + \lambda_{ijks} \geq Q \hat{T}_{ijks} z_{ijks}, \quad \forall s \in S$$

$$\lambda_{ijks} \geq 0, \quad \forall s \in S$$

$$\rho_{ijk} \geq 0$$

证明：在式（2-73）中，$\beta_{ijk}(Z, \Gamma_1)$ 所表示的极值问题是采用了基于集合的表达方法，它表示从集合 J_1 选取 $\lfloor \Gamma_1 \rfloor$ 个参数，其取值为 1；而从集合中选取剩下的一个参数，其取值为 $\Gamma_1 - \lfloor \Gamma_1 \rfloor$。现引入 0-1 决策变量 ξ_s 来表示是否从集合中选取该参数 $\tilde{T}_{ijks}$（$= 1$，选择；$= 0$，不选择）。显然，$\beta_{jik}(Z, \Gamma_1)$ 可以用下面的线性规划模型来表示：

$$\beta_{ijk}(Z, \Gamma_1) = \max \sum_{s \in S} Q \hat{T}_{ijks} z_{ijks} \xi_s \quad (2\text{-}75)$$

$$\text{s.t.} \quad \sum_{s \in S} \xi_s \leq \Gamma_1$$

$$0 \leq \xi_s \leq 1, \quad \forall s \in S$$

根据对偶问题理论，模型（2-75）的对偶问题可以表达为

$$\min \sum_{s \in S} \lambda_{ijks} + \rho_{jik} \Gamma_1 \quad (2\text{-}76)$$

$$\text{s.t.} \quad \rho_{ijk} + \lambda_{ijks} \geq Q \hat{T}_{ijks} z_{ijks}, \quad \forall s \in S$$

$$\lambda_{ijks} \geq 0, \quad \forall s \in S$$

$$\rho_{ijk} \geq 0$$

式中，变量 ρ_{ijk}、λ_{ijks} 分别是与原问题模型（2-75）中的第一条约束和第二条约束相对应的对偶变量。根据强对偶理论，原问题模型（2-75）和对偶问题模型（2-76）的最优目标值是相等的。将式（2-73）中的 $\beta_{jik}(Z, \Gamma_1)$ 用模型（2-76）替换，则定理得证。证毕。

类似地，对于式（2-72）的鲁棒优化处理，引入预算控制参数 Γ_2，其目的是根据决策者的风险意识调整参数 $\tilde{T}_{ijks}$ 的变动个数，从而调整模型的鲁棒性和最优性。引入集合 $u = \left\{ (i, j, k, s) \tilde{T}_{ijks} > 0, \forall ijks \right\}$ 表示具有不确定变化的参数下标集合。Γ_2 的取值区间为 $\left[0, |I| \times |J| \times |K| \times |S| \right]$，其值可以为整数或实数。因而，引入预算控制参数 Γ_2 后，式（2-72）可以重新表达为

$$\frac{1}{G}\sum_{i\in I}\sum_{j\in J_i}\frac{1}{N_j}\sum_{k\in K_j}\sum_{s\in S}\frac{QT_{ijks}z_{ijks}}{\mathrm{UT}_s - \mathrm{LT}_s} - \gamma(Z, \Gamma_2) \geqslant \alpha \qquad (2\text{-}77)$$

式中，$\gamma(Z, \Gamma_2)$ 为保护函数，其定义如下：

$$\gamma(Z, \Gamma_2) = \max_{\{u_1 \cup \{(i_\mu, j_\mu, k_\mu, s_\mu)\}||u_1 \subseteq u, |u_1| = \Gamma_2|, (i_\mu, j_\mu, k_\mu, s_\mu) = u \backslash u_1\}}$$

$$\left\{ \frac{1}{G}\sum_{(i, j, k, s)\in u_1}\frac{1}{N_j}\frac{Q\hat{T}_{ijks}z_{ijks}}{\mathrm{UT}_s - \mathrm{LT}_s} + \left(\Gamma_2 - \lfloor \Gamma_2 \rfloor\right)\frac{1}{GN_{j_\mu}}\frac{Q\hat{T}_{i_\mu j_\mu k_\mu s_\mu}z_{i_\mu j_\mu k_\mu s_\mu}}{\mathrm{UT}_{s_\mu} - \mathrm{LT}_{s_\mu}} \right\}$$

定理 2-4　式（2-77）和式（2-72）等价于如下的约束式：

$$\frac{1}{G}\sum_{i\in I}\sum_{j\in J_i}\frac{1}{N_j}\sum_{k\in K_j}\sum_{s\in S}\frac{QT_{ijks}z_{ijks}}{\mathrm{UT}_s - \mathrm{LT}_s} - \sum_{(i, j, k, s)\in u}\sigma_{ijks} - \varrho\Gamma_2 \geqslant \alpha \qquad (2\text{-}78)$$

$$\mathrm{s.t.} \quad \varrho + \sigma_{ijks} \geqslant \frac{1}{GN_j}\frac{Q\hat{T}_{ijks}z_{ijks}}{\mathrm{UT}_s - \mathrm{LT}_s}, \qquad (i, j, k, s)\in u$$

$$\sigma_{ijks} \geqslant 0, \quad \forall (i, j, k, s)\in u$$

$$\varrho \geqslant 0$$

证明：在式（2-77）中，$\gamma(Z, \Gamma_2)$ 所表示的极值问题采用了基于集合的表达方法，它表示从集合 u_1 选取 $\lfloor \Gamma_2 \rfloor$ 个参数，其取值为 1；而从集合中选取剩下的参数，其取值为 $\Gamma_2 - \lfloor \Gamma_2 \rfloor$。现引入 0-1 决策变量 ζ_{ijks}，用来表示是否从集合中选取该参数 $\tilde{T}_{ijks}$（$= 1$，选择；$= 0$，不选择）。显然，$\gamma(Z, \Gamma_2)$ 可以用下面的线性规划模型来表示：

$$\gamma(Z, \Gamma_2) = \max \frac{1}{G}\sum_{(i, j, k, s)\in u}\frac{1}{N_j}\frac{Q\hat{T}_{ijks}z_{ijks}}{\mathrm{UT}_s - \mathrm{LT}_s}\zeta_{ijks} \qquad (2\text{-}79)$$

$$= \frac{1}{G}\sum_{i\in I}\sum_{j\in J_i}\frac{1}{N_j}\sum_{k\in K_j}\sum_{s\in S}\frac{Q\hat{T}_{ijks}z_{ijks}}{\mathrm{UT}_s - \mathrm{LT}_s}\zeta_{ijks}$$

$$\text{s.t.} \sum_{(i,j,k,s)\in u} \zeta_{ijks} \leq \Gamma_2$$

$$0 \leq \zeta_{ijks} \leq 1, \qquad \forall(i,j,k,s)\in u$$

根据对偶问题理论，模型（2-79）的对偶问题可以表达为

$$\min \sum_{(i,j,k,s)\in u} \sigma_{ijks} + \varrho\Gamma_2 \qquad\qquad (2\text{-}80)$$

$$\text{s.t.} \quad \varrho + \sigma_{ijks} \geq \frac{1}{GN_j} \frac{Q\hat{T}_{ijks}z_{ijks}}{\text{UT}_s - \text{LT}_s}, \qquad (i,j,k,s)\in u$$

$$\sigma_{ijks} \geq 0, \quad \forall(i,j,k,s)\in u$$

$$\varrho \geq 0$$

式中，变量 ϱ、σ_{ijks} 分别为与原问题模型（2-79）中的第一条和第二条约束式相对应的对偶变量。根据强对偶理论，原问题模型（2-79）和对偶问题模型（2-80）的最优目标值是相等的。因而，将模型（2-80）代入式（2-77），问题得证。证毕。

对于模型（PS）中的式（2-71）和式（2-72），根据定理 2-3 和定理 2-4，其鲁棒优化等价模型为

$$\begin{aligned}
(\text{PS\_RO})\quad &\min \sum_{i\in I}\sum_{j\in J_i}\text{CM}_{ij}Qx_{ij} + \sum_{i\in I}\sum_{j\in J_i}\sum_{k\in K_j}\sum_{s\in S}\text{CP}_{ijks}Qz_{ijks} \\
&+ \alpha\left(\sum_{i\in I}\sum_{j\in J_i}\sum_{k\in K_j\setminus\{N_j\}}(\text{eb}_{ij,k+1} - \text{fb}_{ijk}) + \sum_{i\in I\setminus\{G\}}(e_{i+1} - f_i)\right)
\end{aligned}$$

$$\text{s.t.} \quad \text{式（2-74），式（2-78）}$$

式（2-33）～式（2-43），式（2-46）～式（2-51），式（2-53）～式（2-58）

在该模型中，如果令 $\Gamma_1 = \Gamma_2 = 0$，则鲁棒优化模型（PS_RO）变成了确定性的模型（PS）。如果令 $\Gamma_1 = |S|$，$\Gamma_2 = |I| \times |J| \times |K| \times |S|$，则鲁棒优化模型（PS_RO）变成了基于区间的鲁棒优化模型。由于鲁棒优化模型（PS_RO）是一个线性规划模型，因而，可以用 CPLEX 等商业求解器对模型进行求解。

2. 案例分析

考虑共享企业的制造服务时间最大偏离值为 $\hat{T}_{ijks} = \chi T_{ijks}$，其中 $\chi \in [0,1]$ 为扰动比例。采用 C++ 编程应用 CPLEX 求解器对鲁棒模型（PS_RO）进行求解，分析共享企业服务时间的不确定性、扰动比例对产品配置和任务分配的影响。在下面的分析中，假定共享平台所要求的平均共享度要大于等于 60%。

首先分析共享企业服务时间的不确定性对产品配置和共享任务选择的影响。设扰动比例为 $\chi = 0.06$，并令鲁棒预算参数 $\Gamma = \Gamma_1 = \Gamma_2$。表 2-16 给出了当扰动幅度 χ 为 0.06、鲁棒控制参数 Γ 取不同值时的产品模块配置及共享任务的最优决策结果。$\Gamma = 0$ 即为确定性模型的解。可以看出，鲁棒模型的配置总成本要高于确定性模型的配置总成本。随着控制参数 Γ 的增大，决策者越来越倾向于保守和谨慎。为了应对不确定性的风险，将提高闲置设备的共享度，以应对共享平台所规定的最低共享度要求，这也进一步导致鲁棒成本不断增加。此外，随着鲁棒控制参数 Γ 的取值不同，产品模块的配置组成、子任务选择以及共享企业的选择也发生了改变。例如，当 Γ 为 0.4 时，产品的模块构成为 A_2、B_3、C_5，子任务选择为 BT_{21}、BT_{31}、BT_{51}，共享企业选择为 SM_{212}、SM_{311}、SM_{511}。而当 Γ 增加到 1 时，其不同点在于：产品的模块构成从 A_2 变为 A_1，子任务选择从 BT_{21} 变为 BT_{11}，共享企业从 SM_{212} 变为 SM_{111}。图 2-19 给出了在两种鲁棒控制参数下鲁棒决策结果的直观对比。

表 2-16　扰动幅度 $\chi = 0.06$ 下的模块及共享任务最优决策结果

Γ	模块选择	子任务选择	共享企业选择	总成本	共享度
0	A_2，B_4，C_5	BT_{21}，BT_{41}，BT_{42}，BT_{51}	SM_{213}，SM_{412}，SM_{421}，SM_{512}	1501	0.626
0.2	A_2，B_3，C_5	BT_{21}，BT_{31}，BT_{51}	SM_{212}，SM_{311}，SM_{511}	1504	0.667
0.4	A_2，B_3，C_5	BT_{21}，BT_{31}，BT_{51}	SM_{212}，SM_{311}，SM_{511}	1504	0.667
1	A_1，B_3，C_5	BT_{11}，BT_{31}，BT_{51}	SM_{111}，SM_{311}，SM_{511}	1518	0.732
2	A_1，B_3，C_5	BT_{11}，BT_{31}，BT_{51}	SM_{111}，SM_{311}，SM_{511}	1518	0.732

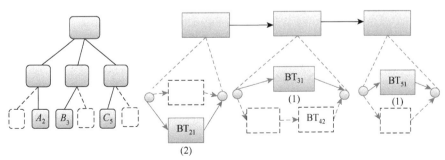

(a) $\Gamma = 0.4$

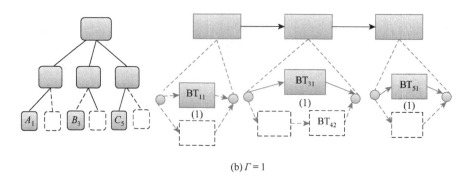

(b) $\Gamma = 1$

图 2-19　鲁棒决策结果

　　下面进一步分析共享企业的制造服务时间扰动比例对配置结果的影响。对比分析扰动比例 χ 分别为 0.05、0.06、0.08 的不同取值对鲁棒优化决策结果的影响。图 2-20 显示了在不同扰动比例下总成本随鲁棒控制参数 Γ 的灵敏度变化情况。可以看出，在给定扰动比例下（如 $\chi = 0.05$），制造总成本随控制参数 Γ 的增加而逐步增大。在给定控制参数 Γ（如 $\Gamma = 0.5$）下，共享服务时间的扰动幅度越大，制造总成本也越大。因此，决策者应该准确地预测共享服务时间的扰动幅度，并根据风险预测情况合理地选择优化决策结果。

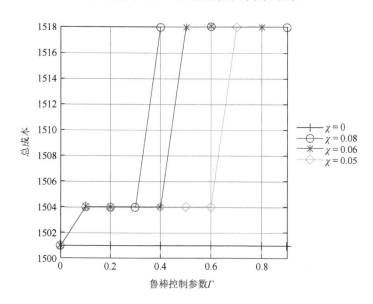

图 2-20　总成本随扰动比例的变化趋势

3. 鲁棒解的质量验证

为了验证鲁棒模型所求得的配置解的有效性，对于案例中的共享制造服务时间，这里选择不同的（χ, Γ）参数组合，采用蒙特卡罗仿真方法产生扰动的制造服务时间，使其服从正态分布，并随机仿真 1000 次。表 2-17 给出了鲁棒模型解与确定性模型解的仿真结果比较，其中 D 和 R 分别表示确定性模型解和鲁棒模型解。名义数据下的目标函数值是分别通过求解确定性模型和鲁棒模型而得到的。

表 2-17 鲁棒模型解与确定性模型解的仿真结果比较

扰动比例 χ	鲁棒参数 Γ	名义数据下的目标函数值		仿真数据					
				违例解个数		目标函数均值		共享度	
		D	R	D	R	D	R	D	R
0.04	0.7	1501	1518	0	0	1501.0	1518.0	0.694	0.728
	0.8	—	1518	2	0	1501.0	1518.0	0.698	0.737
	0.9	—	1518	2	0	1501.0	1518.0	0.692	0.736
0.06	0.5	1501	1518	7	0	1501.0	1518.0	0.698	0.733
	0.6	—	1518	3	0	1501.0	1518.0	0.691	0.727
	0.8		1518	1	0	1501.0	1518.0	0.695	0.729
0.08	0.4	1501	1518.0	35	2	1501.0	1518.0	0.698	0.732
	0.6	—	1518.0	42	3	1501.0	1518.0	0.699	0.735
	0.8	—	1518	30	1	1501.0	1518.0	0.698	0.731

从表 2-17 中可以看出，无论名义数据下的目标函数值还是仿真的目标函数均值，鲁棒模型的目标值均高于确定性模型的目标值。这是因为决策者为了避免风险而付出的成本代价。但是，在仿真数据的场景下，确定性模型违背共享度要求的约束的比例相当高，而鲁棒模型的约束违背率极低。这也反映了在不确定的情况下，鲁棒模型的解能够基本满足共享平台对共享度的要求。因而，鲁棒模型比确定性模型更能抵御不确定因素的冲击，因而其解也更为稳定，能够以较大概率保证满足共享平台的共享度约束。但鲁棒模型的配置总成本也高于确定性模型的总成本，因此，决策者应该平衡目标的最优性和决策的鲁棒性。在满足共享平台的共享度要求的前提下，合理地进行最优决策。

2.3.4 小结

本节主要探讨了共享制造平台对于个性化定制下的产品配置与生产任务调度优化问题，其中，个性化产品的生产过程由具有先后次序约束的多个制造任务构成。分别针对考虑共享度约束、碳排放量，以及加工时间不确定性的三种制造情形，结合数学优化模型和案例分析的方法展开深入研究，并得出了以下一些主要结论。

（1）考虑企业闲置资源具有可共享时间窗约束，以及平台对闲置资源的平均利用率即共享度有最低要求的共享制造平台优化决策。以最小化配置设计、共享制造以及等待惩罚三个成本之和为优化目标，构建相应的数学模型并采用商业软件求解。利用案例分析指出，如果一味追求成本最小化可能导致平台中闲置资源的利用率不高；同时，联合决策相较于产品模块配置与制造任务分配的序贯性单独决策有助于降低生产总成本。

（2）基于绿色制造与共享经济二者融合，探讨了同时考虑碳排放和共享度的产品配置与制造任务分配优化决策，并利用多目标决策模型进行问题刻画与分析。着重提出了一种基于 ε- 约束法的多目标算法，将它与使用单目标思想的加权和法进行对比分析发现，前者能够获得更为完整、质量更好的帕累托前沿，而且求解时间更短，表明所设计的算法可以为决策者提供有价值的产品配置与生产调度综合方案。

（3）考虑到工件在加工过程中会因为机器准备活动、设备维护、等待前序任务等因素，导致制造时间出现不确定性的实际情形，以最小化总制造成本为优化目标构建相应的鲁棒优化模型，探讨制造时间的扰动比例对目标的作用情况。结合案例分析发现，决策者为了避免风险需要付出一定的代价，表现为鲁棒模型的目标函数平均值高于确定性模型的目标值，但是前者的共享度约束违背率低于后者。

参 考 文 献

国家信息中心分享经济研究中心课题组.2018. 共享经济：从起步期向成长期加速转型——中国共享经济发展年度报告（2018）[J]. 新华月报，（12）：44-47.

黄基诞，郑斐峰，徐寅峰，等.2019. 基于 MapReduce 模型带任务分割的平行机调度优化[J]. 控制与决策，34（7）：1514-1520.

李凯，罗庆，杨善林.2013. 释放时间具有凸减函数约束的单机调度问题[J]. 系统工程理论与实践,33（6）:1516-1522.

李凯，肖巍，朱晓曦.2022. 基于云平台的共享制造模式定价策略[J]. 控制与决策，37（4）：1056-1066.

马化腾.2016. 分享经济：供给侧改革的新经济方案[M]. 北京：中信出版集团.

齐二石，李天博，刘亮，等.2017. 云制造环境下企业制造资源共享的演化博弈分析[J]. 运筹与管理，26（2）：25-34.

解超.2017. 云制造环境下考虑机器单位租用成本的同类机调度问题研究[D]. 合肥：合肥工业大学.

晏鹏宇，杨柳，车阿大.2022. 共享制造平台供需匹配与调度研究综述[J]. 系统工程理论与实践，42（3）：811-832.

张孝荣，孙怡，陈晔.2017. 探寻独角兽：解读分享经济创新创业密码[M]. 北京：清华大学出版社.

赵道致，王忠帅.2019. 云制造平台加工能力分享调度优化研究[J]. 运筹与管理，28（12）：1-6.

赵道致，朱晨威.2021. 产能分享对设备制造商和用户企业的影响研究[J]. 运筹与管理，30（11）：120-126.

郑斐峰，靳凯媛，徐寅峰，等.2023. 考虑可拆分订单及加工类型匹配的平行机调度决策[J]. 运筹与管理，32（3）：1-7.

Baker K R. 1974.Introduction to Sequencing and Scheduling [M]. New York：Wiley.

Baykasoğlu A，Ozsoydan F B. 2018. Dynamic scheduling of parallel heat treatment furnaces：A case study at a manufacturing system[J]. Journal of Manufacturing Systems，46：152-162.

Biskup D. 1999. Single-machine scheduling with learning considerations[J]. European Journal of Operational Research，115（1）：173-178.

Chandra M J，Bahner M L. 1985. The effects of inflation and the time value of money on some inventory systems[J]. International Journal of Production Research，23（4）：723-730.

Chen W D，Wei L，Li Y G. 2018. Fuzzy multicycle manufacturing/remanufacturing production decisions considering inflation and the time value of money[J]. Journal of Cleaner Production，198：1494-1502.

Ekici A，Elyasi M，Özener O Ö，et al. 2019. An application of unrelated parallel machine scheduling with sequence-dependent setups at Vestel Electronics[J]. Computers & Operations Research，111：130-140.

Florêncio L，Pimentel C，Alvelos F. 2015.An exact and a hybrid approach for a machine scheduling problem with job splitting [C]//Almeida J，Oliveira J，Pinto A. Operational Research. Cham：Springer：191-212.

Gong D C，Kang J L，Lin G C，et al. 2017. On an IC wire bonding machine production–inventory problem with time value of money[J]. International Journal of Production Research，55（9）：2431-2453.

Hermans B，Leus R. 2018. Scheduling Markovian PERT networks to maximize the net present value：New results[J]. Operations Research Letters，46（2）：240-244.

Ji M，Ye X N，Qian F Y，et al. 2022.Parallel-machine scheduling in shared manufacturing[J]. Journal of Industrial and Management Optimization，18（1）：681-691.

Jiang P Y，Li P L. 2020. Shared factory：A new production node for social manufacturing in the context of sharing economy[J]. Proceedings of the Institution of Mechanical Engineers，Part B：Journal of Engineering Manufacture，234（1/2）：285-294.

Johari M，Hosseini-Motlagh S M，Nematollahi M，et al. 2018. Bi-level credit period coordination for periodic review inventory system with price-credit dependent demand under time value of money[J]. Transportation Research Part E：Logistics and Transportation Review，114：270-291.

Kim J，Kim H J. 2021. Parallel machine scheduling with multiple processing alternatives and sequence-dependent setup times[J]. International Journal of Production Research，59（18）：5438-5453.

Kim Y H，Kim R S. 2020.Insertion of new idle time for unrelated parallel machine scheduling with job splitting and machine breakdowns[J]. Computers & Industrial Engineering，147：106630.

Li B D，Yang Y，Su J F，et al. 2019a. Two-sided matching model for complex product manufacturing tasks based on dual hesitant fuzzy preference information[J]. Knowledge-Based Systems，186：104989.

Li K，Xiao W，Yang S L. 2019b. Scheduling uniform manufacturing resources via the Internet：A review[J]. Journal of Manufacturing Systems，50：247-262.

Liu J，Chen Y. 2019.A personalized clustering-based and reliable trust-aware QoS prediction approach for cloud service recommendation in cloud manufacturing[J]. Knowledge-Based Systems，174：43-56.

Liu Z H，Zhan J Y. 2020. Online fractional hierarchical scheduling on uniformly related machines[J]. Computers & Operations Research，113：104778.

Nagaraju D，Rao A R，Narayanan S，et al. 2016. Optimal cycle time and inventory decisions in coordinated and non-coordinated two-echelon inventory system under inflation and time value of money[J]. International Journal of Production Research，54（9）：2709-2730.

Nessah R，Chu C B. 2010.Infinite split scheduling：A new lower bound of total weighted completion time on parallel machines with job release dates and unavailability periods[J]. Annals of Operations Research, 181 (1): 359-375.

Park M W, Kim Y D. 1997. Search heuristics for a parallel machine scheduling problem with ready times and due dates[J]. Computers & Industrial Engineering, 33 (3/4): 793-796.

Park T, Lee T, Kim C O. 2012. Due-date scheduling on parallel machines with job splitting and sequence-dependent major/minor setup times[J]. The International Journal of Advanced Manufacturing Technology, 59 (1): 325-333.

Rabiee M, Jolai F, Asefi H, et al. 2016. A biogeography-based optimisation algorithm for a realistic no-wait hybrid flow shop with unrelated parallel machines to minimise mean tardiness[J]. International Journal of Computer Integrated Manufacturing, 29 (9): 1007-1024.

Ren X J, Herty M, Zhao L D. 2020.Optimal price and service decisions for sharing platform and coordination between manufacturer and platform with recycling[J]. Computers & Industrial Engineering, 147: 106586.

Salimifard K, Li J P, Mohammadi D, et al. 2021.A multi objective volleyball premier league algorithm for green scheduling identical parallel machines with splitting jobs[J]. Applied Intelligence, 51 (7): 4143-4161.

Serafini P. 1996.Scheduling jobs on several machines with the job splitting property[J]. Operations Research, 44 (4): 617-628.

Shahvari O, Logendran R. 2017.A bi-objective batch processing problem with dual-resources on unrelated-parallel machines[J]. Applied Soft Computing, 61: 174-192.

Simeone A, Deng B, Caggiano A. 2020. Resource efficiency enhancement in sheet metal cutting industrial networks through cloud manufacturing[J]. The International Journal of Advanced Manufacturing Technology, 107 (3/4): 1345-1365.

Tao F, Hu Y F, Zhao D M, et al. 2009. Study on resource service match and search in manufacturing grid system[J]. The International Journal of Advanced Manufacturing Technology, 43 (3): 379-399.

Wang G, Zhang G, Guo X, et al. 2021. Digital twin-driven service model and optimal allocation of manufacturing resources in shared manufacturing[J]. Journal of Manufacturing Systems, 59: 165-179.

Wu Q A, Xie N M, Zheng S X. 2022. Integrated cross-supplier order and logistic scheduling in cloud manufacturing[J]. International Journal of Production Research, 60 (5): 1633-1649.

Xing W X, Zhang J W. 2000. Parallel machine scheduling with splitting jobs[J]. Discrete Applied Mathematics, 103 (1/2/3): 259-269.

Xu Y F, Zhi R T, Zheng F F, et al. 2022.Parallel machine scheduling with due date-to-deadline window, order sharing and time value of money[J]. Asia-Pacific Journal of Operational Research, 39 (2): 2150024.

Yalaoui F, Chu C B. 2006.New exact method to solve the $p_m/r_j/\sum C_j$ schedule problem[J]. International Journal of Production Economics, 100 (1): 168-179.

Yunusoglu P, Yildiz S T. 2022.Constraint programming approach for multi-resource-constrained unrelated parallel machine scheduling problem with sequence-dependent setup times[J]. International Journal of Production Research, 60 (7/8): 2212-2229.

Zhao D Z, Han H S, Shang J, et al. 2020.Decisions and coordination in a capacity sharing supply chain under fixed and quality-based transaction fee strategies[J]. Computers & Industrial Engineering, 150: 106841.

Zheng F F, Jin K Y, Xu Y F, et al. 2022a.Unrelated parallel machine scheduling with processing cost, machine eligibility and order splitting[J]. Computers & Industrial Engineering, 171: 108483.

Zheng F F, Jin K Y, Xu Y F, et al. 2022b. Unrelated parallel machine scheduling with job splitting, setup time, learning effect, processing cost and machine eligibility[J]. Asia-Pacific Journal of Operational Research, 40 (3): 2250023.

第3章　共享库存及其运营决策

3.1　共享库存概念

共享库存，顾名思义就是实现库存的共同分享。无论零售业还是制造业，共享库存就是将原来的企业间业务或者企业与消费者之间的业务整合成一盘货，实现全渠道订单统一管理，库存统一分配，助力企业实现全渠道资源管理的一种新兴业态。共享库存不仅能赋予企业全渠道掌控力，还能让企业实现降本增效。共享库存从概念上可以定义为货源共享，分采通销。例如，在汽配领域，共享库存不仅发布资源，同行串货，而且有一套标准化的分布式智能云生态（our earth，OE）管理规则，共享的主体有可能横跨商户、联盟、厂商等。此外，共享库存后的价格体系在商户之间、联盟内等需要建立一套规则。

在共享库存模式下，多渠道共用库存、各地库存实施集中管理，库存分配规则支持配送和自提两种模式，运作模式分为以下几类：①多渠道、多平台共销，库存共享；②多仓库、多门店供给，库存共享，其中，门店包含自营和合作代发货两种方式，门店商品需同时支持线上、线下销售；③仓库只支持批量进出及配送，不支持自提，门店支持配送和自提两种模式；④部分地区的门店配送若在闪送范围内，可以支持闪送（例如，利用美团、饿了么、京东到家配送的共享模式），不支持闪送的门店使用常规物流配送。

共享库存与共享仓库存在一定的区别。共享仓库物流实质上是物流资源的共享，在仓储环节，则是共享仓储资源与商品库存信息。在电子商务迅猛发展的带动下，随着"互联网＋"的深入推进，互联网作为有效手段加强了仓储资源供需双方的直接交互，为仓储资源的共享提供了信息化基础。相比于大量的车货匹配平台、同城配送平台的迅速发展，仓储领域的市场化、互联网化进程相对缓慢，2016年后"互联网＋仓储"模式获得快速发展。特别值得一提的是，线下资源共享交易的"云仓"模式成为近几年发展最快的共享模式之一。"云仓"与上述几种平台模式均实现了仓储资源的共享和优化配置，只是实现形式和共享的对象有所不同。

云仓资源共享模式是"互联网＋"环境下的一种新兴仓库共享模式，它通过建立云仓系统实现仓库设施网络的互联互通，在此基础上面向用户开放云仓资源，实现仓储资源共享。例如，京东、顺丰、菜鸟等的云仓共享即是真正仓储设施共享的创新性应用。云仓系统是基于实体的仓库设施网络系统打造的在线互联网平台，通过互联网连通全国各地仓库的管理系统，实现仓库数据与云仓平台互联互通，并基于云计算和大数据分析，优化仓库资源配置和实时仓库系统的网络化运营与共享的管理，实现实体仓库的整合、运筹和管理。目前国内知名的几个云仓包括菜鸟云仓、京东云仓、顺丰云仓等，虽然它们的运作模式各有不同，但本质上都是仓储资源的共享。下面简单介绍这几家有代表性的云仓。

菜鸟云仓：定位为物流大数据平台，菜鸟网络未来或可能组建全球最大的物流云仓共享平台。菜鸟搭建的数据平台，以大数据为能源，以云计算为引擎，以仓储为节点，编织一张智慧物流仓储设施大网，覆盖全国乃至全球，开放共享给天猫和淘宝平台上的各个商家。

京东云仓：京东自建的物流系统已经开始对社会开放，京东物流依托自己庞大的物流网络设施系统和京东电商平台，从供应链中部向前后端延伸，为京东平台商家开放云仓共享服务，提升京东平台商家的物流体验。此外，利用京东云仓完善的管理系统，与金融机构跨界共享，推出"互联网＋电商物流金融"的服务，利用信息系统全覆盖，实现仓配一体化，并有金融支持，能满足电商企业的多维度需求。

顺丰云仓：顺丰利用覆盖全国主要城市的仓储网络，加上具有差异化的产品体系和市场推广，让顺丰仓配一体化服务锋芒毕露。顺丰围绕高质量的直营仓配网以及优化供应链服务能力，重点面向计算机和消费类电子产品、运动鞋服行业、食品冷链和家电行业的客户开放仓配共享。

共享库存仓储资源的价值主要体现在以下两个方面：首先，对于需求方（用户）来说，可以共享全国范围内各种可用的仓储资源，打造智慧供应链平台，同时还能够在线查看仓库内的所有静态、动态信息，以及出库、转运、签收等物流作业的状态。也就是说，用户不仅可以实现仓储物流信息的透明化管理，甚至库内加工、调拨等物流运营服务均可以借助共享云仓实现，使用户可以大幅度降低自身的物流资源投入以及人员配置。其次，共享仓储模式让仓储企业由业主向经营者转变，其收益将由单纯的仓租收益转化为综合收益，实现收益模型多元化。对于仓储企业的供应商——物流设备供应商来说，同样可以找到更多客户。

共享模式以互联网为手段对整个社会、整个行业的仓储资源进行了优化配置，实现了仓储资源的最大化利用，从而有助于节省社会资源。

共享库存伴随着共享经济和互联网技术的快速发展应运而生，当前还处在起步阶段，仍存在着诸多问题。具体包括：①各渠道库存割裂，线上、线下全渠道运作中出现商品超卖问题，引发顾客投诉；②多渠道库存数据散落在各自的系统中，导致库存分配不均，有可能出现一个渠道断货，另一个渠道库存积压的现象；③库存系统数据的实时库存反馈不准确，如渠道有货，系统却不能下单；④线上、线下渠道库存分散，调拨难，耗时长，造成销售机会流失。例如，某品牌在全国拥有近千家线下门店，同时拥有多个自营商城及线上销售渠道。在某销售旺季，却由于库存问题损失了大量销售机会。由于渠道众多，品牌很难提前判断各个渠道终端的销售情况，也很难预测每个渠道应该准备多少库存。因此在销售过程中，某些销售终端卖得好会出现缺货现象，某些销售终端卖得不好而积压大量库存，品牌销售额和顾客消费体验都受到了巨大影响。因而，研究共享库存的意义在于实现全渠道共享库存，线上、线下全渠道库存无缝打通，整合全渠道影响库存的单据实时计算，为每个渠道定义动态的零售圈库存，灵活设置每个店仓的共享库存比例，让好卖的渠道不断货，不好卖的渠道不积压。同时，推进实时可视化运作，及时为零售品牌提供实时、准确的库存数据，指导业务运营，智能预测库存，优化企业全渠道库存周转，降低缺货率，提升订单履约能力，提高用户体验和库存周转率，最终避免销售机会流失。此外，能够实现安全库存实时预警，配置各渠道库存安全阈值，触发异常自动预警，随时掌控每个库位、每个存货量单位（stock keeping unit，SKU）的实时库存数，保证安全库存不超卖。

3.2　渠道间共享库存最优订购与转运策略

渠道间共享库存主要指双渠道零售兼具互补与竞争的情形下，在渠道之间的库存共享运营模式。有如下两种主要模式：一是线上渠道单独设有库存，线上、线下两渠道独立运营，如宜家；二是线上渠道与线下门店共用库存，由实体店库存履行线上订单，如沃尔玛。两种模式相比，前者需要线上独立配备库存，存在库存风险；后者虽消除了线上渠道的库存风险，但由于与线下门店共用库存，仍面临着总体不确定的市场需求，如何进一步优化库存决策是一个挑战，它将直接影响着企业的经济效益。近几年，共享经济的兴起逐渐促进了零售业对闲置资源共享再利用的发展。零售商之间通过转运进行库存共享，可以更好地满足需求并降低库存。同理，对于两个双渠道零售商而言，均存在缺货和剩余库存的可能。如果任一个零售商发生缺货，其线下顾客立即失去而线上顾客愿意等待时，那么该零售商可以从有剩余库存的另一个零售商处进行跨市场横向转运，实现供应链分散决策下企业间剩余库存的共享。

渠道间进行库存共享，可以使缺货方通过库存转运分享另一方多余的库存。这样既减少了库存多余方的剩余库存，又提高了库存不足方的客户服务水平，实现双赢。随着共享经济的兴起，共享库存问题引起了国内外学者的广泛关注，相关研究主要集中在两个方面。

一方面是共享库存横向转运问题，侧重于同级企业的库存转运。例如，Liang 等（2015）、Torabi 等（2015）、Spiliotopoulou 等（2018）研究了进行集中决策的单个企业内部库存横向转运的最优库存决策。而多数学者集中于研究多个同级企业的库存转运问题。Feng 等（2018）根据转运发生的时间点不同，分别研究了两零售商均采取紧急侧向转运策略或预防侧向转运策略时的最优库存决策。但斌等（2017）针对易逝品缺货时顾客不愿等待的现象，研究了两零售商的多销售阶段预防性库存横向转运和订货决策问题。Noham 和 Tzur（2014）考虑了更为复杂的情形，研究了两零售商的多品类库存横向转运问题。Feng 等（2017）针对由多个具有仓容限制的下游企业和单个供应商组成的二级供应链系统，允许下游企业间转运库存或转运仓容，通过建立非线性规划模型和遗传算法确定最优转运策略。戢守峰等（2016）针对一个典型的三级供应链系统，研究了共享库存条件下三级分销网络侧向转运问题。以上研究都是对企业最优库存水平的分析，均未考虑最优转运价格对订货决策及收益的影响。陈敬贤等（2013）从拟定协调机制的角度出发，考虑了最优转运价格，研究了多零售商横向转运的收益共享契约问题，并通过设计启发式算法确定了零售商的最优订货和转运价格决策。

还有一些学者探究了共享库存对供应链各方利润的影响。Shao 等（2011）考虑了一个两层级供应链，研究了零售商间的转运激励对上下游企业利润的影响。邵婧（2016）在此基础上，研究了库存转运对供应链各方利益的影响，通过构建博弈模型并推导子博弈完美纳什均衡，确定库存转运下制造商及零售商的最优库存水平和期望利润。Lee 和 Park（2016）针对由单个具有供应容量限制的供应商和两个零售商组成的系统，研究了容量限制和转运价格对零售商利润的影响。李毅鹏和马士华（2013）针对供应和需求信息的不确定性，研究了多供应商间库存横向协同对下级制造商利润的影响。上述文献无论是研究单个企业内部还是多个同级企业的共享库存问题，大都以传统线下零售商作为研究主体，而对双渠道零售商的共享库存问题缺少讨论。

关于共享库存另一方面的研究主要涉及跨渠道转运问题，侧重于渠道间的库存转运。金磊等（2013）探讨了传统零售商建立其网络渠道后，网络渠道是自建库存点还是与实体店共享库存的问题，研究证明了共享库存具有较高的经济效益。经有国等（2016）考虑了由一个零售商经营的具有独立随机需求的双渠道，在销售季末一个渠道缺货时可分享另一渠道的剩余库存，研究了渠道间各自的订货决策，分别建立了不共享剩余库存和共享剩余库存时的双渠道订货模型。徐琪等（2015）针对由传统零售渠道和网络直销渠道组成的双渠道供应链，考虑了网络渠道缺货时可分享零售店多余库存的单向转运情形，分别建立了合作型、非合作型的双渠道订货模型。Zhao 等（2016）考虑了双向转运情形，研究了传统零售渠道与网络直销渠道间的库存转运问题。Gallino 和 Moreno（2014）对于允许顾客线上下单、线下取货的情形，研究了渠道库存整合对企业效益的影响。Govindarajan 等（2021）针对线上订单的履行问题，分别研究了线上、线下双渠道库存不共享、部分共享以及完全共享三种情景下的最优订货决策。上述这些关于双渠道库存转运的研究，较多讨论的是有转运情形下的订货问题，对于双渠道间转运价格的优化问题研究较少。

针对以上问题，本章着重探讨共享库存下双渠道零售商的订货与转运价格优化决策。考虑两个独立且对称的双渠道零售商，在销售季末允许一方缺货时，其未被满足的线上需求可通过横向转运分享另一方的剩余库存，研究共享库存下线上和线下零售商的最优订购与转运价格问题。通过分别建立不共享与共享剩余库存两种情形下的订货模型和转运量模型，分析共享剩余库存时的最优订购量，并探讨转运价格对库存水平和利润的影响，给出零售商在共享库存前后库存增加和减少的条件，以及最优转运价格，从而说明共享剩余库存可提高双渠道零售商的期望利润、降低缺货风险，但并不一定降低库存水平。研究表明，共享剩余库存时，两零售商的最优期望利润均高于不共享剩余库存的情形，但库存水平变化由转运价格和阈值共同决定。该研究的创新之处体现在将线上库存和线下库存共享来考虑其对整体库存系统的影响，找出共享剩余库存时的最优初始订购量和转运价格，在研究视角上具有一定的创新性。

3.2.1　问题描述与假设

考虑两个销售同类产品的双渠道零售商，分别位于两个市场，市场用 $i=1,2$ 和 $j=3-i$ 表示。市场随机需求 d_i 包括线下需求 d_{is} 和线上需求 d_{io}，且线下需求占总需求的比例为 λ，即 $d_{is}=\lambda d_i$。为了便于后期计算，这里只研究 $\lambda\in(0.5,1]$ 的情形，即考虑线下市场份额占比较大的情形。假设所有需求均服从非负、连续的密度函数和分布函数，分别表示为 $f_{is}(x)$ 和 $F_{is}(x)$、$f_{io}(x)$ 和 $F_{io}(x)$、$f_i(x)$ 和 $F_i(x)$。零售商的线上渠道均不设立单独的库存，而是与线下门店共用库存，由实体店库存满足线上需求和线下需求。两零售商均由同一供应商供货，批发价格为 c，线下零售价为 p_s，线上零售价为 p_o，且满足 $c<p_o<p_s$，未销售完的产品残值均为 s（$s<c$）。若考虑共享库存情形，即允许当一方销售季末缺货时，其未被满足的线上需求可以通过转运分享另一方的剩余库存来满足，但需向库存提供方支付单位剩余库存、运输等费用，即转移价格 t（$s<t<p_o$）。两个零售商独立进行订货决策，订购量分别记为 q_i 和 q_j。将剩余库存在不共享与共享情形下的期望利润分别记为 π_i^{NT} 和 π_i^{T}（$i=1,2$）。

假设 1：考虑单周期订货决策，期初库存为零，供应能力不受限制，但零售商在需求实现之前只有一次订货机会，订货提前期为零。

假设 2：市场需求 d_i 服从 $[0, b]$ 上的均匀分布（b 为实数），且 d_i 相互独立。

假设 3：当库存不足时，未满足需求的线下顾客立即失去，而未满足需求的线上顾客愿意等待且无等待成本。

由假设 3 可知，线上订单有一定的缓冲余地，可以不必立即履行，而线下需求需要即刻予以满足，而且线下销售每一单位商品的盈利高于线上渠道。因此，基于完全理性人的假设，零售商将采取在销售期间优先满足线下需求，并在销售季末统一履行线上订单的经营策略。

3.2.2　订货模型

1. 不共享剩余库存情形下的订货模型

不共享剩余库存情形是指两个零售商 R_i 和 R_j 不进行剩余库存的跨市场横向转运，二者独立运营。各自的线上渠道与线下渠道共用库存，并且采取在销售期间优先满足线下需求，在销售期末统一履行线上订单的经营策略。系统结构如图 3-1 所示。

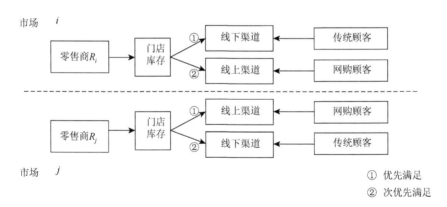

图 3-1　不共享剩余库存情形下的系统结构

由于零售商 R_i 与 R_j 对称，所以只需研究任一方的订货决策即可。以零售商 R_i 为例，其订购量为 q_i，线下需求量为 d_{is}，线上需求量为 d_{io}。库存优先满足线下需求，则线下期望销售量记为 y_{is}，有 $y_{is} = \min\{d_{is}, q_i\}$；线上期望销售量记为 y_{io}，有 $y_{io} = \min\{(q_i - d_{is})^+, d_{io}\}$，其中定义 $z^+ = \max\{z, 0\}$。销售季结束后，剩余库存量记为 y_{ir}，有 $y_{ir} = ((q_i - d_{is})^+ - d_{io})^+ = (q_i - d_i)^+$。由此可得到不共享剩余库存情形下零售商 R_i 的期望利润函数为

$$\pi_i^{NT}(q_i) = p_s E y_{is} + p_o E y_{io} + s E y_{ir} - c q_i$$
$$= E[p_s \cdot \min\{q_i, d_{is}\} + p_o \cdot \min\{(q_i - d_{is})^+, d_{io}\} + s(q_i - d_i)^+] - c q_i \quad (3\text{-}1)$$

根据 z^+ 的定义，可得 $(y-x)^+ = \max\{y-x, 0\}$，即当 $y \geqslant x$ 时，$(y-x)^+ = y-x$；当 $y < x$ 时，$(y-x)^+ = 0$。公式 $y - \min(y, x)$ 与 $(y-x)^+$ 具有相同的解释含义，可以推导得出 $(y-x)^+ = y - \min\{y, x\}$。

零售商 R_i 的总体缺货量为 $(d_i - q_i)^+$。按渠道划分，缺货量共来自两部分，一部分是线下渠道缺货量 $(d_{is} - q_i)^+$，另一部分是线上渠道缺货量 $(d_{io} - (q_i - d_{is})^+)^+$。由此可得零售商 R_i 的总体缺货量为 $(d_i - q_i)^+ = (d_{is} - q_i)^+ + (d_{io} - (q_i - d_{is})^+)^+$。将式（3-1）中的 $(q_i - d_i)^+$ 和 $\min\{(q_i - d_{is})^+, d_{io}\}$ 化简，得到 $(q_i - d_i)^+ = q_i - \min(q_i, d_i)$、$\min\{(q_i - d_{is})^+, d_{io}\} = \min(d_i, q_i) + \min(d_{is}, q_i)$，代入零售商 R_i 的期望利润函数得到
$$\pi_i^{NT}(q_i) = E[(p_s - p_o) \cdot \min\{q_i, d_{is}\} + (p_o - s) \cdot \min\{q_i, d_i\} + (s - c)q_i]$$

式中，$\min\{q_i, d_{is}\} = q_i - \int_0^{q_i} F_{is}(x)\mathrm{d}x$；$\min\{q_i, d_i\} = q_i - \int_0^{q_i} F_i(x)\mathrm{d}x$。求期望利润函数 $\pi_i^{NT}(q_i)$ 对 q_i 的二阶偏导数，已知 $p_s > p_o > s$，且 $f_{is}(q_i) \geqslant 0$，可得 π_i^{NT} 关于 q_i 的二阶偏导数小于等于零恒成立，所以利润函数为凸函数，即存在使零售商利润达到最大的最优订购量 q_i^{NT}。此时满足 $\pi_i^{NT}(q_i)$ 对 q_i 的一阶偏导数等于零，即 $(p_s - p_o)F_{is}(q_i^{NT}) + (p_o - s)F_i(q_i^{NT}) = p_s - c$。可证得在不共享剩余库存情形下，零售商的订货决策存在唯一最优解。根据假设 2，市场需求 d_i 服从 $[0, b]$ 上的均匀分布（$b \in \mathbb{R}$），可得到零售商 i 的最优订购量为
$$q_i^{NT} = \lambda b \frac{p_s - c}{p_s - p_o + \lambda(p_o - s)}, \quad i = 1, 2$$

由零售商的期望利润函数可知，在不共享剩余库存的情形下，零售商 i 独立运营时的最大期望利润为
$$\pi_i^{NT}(q_i^{NT}) = \lambda b \frac{(p_s - c)^2}{2(p_s - p_o + \lambda(p_o - s))}, \quad i = 1, 2$$

2. 共享剩余库存情形下的订货和转运模型

在共享剩余库存的情形下，两个零售商可以进行跨市场剩余库存横向转运，二者相互合作。在满足各自市场需求的前提下，销售季末允许任一方的线上渠道在缺货时可以分享另一方的剩余库存，但需向对方支付一定的库存转移费用，也称为转运价格。如果线下渠道发生缺货，需求立即失去，不存在任何挽救措施。该模式下的系统结构如图 3-2 所示，虚线③表示跨市场库存的横向转运。根据上述思路，可知零售商库存服务的优先次序依次是线下需求、线上需求和跨市场库存横向转运。

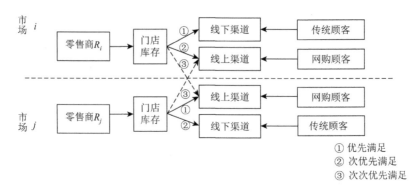

① 优先满足
② 次优先满足
③ 次次优先满足

图 3-2　共享剩余库存情形下的系统结构

定义 y_{ij} 为零售商 R_i 分享给 R_j 的转运量，要求 y_{ij} 的取值既不能超过 R_i 的剩余库存量，也不能超过 R_j 线上渠道的缺货量，所以 $y_{ij} = \min\{(q_i - d_i)^+, (d_{jo} - (q_j - d_{js})^+)^+\}$。同理可知，零售商 R_j 分享给 R_i 的转运量 $y_{ji} = \min\{(q_j - d_j)^+, (d_{io} - (q_i - d_{is})^+)^+\}$。以零售商 R_i 为例，跨市场库存横向转运是针对线上渠道面临缺货时所采取的挽救措施，因此线下渠道的期望销售量不发生改变，仍为 $y_{is} = \min\{q_i, d_{is}\}$。$R_i$ 的线上需求由零售商 R_i 的实体店库存提供服务，缺货时可分享零售商 R_j 的剩余库存，所以线上渠道期望销售量 y_{io}' 满足 $y_{io}' = \min\{(q_i - d_{is})^+, d_{io}\} + y_{ji}$。当市场需求量小于订购量时，零售商 R_i 存在剩余库存 y_{ir}'，有 $y_{ir}' = (q_i - d_i)^+ - y_{ij} = q_i - \min\{q_i, d_i\} - y_{ij}$。设单位剩余库存的转运价格为 t，不失一般性，有 $t \in [s, p_o]$。由此可得，共享剩余库存情形下零售商 R_i 的期望利润函数 π_i^T 为

$$\pi_i^T = E[p_s y_{is} + p_o y_{io}' + t y_{ij} - t y_{ji} + s y_{ir}' - c q_i]$$
$$= E[p_s \cdot \min\{d_{is}, q_i\} + p_o \cdot \min\{(q_i - d_{is})^+, d_{io}\} + (p_o - t) y_{ji}$$
$$+ (t - s) y_{ij} - s \cdot \min\{q_i, d_i\} - (c - s) q_i]$$

进一步对转运量 y_{ij} 和 y_{ji} 进行讨论。已知只有当其中一方存在剩余库存且另一方缺货时，双方才会进行剩余库存的跨市场横向转运。因此，分以下两种情形进行分析。

（1）$d_i > q_i$，$d_j < q_j$ 的情形。此时，零售商 R_i 的需求大于其订购量，而零售商 R_j 的需求小于其订购量，零售商 R_j 向零售商 R_i 共享其多余的库存。共享库存的转运量根据缺货量及剩余库存量分为以下四种情形。

① $d_{is} > q_i$，$0 < q_j - d_j \leqslant d_{io}$，即当零售商 R_i 的线上需求未被完全满足，而零售商 R_j 的剩余库存量小于等于零售商 R_i 的线上缺货量时，转运量为 $q_j - d_j$。

② $d_{is} > q_i$，$q_j - d_j > d_{io}$，即当零售商 R_i 的线上需求未被完全满足，而零售

商 R_j 的剩余库存量大于零售商 R_i 的线上缺货量时，转运量为 d_{io}。

③ $d_{is} < q_i < d_i$，$0 < q_j - d_j \leqslant d_i - q_i$，即当零售商 R_i 的线上需求部分未被满足，而零售商 R_j 的剩余库存量小于等于零售商 R_i 的线上缺货量时，转运量为 $q_j - d_j$。

④ $d_{is} < q_i < d_i$，$q_j - d_j > d_i - q_i$，即当零售商 R_i 的线上需求部分未被满足，而零售商 R_j 的剩余库存量大于零售商 R_i 的线上缺货量时，转运量为 $d_i - q_i$。

由此，零售商 R_j 分享给 R_i 的期望转运量 y_{ji} 可以表示为

$$
\begin{aligned}
y_{ji} &= \int_{q_i}^{\lambda b} \left(\int_0^{q_j - d_{io}} d_{io} f_j(x_j) \mathrm{d}x_j + \int_{q_j - d_{io}}^{q_j} (q_j - x_j) f_j(x_j) \mathrm{d}x_j \right) f_{is}(x_{is}) \mathrm{d}x_{is} \\
&\quad + \int_{q_i}^{\frac{q_i}{\lambda}} \left(\int_0^{q_i + q_j - x_i} (x_i - q_i) f_j(x_j) \mathrm{d}x_j + \int_{q_i + q_j - x_i}^{q_j} (q_j - x_j) f_j(x_j) \mathrm{d}x_j \right) f_i(x_i) \mathrm{d}x_i \\
&= \frac{(-1 + \lambda)\left(q_i^3 (-1 + \lambda) + 3\lambda q_i^2 q_j + b^2 \lambda^2 (b - 3q_j - b\lambda) \right)}{6 b^2 \lambda^2}
\end{aligned}
$$

式中，$d_{is} = \lambda d_i$ 且 $d_i = d_{is} + d_{io}$；$\lambda \in (0.5, 1]$。

（2）$d_j > q_j$，$d_i < q_i$ 的情形。类似于前一情形的分析，零售商 R_i 分享给 R_j 的期望转运量 y_{ij} 可以表示为

$$
\begin{aligned}
y_{ij} &= \int_{q_j}^{\lambda b} \left(\int_0^{q_i - d_{jo}} d_{jo} f_i(x_i) \mathrm{d}x_i + \int_{q_i - d_{jo}}^{q_i} (q_i - x_i) f_i(x_i) \mathrm{d}x_i \right) f_{js}(x_{js}) \mathrm{d}x_{js} \\
&\quad + \int_{q_j}^{\frac{q_j}{\lambda}} \left(\int_0^{q_i + q_j - x_j} (x_j - q_j) f_i(x_i) \mathrm{d}x_i + \int_{q_j + q_i - x_j}^{q_i} (q_i - x_i) f_i(x_i) \mathrm{d}x_i \right) f_j(x_j) \mathrm{d}x_j \\
&= \frac{(-1 + \lambda)\left(q_j^3 (-1 + \lambda) + 3\lambda q_j^2 q_i + b^2 \lambda^2 (b - 3q_i - b\lambda) \right)}{6 b^2 \lambda^2}
\end{aligned}
$$

将转运量 y_{ij} 和 y_{ji} 代入利润函数 π_i^{T}，整理得到

$$
\begin{aligned}
\pi_i^{\mathrm{T}}(q_i, q_j) =&\ p_s \left(q_i - \frac{q_i^2}{2b\lambda} \right) + p_o \frac{q_i^2 (1 - \lambda)}{2b\lambda} + (p_o - t) \frac{(-1 + \lambda)\left(q_i^3 (-1 + \lambda) + 3\lambda q_i^2 q_j + b^2 \lambda^2 (b - 3q_j - b\lambda) \right)}{6 b^2 \lambda^2} \\
&+ (t - s) \frac{(-1 + \lambda)\left(q_j^3 (-1 + \lambda) + 3\lambda q_j^2 q_i + b^2 \lambda^2 (b - 3q_i - b\lambda) \right)}{6 b^2 \lambda^2} - s \left(q_i - \frac{q_i^2}{2b} \right) + (s - c) q_i
\end{aligned}
$$

$$(3\text{-}2)$$

零售商之间进行非合作静态博弈，对每个零售商的利润函数关于各自的订购量求一阶导数，联立方程求解，舍弃负解，即可得到零售商的纳什均衡订购量为

$$q_i^{\mathrm{T}} = b\lambda \frac{A - \sqrt{A^2 - (\lambda-1)(t - s\lambda - 2t\lambda + p_o(3\lambda-1))(2p_s - 2c + (s-t)(\lambda-1))}}{(\lambda-1)(t - s\lambda - 2t\lambda + p_o(3\lambda-1))}, \quad \lambda \neq 1$$

式中，$A = p_s - p_o + p_o\lambda - s\lambda$。

特别地，当 $\lambda = 1$ 时，R_i 与 R_j 均属于传统零售商，二者之间不进行跨市场库存横向转运，订购决策属于经典报童模型，其期望利润函数为 $\pi_i^{\mathrm{T}}(q_i)|_{\lambda=1} = p_s\left(q_i - \dfrac{q_i^2}{2b}\right) + \dfrac{q_i^2}{2b}s - cq_i$，最优订购量为 $q_i^{\mathrm{T}}|_{\lambda=1} = \dfrac{b(p_s-c)}{p_s-s}$，最大期望利润为 $\pi_i^{\mathrm{T}}\left(q_i^{\mathrm{T}}\right)|_{\lambda=1} = \dfrac{b(p_s-c)^2}{2(p_s-s)}$。

3.2.3　转运价格

共享剩余库存情形下，当线上、线下混合或线上多渠道进行跨市场剩余库存横向转运时，它们相互合作，在满足各自市场需求的前提下，在季末允许一方的渠道缺货时可分享另一方的剩余库存，但需向对方支付一定的库存转移费用，称为转运价格。通过对比剩余库存不共享和共享两种情形下的最优订购决策，可得命题 3-1。

命题 3-1　与不共享剩余库存情形相比，对于任意一个 λ，在共享剩余库存情形下均存在一个转运价格阈值 $\tilde{t}$。当 $t < \tilde{t}$ 时，共享剩余库存使零售商的最优订购量减少；当 $t > \tilde{t}$ 时，共享剩余库存使零售商的最优订购量增加。其中，转运价格阈值 $\tilde{t}$ 为

$$\tilde{t} = \frac{(p_s-c)^2(p_o(3\lambda-1)-s\lambda) + sA^2}{(p_s-c)^2(2\lambda-1) + A^2}$$

式中，$A = p_s - p_o + p_o\lambda - s\lambda$。

命题 3-1 表明转运价格是影响剩余库存共享前后零售商库存水平高低的关键因素。零售商的均衡库存是关于转运价格的增函数。因此，当转运价格较低时，零售商的均衡库存量也比较低，当满足 $q_i^{\mathrm{T}} < q_i^{\mathrm{NT}}$ 时，说明低转运价格有利于降低零售商的库存水平；当转运价格较高时，零售商的均衡库存也比较高，当满足 $q_i^{\mathrm{T}} > q_i^{\mathrm{NT}}$ 时，说明高转运价格将导致零售商拥有过高的库存水平。此外，若订购价格 c 外生，当 $t < \tilde{t}$ 时，下游零售商之间的库存横向转运将使上游供应商的利益受损；当 $t > \tilde{t}$ 时，下游零售商之间的库存横向转运将使上游供应商的利益增加。

命题 3-2　剩余库存转运价格阈值 $\tilde{t}$ 是关于库存残值 s 的增函数。残值 s 越小，零售商对剩余库存共享的动机越大；反之动机越小。

命题 3-2 说明，当残值 s 接近 0 时，在不共享剩余库存情形下，零售商将损失几乎所有剩余库存的成本价值，此时，只要给定一个较小的转运价格 t，就能刺激零售商愿意共享库存。随着残值 s 的增大，阈值 $\tilde{t}$ 也将增大。因为残值增大削弱了零售商共享库存的动机，只有当转运价格较大，即满足 $t > \tilde{t}$ 时，零售商认为共享库存有利可图，才会愿意增加订购量并愿意实施共享剩余库存策略。

3.2.4　最优期望利润对比分析

如果零售商因参与共享库存所得利润比其独立经营时低，则零售商不会参与共享库存，而是选择继续独立经营。因此，下面对比分析剩余库存不共享和共享两种情形下的最优期望利润。

由于共享模式下零售商的期望利润是在不共享模式的基础上，增加库存转运环节得到的，所以有 $\pi_i^{\mathrm{T}}(q_i,q_j)=\pi_i^{\mathrm{NT}}(q_i,q_j)+E[(p_o-t)y_{ji}+(t-s)y_{ij}]$。其中，$y_{ij}$ 和 y_{ji} 表示库存横向转运量，满足 $y_{ij}\geqslant 0,y_{ji}\geqslant 0$，同时，$t\in[s,p_o]$，即满足 $p_o-t\geqslant 0$，$t-s\geqslant 0$，可以得到 $E[(p_o-t)y_{ji}+(t-s)y_{ij}]\geqslant 0$。因此，可以推导出 $\pi_i^{\mathrm{T}}(q_i,q_j)\geqslant\pi_i^{\mathrm{NT}}(q_i,q_j)$。当 $(q_i,q_j)=\left(q_i^{\mathrm{NT}},q_j^{\mathrm{NT}}\right)$ 时，满足 $\pi_i^{\mathrm{T}}\left(q_i^{\mathrm{NT}},q_j^{\mathrm{NT}}\right)\geqslant\pi_i^{\mathrm{NT}}\left(q_i^{\mathrm{NT}},q_j^{\mathrm{NT}}\right)$。在共享库存模式下，零售商获得最大期望利润的最优解为 $\left(q_i^{\mathrm{T}},q_j^{\mathrm{T}}\right)$，所以满足 $\pi_i^{\mathrm{T}}\left(q_i^{\mathrm{T}},q_j^{\mathrm{T}}\right)\geqslant\pi_i^{\mathrm{T}}\left(q_i^{\mathrm{NT}},q_j^{\mathrm{NT}}\right)$。综上可得，$\pi_i^{\mathrm{NT}}\left(q_i^{\mathrm{NT}},q_j^{\mathrm{NT}}\right)\leqslant\pi_i^{\mathrm{T}}\left(q_i^{\mathrm{NT}},q_j^{\mathrm{NT}}\right)\leqslant\pi_i^{\mathrm{T}}\left(q_i^{\mathrm{T}},q_j^{\mathrm{T}}\right)$。

根据上述分析，在任何情形下共享剩余库存均可使零售商的利润增加。面对更大利润的诱惑，零售商有足够的意愿参与共享剩余库存。由于共享剩余库存情形下零售商的均衡利润与转运价格相关，下面进一步分析在均衡状态下，转运价格对利润的影响。

在共享剩余库存情形下，存在 δ（$\delta>0$），当 $t\in[s,s+\delta]$ 时，零售商的均衡利润随转运价格 t 的增大而增大；当 $t\in[p_o-\delta,p_o]$ 时，零售商的均衡利润随转运价格 t 的增大而减少；且存在 $\hat{t}$（$\hat{t}\in[s,p_o]$），当 $t=\hat{t}$ 时，零售商的均衡利润取得最大值。令 q^{T} 为均衡库存，则 $q_i=q_j=q^{\mathrm{T}}$，

$$\frac{\partial\pi_i^{\mathrm{T}}}{\partial q_j}=\frac{(-1+\lambda)((p_o-t)\lambda((q^{\mathrm{T}})^2-b^2\lambda)+(t-s)(q^{\mathrm{T}})^2(3\lambda-1))}{6b^2\lambda^2}$$

当 $t=s$ 时，

$$\frac{\partial\pi_i^{\mathrm{T}}}{\partial q_j}=\frac{(-1+\lambda)(p_o-s)((q^{\mathrm{T}})^2-b^2\lambda)}{2b^2\lambda}>0$$

即等价于 $\dfrac{\mathrm{d}\pi_i^{\mathrm{T}}}{\mathrm{d}t}>0$；当 $t=p_o$ 时，

$$\frac{\partial \pi_i^{\mathrm{T}}}{\partial q_j} = \frac{(-1+\lambda)(p_o - s)(q^{\mathrm{T}})^2(3\lambda - 1)}{2b^2\lambda^2}$$，其中 $\frac{1}{2} < \lambda < 1$ 且 $p_o > s$，则 $\frac{\partial \pi_i^{\mathrm{T}}}{\partial q_j} < 0$，即等

价于 $\frac{\mathrm{d}\pi_i^{\mathrm{T}}}{\mathrm{d}t} < 0$。

综上可得，$\left.\frac{\mathrm{d}\pi_i^{\mathrm{T}}}{\mathrm{d}t}\right|_{t=s} > 0$ 和 $\left.\frac{\mathrm{d}\pi_i^{\mathrm{T}}}{\mathrm{d}t}\right|_{t=p_o} < 0$，且导函数 $\frac{\mathrm{d}\pi_i^{\mathrm{T}}}{\mathrm{d}t}$ 是关于转运价格 t 的

连续函数。由此可知，至少存在一个极值点 t'（$t' \in [s, p_o]$），使得 $\frac{\mathrm{d}\pi_i^{\mathrm{T}}}{\mathrm{d}t} = 0$，且
均衡利润必在极值点处取得最大值。当转运价格靠近 s 时，均衡利润 π_i^{T} 随 t 的
增加而增加；在转运价格靠近 p_o 时，均衡利润 π_i^{T} 随 t 的增加而减少。该结论表
明在共享剩余库存情形下，零售商均衡利润的增减是由转运价格来决定的，它
首先随转运价格的增大而增大，而后随转运价格的增大而减小。总的来说，零
售商的均衡利润是关于转运价格的钟形曲线，必然存在最优转运价格使利润达
到最大。参与共享库存的双方零售商可以通过协商制定转运价格，实现双方利
益的最大化。

3.2.5　数值分析与结论

下面将利用数值实验分析不同转运价格 t、线下市场份额 λ、商品残值 s 对零
售商订购量和利润的影响，以及订购成本 c 和残值 s 对最优转运价格 $\hat{t}$ 和转运价格
阈值 $\tilde{t}$ 的影响。假设双方市场需求相互独立，且均服从均匀分布 $U(0,1000)$，线下
市场份额为 $\lambda = 2/3$，线下销售价格为 $p_s = 100$，线上销售价格为 $p_o = 92$，商品成
本为 $c = 40$，商品残值为 $s = 15$，转运价格为 $t = 45$。

1. 转运价格 t 对订购量和利润的影响

在销售季末，缺货方可以分享库存剩余方的库存，但需向剩余库存方支付单
位库存及运输费用，即转运价格。已知 $t \in [s, p_o]$，则从区间 $[15, 92]$ 中以 10 为间
隔选取 t 值，仿真结果如图 3-3 所示。在不共享情形下零售商的订购量和利润与
转运价格无关，所以在图 3-3（a）和图 3-3（b）中均显示为一条水平直线。以不
共享库存模式为基准，研究转运价格对共享库存模式的影响。从图 3-3（a）中
可看出，共享库存情形下零售商的订购量随转运价格的增大而增大。当转运价格
低于阈值时，共享库存模式具有低库存优势。当转运价格超过阈值时，共享库存
模式具有高库存劣势。从图 3-3（b）中可看出，在有效取值范围内，无论转运价
格取多少，共享模式都具有绝对的高利润优势，且利润函数是关于转运价格的钟
形函数，必存在最优转运价格，使利润达到最大。

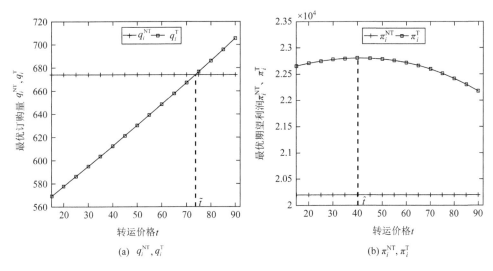

(a) q_i^{NT}, q_i^T

(b) π_i^{NT}, π_i^T

图 3-3 转运价格对订购量和利润的影响

2. 线下市场份额对订购量和利润的影响

线下市场份额是指线下需求占市场总需求的比例。已知 $\lambda \in [0.5,1)$，则以 0.05 为间隔选取 λ 值，仿真结果如图 3-4 所示。

从图 3-4（a）可以看出，两种情形下零售商的订购量均随线下市场份额的增大而增大，但其订购量之间的差异随线下市场份额的增大而减小。当线下市场份额很大时，零售商愿意订购更多的库存以防止实体店缺货时失去线下需求，此时共享剩余库存情形下的低库存优势被严重削弱。特别地，当 $\lambda = 1$ 时，不存在线上需求，此时两种情形下的订购量相同。从图 3-4（b）可以看出，不管线下市场份额如何变化，零售商总能从共享库存模式中获得额外利润。但随着线下市场份额的增大，所获额外利润先增

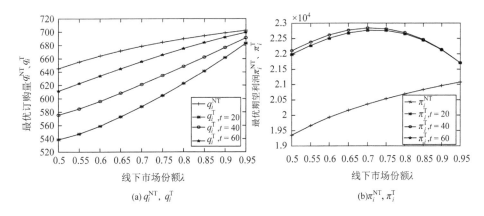

(a) q_i^{NT}, q_i^T

(b) π_i^{NT}, π_i^T

图 3-4 线下市场份额对订购量和利润的影响

大后减小，这是因为当线下市场份额很大时，线上需求可以被视为线下需求，此时没有必要考虑跨市场库存横向转运所带来的额外利润。此外，转运价格的大幅度波动，会引起最优订购量的大幅度波动，但并没有引起利润的较大波动。这说明订购量对转运价格是敏感的，而利润对转运价格是不敏感的，但对于是否转运是敏感的。

3. 残值对订购量和利润的影响

残值是指在销售季末未售出库存的剩余价值，一般低于商品的成本。已知 $c=40$，则从区间 $[0,40)$ 中以 5 为间隔选取 s 值，仿真结果如图 3-5 所示。

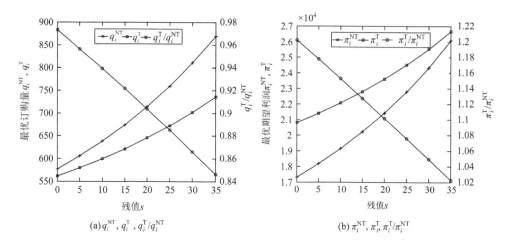

(a) $q_i^{\mathrm{NT}}, q_i^{\mathrm{T}}, q_i^{\mathrm{T}}/q_i^{\mathrm{NT}}$ 　　　　　　(b) $\pi_i^{\mathrm{NT}}, \pi_i^{\mathrm{T}}, \pi_i^{\mathrm{T}}/\pi_i^{\mathrm{NT}}$

图 3-5　残值对订购量和利润的影响

从图 3-5 可知，两种情形下零售商的订购量和利润均随残值的增大而增大。与不共享情形相比，图 3-5（a）表现出共享情形的低库存优势随残值的增大而增大；图 3-5（b）表现出共享情形的高利润优势随残值的增大而减小。当残值较大时，零售商从跨市场库存转运中获得的额外利润较小，这将大大削弱零售商参与共享库存的动机。相反，对于那些残值接近于 0 的商品，零售商能从跨市场库存转运中获得约 20% 的额外利润，这极大地提高了零售商参与共享库存的积极性。以上仿真结论表明共享剩余库存模型更适用于快时尚、电子产品等残值较小的商品。

4. 订购成本和残值对最优转运价格及转运价格阈值的影响

在共享库存模式下，最优转运价格决定零售商的最大期望利润，而转运价格阈值衡量零售商库存水平的高低。分析订购成本和残值两个参数，不仅能辅助最优转运价格和转运价格阈值的决策，还能直观掌握当前库存水平。

从图 3-6（a）可以看出，最优转运价格随订购成本的增大而增大，其值与订购成本接近。当订购成本较低时，转运价格稍高于订购成本为最优；当订购成本较高时，转运价格稍低于订购成本为最优。由于最优转运价格与订购成本相近，且利润对转运价格的影响不明显，所以对于缺乏决策支持的零售商而言，可以根据订购成本估计最优转运价格，从而获得相对满意的利润。比较最优转运价格和阈值可知，订购成本越高，越容易实现 $\hat{t} > \tilde{t}$，零售商面临高库存的风险就越大。从图 3-6（b）可以看出，最优转运价格和残值的关系不大，转运价格阈值随残值的增大而增大。比较最优转运价格和阈值可知，残值越大，越容易实现 $\hat{t} < \tilde{t}$，零售商面临高库存的风险就越小。

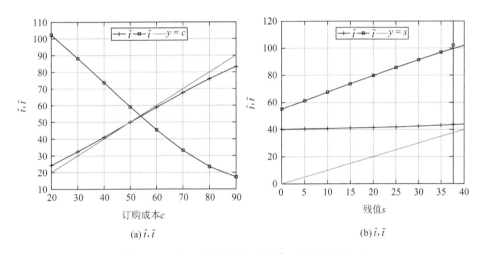

图 3-6 c 和 s 对最优转运价格 $\hat{t}$、阈值 $\tilde{t}$ 的影响

3.2.6 小结

本节探讨了两个双渠道零售商在面对各自独立的随机需求时，企业间共享剩余库存和不共享剩余库存两种情形下的订购策略，并探讨了转运价格对企业绩效的影响。研究结果发现，转运价格阈值作为衡量共享库存前后库存水平高低的基准，其值随残值的增加而增加。零售商的库存水平是关于转运价格的增函数，当转运价格小于阈值时，共享剩余库存使零售商获得更低的库存水平，即可推导出当订购成本外生时，上游企业的利益会因下游企业间共享库存而受损。零售商的期望利润函数是关于转运价格的钟形曲线，必然存在最优的转运价格。与不共享剩余库存的情形相比，共享剩余库存总能使零售商获得更高的利润。以上结论可为双渠道零售企业的库存管理提供参考。上述研究针对的是信息完全对称的两个双渠道零售商共享库存问题，当信息不对称时，共享各方如何确定最优订购量和

转运价格可作为后续研究的一个重点。此外,当系统中存在多个双渠道零售商时,也可对其共享库存问题展开进一步研究。

3.3 基于需求信息的共享库存订购与再分配策略

在共享经济的背景下,零售业的共享库存模式应运而生,主要有两种模式:一是合作各方之间的共享库存模式,即合作各方在销售季前达成合作,允许一方缺货时可分享其他方的多余库存;二是基于共享平台的共享库存模式,即合作各方共建一个共享平台,由平台管理各方库存,实现集中订购与库存再分配。两种模式相比,前者存在合作关系松散的缺点,后者虽避免了前者的弊端,但由于引入了共享平台作为协调库存的第三方,合作各方与共享平台之间可能存在"信息孤岛""牛鞭效应"等问题,可能造成库存资源的浪费和服务水平的下降。降低库存成本、提高服务水平是所有企业追求的目标,因此如何通过促进信息共享以优化订购和库存再分配决策对企业来说是一个挑战,这将直接影响企业的经济效益。

共享经济的兴起,不仅带动了 B2C 模式的资源共享,如共享单车、Airbnb 等,同时企业对企业(business-to-business,B2B)共享库存资源模式也在发展壮大,如亚马逊为了使零售商更好地占领欧洲市场,采取欧洲统一配送(European fulfillment networks,EFN)和泛欧计划(Pan-European)两种库存共享方式,计划通过欧洲库存共享配送网络,将存储在某一国家的货物配送到其他国家。同时,在研究领域,国内外学者对此类 B2B 共享模式也给予了广泛关注。但斌等(2017)针对易逝品缺货时顾客不愿等待的现象,研究了两零售商的多阶段预防性库存转运和订货决策问题。邵婧(2016)研究了两零售商的库存转运对供应链上下游企业利益的影响。Feng 等(2018)根据转运发生的时间点不同,研究了两零售商均采取紧急性转运策略或预防性转运策略时的最优库存决策。上述这些研究都以合作方各自利润最大为目标,对系统协调策略缺少相关的讨论。通过协调可使系统利润达到最优,这也是提升局部利润的有效手段。因此,本节从集中决策的角度,探讨协调策略对共享库存决策的影响。

还有一些学者着重研究基于共享平台的资源共享问题。Hu 和 Zhou(2017)研究了平台向资源提供方支付工资并向资源需求方收取费用的方式实现供需匹配的问题。Benjaafar 等(2019)考虑了一对一的共享模型,研究了价格和佣金对平台供需匹配的优化问题。赵道致和丁琳(2017)考虑了更为复杂的情形,研究了以平台为主导的多对多资源匹配问题。Taylor(2018)考虑了按需匹配平台,基于排队模型模拟平台流程,研究了平台利润最大化时的价格和工资决策。Bai 等(2019)考虑价格和工资因素的影响,在构建需求方和供应方估值函数的基础上,研究了平台或社会福利最大化时的价格和工资决策。Chen 和 Hu(2020)针对单一产品的动态市场，研究了平台如何制定动态要价和加价策略以匹配供需，并提出了通过启发式策略对等待成本进行补偿以平衡供需。这些研究虽然都是从资源供需匹配的角度进行协调的，但大都以平台利润最大为目标，忽略了减少浪费的本质，且对库存共享问题缺少讨论。虽然陈小云（2017）指出传统订购模式正在向结盟订购模式转变，后者运作的前提是组建一个共享平台，但该文献仅对基于共享平台的订购模式进行了阐述，尚未进行深入剖析。

针对需求信息的共享问题，多数学者提出了促进信息共享的策略。许明辉等（2018）探讨了有无信息合约下零售商垂直方向共享信息的条件。周建亨和王晓敏（2018）考虑了两层级供应链，研究收益共享机制对供应链纵向共享信息决策的影响。Norde 等（2016）针对供应商管理库存（vendor managed inventory，VMI）系统，研究了一种合作绩效评估机制以促进有效信息的共享。Ren 等（2010）研究发现，单期博弈中的客户不会共享真实信息，为了协调整体最优，他们提出了一种支持信息共享的多周期审查策略。此外，还有一些学者考虑了信任等因素。Özer 等（2014）认为信任度、可信度以及供应商的生产能力也是影响决策结果的因素。Hyndman 等（2013）研究了供应商和零售商在共享需求预测信息时，信任、资源能力共享决策以及预沟通对双方绩效的影响。Spiliotopoulou 等（2016）针对集中控制库存下零售商存在谎报信息的现象，探讨了激励与信任机制在供应链中的作用。张玉华等（2017）基于 Stackelberg 博弈理论，研究了基于信任的价格折扣机制对供应链各方决策的影响。这些研究都是讨论信息共享对企业库存决策的影响，均未考虑库存共享问题。随着共享经济的发展，越来越多的企业倾向于与其他企业共享资源。综上，基于共享平台的资源共享问题研究大多局限于追求平台利益最大化，鲜有学者从共享系统整体最优角度出发，研究信息共享策略对库存优化再分配决策的影响。因此，本节对基于需求信息的共享库存订购研究具有一定的理论意义。而且，这种模式在现实中真实存在，如京东与达能共建"共享仓"，由共享仓管理双方库存。共享仓模式下的库存运作涉及多个企业的信息，运作过程较为复杂，急需新方法的指导。因此，本节的研究对企业的发展具有一定的实践意义。

本节研究考虑由共享平台为两个独立零售商提供库存服务的情形，零售商与共享平台之间或共享或不共享需求信息，当一方缺货且另一方库存超储时，共享平台可对双方库存进行重新分配。本节分别建立信息不共享和共享两种情形下的订货和库存再分配模型，探讨完全信任情形下零售商愿意分享真实信息的临界条件及转运价格协调机制，以及不完全信任情形下的惩罚机制，进而分析信息共享下基于共享平台的库存优化决策。研究发现，此情形下零售商存在谎报需求信息的动机，转运价格协调和惩罚上限协调均可促进有效信息的共享。在模型中引入共享平台作为协调库存的第三方，并考虑需求信息对共享平台库存共享的影响。针对需求信息可能有谎报的情形，将信任度和惩罚机制融合在研究中，引入转运价格协调机制和惩罚上限机制，提出了新的共享库存的订货和库存再分配的协调策略，并找出零售商均愿意分享真实需求信息的临界条件。相关结论将丰富共享经济企业运营管理的内涵，也将拓展有关双边市场、共享平台的研究思路，在一定程度上是对库存管理理论的补充，也是对共享库存资源再分配方法的有益拓展。

3.3.1　问题描述与假设

考虑两个销售同种产品的零售商，分别位于两个相互独立的市场中，市场标记为 $i=1,2$ 且 $j=3-i$，相应地，零售商标记为 R_i 和 R_j。借鉴张玉华等（2017）的研究，假设市场 i 的随机需求 d_i 由两部分构成：市场需求均值 μ_i，取值范围为 $[\underline{\mu}_i, \overline{\mu}_i]$；市场不确定性参数 ε_i 是均值为 0 的随机变量，取值范围为 $[\underline{\varepsilon}_i, \overline{\varepsilon}_i]$。因此，市场需求为 $d_i=\mu_i+\varepsilon_i$，取值范围为 $[\underline{d}_i, \overline{d}_i]$，其中 $\underline{d}_i=\underline{\mu}_i+\underline{\varepsilon}_i$，$\overline{d}_i=\overline{\mu}_i+\overline{\varepsilon}_i$。为了保证需求是非负的，令 $\underline{\mu}_i+\underline{\varepsilon}_i>0$。$d_i$ 和 ε_i 的概率分布函数分别为 $F_i(\cdot)$ 和 $G_i(\cdot)$，对应的概率密度函数分别为 $f_i(\cdot)$ 和 $g_i(\cdot)$，且 d_i 和 d_j、μ_i 和 ε_i 以及 μ_j 和 ε_j 之间均相互独立。以上所有信息均公开透明。临近销售季，零售商因靠近市场终端而对本市场的需求均值有更多的了解，因此假设在销售季开始前，零售商可获得本市场的真实需求均值。

两零售商共建一个共享平台，由平台为其提供库存服务。在销售季前，共享平台通过搜集各市场的需求信息，为两零售商确定初始库存水平 q_i、q_j，并统一订货、集中存储。需求实现后，共享平台根据市场需求和初始库存水平对双方库存进行重新分配。库存重新分配后，共享平台将所需库存运送至各市场，运输成本为 e_i，剩余库存仍保留在共享平台中。设商品零售价为 p_i，订购成本为 c，残值为 s $(s<c)$。若市场 i 的库存向市场 j 转移，则 R_j 需向 R_i 支付单位库存所有权转移费用，简称转运价格 t_{ij}。同时，R_j 还需向共享平台支付因库存重新分配而产生的管理费用 m_{ij}。共享平台通过控制各市场的初始库存水平，并在需求实现后重新分配库存以实现系统整体最优。问题描述中的一些相关符号及其含义见表 3-1。

表 3-1　符号及含义

符号	含义
i, j	市场标记，$i=1,2$ 和 $j=3-i$
d_i	市场 i 的随机需求，$d_i=\mu_i+\varepsilon_i$

符号	含义
μ_i	市场 i 的需求均值
ε_i	市场 i 的不确定性
p_i	市场 i 的零售价
c	单位订购成本
e_i	从共享平台运送至市场 i 的单位运输成本
s	剩余库存残值，$s < c$
t_{ij}	市场 i 的库存向市场 j 转移，R_j 向 R_i 支付单位库存的转运价格
k_i	$k_i = p_i - e_i$，表示市场 i 销售单位产品的实际收入
m_{ij}	市场 i 的库存向市场 j 转移，R_j 向共享平台支付的管理费用
q_i	R_i 的订购量
y_{ij}	需求实现后，共享平台从市场 i 分配给市场 j 的库存量
π^N	信息不共享情形下系统期望利润
π^S	信息共享情形下系统期望利润
$\pi_i^{(S)}$	信息共享情形下零售商 R_i 的期望利润

3.3.2　不共享需求信息情形

在不共享需求信息的情形下，共享平台仅由它所了解的各市场随机需求 d_i、d_j，为两零售商制定初始库存 q_i、q_j，并统一订货、集中存储。需求实现后，若一方缺货而另一方超储，共享平台可以重新分配双方库存，其结构如图 3-7 所示。

令 y_{ij} 表示从市场 i 分配给市场 j 的库存量，其既不能超过市场 j 的缺货量 $(d_j - q_j)^+$，也不能超过市场 i 的多余量 $(q_i - d_i)^+$，即满足 $y_{ij} = \min\{(q_i - d_i)^+, (d_j - q_j)^+\}$，其中定义 $z^+ = \max\{z, 0\}$。同理可知，$y_{ji} = \min\{(q_j - d_j)^+, (d_i - q_i)^+\}$。库存重新分配后，市场 i 的库存水平变为 $q_i - y_{ij} + y_{ji}$。共享平台将各市场所需库存送至零售商进行销售，市场 i 的实际销售量记为 y_i，则 $y_i = \min\{q_i, d_i\} + y_{ji}$；剩余库存量记为 y_{ir}，因剩余库存等于分配后的市场库存减去实际销售，则 $y_{ir} = (q_i - y_{ij} + y_{ji}) - y_i = q_i - \min\{q_i, d_i\} - y_{ij}$。在整个过程中，共享平台为双方市场制定初始库存水平 (q_i, q_j) 和库存再分配计划 (y_{ij}, y_{ji})，以实现系统收益最大化。因此，在不共享需求信息的情形下，系统利润 $\pi^N(q_i, q_j)$ 可计算如下：

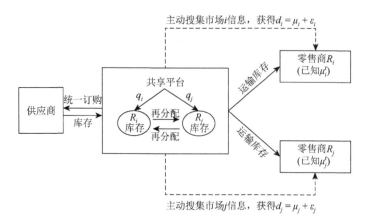

图 3-7 零售商与共享平台不共享需求信息时的系统结构

$$\pi^{N}(q_i, q_j) = E\big[(p_i - e_i)y_i + sy_{ir} - (t_{ji} + m_{ji})y_{ji} + t_{ij}y_{ij} - cq_i + (p_j - e_j)y_j$$
$$+ sy_{jr} - (t_{ij} + m_{ij})y_{ij} + t_{ji}y_{ji} - cq_j\big]$$
$$= E\big[(k_i - s)\min\{q_i, d_i\} + (k_i - s - m_{ji})\min\{(q_j - d_j)^+, (d_i - q_i)^+\}$$
$$+ (k_j - s)\min\{q_j, d_j\} + (k_j - s - m_{ij})\min\{(q_i - d_i)^+, (d_j - q_j)^+\}\big] + (s - c)$$
$$\bullet (q_i + q_j)$$

式中，$k_i = p_i - e_i$ 为市场 i 销售单位库存的实际收入（零售价减去运输至该市场的运输成本）。该利润函数是关于 (q_i, q_j) 的联合凹函数，说明存在唯一最优解使系统整体利润最大。进一步对库存分配量 y_{ij} 和 y_{ji} 进行讨论，已知需求实现后，只有当一方缺货且另一方超储时，共享平台才会重新分配双方市场的库存，因此分以下四种情形进行分析，如表 3-2 所示。

表 3-2 不同需求情形时的库存分配量

情形	市场 i 供需描述	市场 j 供需描述	y_{ij}	y_{ji}
①	$d_i < q_i$；$q_i - d_i > d_j - q_j$	$d_j > q_j$	$d_j - q_j$	0
②	$d_i < q_i$；$q_i - d_i < d_j - q_j$	$d_j > q_j$	$q_i - d_i$	0
③	$d_i > q_i$；$d_i - q_i < q_j - d_j$	$d_j < q_j$	0	$d_i - q_i$
④	$d_i > q_i$；$d_i - q_i > q_j - d_j$	$d_j < q_j$	0	$q_j - d_j$

在表 3-2 中，以情形①为例，市场 i 有剩余，剩余库存为 $q_i - d_i$；市场 j 缺货，缺货量为 $d_j - q_j$。分配量取两者中的较小者，当缺货量小于剩余库存量时，共享

平台从市场 i 分配给市场 j 的库存量为 $d_j - q_j$；其他情形以此类推。因此，期望库存分配量 y_{ij} 和 y_{ji} 可表示为

$$y_{ij} = \int_{q_j}^{\bar{d}_j} f_j(x_j)\mathrm{d}x_j \left(\int_{\underline{d}_i}^{q_i+q_j-x_j} (x_j - q_j)f_i(x_i)\mathrm{d}x_i + \int_{q_i+q_j-x_j}^{q_i} (q_i - x_i)f_i(x_i)\mathrm{d}x_i \right)$$

$$y_{ji} = \int_{\underline{d}_j}^{q_j} f_j(x_j)\mathrm{d}x_j \left(\int_{q_i}^{q_i+q_j-x_j} (x_i - q_i)f_i(x_i)\mathrm{d}x_i + \int_{q_i+q_j-x_j}^{\bar{d}_i} (q_j - x_j)f_i(x_i)\mathrm{d}x_i \right)$$

另外，$\min\{q_i, d_i\} = \int_{q_i}^{\bar{d}_i} q_i f_i(x_i)\mathrm{d}x_i + \int_{\underline{d}_i}^{q_i} x_i f_i(x_i)\mathrm{d}x_i$。将利润函数 $\pi^{\mathrm{N}}(q_i, q_j)$ 分别关于 q_i、q_j 求一阶偏导数，并令一阶偏导数均等于 0，联立方程组，可得最优解 $(q_i^{\mathrm{N}}, q_j^{\mathrm{N}})$ 满足：

$$\begin{cases} (k_i - s)(1 - F_i(q_i)) - (k_i - s - m_{ji})(F_i(q_i + q_j - d_j) - F_i(q_i))^+ \\ \qquad\qquad + (k_j - s - m_{ij})(F_i(q_i) - F_i(q_i + q_j - d_j))^+ = c - s \\ (k_j - s)(1 - F_j(q_j)) - (k_j - s - m_{ji})(F_j(q_j + q_i - d_i) - F_j(q_j))^+ \\ \qquad\qquad + (k_i - s - m_{ji})(F_j(q_j) - F_j(q_j + q_i - d_i))^+ = c - s \end{cases}$$

式中，$1 - F_i(q_i)$ 表示市场 i 的缺货概率，其值随 q_i 的增大而减小；$(F_i(q_i + q_j - d_j) - F_i(q_i))^+$ 表示市场 j 向市场 i 转运库存的概率，其值随 q_i 的增大而减小；$(F_i(q_i) - F_i(q_i + q_j - d_j))^+$ 表示市场 i 向市场 j 转运库存的概率，其值随 q_i 的增大而增大。

3.3.3　共享需求信息情形

在共享需求信息的情形下，两零售商在获得本市场的需求均值后，只与共享平台分享。共享平台根据获得的信息确定各市场的初始库存，并在需求实现后对双方库存进行重新分配。共享平台是否完全信任零售商主要取决于零售商的表现。一旦零售商说谎，将会破坏共享平台对其的信任，进而影响共享平台的协调策略。因此，本节引入信任维度，分别对共享平台完全信任零售商和不完全信任零售商两种情形展开讨论。

1. 完全信任情形

销售季开始前，零售商因靠近市场终端而可获得本市场真实需求均值 μ_i'，并将其分享给共享平台。系统结构如图 3-8 所示。

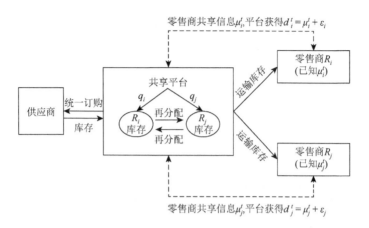

图 3-8　零售商与共享平台共享需求信息时的系统结构

若共享平台完全信任零售商，则共享平台所了解的市场需求为 $d_i^t = \mu_i^t + \varepsilon_i$，$d_j^t = \mu_j^t + \varepsilon_j$，其中 μ_i^t、μ_j^t 是常数，ε_i、ε_j 是均值为 0 的随机变量。此时，从市场 i 分配给市场 j 的库存量记为 y_{ij}^t，则 $y_{ij}^t = \min\left\{\left(q_i - d_i^t\right)^+, \left(d_j^t - q_j\right)^+\right\}$。同理可知，$y_{ji}^t = \min\left\{\left(q_j - d_j^t\right)^+, \left(d_i^t - q_i\right)^+\right\}$。市场 i 的实际销售量记为 y_i^t，则 $y_i^t = \min\left\{q_i, d_i^t\right\} + y_{ji}^t$；剩余库存量记为 y_{ir}^t，则 $y_{ir}^t = q_i - \min\left\{q_i, d_i^t\right\} - y_{ij}^t$。因此，在共享需求信息的情形下，系统利润 $\pi^S(q_i, q_j)$ 可计算如下：

$$\begin{aligned} \pi^S(q_i, q_j) &= E\left[(p_i - e_i)y_i^t + sy_{ir}^t - (t_{ji} + m_{ji})y_{ji}^t + t_{ij}y_{ij}^t - cq_i + (p_j - e_j)y_j^t \right. \\ &\quad \left. + sy_{jr}^t - (t_{ij} + m_{ij})y_{ij}^t + t_{ji}y_{ji}^t - cq_j\right] = E\left[(k_i - s)\min\left\{q_i, \mu_i^t + \varepsilon_i\right\}\right. \\ &\quad + (k_i - s - m_{ji})\min\left\{\left(q_j - \mu_j^t - \varepsilon_j\right)^+, \left(\mu_i^t + \varepsilon_i - q_i\right)^+\right\} \\ &\quad + (k_j - s)\min\left\{q_j, \mu_j^t + \varepsilon_j\right\} + (k_j - s - m_{ij}) \\ &\quad \left. \bullet \min\left\{\left(q_i - \mu_i^t - \varepsilon_i\right)^+, \left(\mu_j^t + \varepsilon_j - q_j\right)^+\right\}\right] + (s - c)(q_i + q_j) \end{aligned} \quad (3\text{-}3)$$

同理可知，利润函数 $\pi^S(q_i, q_j)$ 是关于 (q_i, q_j) 的联合凹函数，存在一组最优解使系统整体利润最大。此时，对库存分配量的讨论如表 3-3 所示。

表 3-3　完全信任下不同需求情形时的库存分配量

情形	市场 i 供需描述	市场 j 供需描述	y_{ij}	y_{ji}
①	$\varepsilon_i < q_i - \mu_i^t$；$\varepsilon_i < q_i + q_j - \mu_i^t - \mu_j^t - \varepsilon_j$	$\varepsilon_j > q_j - \mu_j^t$	$\mu_j^t + \varepsilon_j - q_j$	0

续表

情形	市场 i 供需描述	市场 j 供需描述	y_{ij}	y_{ji}
②	$\varepsilon_i < q_i - \mu_i^t$；$\varepsilon_i > q_i + q_j - \mu_i^t - \mu_j^t - \varepsilon_j$	$\varepsilon_j > q_j - \mu_j^t$	$q_i - \mu_i^t - \varepsilon_i$	0
③	$\varepsilon_i > q_i - \mu_i^t$；$\varepsilon_i < q_i + q_j - \mu_i^t - \mu_j^t - \varepsilon_j$	$\varepsilon_j < q_j - \mu_j^t$	0	$\mu_i^t + \varepsilon_i - q_i$
④	$\varepsilon_i > q_i - \mu_i^t$；$\varepsilon_i > q_i + q_j - \mu_i^t - \mu_j^t - \varepsilon_j$	$\varepsilon_j < q_j - \mu_j^t$	0	$q_j - \mu_j^t - \varepsilon_j$

因此，期望库存分配量 y_{ij} 和 y_{ji} 可表示为

$$y_{ij} = \int_{q_j-\mu_j^t}^{\bar{\varepsilon}_j} g_j(\varepsilon_j)\mathrm{d}\varepsilon_j \left[\int_{\underline{\varepsilon}_i}^{q_i+q_j-\mu_i^t-\mu_j^t-\varepsilon_j} \left(\mu_j^t + \varepsilon_j - q_j\right) g_i(\varepsilon_i)\mathrm{d}\varepsilon_i \right.$$
$$\left. + \int_{q_i+q_j-\mu_i^t-\mu_j^t-\varepsilon_j}^{q_i-\mu_i} \left(q_i - \mu_i^t - \varepsilon_i\right) g_i(\varepsilon_i)\mathrm{d}\varepsilon_i \right]$$

$$y_{ji} = \int_{\underline{\varepsilon}_j}^{q_j-\mu_j^t} g_j(\varepsilon_j)\mathrm{d}\varepsilon_j \left[\int_{q_i-\mu_i}^{q_i+q_j-\mu_i^t-\mu_j^t-\varepsilon_j} \left(\mu_i^t + \varepsilon_i - q_i\right) g_i(\varepsilon_i)\mathrm{d}\varepsilon_i \right.$$
$$\left. + \int_{q_i+q_j-\mu_i^t-\mu_j^t-\varepsilon_j}^{\bar{\varepsilon}_i} \left(q_j - \mu_j^t - \varepsilon_j\right) g_i(\varepsilon_i)\mathrm{d}\varepsilon_i \right]$$

同理可得，最优解 $\left(q_i^{\mathrm{S}}, q_j^{\mathrm{S}}\right)$ 满足方程组：

$$\begin{cases} (k_i-s)\left(1-G_i\left(q_i-\mu_i^t\right)\right) - (k_i-s-m_{ji})\left(G_i\left(q_i+q_j-\mu_i^t-\mu_j^t-\varepsilon_j\right)-G_i\left(q_i-\mu_i^t\right)\right)^+ \\ \qquad + (k_j-s-m_{ij})\left(G_i\left(q_i-\mu_i^t\right)-G_i\left(q_i+q_j-\mu_i^t-\mu_j^t-\varepsilon_j\right)\right)^+ \\ \qquad = c-s \\ (k_j-s)\left(1-G_j\left(q_j-\mu_j^t\right)\right) - (k_j-s-m_{ij})\left(G_j\left(q_j+q_i-\mu_j^t-\mu_i^t-\varepsilon_i\right)-G_j\left(q_j-\mu_j^t\right)\right)^+ \\ \qquad + (k_i-s-m_{ji})\left(G_j\left(q_j-\mu_j^t\right)-G_j\left(q_j+q_i-\mu_j^t-\mu_i^t-\varepsilon_i\right)\right)^+ \\ \qquad = c-s \end{cases}$$

此时，系统最大利润为 $\pi^{\mathrm{S}}\left(q_i^{\mathrm{S}}, q_j^{\mathrm{S}}\right)$。与基础模型相比，共享需求均值信息使共享平台对市场需求的了解更为深入，需求的不确定性降低，由此可知 $\pi^{\mathrm{S}}\left(q_i^{\mathrm{S}}, q_j^{\mathrm{S}}\right) > \pi^{\mathrm{N}}\left(q_i^{\mathrm{N}}, q_j^{\mathrm{N}}\right)$。

比较信息共享与不共享两种情形可知，二者唯一的区别是共享平台对市场需求信息的认知。在不共享信息情形下，平台根据自身对市场的了解制定库存决策，而零售商无法干涉。但在共享信息情形下，零售商向共享平台分享本市场需求信息，且共享平台完全信任该信息，这意味着零售商的分享信息可能间接影响共享平台的决策。通过探讨零售商分享信息对共享平台订货决策的影响，可得命题 3-3。

命题 3-3　假设零售商 R_i 向共享平台分享的本市场需求均值为 $\hat{\mu}_i$，则共享平

台的最优订购决策 q_i^s 与 $\hat{\mu}_i$ 呈正向线性相关关系，且满足 $q_i^s = \hat{\mu}_i + C_i$，其中 C_i 为常数，而订购决策 q_j^s 与 $\hat{\mu}_i$ 无关。

命题 3-3 证明了零售商分享的均值信息确实间接控制着共享平台的订货决策。鉴于零售商都是理性人，若系统整体最优初始库存 (q_i^s, q_j^s) 并不能使零售商的个人收益实现最大化，那么零售商可能存在向共享平台提供虚假信息的动机。因此，要进一步分析零售商提供真实需求信息的条件。

以零售商 R_i 为例，由于信息不对称，R_i 仅知道本市场真实需求均值 μ_i，以及对方市场 μ_j 的分布，即其掌握的需求信息为 $d_i^t = \mu_i^t + \varepsilon_i$，$d_j = \mu_j + \varepsilon_j$。若 R_i 分享需求均值为 $\hat{\mu}_i$，则共享平台为其制定的初始库存为 $q_i(\hat{\mu}_i)$。此时，不完全信任情形下从市场 i 分配给市场 j 的库存量记为 y_{ij}^h，则 $y_{ij}^h = \min\left\{\left(q_i(\hat{\mu}_i) - d_i^t\right)^+, (d_j - q_j)^+\right\}$，同理可知，$y_{ji}^h = \min\left\{(q_j - d_j)^+, \left(d_i^t - q_i(\hat{\mu}_i)\right)^+\right\}$。市场 i 的实际销售量为 $y_i^h = \min\left\{q_i(\hat{\mu}_i), d_i^t\right\} + y_{ji}^h$，剩余库存量为 $y_{ir}^h = q_i(\hat{\mu}_i) - \min\left\{q_i(\hat{\mu}_i), d_i^t\right\} - y_{ij}^h$。因此，零售商 R_i 获得的期望利润 $\pi_i^H(q_i(\hat{\mu}_i), q_j)$ 可计算如下：

$$
\begin{aligned}
\pi_i^H(q_i(\hat{\mu}_i), q_j) &= E\left[(p_i - e_i)y_i^h + t_{ij}y_{ij}^h - (t_{ji} + m_{ji})y_{ji}^h + sy_{ir}^h - cq_i\right] \\
&= E\left[(k_i - s)\min\left\{q_i(\hat{\mu}_i), d_i^t\right\} + (t_{ij} - s)\right. \\
&\quad \bullet \min\left\{\left(q_i(\hat{\mu}_i) - d_i^t\right)^+, (d_j - q_j)^+\right\} + (k_i - t_{ji} - m_{ji}) \\
&\quad \bullet \min\left\{(q_j - d_j)^+, \left(d_i^t - q_i(\hat{\mu}_i)\right)^+\right\} + (s - c)q_i(\hat{\mu}_i)\left.\right]
\end{aligned}
$$

求利润函数 $\pi_i^H(q_i(\hat{\mu}_i), q_j)$ 关于 $q_i(\hat{\mu}_i)$ 的一阶偏导数，并令一阶偏导数等于 0，可知零售商 R_i 的最优订购量 q_i^H 满足等式：

$$
\begin{aligned}
&(k_i - s)\left(1 - G_i\left(q_i(\hat{\mu}_i) - \mu_i^t\right)\right) + (t_{ij} - s)\left(G_i\left(q_i(\hat{\mu}_i) - \mu_i^t\right) - G_i\left(q_i(\hat{\mu}_i) - \mu_i^t + q_j - d_j\right)\right)^+ \\
&- (k_i - t_{ji} - m_{ji})\left(G_i\left(q_i(\hat{\mu}_i) - \mu_i^t + q_j - d_j\right) - G_i\left(q_i(\hat{\mu}_i) - \mu_i^t\right)\right)^+ = c - s
\end{aligned}
$$

若零售商 R_j 向共享平台分享真实需求均值 μ_j^t，那么零售商 R_i 是否存在分享虚假信息的动机？通过比较系统整体最优与局部最优的均衡条件，可得命题 3-4。

命题 3-4　在共享平台完全信任零售商分享的需求信息的情形下，当零售商 R_j 向共享平台分享真实需求信息 μ_j^t 时，零售商 R_i 将存在向共享平台分享虚假需求信息的动机。只有当满足 $\dfrac{k_j - t_{ij} - m_{ij}}{t_{ji} - s} = \dfrac{\left(G_i\left(q_i - \mu_i^t + q_j - \mu_j^t - \varepsilon_j\right) - G_i\left(q_i - \mu_i^t\right)\right)^+}{\left(G_i\left(q_i - \mu_i^t\right) - G_i\left(q_i - \mu_i^t + q_j - \mu_j^t - \varepsilon_j\right)\right)^+}$ 时，零售商 R_i 才会向共享平台分享真实的需求信息。

命题 3-4 说明在通常情况下，零售商均向共享平台分享真实的市场需求信息并不能形成稳定的均衡状态，即若一方分享真实信息，则另一方将存在分享虚假信息的动机，进而损害系统整体收益。只有在满足命题 3-4 中的临界条件时，零售商才会分享真实需求信息，实现系统整体最优与局部最优相一致。

在共享需求信息的情形下，共享平台在需求实现后对双方库存进行重新分配，以期获得额外利润。例如，从市场 i 分配给市场 j 的库存，均以市场 j 的零售价 p_j 售出，扣除运输成本 e_j 和管理费用 m_{ij} 后，单位库存的实际收入为 $p_j - e_j - m_{ij}$；若该库存不分配给市场 j，则只能获得残值 s。因此，库存重新分配使系统获得了额外利润 $k_j - m_{ij} - s$。额外利润以支付转运价格的形式在两个市场间划分，市场 i 获得额外利润 $t_{ij} - s$，市场 j 获得额外利润 $k_j - m_{ij} - t_{ij}$。只有当满足 $s < t_{ij} < k_j - m_{ij}$ 时，即双方市场均能从库存再分配中获利时，库存再分配才能成功进行。综上，转运价格是额外利润在双方市场划分的重要节点，因此共享平台可以通过协调转运价格促使零售商分享真实需求信息。关于使系统最优与局部最优的均衡条件能够取得一致转运价格，命题 3-5 给出了相关结构。

命题 3-5　已知两零售商的市场需求均值为 $\left(\mu_i^t, \mu_j^t\right)$，无论零售商向共享平台分享的信息是否真实，总存在一组转运协调价格 t_{ij}^* 和 t_{ji}^*，使系统最优与局部最优的均衡条件相一致。其中，转运价格满足：

$$t_{ij}^* = \frac{(k_i - s - m_{ji})A_i B_j - (k_j - m_{ij})B_i B_j + s A_i A_j}{A_i A_j - B_i B_j}$$

$$t_{ji}^* = \frac{(k_j - m_{ij} - s)A_j B_i - (k_i - m_{ji})B_i B_j + s A_i A_j}{A_i A_j - B_i B_j}$$

式中，$A_i = \left[G_i\left(q_i + q_j - \mu_i^t - \mu_j^t - \varepsilon_j\right) - G_i\left(q_i - \mu_i^t\right)\right]^+$；$B_i = \left[G_i\left(q_i - \mu_i^t\right) - G_i\left(q_i + q_j - \mu_i^t - \mu_j^t - \varepsilon_j\right)\right]^+$，$i = 1, 2$ 且 $j = 3 - i$；A_i 表示市场 j 向市场 i 转移库存的概率；B_i 表示市场 i 向市场 j 转运库存的概率；A_j 表示市场 i 向市场 j 转移库存的概率；B_j 表示市场 j 向市场 i 转运库存的概率。

命题 3-5 说明了转运协调价格与零售商分享的信息无关。在转运价格协调机制下，若零售商谎报信息，即 $(\hat{\mu}_i, \hat{\mu}_j) \neq \left(\mu_i^t, \mu_j^t\right)$ 时，系统利润满足 $\pi_i^S(q_i, q_j, \hat{\mu}_i, \hat{\mu}_j) < \pi_i^S\left(q_i^S, q_j^S, \mu_i^t, \mu_j^t\right)$。由均衡条件一致性，可推出 $\pi_i^H(q_i, q_j, \hat{\mu}_i, \hat{\mu}_j) < \pi_i^H\left(q_i^S, q_j^S, \mu_i^t, \mu_j^t\right)$。因此，零售商为了获得最大利润，总会向共享平台分享真实的市场需求均值，即 $(\hat{\mu}_i, \hat{\mu}_j) = \left(\mu_i^t, \mu_j^t\right)$。

2. 不完全信任情形

若共享平台不完全信任零售商，通常可以采取一定的惩罚措施，以促进零售商需求信息的有效共享。因此，下面将不信任和惩罚机制相结合，探讨惩罚机制对零售商共享需求信息行为动机的影响。需要注意的是，不完全信任情形与不共享需求信息情形不同，前者的不完全信任主要体现在惩罚成本的构建上，但共享平台依然根据零售商分享的信息制定库存决策；后者的共享平台仅根据自身对市场的了解制定库存决策。

首先，探讨惩罚机制。为了促进零售商向共享平台分享真实的需求信息，应尽量使分享信息 $\hat{\mu}_i$ 与真实信息 μ_i^t 保持一致。引入不信任度 F，用于衡量 $\hat{\mu}_i$ 与 μ_i^t 之间的差异程度。共享平台设置惩罚上限 ρ，则惩罚比例为 ρF。零售商一旦谎报信息，将惩罚其承担高额的订购成本 $(1+\rho F)c$。

$$F = \begin{cases} \left| 1 - \hat{\mu}_i / \mu_i^t \right|, & \mu_i^t \in \mu_i, \underline{\mu}_i \leq \mu_i \leq \overline{\mu}_i \text{且} 0 \leq \left| 1 - \hat{\mu}_i / \mu_i^t \right| \leq 1 \\ 1, & \text{其他} \end{cases}$$

式中，μ_i 为市场 i 的需求均值，取值范围为 $[\underline{\mu}_i, \overline{\mu}_i]$；$\mu_i^t$ 为市场 i 的真实需求均值；$\hat{\mu}_i$ 为零售商 R_i 的分享信息。F 的取值范围为 $[0,1]$，当 $\hat{\mu}_i$ 与 μ_i^t 的差异过大，即 $\hat{\mu}_i \notin (0, 2\mu_i^t)$ 时，$F = 1$，说明零售商将承担最高惩罚比例 ρ，订购成本为 $(1+\rho)c$。特别地，当 $\hat{\mu}_i = \mu_i^t$ 时，$F = 0$，说明零售商无惩罚，订购成本为 c。

整个运作过程大致如下：在销售季开始前，零售商首先观察到本地市场的需求均值信息，然后以 $\hat{\mu}_i$ 的形式分享给共享平台。共享平台起初完全信任零售商，即 $F_1 = 0$，根据获得的需求信息制定初始库存。需求实现后，共享平台通过比较 $\hat{\mu}_i$ 与 μ_i^t 重新调整不信任度 F_2。最后，令 $F = F_2$，依据惩罚机制，说谎的零售商将承担较高的订购成本，即 $(1+\rho F)c$。

其次，探讨协调机制。以零售商 R_i 为例，已知本市场的真实需求均值为 μ_i^t，假设其分享给共享平台的信息为 $\hat{\mu}_i$，则共享平台为其制定的初始库存水平为 $q_i(\hat{\mu}_i)$。因此，零售商 R_i 的期望利润为

$$\begin{aligned} \pi_i^{\mathrm{H}}(q_i(\hat{\mu}_i), q_j) &= E\left[(p_i - e_i)y_i^h + t_{ij}y_{ij}^h - (t_{ji} + m_{ji})y_{ji}^h + sy_{ir}^h - (1+\rho F)cq_i(\hat{\mu}_i) \right] \\ &= E\Big[(k_i - s)\min\left\{ q_i(\hat{\mu}_i), d_i^t \right\} + (t_{ij} - s)\min\left\{ \left(q_i(\hat{\mu}_i) - d_i^t\right)^+, (d_j - q_j)^+ \right\} \\ &\quad + (k_i - t_{ji} - m_{ji})\min\left\{ (q_j - d_j)^+, \left(d_i^t - q_i(\hat{\mu}_i)\right)^+ \right\} \\ &\quad + sq_i(\hat{\mu}_i) - (1+\rho F)cq_i(\hat{\mu}_i) \Big] \end{aligned}$$

在惩罚机制下，零售商一旦说谎，将受到一定的惩罚。惩罚上限 ρ 由共享平台决定，其目的是诱导零售商分享真实需求信息。通过比较零售商 R_i 分享真实信息与谎报信息两种情形时的利润，可得命题 3-6。

命题 3-6　在不完全信任与惩罚机制相结合的情形下，当零售商 R_j 向共享平台分享真实信息时，无论零售商 R_i 分享的信息是否真实，共享平台总可以调整惩罚上限 ρ^*，诱导零售商分享真实需求信息。其中，惩罚上限 ρ^* 满足：

$$\rho^* \geqslant \max\left\{\max_{\hat{\mu}_i \neq \mu_i^t} \frac{a(\hat{\mu}_i) - a(\mu_i^t)}{c\left|\mu_i^t - \hat{\mu}_i\right|(\hat{\mu}_i + C_i)}\mu_i^t, 0\right\}$$

式中，$a(\hat{\mu}_i) = \pi_i^s\left(q_i(\hat{\mu}_i), q_j^s\left(\mu_j^s\right)\right)$；$a\left(\mu_i^t\right) = \pi_i^s\left(q_i^s\left(\mu_i^t\right), q_j^s\left(\mu_j^t\right)\right)$。

观察上述不等式，对共享平台而言，$\hat{\mu}_i$ 虽然由零售商提供，但其取值范围 $[\underline{\mu}_i, \overline{\mu}_i]$ 是公开的。因此，共享平台在事先不知道零售商是否说谎的前提下，总可以遍历所有可能的 $\hat{\mu}_i$，确定一个最优的惩罚上限 ρ^*，以使谎报信息情形下的利润总不大于分享真实信息情形下的值。当分享虚假信息无利可图时，零售商更倾向于分享真实信息。命题 3-6 说明了惩罚上限协调机制可以促进有效信息的共享。

3.3.4　数值分析与结论

通过数值实验，依次分析信息共享对共享平台库存决策和系统利润的影响、谎报信息对各方库存水平和利润的影响，以及转运价格和惩罚上限协调机制的表现。参数设置如下：市场需求均值为 $\mu_i, \mu_j \sim N(10,1)$，市场不确定性为 $\varepsilon_i, \varepsilon_j \sim N(0,1)$，市场真实需求均值为 $\mu_i^t = 9$、$\mu_j^t = 11$，零售价为 $p_i = p_j = 10$，运输成本为 $e_i = e_j = 1$，管理费用为 $m_{ij} = m_{ji} = 1$，转运价格为 $t_{ij} = t_{ji} = 4$，订购成本为 $c = 5$，残值为 $s = 2$。

1. 信息共享对库存和利润的影响

在不共享需求信息的情形下，共享平台仅获得公开透明的信息，则 $d_i, d_j \sim N(10,2)$。在共享需求信息的情形下，零售商向共享平台分享需求均值信息，共享平台获得 $\mu_i^t = 9$、$\mu_j^t = 11$，则 $d_i^t \sim N(9,1)$，$d_j^t \sim N(11,1)$。在两种情形下共享平台的最优库存决策和系统利润仿真结果如图 3-9 所示。从图中可以看出，两种情形下的利润函数都是关于库存决策 (q_i, q_j) 的联合凹函数，均存在唯一最优解使系统利润最大。此外，不共享信息情形下的最优库存决策为 $(10.2, 10.2)$，共享信息情形下的最优库存决策为 $(9.2, 11.2)$，而两市场的需求信息为 $(N(9,1), N(11,1))$。通过比较库存决策与市场需求可得：与不共享信息情形相比，共享信息情形下的最优库存水平更贴近真实需求，且系统整体获得的利润更高。原因在于：共享信息使共享平台对双方市场需求的了解更为具体，需求的不确定性降低，由库存过剩或缺货可能造成的损失减少，相比之下利润有所提高。

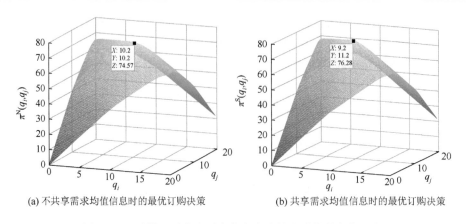

(a) 不共享需求均值信息时的最优订购决策　　　　(b) 共享需求均值信息时的最优订购决策

图 3-9　两种情形对共享平台的库存决策和系统利润的影响

2. 谎报信息对库存和利润的影响

在共享平台完全信任零售商的情形下，若零售商向共享平台提供虚假信息，共享平台的库存策略和系统收益都会受影响。以零售商 R_i 谎报信息为例，$\hat{\mu}_i$ 的取值限制在[4，16]范围内，仿真结果如图 3-10 所示。

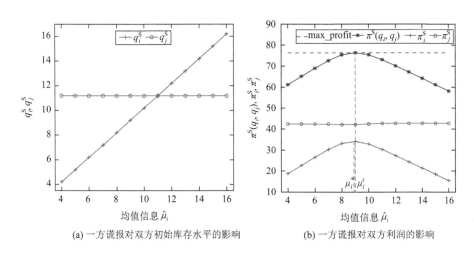

(a) 一方谎报对双方初始库存水平的影响　　　　(b) 一方谎报对双方利润的影响

图 3-10　一方谎报对订购决策和利润的影响

从图 3-10（a）可以看出，q_i^S 随着 $\hat{\mu}_i$ 的增大而增大，而 q_j^S 与 $\hat{\mu}_i$ 无关，说明市场 i 的最优库存水平与零售商 R_i 分享的信息密切相关，且两者呈线性相关关系；而市场 j 的最优库存水平不受零售商 R_i 分享信息的影响。同时，从库存是否再分配的角度分析，再分配策略通常影响双方的库存水平，而本节的研究验证了一方需求均值信息的改变并不影响另一方的库存水平，由此可推出库存再分配策略主要借助市场需求的随机性（即方差 σ^2）影响库存决策。从图 3-10（b）可以看出，当 $\hat{\mu}_i = \mu_i^t$ 时，系统整体利润 π^{S} 取得最大值，图中的水平虚线标识系统整体利润的最大值（max_profit）；当 $\hat{\mu}_i \neq \mu_i^t$ 时，系统整体利润 π^{S} 因零售商 R_i 谎报信息而受损。观察零售商 R_i 的利润 π_i^{S} 可知，当 $\hat{\mu}_i = \mu_i^* = 8.9 \neq \mu_i^t$ 时，利润 π_i^{S} 取得最大值，而此时系统整体利润未达到最大，由此可知双方均共享真实信息时，系统整体并未实现均衡状态。零售商 R_i 为了获得更大的利润，存在谎报信息的动机。

3. 转运价格与惩罚上限协调机制

由表 3-4 的第 4 列可知，在共享信息情形下，零售商 R_i 为实现最大利润 34.153，将真实均值信息 9.0 低报为 8.9，即存在谎报信息的动机。通过转运价格协调机制，转运价格由原先的 4 变为 4.605，且其值不随分享信息的变化而变化。当转运价格为 4.605 时，零售商 R_i 要想获得最大利润，必须分享真实需求均值信息。原因在于：当 $t_{ji} = 4$ 时，零售商 R_i 只需支付较低的转运价格即可分享对方的剩余库存，导致零售商从库存再分配中获得的期望利润大于从自购库存中获得的期望利润，所以存在低报信息的行为 $\left(\hat{\mu}_i < \mu_i^t\right)$；当 t_{ji} 增大时，分享对方剩余库存所需的成本增加，期望利润下降；当 $t_{ji} = 4.605$ 时，零售商从库存再分配中获得的期望利润等于从自购库存中获得的期望利润。此时，零售商 R_i 谎报信息并不能获得额外利润，所以共享真实信息是最佳策略。转运价格协调机制的本质是平衡双方零售商从库存再分配中获得的利润，可以促进有效信息的共享。而且，当零售商存在低报均值信息的动机时，共享平台应提高转运价格；当零售商存在高报均值信息的动机时，共享平台应降低转运价格。另外，与传统供应链中信息传递的"牛鞭效应"不同，共享平台仅作为协调者，不承担任何风险，零售商必须为自己的说谎行为付出全部代价，这在一定程度上解释了为什么零售商会存在低报信息的动机。

表 3-4　协调机制对零售商行为动机的影响

$\hat{\mu}_i$	$\hat{\mu}_j$	共享信息（无协调）		共享信息（转运价格协调）		共享信息（惩罚上限协调）		共享真实信息
		$t_{ij} = t_{ji}$	π_i^H	$t_{ij}^* = t_{ji}^*$	π_i^H	ρ^*	π_i^H	π_i^{S}
4.0	11	4	18.712	4.605	18.423	0.023	18.440	34.141
5.0	11	4	22.705	4.605	22.416	0.023	22.435	34.141
6.0	11	4	26.649	4.605	26.369	0.023	26.408	34.141
7.0	11	4	30.351	4.605	30.107	0.023	30.164	34.141
8.0	11	4	33.193	4.605	33.045	0.023	33.087	34.141
8.8	11	4	34.140	4.605	34.110	0.023	34.117	34.141
8.9	11	4	34.153	4.605	34.138	0.023	34.128	34.141
9.0	11	4	34.141	4.605	34.141	0.023	34.141	34.141

续表

$\hat{\mu}_i$	$\hat{\mu}_j$	共享信息 （无协调）		共享信息 （转运价格协调）		共享信息 （惩罚上限协调）		共享真实信息
		$t_{ij}=t_{ji}$	π_i^H	$t_{ij}^*=t_{ji}^*$	π_i^H	ρ^*	π_i^H	π_i^S
9.1	11	4	34.105	4.605	34.120	0.023	34.094	34.141
10.0	11	4	32.871	4.605	32.994	0.023	32.739	34.141
11.0	11	4	30.321	4.605	30.501	0.023	30.031	34.141
12.0	11	4	27.396	4.605	27.591	0.023	26.921	34.141
13.0	11	4	24.405	4.605	24.603	0.023	23.720	34.141
14.0	11	4	21.406	4.605	21.605	0.023	20.485	34.141
15.0	11	4	18.406	4.605	18.605	0.023	17.222	34.141

在惩罚上限协调机制下，共享平台对说谎的零售商进行惩罚，以促进零售商分享真实信息。当双方需求实现后，共享平台制定惩罚上限为 0.023，其值不随分享信息的变化而变化。当 $\rho^*=0.023$ 时，零售商 R_i 只有在分享真实信息的情形下才能实现利润最大。这是因为无论零售商如何谎报信息，其从说谎中获得的额外利润都不足以支付惩罚成本。当说谎无利可图时，零售商更倾向于分享真实信息。仿真实验结果验证了共享平台可以通过协调惩罚上限促进零售商分享真实信息。

3.3.5　小结

本节从共享经济的角度出发，针对库存资源的共享问题，探讨了信息共享策略对库存优化决策的影响。共享平台可以集中管理合作各方的库存，通过确定初始库存，并在需求实现后对库存进行重新分配，实现库存资源的共享，提高库存利用率。在库存资源共享的基础上，利用信息共享策略能够实现库存优化再分配，并可制定协调机制，探讨共享平台与零售商之间的行为动机。本节研究的主要结论如下。

（1）与不共享信息相比，共享真实信息情形下的最优订购量更接近实际需求，且系统整体获得的利润更高。因此，企业有足够的意愿参与信息共享策略。

（2）在共享信息情形下，零售商均向共享平台分享真实信息并不能形成稳定的均衡状态。零售商存在谎报信息的动机，且零售商的初始库存水平与其分享的信息呈线性相关关系，但不受对方分享信息的影响。因此，在通常情况下，共享平台有必要制定协调机制激励零售商分享真实信息。

（3）转运价格协调机制和惩罚上限机制均能促进真实信息的共享。在转运价格协调机制下，当零售商存在低报需求均值信息的动机时，共享平台应提高转运价格；当零售商存在高报需求均值信息的动机时，共享平台应降低转运价格。
上述结论可为共享经济背景下企业的库存管理决策提供有价值的参考。

参 考 文 献

陈敬贤，王国华，梁樑. 2013.协调多零售商横向转载的收益共享契约[J]. 中国管理科学，21（3）：79-87.

陈小云. 2017.共享经济视角下零售业采购"结盟"机制研究[J]. 安徽商贸职业技术学院学报（社会科学版），16（3）：15-19.

但斌，贺庆仁，李宇雨. 2017.易逝品多销售阶段预防性横向调拨与订货决策模型[J]. 管理工程学报，31（1）：133-141.

戢守峰，万鹏，孙琦，等. 2016.库存共享和服务水平限制下三级分销网络侧向转运模型与算法[J]. 中国管理科学，24（12）：72-81.

金磊，陈伯成，肖勇波. 2013.双渠道下库存与定价策略的研究[J]. 中国管理科学，21（3）：104-112.

经有国，张爱凤，秦开大. 2016.独立随机需求下共享剩余库存的双渠道订货模型[J]. 系统工程，34（5）：67-71.

李毅鹏，马士华. 2013.供求不确定下零部件供应商横向协同研究[J].管理学报，10（7）：1054-1059.

邵婧. 2016.两层级分散决策供应链库存转运问题研究[J]. 中国管理科学，24（1）：76-81.

徐琪，刘峥，汤兵勇. 2015.双渠道供应链库存协调合作策略[J]. 系统工程，33（3）：45-51.

许明辉，孙康泰，杨东升. 2018.竞争性制造商成本削减中的信息共享策略研究[J]. 管理学报，15（12）：1872-1882.

张玉华，戴更新，韩广华，等. 2017.需求预测信息共享中基于信任的价格折扣模型[J]. 计算机集成制造系统，23（12）：2737-2746.

赵道致，丁琳. 2017.云制造平台资源双边匹配机制及稳定性[J]. 系统工程，35（2）：109-115.

周建亨，王晓敏. 2018.收益共享机制下的供应链纵向信息共享策略[J]. 系统管理学报，27（5）：971-980.

Bai J，So K C，Tang C S，et al. 2019. Coordinating supply and demand on an on-demand service platform with impatient customers[J]. Manufacturing & Service Operations Management，21（3）：556-570.

Benjaafar S，Kong G，Li X，et al. 2019.Peer-to-peer product sharing: Implications for ownership，usage and social welfare in the sharing economy[J]. Management Science，65（2）：477-493.

Chen Y，Hu M. 2020.Pricing and matching with forward-looking buyers and sellers[J]. Manufacturing & Service Operations Management，22（4）：717-734.

Feng P P，Wu F，Fung R Y K，et al. 2018. Evaluation of two transshipment policies in a two-location decentralized inventory system under partial backordering[J]. Transportation Research Part E：Logistics and Transportation Review，118：207-224.

Feng X H，Moon I，Ryu K. 2017. Warehouse capacity sharing via transshipment for an integrated two-echelon supply chain[J]. Transportation Research Part E：Logistics and Transportation Review，104：17-35.

Gallino S，Moreno A. 2014.Integration of online and offline channels in retail：The impact of sharing reliable inventory availability information[J]. Management Science，60（6）：1434-1451.

Govindarajan A，Sinha A，Uichanco J. 2021. Joint inventory and fulfillment decisions for omnichannel retail networks[J]. Naval Research Logistics，68（6）：779-794.

Hu M，Zhou Y. 2017.Price，wage and fixed commission in on-demand matching[J]. Social Science Electronic Publishing，DOI:10.2139/ssrn.2949513.

Hyndman K，Kraiselburd S，Watson N. 2013. Aligning capacity decisions in supply chains when demand forecasts are private information: Theory and experiment[J]. Manufacturing & Service Operations Management，15（1）：102-117.

Lee C，Park K S. 2016.Inventory and transshipment decisions in the rationing game under capacity uncertainty[J].

Omega, 65: 82-97.

Liang C, Sethi S P, Shi R, et al. 2015.Inventory sharing with transshipment: Impacts of demand distribution shapes and setup costs[J]. Production & Operations Management, 23 (10): 1779-1794.

Noham R, Tzur M. 2014.The single and multi-item transshipment problem with fixed transshipment costs[J]. Naval Research Logistics, 61 (8): 637-664.

Norde H, Özen U, Slikker M. 2016. Setting the right incentives for global planning and operations[J]. European Journal of Operational Research, 253 (2): 441-455.

Özer O, Zheng Y, Ren Y F. 2014.Trust, trustworthiness, and information sharing in supply chains bridging China and the United States[J]. Management Science, 60 (10): 2435-2460.

Ren Z J, Cohen M A, Ho T H, et al. 2010.Information sharing in a long-term supply chain relationship: The role of customer review strategy[J]. Operations Research, 58 (1): 81-93.

Shao J, Krishnan H, McCormick S T. 2011. Incentives for transshipment in a supply chain with decentralized retailers[J]. Manufacturing & Service Operations Management, 13 (3): 361-372.

Spiliotopoulou E, Donohue K, Gürbüz M Ç, et al. 2018.Managing and reallocating inventory across two markets with local information[J]. European Journal of Operational Research, 266 (2): 531-542.

Spiliotopoulou E, Donohue K, Gürbüz M Ç. 2016.Information reliability in supply chains: The case of multiple retailers[J]. Production & Operations Management, 25 (3): 548-567.

Taylor T. 2018.On-demand service platforms[J]. Manufacturing & Service Operations Management, 20 (4): 704-720.

Torabi S A, Hassini E, Jeihoonian M. 2015.Fulfillment source allocation, inventory transshipment, and customer order transfer in e-tailing[J]. Transportation Research Part E: Logistics and Transportation Review, 79: 128-144.

Zhao F G, Wu D S, Liang L, et al. 2016.Lateral inventory transshipment problem in online-to-offline supply chain[J]. International Journal of Production Research, 54 (7): 1951-1963.

第4章 分享经济下众包物流运营优化决策

4.1 众包物流运营管理概述

4.1.1 众包物流运营管理模式

1. 分享经济下的众包模式

分享经济依托互联网信息平台,通过共享实现社会闲置、分散资源的优化配置并创造新价值。分享经济能够实现资源的快速流动和高效配置,促进大众创业、万众创新,提供大量的就业机会,对经济的发展产生不可替代的推进作用。分享经济也称为共享经济,现已列入国家发展战略,覆盖交通出行、餐饮食品、旅游酒店、知识教育等众多行业,例如,共享物流平台 Uber Eats、共享出行平台 Uber、Lyft 和共享住宿平台 Airbnb 等平台的发展势头如火如荼。共享经济的出现也改变了企业的雇佣模式,企业不再只通过雇佣员工来完成内部工作,而且将内部工作外包给社会大众。这种在共享经济模式下,将原来由内部员工履行的职能以自由自愿的方式外包给非特定社会大众的做法称为"众包"。

"众包"(crowdsourcing)一词的定义最先由 Howe(2006)在美国《连线》杂志上提出,认为众包是指一个企业或机构以公开邀约的形式,将原来由内部职工履行的工作外包给非特定社会大众的做法。Verganti(2008)认为众包表现为企业将一些内部问题公开,向无数的问题解决者寻求支持的行为。Afuah 和 Tucci(2012)认为以公开号召的形式将任务外包给公众的现象早已存在,而互联网的出现以及相关技术的衍生为众包的发展提供了多样化的空间。Chiu 等(2014)认为众包与开放创新、共同创造、集体智慧和用户创新的概念高度相关,众包可以被视为一种将工作分配给组织外社会大众的方法,目的是改进决策、完成烦琐的任务或共同创建其他项目。

自2005年起,国内也涌现了许多采用众包商业模式的企业,如达达快送、蜂鸟众包、猪八戒网、任务中国和威客等。但国内对众包理论的研究开始较晚,而且多数学者都认可 Howe(2006)对众包的定义,也有一些学者提出了其他的见解,宗利永和李元旭(2018)认为众包是方案需求方以网络为媒介,向社会大众公开征集解决方案的工具,众包将群众闲置的智力资源传送到专业服务中,形成社会化的方案求解机制。赵轩维等（2019）认为众包的本质是开放式创新，通过共享社会大众的知识和创造力，使需求企业和社会大众双方的价值实现最大化，并达到共赢。

众包这一新兴的商业模式为企业带来了新的机遇，同时也引起了大量学者的关注，相关研究涵盖了众包参与者动机及行为分析、众包绩效及激励机制、众包任务分配方法及众包供应链优化等（Liu et al.，2014；Karger et al.，2014；仲秋雁等，2018）。Deng 等（2016）通过调研 210 名亚马逊土耳其机器人（Amazon Mechanical Turk）平台众包参与者，总结指出机会、自主、公平、透明、沟通、安全、责任、影响力和尊严等因素会影响众包工作人员的持续参与意愿。卢新元等（2017）利用文献研究法归纳出影响用户参与众包的 14 种因素，通过模糊集理论和决策实验室分析法总结出影响用户参与众包的主要因素：赏金数额、任务难易度以及项目规模。众包参与者的参与意愿受到兴趣爱好、成就感等内在动机和参与收益、任务难易度等外在动机因素的影响。众包企业可以通过设计相应的激励机制来提高众包参与者的绩效。Wang 等（2020）以移动众包传感为研究对象，通过结合拍卖算法和优化算法，提出了一种在线激励机制来优化以平台为中心的移动众包系统，结果表明该机制能够激励用户参与众包任务，使移动众包系统的效用最大化。随着众包平台中任务数量和参与众包用户数量的增多，用户难以从众多任务中匹配到适合自己的任务，从而导致用户参与众包的意愿降低。因此，设计相应的任务匹配机制也是众包领域的一个研究热点。

2. 众包物流运营模式

在共享经济和众包商业模式兴起的背景下，物流企业不再只通过雇佣员工来提供物流服务，同时还将物流服务外包给社会大众，众包物流模式应运而生。基于众包商业模式产生的众包物流为物流行业中"最后一公里"问题带来了新的解决思路。众包物流是将一种配送任务部分或全部外包给社会群众，让闲散群众根据自我意愿进行配送的新模式。众包物流通过合理配置社会闲置运力资源来提高物流配送效率，近年来它已成为管理科学领域的一个研究热点。现阶段对众包物流的研究主要包括：众包物流可行性分析、众包物流接包方参与意愿、众包物流配送路径规划和众包物流服务质量评价等。Devari 等（2017）研究发现，利用用户的社交网络进行最后一公里众包物流配送能够在确保配送效率的同时，极大地降低配送成本和碳排放量，并能减轻末端配送中普遍存在的隐私泄露问题。Chen等（2017）针对因电子商务快速发展而产生的大量退货的问题，提出了将众包和实体互联网相结合的逆向物流解决方案，并利用真实的数据集验证了该众包方案的可行性。Castillo 等（2018）指出众包物流增加了分销渠道运输的多样性，提高了物流配送效率（特别是高客户密度地区），还能使物流企业快速提高运输能力以应对突然激增的配送需求。

随着众包物流成为许多城市解决"最后一公里"配送问题的主要方案，Ye 和 Kankanhalli（2017）指出如何让社会大众持续参与是众包物流平台急需思考的基础问题。郭捷和王嘉伟（2017）利用技术接受和使用理论建立了众包物流大众参与行为影响因素的研究模型，运用收集的数据总结出的四个影响因子对大众参与行为的影响程度进行了比较分析。有学者对如何提升众包物流的服务质量展开了研究。Dayarian 和 Savelsbergh（2020）以当日达类型的众包物流配送模式为研究对象，分析了在线订单到达模式、配送车辆规模等对众包物流配送服务质量和运营成本的影响。孟秀丽等（2021）以订单质量、时效性和快件完好程度等指标作为决策变量，建立了不同博弈情形下的服务质量微分博弈模型，并利用数值分析方法对比了众包物流服务运营中不同角色的服务质量努力水平和收益。

对于众包物流管理领域的未来研究，Castillo 等（2018）从研究主题、待解决问题和应用方法等角度提出众包物流管理的未来研究方向，指出在众包和专用车队规模优化、众包逆向物流、众包驱动的弹性供应链策略、众包参与者激励研究和 B2B 背景下的众包物流管理等研究领域需要更多的学者深入研究和探讨。Wang 和 Yang（2019）提出，在共享经济和智慧城市背景下，应将众包模式与其他城市的移动服务进行整合，以改善和重塑共享交通、共享物流和城市系统，实现成果惠及更广泛的人群和领域。Alnaggar 等（2021）根据众包物流的匹配机制、目标市场和补偿方案对可用平台进行了分类，同时指出匹配决策、路由决策、调度决策和补偿决策是未来众包模式值得深入研究的方向。

4.1.2　众包物流服务平台的基本特征

1. 众包物流平台的双边市场特征

二十多年来，随着连接消费者和内容、服务提供者的双边平台的增多，许多行业都发生了巨大的转变。在零售领域有 Amazon、eBay、淘宝和京东等购物网站；在信息交流领域有 Facebook、Twitter 和微博等社交软件；在出行服务领域有 Uber、Lyft 和滴滴出行等打车软件。这些平台将双边用户连接起来提供产品或者服务，这种市场结构称为双边市场（two-side market）。传统的单边市场理论已经无法满足如今多样化市场组织研究的需要，双边市场理论的出现引发了许多学者的兴趣和探讨。经过十几年的发展，虽然有许多学者从不同角度对双边市场进行了界定，但学术界至今仍未给出统一、确定的定义。其中，Armstrong、Rochet 等学者对双边市场的研究比较早，并且受到了学术界的一致肯定。

　　Armstrong（2006）对双边市场理论进行了研究，并从网络外部性的角度对双边市场进行定义，即双边市场是通过平台使两组用户连接、互动的市场，在这个市场中，一组用户接入平台的收益受另一组用户接入平台规模的影响。Rochet 和 Tirole（2004）从价格结构非中性的角度对单边市场和双边市场进行了定义：一个平台向买方和供方收取的交易费用分别为 a_B 和 a_S，若平台上实现的成交量只受总价格水平 $a = a_B + a_S$ 的影响，则双方所处的市场为单边市场；相反，若平台成交量在总价格水平 a 不变的情况下随 a_B 而变化，则双方用户所处的市场为双边市场。换言之，将双边（或多边）市场定义为其中单个或多个平台支持终端用户之间的互动，并试图通过向每一边用户适当收费以使双方（或多方）参与进来的市场。

　　现阶段，越来越多的学者在研究双边市场时考虑到网络外部性带来的影响（池毛毛等，2019）。Katz 和 Shapiro（1985）对网络外部性的概念进行了明确定义，认为用户从商品或服务中获得的效用与连接到同一网络中的其他用户数量关系紧密。根据其产生作用的形式不同，网络外部性具体划分为两大类：一类是交叉网络外部性；另一类是直接网络外部性。目前，大多数文献均认同 Katz 和 Shapiro（1985）对网络外部性的定义并展开了深入讨论。有学者对网络外部性的定义进行了进一步的扩展，具体地，网络外部性就是双边市场中，一方用户参与平台的动机和数量与同一方或另一方用户的规模密切相关。在网络外部性对众包物流平台的影响过程中，社会配送运力的多少与消费者需求规模的变动有关，而且社会配送人员之间的交互也会对社会配送运力产生一定的影响。直接网络外部性揭示了双边平台同边用户内部存在的相互依赖关系，即平台一边用户数量的变化会直接影响该边用户的数量，也有学者称它为自网络外部性、同边网络外部性或组内网络外部性。交叉网络外部性大多被定义为一边用户参与平台的动机及数量和另一边用户的规模变化紧密相关，大量学者从不同角度和层次开展了网络外部性的相关研究，内容涵盖企业定价、商业营销模式、消费者策略性行为及投资和技术决策等。

　　关于网络外部性在众包服务平台的应用，另一个研究较多的方向为网约车共享平台。网约车共享平台两端分别连接乘客和驾驶员，因乘客出行需求具有上升和下降时段，平台经常面临出行服务供需不匹配的困境。Wu 等（2020）研究了空间差异性和网络外部性对网约车定价机制的影响，发现制定供应侧价格十分重要，即给定一个地区的需求侧价格时，该地区的供应价格会对其他地区的供应产生影响，并通过总的供应量间接影响需求侧价格。Wang 等（2019）将驾驶员和乘客的补贴作为决策变量，利用霍特林（Hotelling）模型研究不同市场监管方式对网约车共享平台竞争的作用，其中价格调整监管方式的效果与网络外部性强度有关，同时会对社会福利产生负向影响。赵道致等（2020）研究了需求之间直接网络外部性下的均衡定价策略，提出了一个由两种服务的直接网络外部性差额组成的总网络外部性，发现当网约车和出租车存在较大质量差异且网络外部性表现为正向时，两种服务的定价逐渐提高。

2. 众包物流配送员的特征

众包物流配送员作为一种具有时间灵活性的自由职业，吸引了大量社会闲置人力的加入。国家信息中心的数据显示，2020 年我国参与共享经济平台的服务人员（包括众包、兼职等）规模已达 8400 万人。众包物流服务模式通过将物流配送服务工作外包给社会闲置人员的方式，降低了企业物流配送成本，提高了配送效率。众包模式的应用既解决了平台自建物流配送模式中固定的配送员运力与波动的订单量不匹配的问题，也为社会配送员兼职服务提供了可能，促进了社会闲置人员的灵活就业。众包物流运作与传统物流运作存在着显著差异。一般配送员和社会配送员在职业身份、劳动关系、工作特点、任务分配、工作时间、激励机制和归属行为等方面存在较大区别。社会配送员的职业身份为配送服务供应商而非企业员工。其劳动关系为合作关系而非雇佣关系，工作特点是全职或兼职从事众包物流活动且工作的稳定性较低，任务分配是根据订单特点和偏好进行在线抢单，工作时间自由、灵活，其激励机制主要为配送佣金。社会配送员可以选择单归属于一个平台，也可以同时归属于多个平台。表 4-1 对两种物流模式下的配送员特征差异进行了总结。

表 4-1　社会配送员与传统配送员特征对比

特征	传统配送员	社会配送员
职业身份	企业员工	配送服务供应商
劳动关系	雇佣关系	合作关系
工作特点	全职、稳定	全职或者兼职、波动
任务分配	订单指派	在线抢单
工作时间	固定、规律	自由、灵活
激励机制	最低工资，配送佣金，职业保险……	配送佣金
归属行为	单归属	单归属或者多归属

众包物流双边平台的社会配送员具有多种归属行为，在双边平台结构下，对用户归属行为问题的研究可以分为单归属（single-homing）问题、纯粹的多归属（multi-homing）问题和部分多归属（partial multi-homing）问题。用户单归属行为指双边市场中的用户在接入平台时仅选择接入一个平台进行交易；用户多归属行为指双边市场中的用户在接入平台时在两个或两个以上的平台进行交易。当双边市场中仅存在一个垄断平台时，用户只能选择接入该平台或者不接入该平台，此

时若用户接入平台，则该行为是用户单归属；当双边市场中存在多个平台时，用户会根据偏好和需求选择接入某平台或者不接入任何平台，此时若用户接入两个或多个平台，则该行为是用户多归属。单个用户的用户行为是确定的，分为单归属行为和多归属行为，但在一个用户群体中，不同用户的归属行为不尽相同。若一个用户群体中，一部分用户的归属行为是用户单归属，另一部分用户的归属行为是用户多归属，那么这个用户群体的归属行为则是用户部分多归属。纪汉霖和王小芳（2014）考虑了平台用户存在部分多归属行为的情况，构建了平台两边用户网络外部性存在差异的双边市场竞争模型，并用我国部分商业银行发展的案例对模型展开了验证。结论认为在用户部分多归属情况下，无论竞争平台同时定价还是次序定价，平台对两边用户的收费均为正。毕菁佩和舒华英（2016）考虑到竞争平台经常使用歧视定价策略的情况，构建了一边用户单归属、一边用户部分多归属的两阶段价格竞争模型。研究认为，平台第一阶段的市场份额将影响单归属边新老用户的定价，而在部分多归属用户的市场中，平台在第一阶段的市场份额将影响用户在不同平台之间的转移情况。

当市场上仅存在一个众包物流双边平台时，消费者和社会配送员只能选择接入或不接入该平台。若消费者在该平台下达众包物流服务订单，社会配送员在该平台提供社会配送服务，那么双边用户都是单归属行为。然而，目前国内的众包物流服务市场显然是寡头竞争市场。例如，在餐饮行业存在蜂鸟众包、美团众包等平台；在同城快递行业有闪送、达达众包等平台，这些平台通过价格竞争等策略吸引消费者在其平台下单。因此，消费者和社会配送员均具有多种归属行为。

4.1.3　众包物流社会配送运力调控

在众包物流服务运营中，众包物流平台连接着物流服务的供需两端。基于互联网平台的众包物流服务消费者可以在线随时下单，因此该服务需求具有随机性，而且受到天气及社会因素的影响后也会产生巨大的波动。众包物流服务的配送队伍是由社会大众构成的，即众包物流平台的供应能力是由社会配送服务人员提供的。共享社会配送人员的运作模式，可以降低物流服务成本。然而，由于社会配送人员的社会性和非雇佣制，众包物流平台企业的物流配送服务供应能力也具有不确定性的特点。因此，众包物流平台不仅要考虑市场需求的波动，还要约束于社会配送供应能力的不确定性。众包物流平台的实际运作往往会面临物流服务供需不平衡的问题，特别是在物流服务订单需求高峰期。当社会配送供应能力不足时，众包物流服务市场的需求不能被完全满足，会产生物流服务订单流失的损失。鉴于此，研究众包物流平台根据供需关系动态确定物流服务价格，以调控众包物流社会配送供应能力，解决众包物流服务双边市场供需不平衡的问题，减少物流服务订单流失的损失，最大化众包物流平台的期望收益，具有重要的理论意义和实际价值。

共享经济理念下的众包物流运作模式具有共享社会配送人员资源等独有的特征，如表 4-2 所示。基于互联网平台的众包物流服务订单需求是在线随机发生的，并且具有动态波动的特性。这与传统物流服务模式有所不同，传统物流服务模式的订单需求相对确定，通常包括预先签订的配送合同或在一段时间内汇总的配送总需求。另外，众包物流服务人员为兼职的社会大众闲置人员，而非专职配送人员，社会配送人员自主选择平台和物流服务。对于众包互联网平台随机发生的订单需求，由社会大众服务人员在线抢单，在 2h 内完成配送。因此，众包物流社会配送供应能力是随着互联网平台订单需求量变化的，而且会受到物流服务定价的影响，社会配送人员会首先抢定价高的物流订单。在众包物流服务的高峰期间，平台企业可以通过调整物流服务的定价，进而调整配送人员的报酬，激励更多的社会配送人员接单，从而动态调整社会配送供应能力（王文杰等，2018a）。

表 4-2　众包物流社会化配送服务模式特征

特征	传统物流模式	众包物流社会化配送服务模式
物流订单需求	相对确定	随机发生
物流服务配送人员	专职配送人员	兼职社会闲置人员
配送人员接单方式	订单指派	在线动态抢单
物流配送供应能力	确定	动态不确定

对于定价策略问题，管理专家和学者开展了大量研究（张新鑫等，2016；Hsieh and Dye，2017）。刘会燕和戢守峰（2017）针对由制造商和排他性零售商构成的两条竞争供应链，研究了不同竞争结构下的最优产品定价，分析了消费者绿色偏好和供应链竞争对供应链产品选择策略的影响。Herbon 和 Khmelnitsky（2016）探究了价格和时间双因素随机需求下，易腐品的最优动态定价问题。段永瑞等（2017）研究了零售商自有品牌在考虑参照效应下的动态定价策略。Briceño-Arias 等（2017）运用最优控制理论探究了随机需求下面向策略消费者的产品动态定价策略。在服务定价策略的研究上，现有文献主要集中在网络服务和航空服务等方面。

互联网 + 众包物流是当前运作管理领域的最新研究热点，包括在众包任务分配过程和路径优化等方面的探讨（Cachon et al.，2017；王文杰等，2018b）。Karger 等（2014）考虑众包任务的一般模型，提出了一种最优的任务分配方案和该任务分配的阶次优化推理算法，解决了众包任务分配成本最小化的问题。Liu 和 Qu

（2016）考虑道路条件的不确定性和动态性，提出了众包动态拥塞模型和自适应路径优化算法。少量文献运用随机概率分布表示众包物流服务随机需求，并探讨了众包物流服务定价的静态模型。宋天舒等（2017）提出了在线学习方法优化的随机阈值算法，解决了众包在线任务的分配问题。王文杰等（2020）研究了考虑平台竞争的众包物流社会配送服务最优定价策略，在众包物流平台激烈的竞争环境下，考虑到众包物流社会化配送供应能力的不确定性，采用最优控制理论建立了平台价格竞争下众包物流社会配送服务最优定价模型，并分析了众包物流平台竞争对最优价格变化规律的影响。研究表明，众包物流社会配送服务价格增长率随着平台竞争的加剧而提高。

4.1.4 众包物流社会配送路径优化

基于共享经济理念的众包物流配送模式充分利用社会闲置配送资源，以较低的成本完成配送任务。其最为典型的应用是线上到线下（online to offline，O2O）外卖众包物流配送模式，即O2O外卖平台利用社会闲置配送员，灵活调控社会配送运力，完成平台外卖订单的配送任务。O2O外卖行业是互联网环境推动产生的新型餐饮消费习惯，为顾客提供了快速、方便、优惠的消费渠道，对人们的饮食和生活消费习惯产生了巨大的影响。国外的外卖服务最早是1998年OpenTable提供的外卖订餐服务，现在其业务已遍布全球。国内的O2O外卖行业自2011年开始萌芽后，其便利性和在线服务的快速性等优势帮助其快速扩大市场规模，迅速渗透市场，近年来显著影响了人们的餐饮消费模式，为人们的生活带来了巨大的便利。如图4-1所示，中国互联网络信息中心发布的《中国互联网络发展统计报告》显示，2018年中国O2O外卖用户人数达3.6387亿人，而截至2021年6月，

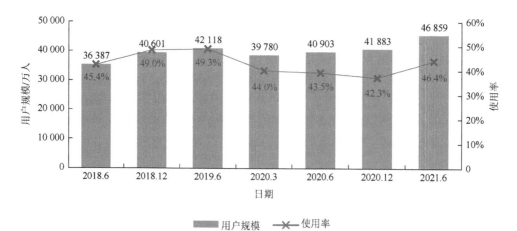

图4-1 2018～2021年中国O2O外卖用户规模及使用率

我国网上外卖用户规模达 4.6859 亿人，较 2020 年 12 月增长 4976 万人，占网民整体的 46.4%。用户规模的逐年增多带来了巨大的消费机会。

当前 O2O 外卖配送网络相对成熟，以饿了么、美团为代表的 O2O 外卖两大巨头在一、二线城市竞争激烈。O2O 外卖平台的配送服务半径一般是 3km 左右，配送时间窗范围一般是 30min。为了更好地满足市场越来越高的配送需求，外卖平台的即时配送模式也不断创新，包括众包模式、加盟模式、自营模式。其中，加盟模式是指由加盟商对外卖众包配送员进行管理，有利于外卖平台在低成本下进行业务扩张。自营模式即外卖平台雇佣全职外卖配送员，如蜂鸟配送、美团配送等，有利于外卖平台控制配送时效和配送服务质量，但成本相对较高。

在应对大量订单需求时如何以较低的配送成本为顾客提供快速、高效的服务，提高顾客的满意度并培养顾客对平台的忠诚度，这是 O2O 外卖平台的一个重要运营管理问题，其中，外卖配送路径优化是影响配送速度的一个基础性举措。目前国内关于 O2O 外卖的研究大多围绕固定配送中心的外卖配送路径优化、配送费用博弈定价等方面。Liu 和 Qu（2016）基于众包配送中存在的道路交通的动态变化和众包配送车辆的不确定性，建立了带拥塞因素的众包配送动态车辆模型，并设计了自适应路由算法求解。Wang 和 Jiang（2022）研究了考虑时间敏感消费者的外卖众包物流配送路径优化问题，建立了最大化时间敏感消费者满意度的两阶段优化模型，第一阶段运用层次聚类方法合并外卖配送订单，第二阶段使用遗传算法优化订单簇的配送路径。研究结果显示，两阶段外卖众包物流配送路径优化模型在准时送达外卖订单方面具有优势。下面分别对众包物流配送路径优化问题以及求解算法进行综述。

1. 众包物流配送路径优化问题

O2O 外卖众包物流配送路径优化属于车辆路径问题（vehicle routing problem，VRP）。共享经济和外卖行业配送需求发展衍生出新型配送模式，外卖平台在收到顾客的线上订单后快速生成配送调度计划，调度线下社会闲置配送人员完成外卖订单的配送。在 O2O 外卖众包物流配送路径优化问题中，外卖众包物流配送员需在规定的配送时间窗内前往订单的取货位置取货，并在规定的时间窗内将外卖送给顾客，因而属于取送货车辆路径问题（VRP with pickup and delivery，VRPPD），同时，它与带时间窗的车辆路径问题（VRP with time windows，VRPTW）以及近年来时兴应用的当天送达（same-day delivery）问题也有相近之处。

在 VRPPD 中，配送车辆需要将货物从取货位置处取走，送到相应的送货位置，同一订单的取送货需安排给同一个车辆而且必须先取后送（马艳芳等，2018；

Naccache et al., 2018)。VRPPD 模型也被应用于解决绿色协同物流、新零售配送问题（Sun et al., 2019；Zhang et al., 2019）。区别于传统的 VRPPD 假定车辆从固定的配送中心出发进行取送货活动，O2O 外卖众包配送问题没有固定的配送中心，外卖众包配送员从自身位置出发前往外卖订单的商家位置进行取货，然后送达顾客手中。众包配送员完成订单配送后不需要返回之前的位置，直接在当前位置等待外卖平台分配新的订单任务。

在 VRPTW 中，每个顾客需求都有服务时间窗 $[E_i, F_i]$ 要求，需求必须在时间窗内得到满足，E_i 是允许的最早服务时间，F_i 是最迟服务时间（Neves-Moreira et al., 2018；符卓等，2021）。相比于 VRPTW，O2O 外卖众包配送路径优化问题具有更高的配送时效性。外卖产品大多是根据顾客订单定制的新鲜易变质产品，因此 O2O 外卖时间窗要求比 VRPTW 更为严格。同时，外卖产品的定制化程度高，一旦完成并出单通常不允许取消订单，未在规定的时间窗内完成配送则由外卖平台对超时订单做出补偿，以降低顾客的不满意度。因此，采用软时间窗约束研究 O2O 外卖的众包配送问题具有现实意义。

基于共享经济理论的众包物流配送模式也应用于当日配送问题中，后者其实是电子商务在线购物的同城在线配送问题，该模式可以有效提高实体店、零售商的在线销售额。近年来，关于当日配送问题在配送模式、配送调度方案等方向上已有不少研究成果（Arslan et al., 2018；Klapp et al., 2018；Voccia et al., 2019）。O2O 外卖众包配送问题与当日配送问题的相似之处在于，二者都属于在线购物同城配送问题，都是线上平台接单，线下安排配送人员完成订单，难以提前预测不同位置的顾客订单。二者的主要区别有两点：首先，当日配送问题主要是从仓库发货送往顾客，而 O2O 外卖众包配送是不同商家与不同顾客之间的对应关系；其次，前者以天为单位对在线订单做出配送反应，实体店或零售商在顾客下单的当天将货物送达，可以一次性发货后依次配送多个顾客，O2O 外卖配送则要求平台对外卖订单做出即时响应，往往要求在几十分钟之内完成配送，因此比当日配送问题的时效性显然更强。

2. 众包物流配送路径优化求解算法

众包物流配送路径优化问题是难问题，因其应用广泛以及求解复杂性高而吸引了众多学者的关注，在求解算法方面有丰富的研究成果，涉及精确算法、启发式算法和元启发式算法。其中，精确算法旨在求解 VRP 的精确解，包括分支定界法（Darvish et al., 2019）、动态规划法（张艳和薛耀文，2017；Agatz et al., 2018），以及割平面法（Györgyi and Kis, 2019）等；启发式算法能够在一定程度上实现全局搜索，并找到最优解的近似解，主要有构造式启发式算法（Lu et al., 2018；郭放等，2021）、改进启发式算法（闫芳等，2019）等；

元启发式算法有时又称智能优化算法，在 VRP 的求解中应用广泛，典型的元启发式算法包括遗传算法（Biesinger et al.，2018）、禁忌搜索算法（董蕊等，2015）、模拟退火算法（Koc and Karaoglan，2016）、粒子群算法（Hwang et al.，2018）、蚁群算法（任亮等，2018）等。表 4-3 对常见的元启发式算法进行了对比。

表 4-3　常见的元启发式算法

算法	优势	局限性	使用范围
遗传算法	并行搜索，非线性寻优能力较强，全局搜索能力强	算法容易早熟，对种群多样性要求较高	方程求解、旅行商问题、路径优化问题
禁忌搜索算法	搜索效率高	受初始解影响较大	大规模路径优化问题
蚁群算法	鲁棒性较好，与其他算法结合使用较为方便	易陷入局部最优，产生早熟收敛解	适用于复杂问题、多目标路径优化问题
粒子群算法	可快速收敛，算法规则简单，涉及参数较少	易局部收敛，不适用于离散型问题	连续型车辆路径优化问题
模拟退火算法	受初始解影响小，较大概率收敛于全局最优解	搜索结果不一定最优	路径优化问题、经济管理问题

因为精确算法在求解 O2O 外卖众包配送路径优化问题时难以获得高质量的解，因此本章主要采用遗传算法等元启发式算法进行求解。考虑到 O2O 外卖众包配送问题的高时效性、订单数据较多、订单的取货位置与送货位置一一对应等特点，选用遗传算法作为 O2O 外卖众包配送车辆路径优化模型的求解算法，通过遗传算法的整数编码方式可以清晰地标记外卖众包配送路径解中的外卖订单编号。针对遗传算法局部搜索能力弱，容易获得局部最优解的问题，在遗传算法的选择、交叉、变异操作之后设计进化逆转操作。这个操作旨在增强遗传算法的全局搜索能力，以提高优化结果的质量。

4.1.5　小结

本节首先简述了分享经济下的众包模式和物流运营模式，介绍了该模式在国内外应用的兴起以及近年来在学术界的广泛关注；其次，刻画了众包物流平台的双边市场特征和网络外部性效应，以及众包物流社会配送人员相对于传统物流配送人员在人员来源、工作模式、归属行为等诸多方面的显著差异；再次，阐述了众包配送过程中的社会配送运力调控，以实现运力的动态供需平衡；最后指出，众包物流社会配送路径优化对于提升响应速度和客户满意度发挥着重要的作用，进而对路径优化问题以及有效求解算法进行了综述。

4.2　社会配送运力供应下众包物流平台最优定价

在共享经济背景下,众包物流平台企业基于互联网平台将物流配送工作外包给社会闲置的大众服务人员,降低了物流配送成本且提高了配送效率。近年来众包物流发展迅速,成为电子商务O2O企业"最后一公里"物流服务的主力军,如达达众包物流平台和京东商城等合作,在短短的三年时间内将物流服务配送量从零增长为每天近百万单的规模,众包物流为企业带来了巨大的经济效益。鉴于此,本节针对众包物流服务的特征,考虑众包物流服务需求的随机性和社会配送能力的不确定性,运用最优控制理论构建众包物流服务动态定价模型,求解众包物流服务最优价格以及供需双方的变化轨迹,以期最大化众包物流平台的期望收益。

4.2.1　问题描述与模型建立

共享经济理念下的众包物流运作模式具有共享社会配送人员资源等特征,如表 4-2 所示。基于网络平台的众包物流订单需求是随机产生的,而传统物流配送需求是相对确定的预先签订配送合同或固定时间内配送需求汇总量。同时,众包物流服务人员并非专职,而是社会兼职人员,依据自身情况自主选择平台和物流服务。对于众包互联网平台的随机订单需求,由社会大众服务人员在线抢单,并在很短的时间内完成配送。因此众包物流社会配送服务能力随着平台订单的需求量而变化,且易受物流服务定价的影响,社会配送人员会争抢定价高的物流订单。在需求高峰期,平台企业可以通过调整物流服务的定价,进而调整配送人员的报酬,激励更多的社会配送人员接单,从而动态调整社会配送供应能力。

众包物流平台中的物流服务需求和社会配送供应能力之间的供需关系模型如图 4-2 所示。众包物流平台调控物流需求和社会配送供给,众包物流需求方向服务平台发布服务需求 $D(t)$,对于服务平台而言,服务需求具有在线随机产生的特征;同时,平台可以获得的社会配送供应能力为 $S(t)$。众包物流平台需要确定物流服务需求方为满足订单支付的价格 $P(t)$,同时要决策向社会配送服务提供者支付的报酬 $W(t)$,众包物流平台运作的固定成本为 C_0。当社会配送供应能力 $S(t)$ 不足以满足所有的物流服务需求 $D(t)$ 时,众包物流平台要承担损失订单的单位成本为 h。

为此,针对众包物流社会化配送服务能力动态变化和订单需求随机的特点,众包物流平台通过动态定价来调节众包物流需求和社会配送服务的供需平衡关系,最小化供需不平衡造成的订单损失,从而实现平台收益最大化的目标。

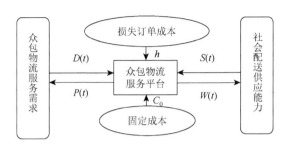

图 4-2 众包物流社会化服务供需关系模型

众包物流服务动态定价模型的构建基于以下一些基本假设,其中,模型变量和参数说明如表 4-4 所示。

表 4-4 模型变量和参数说明

参数	说明
$S(P, t)$	社会配送人员服务供应函数
η	社会配送人员服务供应的价格敏感系数
$P(t)$	众包物流服务价格
$W(P, t)$	社会配送服务人员的单位报酬
k	社会配送服务人员报酬率,$0 < k < 1$
C_0	众包物流服务单位固定成本
$C(t)$	众包物流服务单位成本,$C(t) = C_0 + W(t)$
$\theta(t)$	社会配送供应能力低于订单需求时,众包物流平台损失订单量,初始时刻损失订单量为 θ_0,T 时刻的损失订单量为 θ_T
h	损失订单单位成本
$D(P, t)$	众包物流服务随机需求函数
α, β	α 表示市场初始订单需求,β 表示需求的价格敏感系数

(1)假设市场上只有一个众包物流平台,不考虑多个平台的竞争情况。

(2)在众包物流服务时间 $[0, T]$ 内,与众包物流平台实际运作一致,仅考虑众包物流平台 t 时刻的社会配送服务供应小于等于众包物流订单服务需求的服务高峰情况,通过动态定价来激励社会配送服务供应增加。

(3)假设众包物流服务需求函数为 $D(P, t) = \alpha - \beta P(t)$,其中 α 表示初始订单需求,β 表示需求的价格敏感系数。

(4)假设众包物流服务单位成本 $C(t)$ 由两部分组成:物流服务单位固定成本

C_0 和支付社会配送服务人员的单位报酬 $W(t)$ ， $C(t)=C_0+W(t)$ ，其中 $W(t)=kP(t)$ ， k 表示社会配送服务人员的报酬率，并且 $0 < k < 1$ ，社会配送服务人员的报酬采用固定佣金合同，参考 Cachon 等（2017）的研究，单位报酬与价格呈线性关系（如 Uber）。

（5）假设众包物流服务社会配送供应函数为 $S(P,t)=\eta W(t)+\varepsilon D(t)$ ， ε 表示众包物流服务供应的需求敏感系数， η 表示众包物流服务供应的价格敏感系数，它反映了社会配送供应能力随报酬变化的敏感程度，本节将重点研究价格对众包物流服务供应的影响。

（6）假设社会配送人员服务能力不足而造成的众包物流平台损失订单量为 $\theta(t)$ ，单位损失订单成本是 h ，在初始 t_0 时刻的损失订单量为 θ_0 ， T 时刻的损失订单量为 θ_T 。

基于问题描述和模型假设，构建供需不平衡下众包物流平台产生的损失订单状态变化方程为

$$\bar{\theta}(t)=D(P,t)-S(P,t)$$
$$\theta(0)=\theta_0$$
$$\theta(T)=\theta_T$$

而 t 时刻的累积损失订单量为

$$\theta(t)=\theta_0+\int_0^t\big[D(P,\tau)-S(P,\tau)\big]\mathrm{d}\tau$$

在服务时间 $[0,T]$ 内，当社会配送供应能力无法满足物流服务订单需求时，平台将动态调整众包物流服务价格，以激励社会配送供应能力的增加。所以，实际被满足的服务订单需求量为 $\min(D(P,t),S(P,t))=S(P,t)$ 。众包物流平台获得的最大期望收益目标函数可以表示为

$$\begin{aligned}
\Pi(P,t)&=\max_{P(t)}\int_0^T\big[S(P,t)\cdot P(t)-S(P,t)\cdot C(P,t)-h\theta(t)\big]\mathrm{d}t\\
&=\max_{P(t)}\int_0^T\bigg[S(P,t)\cdot(P(t)-C_0-W(t))-h\bigg(\theta_0+\int_0^t(D(P,\tau)-S(P,\tau))\mathrm{d}\tau\bigg)\bigg]\mathrm{d}t\\
&=\max_{P(t)}\int_0^T\big[S(P,t)\cdot(P(t)-C_0-W(t))-h(\theta_0+(T-t)\cdot(D(P,t)-S(P,t)))\big]\mathrm{d}t
\end{aligned}$$

(4-1)

满足约束条件：

$$\bar{\theta}(t)=D(P,t)-S(P,t)$$
$$\theta(0)=\theta_0 \qquad\qquad (4\text{-}2)$$
$$\theta(T)=\theta_T$$

引入拉格朗日乘子 $\lambda(t)$ 构建哈密顿（Hamilton）函数，以求解众包物流平台期望收益最大化的最优众包物流服务价格：

$$H(\theta(t), P(t), \lambda(t), t) = S(P,t) \cdot (P(t) - C_0 - kP(t)) - h(\theta_0 + (T-t) \cdot (D(P,t) - S(P,t)))$$
$$+ \lambda(t) \cdot (D(t) - S(t))$$

（4-3）

根据庞特里亚金（Pontryagin）最大值原理，满足目标收益函数最优的必要条件为

$$\begin{cases} \overline{\theta}(t) = \dfrac{\partial H}{\partial \lambda} \\ \overline{\lambda}(t) = -\dfrac{\partial H}{\partial \theta} \\ \dfrac{\partial H}{\partial P} = 0 \end{cases}$$

（4-4）

通过联立求解式（4-4），可解得最优价格 $P^*(t)$ 和影子价格 $\lambda^*(t)$ 随时间 t 的动态变化轨迹：

$$P^*(t) = \frac{h(\beta + \eta k)}{\eta k (1-k)} t + \frac{\theta_0 - \theta_T + \alpha T}{T(\beta + \eta k)} - \frac{hT(\beta + \eta k)}{2\eta k(1-k)}$$

（4-5）

$$\lambda^*(t) = ht + \frac{2\eta k(1-k) \cdot (\theta_0 - \theta_T + T\alpha)}{T(\beta + \eta k)^2} - \frac{\eta k C_0}{\beta + \eta k}$$

（4-6）

同时也可求得社会配送服务供应和物流服务订单需求随时间 t 的动态变化轨迹：

$$S^*(t) = \frac{h(\beta + \eta k)}{1-k} t + \frac{\eta k(\theta_0 - \theta_T + \alpha T)}{T(\beta + \eta k)} - \frac{hT(\beta + \eta k)}{2(1-k)}$$

（4-7）

$$D^*(t) = \alpha - \frac{h\beta(\beta + s)}{s(1-k)} t + \frac{\beta(\theta_0 - \theta_T + \alpha T)}{T(\beta + s)} - \frac{h\beta T(\beta + s)}{2s(1-k)}$$

（4-8）

4.2.2 社会配送运力供应与需求平衡下的最优定价

众包物流平台在服务高峰期，往往会因为社会配送供应能力短缺而无法满足物流服务需求，致使服务订单损失。通过动态调整众包物流服务价格，可以激励更多的社会配送人员加入众包平台接订单，提高众包物流平台的服务供应能力，促使服务供应能力和订单需求量达到平衡状态，提高众包物流平台的收益。用 T_{ba} 表示众包物流服务供需达到平衡的服务时刻，因社会配送供应和物流服务订单需

求达到平衡时，$D(T_{ba}) = S(T_{ba})$，根据式（4-2）可以推出 T_{ba} 时刻的物流订单损失量的状态变化：

$$\bar{\theta}(T_{ba}) = 0$$

而此时众包物流平台累积的损失订单成本仍然大于零，即 $\theta(T_{ba}) > 0$。

定理 4-1　社会配送供应能力与订单需求平衡时，在服务时间 $[0, T_{ba}]$ 内，众包物流服务最优价格为 $h(\beta + \eta k) \cdot t/(\eta k(1-k)) + \alpha/(\beta + \eta k) - hT_{ba}(\beta + \eta k)/(\eta k(1-k))$。社会配送供应能力为 $h(\beta + \eta k) \cdot t/(1-k) + \eta k\alpha/(\beta + \eta k) - hT_{ba}(\beta + \eta k)/(1-k)$。

证明：当社会配送能力供应函数 $S(P,t)$ 和订单需求函数 $D(P,t)$ 平衡时，有

$$P(T_{ba}) = \frac{\alpha}{\beta + \eta k} \tag{4-9}$$

进而，由式（4-5）可推导出 T_{ba} 时刻的众包物流最优价格 $P^*(T_{ba})$：

$$P^*(T_{ba}) = \frac{h(\beta + \eta k)}{\eta k(1-k)}T_{ba} + \frac{\theta_0 - \theta_T + \alpha T_{ba}}{T_{ba}(\beta + \eta k)} - \frac{hT_{ba}(\beta + \eta k)}{2\eta k(1-k)} \tag{4-10}$$

将式（4-9）和式（4-10）联立求解可得

$$\theta_T = \theta_0 + \frac{h(\beta + \eta k)^2 \cdot T^2}{2\eta k(1-k)} \tag{4-11}$$

将 $T = T_{ba}$ 与式（4-11）分别代入式（4-5）、式（4-6）、式（4-7）、式（4-8）中可得在 T_{ba} 时刻供需平衡时的最优价格轨迹 $\mathrm{PT}_{ba}^*(t)$、影子价格 $\lambda \mathrm{T}_{ba}^*(t)$、供应函数 $\mathrm{ST}_{ba}^*(t)$ 和需求函数 $\mathrm{DT}_{ba}^*(t)$：

$$\mathrm{PT}_{ba}^*(t) = \frac{h(\beta + \eta k)}{\eta k(1-k)}t + \frac{\alpha}{\beta + \eta k} - \frac{hT_{ba}(\beta + \eta k)}{\eta k(1-k)} \tag{4-12}$$

$$\lambda \mathrm{T}_{ba}^*(t) = ht + \frac{2\eta k\alpha(1-k)}{(\beta + \eta k)^2} - \frac{\eta k C_0}{\beta + \eta k} - hT_{ba} \tag{4-13}$$

$$\mathrm{ST}_{ba}^*(t) = \frac{h(\beta + \eta k)}{1-k}t + \frac{\eta k\alpha}{\beta + \eta k} - \frac{hT_{ba}(\beta + \eta k)}{1-k} \tag{4-14}$$

$$\mathrm{DT}_{ba}^*(t) = \alpha - \frac{h\beta(\beta + \eta k)}{\eta k(1-k)}t + \frac{\beta\alpha}{\beta + \eta k} + \frac{h\beta T_{ba}(\beta + \eta k)}{\eta k(1-k)} \tag{4-15}$$

根据定理 4-1 的描述以及证明中最优解的形式可知：在服务时间 $[0, T_{ba}]$ 内，最优价格、影子价格、供应函数和需求函数都是关于时间 t 的一次函数。影子价格 $\lambda \mathrm{T}_{ba}^*(t)$ 是时间 t 的单调增函数，其斜率为单位损失订单成本 h。由于影子价格表示约束条件对目标函数的影响，结合式（4-13）可以看出：随着时间的推移，损失订单单位成本 h 对众包物流服务商收益的影响逐渐增大。

推论 4-1　在服务时间 $[0, T_{ba}]$ 内，众包物流服务最优价格是时间 t 的增函数，社会配送供应能力随着众包物流服务最优价格的增大而提高，在 T_{ba} 时刻和订单需求量达到平衡状态。

从式（4-12）可以看出，众包物流服务最优价格 $PT_{ba}^*(t)$ 是时间 t 的增函数，其斜率由单位损失订单成本 h、需求敏感系数 β、供应敏感系数 η 和工资率 k 共同决定。随着时间的推移，众包物流服务最优价格逐渐增大。从式（4-14）可以看出，供应函数 $ST_{ba}^*(t)$ 也是时间 t 的增函数，随着时间的推移逐渐增大。在服务高峰时间 $[0, T_{ba}]$ 内，众包物流服务的供应能力不足，即 $S(t) < D(t)$，众包物流服务商将面临订单流失的损失。因此众包物流平台逐步提高众包物流服务的价格 $PT_{ba}^*(t)$，以此激励市场上更多社会配送服务人员的参与，提高社会配送服务能力，从而满足众包订单需求。假设众包物流平台企业采用固定佣金合同（如 Uber）付给社会配送人员报酬 $WT_{ba}^*(t)$，$WT_{ba}^*(t) = k \cdot PT_{ba}^*(t)$，提高众包物流服务的价格 $PT_{ba}^*(t)$，社会配送人员的报酬 $WT_{ba}^*(t)$ 会随着增加，高的物流配送服务报酬会吸引更多的社会配送人员到众包物流平台接单，提高众包物流平台的配送服务供应能力，使服务供应能力和订单需求量在 T_{ba} 时刻达到平衡状态，提高众包物流平台的收益。

4.2.3　累积损失订单成本最小的最优定价

众包物流平台通过众包物流服务的动态调价策略，激励更多的社会配送人员到众包平台接单，提高众包物流平台的服务供应能力，促使 T_{ba} 时刻社会配送供应能力和订单需求量达到平衡状态。但是，为了进一步消化众包物流平台社会配送能力低于物流服务需求而累积的等待服务订单，继续调整物流服务定价，使社会配送供应能力持续增长，以使众包物流服务时间 $[0, T]$ 内的累积损失订单成本也可以最小化，以最大化众包物流平台企业的收益。此时用 T_{Ma} 表示损失订单成本最小化的时刻，即 $\theta(T_{Ma}) = 0$。

定理 4-2　众包物流累积损失订单成本最小化时，在服务时间 $[0, T_{Ma}]$ 内，众包物流服务最优价格为

$$PT_{Ma}^*(t) = h(\beta + \eta k) \cdot t/(\eta k(1-k)) + (\alpha T_{Ma} + \theta_0)/(T_{Ma}(\beta + \eta k)) - hT_{Ma}(\beta + \eta k)/(2\eta k(1-k))$$

社会配送供应能力为

$$ST_{Ma}^*(t) = h(\beta + \eta k) \cdot t/(1-k) + \eta k(\theta_0 + \alpha T_{Ma})/(T_{Ma}(\beta + \eta k)) - hT_{Ma}(\beta + \eta k)/(2(1-k))$$

证明： 将 $T = T_{Ma}$ 与 $\theta(T_{Ma}) = 0$ 分别代入式（4-5）、式（4-6）、式（4-7）、式（4-8）可依次得到 T_{Ma} 时刻服务损失订单成本为 0 的最优价格轨迹 $PT_{Ma}^*(t)$、影子价格 $\lambda T_{Ma}^*(t)$、供应函数 $ST_{Ma}^*(t)$ 和需求函数 $DT_{Ma}^*(t)$，即

$$PT_{Ma}^*(t) = \frac{h(\beta + \eta k)}{\eta k(1-k)}t + \frac{\alpha T_{Ma} + \theta_0}{T_{Ma}(\beta + \eta k)} - \frac{hT_{Ma}(\beta + \eta k)}{2\eta k(1-k)} \tag{4-16}$$

$$\lambda T^*_{\mathrm{Ma}}(t) = ht + \frac{2\eta k(1-k)\cdot(\theta_0 + \alpha T_{\mathrm{Ma}})}{T_{\mathrm{Ma}}(\beta + \eta k)^2} - \frac{\eta k C_0}{\beta + \eta k} \qquad (4\text{-}17)$$

$$\mathrm{ST}^*_{\mathrm{Ma}}(t) = \frac{h(\beta + \eta k)}{1-k}t + \frac{\eta k(\theta_0 + \alpha T_{\mathrm{Ma}})}{T_{\mathrm{Ma}}(\beta + \eta k)} - \frac{h T_{\mathrm{Ma}}(\beta + \eta k)}{2(1-k)} \qquad (4\text{-}18)$$

$$\mathrm{DT}^*_{\mathrm{Ma}}(t) = \alpha - \frac{h\beta(\beta + \eta k)}{\eta k(1-k)}t + \frac{\beta(\theta_0 + \alpha T_{\mathrm{Ma}})}{T_{\mathrm{Ma}}(\beta + \eta k)} - \frac{h\beta T_{\mathrm{Ma}}(\beta + \eta k)}{2\eta k(1-k)} \qquad (4\text{-}19)$$

根据定理 4-2 的描述以及证明可得，在众包物流服务时间 $[0, T_{\mathrm{Ma}}]$ 内，众包物流服务最优价格函数仍然是时间 t 的增函数，这与实际是一致的。同时，通过动态调整众包物流服务价格可以达成对社会配送服务供需的有效调控，从式（4-18）可以看出，社会配送供应能力随着时间在增长。

推论 4-2 众包物流累积损失订单成本最小化的情况下，在服务时间 $[0, T_{\mathrm{Ma}}]$ 内，众包物流服务最优价格是时间 t 的增函数，社会配送供应能力随着众包物流服务最优价格的增大而提高。存在 T^* 时刻，社会配送供应能力和订单需求达到供需平衡状态，在 T_{Ma} 时刻众包物流平台的累积损失订单量达到最小，众包物流平台的收益率达到最大值。

假设存在 T^* 时刻，此时众包物流服务供需平衡，那么根据社会配送供应函数 $S(P, t)$ 和众包物流订单需求函数 $D(P, t)$ 相等可得

$$P(T^*) = \frac{\alpha}{\beta + \eta k} \qquad (4\text{-}20)$$

将式（4-16）与式（4-20）联立求解可得

$$\mathrm{PT}^*_{\mathrm{Ma}}(T^*) = P(T^*) = \frac{\alpha}{\beta + \eta k}$$

$$T^* = \frac{T_{\mathrm{Ma}}}{2} - \frac{\theta_0 \eta k(1-k)}{h T_{\mathrm{Ma}}(\beta + \eta k)^2} \qquad (4\text{-}21)$$

因此，在 $[0, T_{\mathrm{Ma}}]$ 内存在 T^* 时刻，使众包物流服务商在 $[0, T^*)$ 内任意 t 时刻的供应量小于需求量；在 T^* 时刻达到供需平衡；在 $(T^*, T_{\mathrm{Ma}}]$ 期间，任意 t 时刻的众包物流服务社会配送供应量大于 t 时刻的订单需求量，但是，t 时刻的社会配送人员服务的订单数量 $S(t)$，为 t 时刻的订单需求量与 t 时刻之前的损失订单量之和。

在众包物流服务时间段 $[0, T^*)$ 内，众包物流平台获取的社会配送供应量小于订单需求，$\mathrm{ST}^*_{\mathrm{Ma}}(t) < \mathrm{DT}^*_{\mathrm{Ma}}(t)$；众包物流服务商通过价格刺激供应的同时，由于供应能力不足，每一时刻都会产生损失订单成本，且每一时刻产生的损失订单成

本将会累积到下一时刻。因此，服务损失订单成本量 $\theta(t)$ 将会不断增大，众包物流服务商的损失订单成本 $h\theta(t)$ 也在不断增大，但收益率在不断提高，这是因为众包物流服务商实际能够满足的需求量和最优价格都在增大。而在服务时间 T^* 时刻，众包物流平台持续调节价格，众包物流服务市场逐渐达到供需平衡，此时众包物流平台损失订单数 $\theta(t)$ 积累到此服务区间 $[0, T_{\mathrm{Ma}}]$ 内的最大值，而对应的损失订单成本 $h\theta(t)$ 也达到最大值。

在众包物流服务时间段 $(T^*, T_{\mathrm{Ma}}]$ 内，t 时刻的社会配送供应量仍然小于 t 时刻的订单需求量与 t 时刻之前的损失订单量之和，仍然存在损失订单量 $\theta(t) \neq 0$。众包物流平台的社会配送供应能力不能完全满足市场上需满足的订单数。众包物流平台继续通过调整定价激励社会配送供应量的增加，从而提高完成物流服务订单的数目，$\mathrm{ST}_{\mathrm{Ma}}^*(t) > \mathrm{DT}_{\mathrm{Ma}}^*(t)$。随着时间的推移，众包物流服务损失订单量 $\theta(t)$ 将会不断减少，众包物流平台的损失订单成本 $h\theta(t)$ 也在不断减小，而众包物流平台的收益率不断增大。到 T_{Ma} 时刻，众包物流平台的损失订单量为 $\theta(t) = 0$，众包物流平台的收益率达到最大值。

4.2.4　社会配送员报酬率对众包物流定价的影响

众包物流平台通过动态调节众包物流服务价格，不仅可以实现众包物流服务的供需平衡，而且可以最小化服务订单损失成本，从而最大化期望收益。在众包物流服务中，众包物流平台支付给社会配送人员的报酬率 k 值会有所不同。社会配送人员报酬率 k 和众包物流服务定价与收益之间存在着相互作用关系，如社会配送人员的收益随报酬率的增大而增加。社会配送人员报酬率对众包物流服务最优定价和收益都会产生影响，因此，众包物流平台最优价格的确定要考虑社会配送人员报酬率的影响，以最大化众包物流平台期望收益和社会配送人员的期望收益。

定理 4-3　对于社会配送人员报酬率 k，存在 $0 < k^* < 1$。当 $k \in (0, k^*)$ 时，众包物流平台的最优价格增长速度将会随着 k 的增大而变慢。当 $k \in [k^*, 1)$ 时，众包物流平台的最优价格增长速度将会随着 k 的增大而变快。

证明：根据式（4-12）和式（4-16）可得，最优众包物流服务价格对时间 t 的导数为最优价格变化率，即

$$P'^*(t) = \frac{\mathrm{d}P_{\mathrm{ba}}(t)}{\mathrm{d}t} = \frac{\mathrm{d}P_{\mathrm{Ma}}(t)}{\mathrm{d}t} = \frac{h(\beta + \eta k)}{\eta k(1-k)} \tag{4-22}$$

将式（4-22）得出的 $P'^*(t)$ 对 k 求一阶导数可得

$$\frac{\mathrm{d}P'^*(t)}{\mathrm{d}k} = \frac{h}{\eta} \cdot \left(\frac{\eta k(1-k) - (1-2k)(\beta + \eta k)}{k^2(1-k)^2} \right)$$

整理可得

$$\frac{\mathrm{d}P'^{*}(t)}{\mathrm{d}k} = \frac{h}{\eta k^2 (1-k)^2} \cdot (\eta k^2 + 2\beta k - \beta) \qquad (4\text{-}23)$$

根据式（4-23），令 $\mathrm{d}P'^{*}(t)/\mathrm{d}k = 0$，可得 $\mathrm{d}P'^{*}(t)/\mathrm{d}k$ 关于 k 的函数的两个零点：

$$k_1^* = \frac{-2\beta - \sqrt{4\beta^2 + 4\beta\eta}}{2\eta} \qquad (4\text{-}24)$$

$$k_2^* = \frac{-2\beta + \sqrt{4\beta^2 + 4\beta\eta}}{2\eta} \qquad (4\text{-}25)$$

由于 $\beta > 0$，所以从式（4-24）和式（4-25）可以判断出 $k_1^* < 0$，$k_2^* > 0$。又知 $0 < k < 1$，所以，k_1^* 舍去，$k^* = k_2^*$。

$$k^* = \frac{-2\beta + \sqrt{4\beta^2 + 4\beta\eta}}{2\eta} \qquad (4\text{-}26)$$

根据定理 4-3 的描述及以上推导过程可知，当 $k \in (0, k^*)$ 时，$\mathrm{d}P'^{*}(t)/\mathrm{d}k < 0$，众包物流平台的价格变化率 $P'^{*}(t)$ 将随着社会配送人员报酬率 k 的增大而减小，即众包物流平台的最优价格增长速度将会变慢。当 $k \in [k^*, 1)$ 时，$\mathrm{d}P'^{*}(t)/\mathrm{d}k > 0$，众包物流平台的价格变化率 $P'^{*}(t)$ 是社会配送人员报酬率 k 的增函数，随着 k 的增大，众包物流平台最优价格的斜率将会增大，最优价格的增长速度将会变快。

进一步分析累积订单损失成本最小化的情况下（$T = T_{\mathrm{Ma}}$），社会配送人员报酬率变化对众包物流平台和服务人员期望收益的影响，众包物流平台的期望收益可以表示为

$$
\begin{aligned}
\Pi\left(\mathrm{PT}_{\mathrm{Ma}}^*, t\right) &= \int_0^{T_{\mathrm{Ma}}} \left[S\left(\mathrm{PT}_{\mathrm{Ma}}^*, t\right) \cdot \mathrm{PT}_{\mathrm{Ma}}^*(t) - S\left(\mathrm{PT}_{\mathrm{Ma}}^*, t\right) \cdot C\left(\mathrm{PT}_{\mathrm{Ma}}^*, t\right) - h \cdot \theta(t) \right] \mathrm{d}t \\
&= \int_0^{T_{\mathrm{Ma}}} \left[S\left(\mathrm{PT}_{\mathrm{Ma}}^*, t\right) \cdot \left(\mathrm{PT}_{\mathrm{Ma}}^*(t) - C_0 - \mathrm{WT}_{\mathrm{Ma}}^*(t)\right) - h\left(\theta_0 + \int_0^t \left(D\left(\mathrm{PT}_{\mathrm{Ma}}^*, t\right) - S\left(\mathrm{PT}_{\mathrm{Ma}}^*, \tau\right)\right)\mathrm{d}\tau\right) \right] \mathrm{d}t \\
&= \int_0^{T_{\mathrm{Ma}}} \left[S(\mathrm{PT}_{\mathrm{Ma}}, t) \cdot \left(\mathrm{PT}_{\mathrm{Ma}}^*(t) - C_0 - \mathrm{WT}_{\mathrm{Ma}}^*(t)\right) - h\left(\theta_0 + (T_{\mathrm{Ma}} - t) \cdot \left(D\left(\mathrm{PT}_{\mathrm{Ma}}^*, t\right) - S\left(\mathrm{PT}_{\mathrm{Ma}}^*, t\right)\right)\right) \right] \mathrm{d}t
\end{aligned}
$$

$$(4\text{-}27)$$

而社会配送人员的期望收益可以表示为

$$
\begin{aligned}
\Pi_s\left(\mathrm{PT}_{\mathrm{Ma}}^*, t\right) &= \int_0^{T_{\mathrm{Ma}}} \left[S\left(\mathrm{PT}_{\mathrm{Ma}}^*, t\right) \cdot \mathrm{WT}_{\mathrm{Ma}}^*(t) \right] \mathrm{d}t \\
&= \int_0^{T_{\mathrm{Ma}}} \left[\eta k \cdot \mathrm{PT}_{\mathrm{Ma}}^*(t) \cdot \mathrm{WT}_{\mathrm{Ma}}^*(t) \right] \mathrm{d}t \\
&= \int_0^{T_{\mathrm{Ma}}} \left[\eta k \cdot \mathrm{PT}_{\mathrm{Ma}}^*(t) \cdot k \mathrm{PT}_{\mathrm{Ma}}^*(t) \right] \mathrm{d}t \\
&= \int_0^{T_{\mathrm{Ma}}} \left[\eta \left(k \cdot \mathrm{PT}_{\mathrm{Ma}}^*(t) \right)^2 \right] \mathrm{d}t
\end{aligned}
$$

$$(4\text{-}28)$$

推论 4-3　社会配送人员期望收益随着报酬率 k 的增大而增大；在形成一定的社会配送供应能力之后，众包物流平台期望收益随着支付给社会配送人员的报酬率 k 的增大而减少。

由式（4-28）可以得出推论 4-3 的结果，社会配送人员的期望收益随着分配给他们的报酬率 k 的增大而增大。若众包物流平台支付给社会配送人员的报酬较少，拥有理性思维的社会配送人员不会选择加入平台的服务队伍。当报酬率增加到一定数值后，才会激励社会配送人员加入平台，并逐渐形成众包物流平台的配送服务供应能力。在形成一定的社会配送供应能力之后，随着报酬率 k 的增大，平台的期望收益会相应减少。由式（4-27）无法直接推导出报酬率对众包物流平台期望收益的影响，在 4.2.5 节的数值分析部分，将使用数值计算分析验证推论 4-3 中关于报酬率对众包物流平台期望收益的影响。

4.2.5　数值分析

本节采用数值计算方法对模型进行仿真，验证考虑社会配送供应能力的众包物流服务动态定价模型的有效性。分析众包物流平台通过动态调整物流服务定价，激励提升众包物流社会配送供应能力，进而最大化众包物流平台的收益的动态变化轨迹。部分仿真参数设置参考林志炳和张岐山（2011）关于零售商动态定价的研究，参数设置如下：$\alpha = 10^6$，$\beta = 10^3$，$\eta = 10^4$，$\theta_0 = 10^4$，$C_0 = 12$，$k = 0.6$，$h = 1$。

在物流服务订单需求与社会配送供应能力平衡的情况下，设置众包物流服务时间参数 $T_{ba} = 30$，为了激励社会配送人员供应能力增长，在时间区间[0，30]内，众包物流服务最优价格随时间的变化轨迹如图 4-3 所示，随着时间的推移，众包

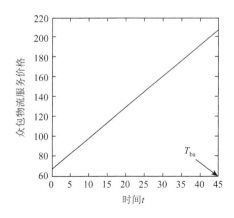

图 4-3　众包物流服务最优价格 $PT_{ba}^*(t)$ 变化轨迹

物流服务最优价格 $\text{PT}_{ba}^*(t)$ 是时间 t 的增函数。相应地，社会配送供应能力不断增加，如图 4-4 所示，社会配送服务供应率和物流服务订单需求率在 T_{ba} 时刻达到平衡。如图 4-5 所示，众包物流平台的期望收益也不断增加并在 T_{ba} 时刻达到最优。

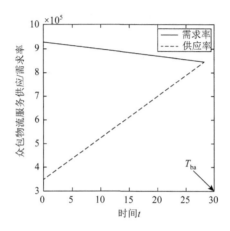

图 4-4　社会配送供应率和订单需求率变化轨迹

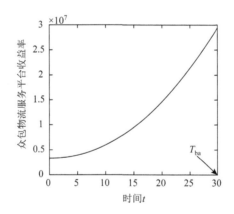

图 4-5　众包物流服务平台收益率变化轨迹

在考虑最小化累积订单损失成本的情况下，设置众包物流服务时间参数 $T_{Ma}=45$，在众包物流服务时间区间[0，45]内，最优服务价格随时间的变化轨迹如图 4-6 的仿真结果所示。随着时间的推移，众包物流服务最优价格 $\text{PT}_{Ma}^*(t)$ 是时间 t 的增函数。相应地，社会配送供应能力不断增加，如图 4-7 所示，在 T^* 时刻，社会配送服务供应率和物流服务订单需求率达到平衡。为了使服务时间段内累积的物流订单需求得到满足，进一步提高众包物流服务定价，激励社会配送人员供应能力持续增长。在 $T_{\text{Ma}} = 45$ 时刻，累积订单损失量达到最小值，$\theta(t) = 0$，如图 4-8 所示，众包物流平台的期望收益在 T_{Ma} 时刻达到最优。

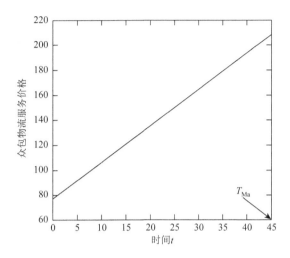

图 4-6 最小订单损失众包物流服务最优价格变化轨迹

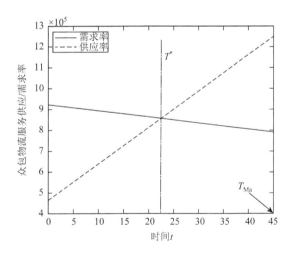

图 4-7 最小订单损失社会配送供应率/订单需求率

从图 4-9 和图 4-10 的仿真结果中可以看出，社会配送人员报酬率 k 的变化对众包物流服务定价和收益产生的影响。如图 4-9 所示，在社会配送人员报酬率 k 处于较小的值时，当报酬率小于临界值 $k^*(k < k^*)$ 时，众包物流服务的价格变化率随着报酬率 k 的增大而减小。而当报酬率 k 增加到一定的值而超过了临界值 $k^*(k > k^*)$ 时，众包物流服务的价格变化率随着报酬率 k 的增大而变大。图 4-10

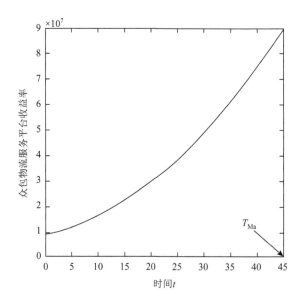

图 4-8　最小订单损失众包物流平台收益率变化轨迹

的仿真结果与众包物流运作实际情况一致，在社会配送供应能力随着报酬率的增加而逐步形成的初期，由于分配给社会配送人员的报酬率小，众包物流平台的期望收益逐渐达到最大值。随着支付给社会配送人员的报酬率增加，众包物流平台的收益逐渐减少。社会配送人员的收益随着报酬率 k 的增大而增加。

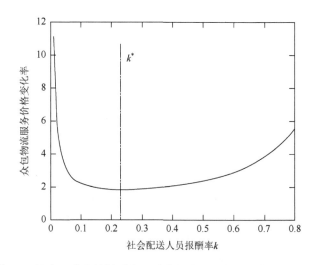

图 4-9　社会配送人员报酬率 k 对众包物流服务价格变化率的影响

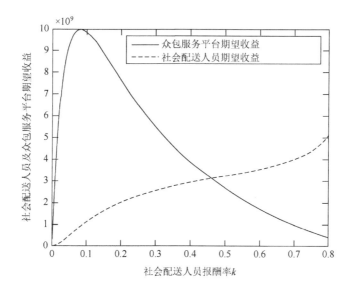

图 4-10　社会配送人员报酬率 k 对众包服务平台及社会配送人员期望收益的影响

4.2.6　小结

　　针对基于互联网的众包物流服务需求随机发生，以及受天气变化等因素影响产生波动的特点，本节考虑社会配送供应能力的不确定性，研究了随机需求下众包物流服务的动态定价问题。运用最优控制和变分法，建立了考虑社会配送供应能力的众包物流服务动态定价模型，并基于庞特里亚金最大值原理，求解出了最大化众包物流平台收益的众包物流服务最优价格和最优社会配送供应能力。进一步分析了社会配送人员报酬率变化对众包物流服务最优价格和期望收益的影响。结合数值分析发现，当众包物流服务动态定价调控社会配送供应能力提高至与物流服务订单需求平衡时，众包物流平台的期望收益达到最大。为了减少众包物流平台累积的损失订单成本，众包物流服务定价和社会配送能力的进一步提高，可以使平台的期望收益达到最优。社会配送人员报酬率的变化对众包物流最优价格产生影响，平台的期望收益将随着社会配送人员报酬率的增大而减少，社会配送人员的期望收益随着报酬率的增大而增加。

　　本节针对考虑社会配送能力的众包物流服务动态定价进行了研究，得到了优化实际众包物流运作的研究结论。然而实际的众包物流服务市场存在多平台竞争，进一步的研究可以考虑多个众包物流平台竞争的情况。此外，在本节研究的基础上可以进一步考虑社会配送人员的社会特性的影响。

4.3　考虑顾客时间满意度的众包物流社会配送路径优化

O2O 外卖众包物流配送过程具有快速性、高时效性和高峰期订单量大的典型特征，顾客越来越注重配送准时性，这就要求 O2O 外卖平台不仅要以较低的配送成本满足平台订单的配送，而且需要关注顾客的时间满意度。因此，本章引入顾客时间敏感系数，针对不同时间敏感性的顾客时间满意度进行分析，建立顾客时间满意度最大化的 O2O 外卖众包物流配送路径优化模型。基于数据分析-启发式算法，设计两阶段算法提高模型的求解效率。第一阶段中的层次聚类算法对大量待配送外卖订单按照取货位置相近的原则进行订单合并得到订单簇，第二阶段的启发式算法利用自适应大邻域算法求解订单簇中顾客时间满意度较优的众包物流配送路径。

4.3.1　众包物流配送模式的特征

众包是基于共享经济诞生的新型商业模式，是指一个企业或机构将原本由内部员工完成的工作或任务，以自由自愿的方式外包给非特定网络。众包物流配送模式是众包模式在物流配送行业中的发展和应用，众包物流配送模式可帮助物流企业充分利用社会闲置配送资源，以较低的成本完成配送任务。O2O 外卖众包物流配送模式即 O2O 外卖平台利用社会闲置配送员，完成平台外卖订单的配送任务。相对于传统的物流配送过程，O2O 外卖众包物流配送模式没有固定的配送中心，众包物流配送员在接到 O2O 外卖平台的配送任务后直接从当前位置出发开始取货、送货，完成配送任务后不需要返回之前的起点位置或配送中心，O2O 外卖平台会根据众包物流配送员的位置再次合理分配订单。如图 4-11 所示，众包配送员 1 在接到 O2O 外卖平台的配送任务后，从当前所处位置出发，前往订单 1 对应的商家 1 取货，送到顾客 1，然后前往商家 2 处取货送到顾客 2 处，该配送任务完成。众包配送员 2 从自身位置出发前往商家 3 取货送到顾客 3 位置处完成配送任务。众包配送员 3 接受 O2O 外卖平台的配送任务后，从当前所处位置出发，前往商家 4 取货送往顾客 4 处，之后前往商家 5 处取货送往顾客 5 处，再前往商家 6 处取货送往顾客 6 处，完成整个配送任务。

传统的物流配送过程如图 4-12 所示，配送活动围绕固定的配送中心展开。配送员 1 在配送中心根据配送任务准备好货物，依次送给顾客 1、顾客 2，然后返回配送中心再开始新的配送任务。配送员 2 则根据所接受的配送任务从配送中心出发，将货物送给顾客 3 后再回到配送中心。配送员 3 在配送中心准备好货物后，依次送给顾客 4、顾客 5、顾客 6，然后返回配送中心。

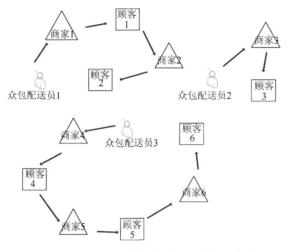

图 4-11　O2O 外卖众包物流配送过程示意图

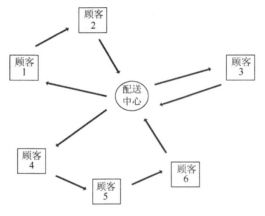

图 4-12　传统的物流配送过程示意图

　　O2O 外卖众包物流配送模式可以充分利用社会闲置配送运力，有效改善外卖平台高峰期大量的外卖订单配送需求与有限的配送运力供给之间的供需平衡问题。O2O 外卖平台需要承担的配送成本明显小于自营外卖配送员的配送成本，但是在 O2O 外卖众包物流配送模式中，由于众包物流配送员的专业性不足，高峰时段因配送超时而造成顾客不满意的现象多发。因此，如何合理分配外卖订单，合理规划配送路线，准时、高效地完成高峰期的大量外卖订单配送需求，提高 O2O 外卖平台的顾客满意度是一个重要的研究课题。

4.3.2　问题描述与假设

　　近几年外卖行业的发展逐渐进入兼并整合阶段，外卖市场趋于稳定增长，随之而来的便是外卖即时配送行业的整合优化，订单量决定了即时配送行业平台的发展前景，而即时配送的订单需求具有短时间内重复取送餐、配送到达时间要求严格以及外卖配送的取送餐位置分布较发散、配送时间段集中且不同时段配送需求波动极大的特点，如图 4-13 所示，一天中外卖的需求存在明显的波动，中午和傍晚两个时段为外卖需求高峰期；午餐时段和晚餐时段会出现一天中的两大爆单高峰期。而各大即时配送企业在着力提高平台自身订单流量的同时，随着订单流量的扩大，不同时段配送资源需求差异较大，在配送压力大的时段会频繁出现运力资源分配不合理、订单配送不及时等问题，进而导致即时配送效率和顾客满意度的下降。因此，考虑订单配送高峰期的顾客满意度对促进即时配送行业持续健康地发展是有现实意义的。

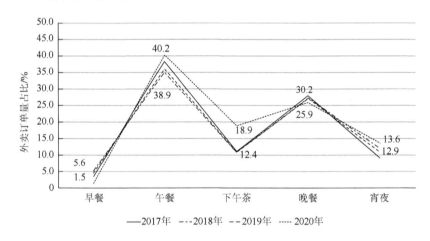

图 4-13　2017～2020 年外卖订单时段分布图

即时配送行业在中午和傍晚等订单高峰期配送需求暴涨，配送压力大、订单及时交付难度大、配送成本高等问题是限制即时配送服务发展的最大阻碍。配送员需要从不同的取货点取货并配送到不同位置的顾客手中，若分配给配送员的各个订单的取送货位置之间距离太远，会极大地影响配送员的配送准时率，进而影响顾客满意度。如何在最大化顾客满意度的目标下，实现最优配送路径策略，是本节的主要研究内容。具体地，我们探讨在 O2O 即时配送需求激增的情况下，所有顾客具有相同的配送延迟等待时间敏感度的模型。首先进行订单预处理，对订单进行聚类合并；其次，以提高顾客满意度为目标建立配送路径优化模型，并运用自适应大邻域搜索算法和粒子群算法进行模型求解，以及进行算法的有效性验证。

即时配送路径优化问题可用图论来描述，$N = \{(i, j) \mid i \in I, j \in I\}$ 为外卖配送过程中的取送货节点，$K = \{1, 2, \cdots, k\}$ 表示配送员集合。假设求解的即时配送路径优化问题的订单数据为外卖高峰期某时刻特定区域范围内产生的瞬时订单数据,当订单进入待配送订单池后由即时配送平台运用层次聚类算法对距离最近的配送员进行订单指派及配送路径规划。如图 4-14 所示,即时配送平台先将待配送订单池中的订单进行聚类,再根据配送员的位置分配距离最近的订单 1、2、3 的订单簇,并进行配送路径优化,先去对应订单的商家位置取餐后再进行配送。

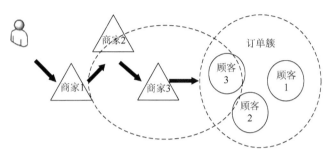

图 4-14　订单配送路径优化实现流程

引入变量和符号如表 4-5 所示,其中参数包括订单簇内订单个数、配送员总数、配送服务时间、时间敏感度系数、配送员最大配送容量及各订单配送时间窗等;变量包括配送员到达各取送餐位置的时间以及从订单 i 到订单 j 的时间等。

表 4-5　参数和决策变量

参数或变量	含义
m	聚类后的订单簇中的订单个数,$m=1,2,3,\cdots$
K	配送员总数
f_{ti}	订单 i 的顾客服务时间
β	下单顾客的时间敏感度系数
Q^k	配送员 k 的最大配送容量
E_i	订单 i 的最早送达时间
F_i	订单 i 的最迟送达时间
L_i	订单 i 的最晚延迟送达时间
T_{ai}^k	配送员 k 送达订单 i 的时间
T_{li}^k	配送员 k 完成订单 i 的时间
t_{ij}^k	配送员 k 从订单 i 送货位置到订单 j 送货位置所需时间
x_{ij}^k	配送员 k 从订单 i 到订单 j 时为 1,否则为 0
z_m^k	订单 i 分派给配送员 k 时为 1,否则为 0

本节主要考虑不同顾客时间敏感度恒为 1 的情形下，如何建立配送路径优化模型以实现顾客满意度最优的目标。求解过程主要分为两个阶段，首先是对所有待配送订单进行层次聚类实现订单合并，其次基于合并后的订单簇进行路径优化。基于此，本节模型建立时包含以下假设条件。

（1）假设配送员到指派的订单路径的起始取货点距离为 0。

（2）配送员的交通工具统一且行驶速度恒定为 18km/h，最大配送能力为 Q^k，不考虑配送过程中异常天气状况及路面交通拥堵等不可控因素导致的配送延迟。

（3）每个订单只能由一个配送员配送，配送员无须等商家备餐。

（4）配送员严格按照即时配送平台指派的路径进行配送。

（5）不存在配送员数量较少导致配送订单需等待分配的情况。

（6）假设顾客满意度仅由顾客配送延迟等待时间决定。

4.3.3　顾客时间满意度函数

顾客对即时配送服务的满意度即顾客满意度主要由顾客配送延迟等待时长、问题反馈及交易流程等因素决定，本节仅考虑以顾客配送延迟等待时长作为顾客满意度的衡量指标，因此设计顾客满意度函数来量化顾客下单后到最终服务结束期间，顾客在规定时间窗外的配送延迟等待时长，如式（4-29）所示，即时配送顾客满意度主要反映了顾客对配送到达时间的满意度感知。基于不同顾客对于配送到达时间的时间敏感度不同的特征，不同时间敏感度的顾客对于准时送达以及不同程度延迟送达的满意度感知也不同，而现有的即时配送路径优化相关研究中关于考虑顾客配送延迟等待时间敏感度的文献较少。因此本节重点研究即时配送平台订单配送时间晚于规定时间窗的情况，并假设订单提前送达时顾客满意度恒为 1，即主要研究配送时间窗右区间部分的顾客满意度函数。

$$S_i = \begin{cases} 1, & E_i \leqslant T_{ai} < F_i \\ \left(\dfrac{L_i - T_{ai}}{L_i - F_i}\right)^{\beta}, & F_i \leqslant T_{ai} < L_i, \quad \beta \in \{0.5, 1, 1.5\} \\ 0, & T_{ai} \geqslant L_i \end{cases} \quad (4\text{-}29)$$

为了更有效地运用顾客配送延迟等待时长来量化顾客满意度，本章基于不同顾客对等待时间的敏感程度不同的现实情况，探讨不同顾客的不同时间敏感度 β 对顾客满意度的影响，一般来说，β 越大表示顾客对配送延迟等待时间越敏感，此时应尽可能地减少顾客配送延迟等待的时间。在本章中，我们主要参考优步外卖和美团准时宝的配送优先级模式，将顾客的时间敏感度分为三个等级，即

$\beta = 1.5$、$\beta = 1$ 和 $\beta = 0.5$，并研究在三个不同时间敏感度等级下的顾客满意度及配送路径优化问题。本章在顾客满意度函数设计时引入了时间敏感异质性的概念，将不同顾客对配送延迟等待时间的敏感程度分为三个等级，因此，顾客满意度函数表达式如式（4-29）所示。

图 4-15 考虑了三种不同顾客时间敏感度取值下的顾客满意度函数，主要将 $[F_i, L_i]$ 时段的配送延迟到达时间敏感度分为三个等级，实线表示顾客的时间敏感度 $\beta = 1$ 时的顾客满意度随配送延迟等待时长变化的线性曲线，点画线表示 $\beta > 1$（$\beta = 1.5$）时的顾客满意度随配送延迟等待时长变化的曲线，而点线则表示 $\beta < 1$（$\beta = 0.5$）时的顾客满意度随配送延迟等待时长变化的曲线，可以得出，当顾客时间敏感度较高时，随着顾客延迟等待时间的延长，顾客满意度快速下降；而当顾客时间敏感度较低时，随着顾客延迟等待时间的延长，顾客满意度下降缓慢。

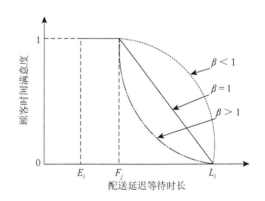

图 4-15　考虑不同顾客时间敏感度的满意度函数表达

4.3.4　基于层次聚类算法的众包物流订单聚类合并

即时配送服务的基本需求是实现订单一小时内送达顾客。而与此高时效性要求相悖的是，即时配送订单经常呈现订单取送货位置不一致、不同订单或者同一订单取送货位置之间距离较远、各订单配送时间窗要求不同等特点，特别在订单需求旺盛时段，大规模订单配送需求常导致配送运力安排混乱，出现部分订单长时间未被安排配送等情况，导致配送运力分配不合理、配送效率低下等问题。

针对即时配送的特点以及大规模订单配送需求的实际情况，在对订单进行路径规划之前，通过聚类方法先对订单进行分类合并，这是快速实现运力合理分配及订单路径优化的有效方法。层次聚类相较于 K-means 聚类方法，无须提前设计好聚类的数量，且聚类后呈现的树状图结果可以完美表达出不同订单之间的位置关系。因此，本节运用层次聚类算法进行大规模订单的聚类合并。

模型求解过程主要分为两个阶段，如图 4-16 所示，第一阶段对所有待配送订单进行层次聚类实现订单合并，再基于合并好的订单簇选择合适的算法进行路径优化。层次聚类算法求解效果主要通过选择合适的相似性度量方法和链接规则来实现。第二阶段利用自适应大邻域启发式算法求解订单簇中顾客时间满意度较优的众包物流配送路径。

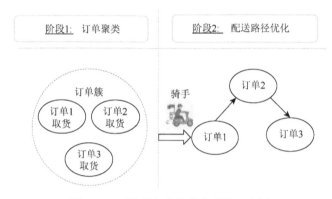

图 4-16　两阶段订单聚类和配送示意图

本节算例引用 Liao 等（2020）研究顾客时间满意度时所收集的订单数为 50 的中规模算例，如表 4-6 所示，送餐点 (x, y) 表示订单待送达的位置，商家节点表示订单的商家序号，需求量表示需要送餐的订单数，E_i、F_i 和 L_i 表示订单配送时间窗，服务时间表示订单送达顾客指定送餐点后的等待取餐时间。需要指出的是，表格最后 10 行对应的是商家节点而不是订单的 (x, y) 数据，所以最右侧 6 列与订单相关的数据都是 0。订单主要基于送餐点 (x, y) 的位置进行层次聚类。

表 4-6　算例订单数据

订单	商家节点	送餐点 x	送餐点 y	需求量	E_i	F_i	L_i	服务时间	β（时间敏感度）
1	R10	1102	1361	2	0	35	45	2.5	1.44
2	R1	1190	1468	3	14	34	44	3	1.98
3	R2	2176	3300	4	0	37	47	2.5	1.78
4	R4	2773	2907	1	14	34	44	2	1.58
5	R2	2156	1701	1	1	33	43	2.6	1.16
6	R8	2516	1317	1	1	35	45	2.8	0.6
7	R1	2664	4459	2	1	39	49	1.8	1.44

订单	商家节点	送餐点 x	送餐点 y	需求量	E_i	F_i	L_i	服务时间	β（时间敏感度）
8	R8	3377	837	2	1	34	44	1	1.28
9	R6	4738	104	2	23	40	50	2.7	2
10	R4	1931	2571	1	13	33	43	2.1	1.6
11	R2	1379	2204	2	0	33	43	0.2	1.18
12	R3	1199	1349	1	13	33	43	0.2	1.4
13	R9	1905	1234	1	0	36	46	2.2	0.68
14	R3	1070	2256	1	0	37	47	2	0.36
15	R6	1213	3013	2	14	34	44	1.1	1.7
16	R5	831	1893	2	0	38	48	1.9	1.34
17	R10	3892	3998	1	0	40	50	0.7	0.7
18	R3	3974	2868	2	0	38	48	1.1	1.22
19	R3	1493	1054	1	18	38	48	0	1.38
20	R3	3401	2180	2	0	38	48	0.1	1.12
21	R1	1475	1616	2	17	37	47	2.8	1.9
22	R6	1445	715	1	0	37	47	1.6	0.9
23	R10	2283	2664	1	0	33	43	0.5	0.58
24	R4	2797	2866	2	0	32	42	0.6	1.4
25	R5	1190	2508	2	0	35	45	0.1	1.28
26	R2	1364	2133	2	0	33	43	1.9	1.4
27	R8	3231	2102	2	0	33	43	2.6	1.46
28	R9	1883	1296	2	0	33	43	0.8	1.4
29	R6	1371	1484	1	0	31	41	2.6	0.82
30	R10	2883	4358	1	0	40	50	1.1	0
31	R1	1897	2413	1	0	33	43	0.3	0.22
32	R6	3064	1199	2	0	36	46	0.1	1.16
33	R8	2664	1999	2	0	33	43	1.3	1.5
34	R1	2806	3331	2	0	38	48	1.1	1.46
35	R10	384	2329	1	0	39	49	0	0.66
36	R6	1893	712	2	0	35	45	1.1	1.36
37	R1	2727	1558	2	0	32	42	1	1.52
38	R1	3190	807	2	11	31	41	1.5	1.84
39	R10	4916	3616	2	0	40	50	1.3	1.34

订单	商家节点	送餐点 x	送餐点 y	需求量	E_i	F_i	L_i	服务时间	β（时间敏感度）
40	R3	2695	4950	2	0	39	49	2.1	1.42
41	R4	2460	3417	1	0	32	42	1.7	0.84
42	R9	2435	1835	2	0	36	46	1.8	1.32
43	R3	4244	2687	1	0	38	48	2.8	0.46
44	R4	2603	2689	1	12	32	42	1.3	1.16
45	R6	834	3808	3	0	40	50	2.6	1.66
46	R1	3150	3297	1	0	35	45	0.7	0.58
47	R10	3311	3172	1	0	39	49	1.2	0.76
48	R6	2962	312	1	0	36	46	2.4	0.46
49	R8	2881	1250	1	0	34	44	1.5	0.68
50	R7	2315	4589	1	0	37	47	2.2	0.42
	R1	1436	2339	0	0	0	0	0	0
	R2	1194	1450	0	0	0	0	0	0
	R3	2531	2015	0	0	0	0	0	0
	R4	2520	2533	0	0	0	0	0	0
	R5	1286	2543	0	0	0	0	0	0
	R6	2599	1427	0	0	0	0	0	0
	R7	2358	2930	0	0	0	0	0	0
	R8	3475	940	0	0	0	0	0	0
	R9	1701	807	0	0	0	0	0	0
	R10	2038	3361	0	0	0	0	0	0

外卖订单层次聚类阶段对当前订单算例以送餐点 (x, y) 位置进行聚类，因此，层次聚类算法的相似性度量方法可采用常用的欧氏距离进行度量，如式（4-30）所示；而链接规则采用离差平方和法，即以两个订单簇之间距离离差平方和增量最小为标准选择订单簇进行合并，如式（4-31）和式（4-32）所示：

$$d_{ij} = \sqrt{(x_i - x_j)^2 + (y_i - y_j)^2} \tag{4-30}$$

$$D_{ij}^2 = S_r^2 - S_i^2 - S_j^2 \tag{4-31}$$

$$D_{rk}^2 = \frac{k+i}{r+k} D_{ik}^2 + \frac{k+j}{r+k} D_{jk}^2 - \frac{k}{r+k} D_{ij}^2 \tag{4-32}$$

首先设定当前共有 n 个订单簇 $C = \{C_1, C_i, C_j, \cdots, C_n\}$，其中订单簇 C_i、C_j 分别有 i、j 个订单，运用欧氏距离方法计算各订单之间的距离 d_{ij}，并求出订单簇内各订单距离离差平方和 S_i^2、S_j^2。运用离差平方和法计算订单簇 C_i、C_j 两两合并为新订单簇 C_r 的簇间距离增量 D_{ij}^2，如式（4-31）所示。然后，选择距离增量最小即簇间相似度最大的两个订单簇进行合并，形成一个新的订单簇 C_k，离差平方和距离递归公式如式（4-32）所示。不断循环以上步骤直到 n 个订单簇最终合并为一个订单簇，则聚类过程结束。用树状图可以描述各订单之间的位置关系、聚类过程及详细的订单簇信息。

图 4-17 展示了中等规模算例下订单聚类合并的树状图结果，其中展示了从每个独立订单构成一个订单簇，到最终合并成一个订单簇的聚类过程。结合即时配送的运营模式，大多数配送员每次配送订单数量为 5～9 个订单，并且基于聚类树状图的特点，为了实现配送效率与配送及时性之间的平衡，层次聚类树状图中不同的横线位置表示不同的订单簇数量，本节以 h 线作为分割，可将 50 个外卖订单分成 7 个订单簇。其中 7、30、40、50 这 4 个外卖订单取货位置较近，聚类形成一个订单簇。23、10、31、3、41、44、4、24、34、46、47 这 11 个订单聚类为一个订单簇。17、39、20、27、18、43 这 6 个外卖订单合并成一个订单簇。5、33、42、32、49、6、37 这 7 个外卖订单聚类形成一个订单簇。9、48、8、38 这 4 个外卖订单聚类形成一个订单簇。1、2、12、21、29、13、28、36、19、22 这 10 个外卖订单聚类成一个订单簇。15、45、11、26、14、25、16、35 这 8 个外卖订单聚类成一个订单簇。

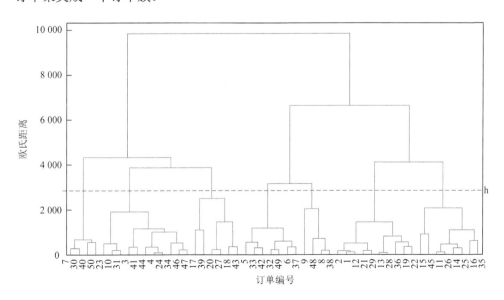

图 4-17　基于层次聚类算法的即时配送订单聚类树状图

4.3.5　顾客时间满意度最大的配送路径优化模型

基于上述条件假设及符号设定，以不考虑顾客时间敏感度差异的顾客平均满意度为目标函数，对待配送订单池中订单聚类合并生成的订单簇进行路径优化模型构建。

目标函数：

$$f_i(S) = \max \frac{1}{m}\sum_{i=1}^{m} S_i \tag{4-33}$$

$$q = \frac{1}{m}\sum_{i=1}^{m}\sum_{k=1}^{k} T_{ai}^k \tag{4-34}$$

约束条件：

$$S_i = \begin{cases} 1, & E_i \leqslant T_{ai}^k < F_i \\ \left(\dfrac{L_i - T_{ai}^k}{L_i - F_i}\right)^\beta, & F_i \leqslant T_{ai}^k < L_i \\ 0, & T_{ai}^k \geqslant L_i \end{cases} \tag{4-35}$$

$$m^k \leqslant Q^k, \quad \forall k \in K \tag{4-36}$$

$$T_{aj}^k = T_{li}^k + t_{ij}, \quad i,j = 1,2,\cdots,n \tag{4-37}$$

$$T_{li}^k = T_{ai}^k + f_{ti}, \quad i = 1,2,\cdots,n \tag{4-38}$$

$$\sum_{k=1}^{K} z_i^k = 1, \forall k \in K, \quad i = 1,2,\cdots,n \tag{4-39}$$

$$\sum_{i=1}^{m^k} x_{ih}^k - \sum_{j=1}^{m^k} x_{hj}^k = 0, \quad \forall k \in K, \quad h = 1,2,\cdots,m^k \tag{4-40}$$

$$\sum_{i=1}^{m^k} x_{ij}^k = 1, \forall k \in K, \quad j = 1,2,\cdots,m^k \tag{4-41}$$

$$\sum_{j=1}^{m^k} x_{ij}^k = 1, \forall k \in K, \quad i = 1,2,\cdots,m^k \tag{4-42}$$

$$\sum_{k=1}^{K}\sum_{j=1}^{m^k} x_{ij}^k \leqslant K, \quad i = 1,2,\cdots,m^k \tag{4-43}$$

$$z_i^k = \{0, 1\}, \forall k \in K, \quad i = 1, 2, \cdots, n \qquad (4\text{-}44)$$

$$x_{ij}^k = \{0, 1\}, \forall k \in K, \quad i, j = 1, 2, \cdots, n \qquad (4\text{-}45)$$

模型的目标函数即式（4-33）和式（4-34）中，$f_i(S)$ 表示考虑最大化顾客平均满意度，q 是最小化订单平均送达时间，模型算法实现时以 $w_1 f_i(S) - w_2 q$ 作为目标函数，其中 w_1、w_2 表示两个目标函数的权重，式（4-35）表示基于时间窗的顾客满意度函数，式（4-36）表示订单簇中订单数量不超过外卖配送员的能力约束，式（4-37）和式（4-38）表示从订单 i 离开到订单 j 配送到达的过程时间，式（4-39）确保每个订单指派给一个配送员，式（4-40）要求配送员到达一个送货位置之后必须从这个位置离开前往下一个送货位置，式（4-41）、式（4-42）表示配送员在配送过程中必须访问每个送货位置一次，且只能对该送货位置访问一次，式（4-43）表示订单簇的数量不能超过当前可得外卖配送员的数量，式（4-44）、式（4-45）是引入的决策变量的取值范围。

4.3.6　基于 ALNS 的配送路径优化模型求解

考虑顾客满意度的即时配送路径优化问题属于 NP 难问题，精确算法通常在求解 NP 难问题时效率低下，而启发式算法在路径优化领域的搜索能力更强，求解效果也更好，在相关领域的求解应用较为广泛。综合求解路径优化问题的常见启发式算法文献分析和理论研究，并结合本模型基于大规模订单配送需求及订单取送餐需求的特点，下面将选择自适应大邻域搜索（adaptive large neighborhood search，ALNS）算法作为考虑顾客满意度的即时配送路径优化模型的求解算法，并将自适应大邻域搜索算法的求解结果与当前较流行的粒子群算法求解结果进行对比，验证自适应大邻域搜索算法在求解考虑顾客满意度的即时配送路径优化问题上的有效性和适用性。

自适应大邻域搜索算法的原理是在邻域搜索的基础上增加了算子的自适应过程，通过对每次迭代过程中各算子的表现进行打分，优胜劣汰，使算法逐渐自适应地得到最适合该模型的破坏和修复算子，从而在很大概率上得到最优解，同时在算子选择过程中，按照一定概率选择得分较差的算子，进而避免了陷入局部最优的可能，扩大了解空间的搜索范围。

本节关于考虑顾客满意度的即时配送路径优化模型的算法求解主要基于上述对大规模订单进行层次聚类合并得到的订单簇，在合并好的订单簇内使用自适应大邻域搜索算法进行订单配送路径优化，具体求解过程如图 4-18 所示。算法中的 cost 表示对应解的成本。算法通过不断搜索当前解的邻域解，比较并选取具有更低成本的解以优化解决方案。

1. 初始化随机解

生成随机初始解 x，并使当前解 $x_0 = x$，最优解 $x_1 = x_0$。

2. 破坏解和修复解

自适应大邻域搜索算法的核心思想是通过破坏解、修复解和动态调整权

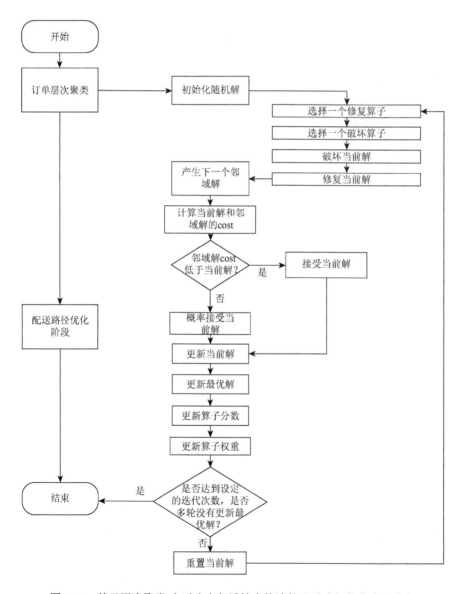

图4-18　基于层次聚类-自适应大邻域搜索算法的配送路径优化实现流程

重以实现自适应,通过不断地破坏和修复实现解空间搜索范围的扩大,对当前解进行改进,对效果较好的破坏和修复算子给予相应的高分并设置较高的权重。在新一轮的迭代中,参照以往迭代表现对各个破坏和修复算子进行权重改进,实现更高效的权重组合来提升算子的寻优能力,进而找到最优解,如图 4-19 所示。

破坏解的方法包括随机移除、最差移除、相似移除等。本章主要使用随机移除和最差移除方法,其中,随机移除删除当前解中的任意节点;最差移除删除当前解中配送距离较长的节点。先破坏再修复,这一步可得到破坏后的解和移除的节点列表。如图 4-20 所示,当前解为[1,2,9,8,7,5,6,4,3],随机删除节点 1、5、6 后,得到破坏后的解为[2,3,4,7,8,9]。

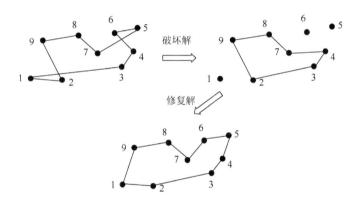

图 4-19　自适应大邻域搜索算法的破坏与修复解

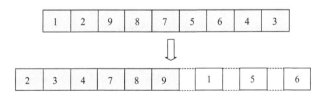

图 4-20　破坏算子实现过程

修复解的方法包括随机插入、贪婪插入、补偿插入等。其中,随机插入是将被移除的节点插入至解的任意一个位置;贪婪插入是将被移除的节点插入到使插入后总路径长度最短的那个位置,即距离成本最小的位置;补偿插入是将被移除的节点插到若干个次优位置与最优位置距离较远的节点,基于被破坏后的解和移除的节点列表,将移除的节点重新插入破坏后的解中,得到完整的、新的一组解。如图 4-21 所示,将破坏解后移除的节点 1、5、6,随机插入破坏后的解[2,3,4,7,8,9]中,可得[1,2,3,4,5,6,7,8,9]。

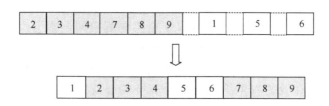

图 4-21　修复算子实现过程

令 P 表示未分配的需求节点个数，IP 表示可能插入的位置集合，$f(S_i(p))$ 表示将需求节点 p 插入 S 中第 i 个位置时的目标函数值，如式（4-46）所示，可得贪婪插入的最终位置：

$$\arg\min_{p \in P, i \in I} f(S_i(p)) \tag{4-46}$$

如式（4-47）所示，$f(S_i(p)) - f(S_1(p))$ 表示将需求节点 p 插入 S 中的最优位置与第 i 次优位置时目标函数差值，最终各次优位置的差值和最大的节点作为补偿插入的最终位置：

$$\arg\max_{p \in P} \left\{ \sum_{i=1}^{n} (f(S_i(p)) - f(S_1(p))) \right\} \tag{4-47}$$

3. 动态调整权重并选择

在破坏和修复算子的选取上本节采用轮盘赌的方式，首先计算出每个算子的权重 $w(x_i)(i = 1, 2, \cdots, w)$；然后计算算子下次迭代仍被选中的概率：$P(x_i) = \dfrac{w(x_i)}{\sum\limits_{j=1}^{n} w(x_j)}$，最后计算出算子的累积概率 $q_i = \sum\limits_{j=1}^{i} P(x_j)$，$q_i$ 即为 $x_i (i = 1, 2, \cdots, n)$ 的累积概率。式（4-48）为算子的权重更新公式：

$$w_d = \begin{cases} w_d, & u_d = 0 \\ (1-p)w_d + \rho \dfrac{s_d}{u_d}, & u_d > 0 \end{cases} \tag{4-48}$$

式中，w_d 为算子的权重；u_d 为算子被选择的次数；s_d 为算子的得分；ρ 为权重的更新系数，主要负责控制权重变化的速度。在第一次迭代中，假设所有算子的权重和得分均相同。本节的改进自适应大邻域搜索算法对以下两种不同情况设置的加分由高到低，情况一是破坏及修复后得到新的全局最佳解，情况二是破坏及修复后没有得到新的全局最佳解。

4. 停止迭代

当算法运行到指定最大迭代次数或者迭代多次最优解不变时，结束运行并输出当前最佳结果。

4.3.7　自适应大邻域搜索算法和粒子群求解算法对比

自适应大邻域搜索算法参数设定如表 4-7 所示，设破坏算子最大破坏程度上限为 4，最大破坏程度下限为 1，随机破坏算子随机破坏程度上限为 0.3，随机破坏程度下限为 0.1，每执行 5 次破坏算子和修复算子，将重置算子的得分和被选中次数；破坏或修复后得到新的全局最优解得分为 30，破坏或修复后没有得到全局最优解但比当前解好得分为 20，尚未接受过的且比当前解差得分为 10，次优位置个数为 3，算子权重衰减系数为 0.4。

表 4-7　自适应大邻域搜索算法参数设定

自适应大邻域搜索算法参数	参数设定
最大破坏程度上限	4
最大破坏程度下限	1
随机破坏程度上限	0.3
随机破坏程度下限	0.1
次优位置个数	3
算子权重衰减系数	0.4
全局最优解得分	30
优于当前解得分	20
可接受劣解得分	10

同时，为了验证自适应大邻域搜索算法在带时间窗的路径优化问题求解上的有效性，选取近几年在路径优化领域较流行的粒子群算法与之对比，比较自适应大邻域搜索算法和粒子群算法的仿真结果，进而验证自适应大邻域搜索算法在该类问题求解上的有效性和适用性。

粒子群算法参数设定如表 4-8 所示，设粒子个数为 150，惯性权重为 $w = 0.9$，加速度常数为 $c_1 = 1$，$c_2 = 2$，随机参数 r_1、r_2 为随机值。

表 4-8　粒子群算法参数设定

粒子群算法参数	参数设定
粒子个数	150
惯性权重	0.9
加速度常数 c_1	1
加速度常数 c_2	2
r_1	随机
r_2	随机

本节的求解思路是以时间敏感度 $\beta=1$ 的顾客满意度最优为目标，进行配送路径优化决策，按照层次聚类结果，对簇内订单进行配送路径优化，得到表 4-9 和表 4-10 的粒子群算法和自适应大邻域搜索算法的配送路径优化结果。根据第三列的数据可以计算得出，粒子群算法求解的各路径平均时间满意度为 0.51，自适应大邻域搜索算法各路径平均满意度为 0.54。

表 4-9　基于粒子群算法的考虑时间敏感度的配送路径优化结果

路径编号	配送路径	平均顾客满意度
1	R1-R2-R10-R41-R31-R10-R4-R23-R24-R34-R3-R46-R44-R4-R47	0.39
2	R10-R3-R8-R39-R17-R43-R18-R27-R20	0.51
3	R1-R2-R6-R8-R9-R6-R5-R33-R42-R32-R49-R37	0.49
4	R1-R6-R8-R38-R48-R9-R8	0.41
5	R1-R3-R6-R9-R0-R2-R1-R12-R21-R29-R13-R28-R36-R19-R22	0.35
6	R2-R3-R5-R6-R0-R15-R45-R11-R26-R14-R25-R16-R35	0.45
7	R1-R3-R7-R10-R7-R30-R40-R50	1

表 4-10　基于自适应大邻域搜索算法的考虑时间敏感度的配送路径优化结果

路径编号	配送路径	平均顾客满意度
1	R1-R2-R4-R10-R41-R3-R23-R10-R31-R34-R44-R24-R4-R47-R46	0.25
2	R3-R8-R10-R27-R20-R18-R43-R39-R17	0.72
3	R1-R2-R6-R8-R9-R32-R49-R6-R5-R42-R33-R37	0.54
4	R1-R6-R8-R10-R8-R38-R48-R9	0.43
5	R1-R3-R6-R9-R10-R22-R28-R13-R36-R21-R19-R29-R12-R1-R2	0.41
6	R2-R3-R5-R6-R10-R11-R26-R25-R14-R16-R35-R45-R15	0.46
7	R1-R3-R7-R10-R50-R40-R7-R30	1

　　从图 4-22 和表 4-11 可以看出，与粒子群算法相比，使用自适应大邻域搜索算法进行配送路径优化得到各订单簇内的平均顾客满意度总体表现更优，除了第1 个订单簇的平均顾客满意度是粒子群算法的结果更优，其他订单簇均为自适应大邻域搜索算法求解得到的路径优化结果更优。

　　细分到每个订单可以发现，粒子群算法所优化的路径中，各订单的平均顾客满意度为 0.47，自适应大邻域搜索算法所优化的路径中订单平均顾客满意度为0.49，此外如表 4-11 所示，粒子群算法下的总里程时间为 419，比自适应大邻域搜索算法 394 的总里程时间所花费的时间要多，在各订单的顾客满意度比较上，粒子群算法优化结果中顾客满意度为 1 的订单有 16 个，满意度为 0 的订单为21 个，而自适应大邻域搜索算法结果中，满意度为 1 的订单为 18 个，满意度为 0的订单仅为 18 个。因此可得出结论：自适应大邻域搜索算法在考虑配送时间窗的路径优化模型中比粒子群算法适用性更高，并以此为理论依据研究后续考虑顾客时间敏感度的路径优化问题。

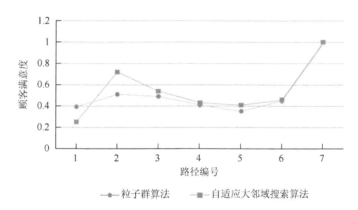

图 4-22　两种算法下各配送路径的平均顾客满意度结果对比

表 4-11　两种算法有效性对比

算法	各订单平均满意度	总里程时间	满意度为 1 的订单数	满意度为 0 的订单数
粒子群	0.47	419	16	21
自适应大邻域搜索	0.49	394	18	18

　　综上，得到了在顾客时间敏感度 β 恒为 1 的前提下，考虑顾客满意度的配送路径优化模型的结果，如表 4-12 所示，订单簇 1 中顾客满意度为 1 的订单有 2 个，订单簇 2 中顾客满意度为 1 的订单有 3 个，订单簇 3 中顾客满意度为 1 的订单有3 个，订单簇 4 中顾客满意度为 1 的订单有 1 个，订单簇 5 中顾客满意度为 1 的

订单有 3 个，订单簇 6 中顾客满意度为 1 的订单有 2 个，订单簇 7 中顾客满意度为 1 的订单有 4 个。

表 4-12　自适应大邻域搜索算法配送路径及时间满意度

聚类（簇）	订单	送餐点 x	送餐点 y	E_i	F_i	L_i	服务时间	配送到达时间	顾客满意度
1	41	2460	3417	0	32	42	1.2	24.53	1
	3	2176	3300	0	37	47	4.7	32.76	1
	23	2283	2664	0	33	43	1.2	36.61	0.639
	10	1931	2571	13	33	43	1.5	41.42	0.158
	31	1897	2413	0	33	43	1	43.26	0
	34	2806	3331	0	38	48	3	50.46	0
	44	2603	2689	12	32	42	1	55.07	0
	24	2797	2866	0	32	42	2.5	59.05	0
	4	2773	2907	14	34	44	1.5	62.71	0
	47	3311	3172	0	39	49	1.5	67.41	0
	46	3150	3297	0	35	45	1.2	69.99	0
2	27	3231	2102	0	33	43	2.2	24.73	1
	20	3401	2180	0	38	48	2.2	27.66	1
	18	3974	2868	0	38	48	2.2	33.94	1
	43	4244	2687	0	38	48	1	38.83	0.97
	39	4916	3616	0	40	50	2.5	46.45	0.355
	17	3892	3998	0	40	50	1.5	52.29	0
3	32	3064	1199	0	36	46	2.2	24.05	1
	49	2881	1250	0	34	44	1.2	27.39	1
	6	2516	1317	1	35	45	1	32.42	1
	5	2156	1701	1	33	43	1.5	38.28	0.472
	42	2435	1835	0	36	46	2.2	43.31	0.269
	33	2664	1999	0	33	43	2.7	48.25	0
	37	2727	1558	0	32	42	2.7	53.43	0
4	8	3377	837	1	34	44	2.2	30.38	1
	38	3190	807	11	31	41	2.7	35.21	0.58
	48	2962	312	0	36	46	1	44.57	0.143
	9	4738	104	23	40	50	3	59.86	0
5	22	1475	1616	17	37	47	1.5	22.47	1
	28	1883	1296	0	33	43	2.5	30.52	1
	13	1905	1234	0	36	46	1.2	34.14	1

续表

聚类（簇）	订单	送餐点 x	送餐点 y	E_i	F_i	L_i	服务时间	配送到达时间	顾客满意度
5	36	1893	712	0	35	45	2.4	39.38	0.562
	23	1445	715	0	37	47	1.2	43.67	0.333
	19	1493	1054	18	38	48	1.5	46.31	0.17
	29	1371	1484	0	31	41	1	51.4	0
	12	1199	1349	13	33	43	1.5	53.83	0
	1	1102	1361	0	35	45	2.4	59.06	0
	2	1190	1468	14	34	44	4.2	66.72	0
6	11	1379	2204	0	33	43	2	28.44	1
	26	1364	2133	0	33	43	2.2	32.78	1
	25	1190	2508	0	35	45	2.5	36.76	0.824
	14	1070	2256	0	37	47	1	40.69	0.651
	16	831	1893	0	38	48	2.4	46.44	0.156
	35	384	2329	0	39	49	1.5	50.02	0
	45	834	3808	0	40	50	3.7	61.47	0
	15	1213	3013	14	34	44	2	67.42	0
7	50	2315	4589	0	37	47	1	14.9	1
	40	2695	4950	0	39	49	2.5	21.64	1
	7	2664	4459	1	39	49	2.7	28.68	1
	30	2883	4358	0	40	50	1	31.49	1

4.3.8 小结

基于即时配送模式的特点，本节考虑了顾客满意度并设置了时间窗约束，设计了基于层次聚类的自适应大邻域搜索算法求解路径优化模型，并在模型中将顾客满意度量化为顾客配送延迟等待时长，使其作为检验仿真结果有效性及算法适用性的度量指标，进而研究更优的即时配送订单分配和路径规划策略问题。最后，本章运用算例数据和启发式算法求解得到即时配送平台配送路径优化策略。本节结论极大地丰富了即时配送领域考虑顾客满意度最优的路径优化问题研究理论。

本节中的顾客满意度是基于顾客时间敏感度 $\beta=1$ 的假设，而现实中大多数即时配送平台均已探索考虑时间敏感异质性的配送路径优化问题。基于此，接下来的章节将引入顾客时间敏感异质性的概念，对比分析不同的时间敏感度策略对提高顾客满意度和优化配送路径的影响。

4.4 考虑时间敏感异质性顾客的众包物流社会配送路径优化

4.4.1 问题描述

4.3 节研究了不考虑顾客时间敏感度差异的路径优化模型,其中最大化顾客满意度的目标函数仅考虑了顾客配送延迟等待时长对顾客满意度的影响,而实际情况下,不同配送订单存在着顾客时间敏感度差异,因此,配送服务的顾客满意度不仅由顾客配送延迟等待时长决定,也与各订单顾客对配送延迟等待时长的时间敏感度息息相关。

针对不同订单之间的顾客配送延迟等待时间敏感度存在差异的特点,目前,国内大型即时配送平台相继推出了一些基于顾客配送延迟等待时间敏感度差异的配送策略,因此,本节引入了时间敏感异质性顾客满意度的概念,时间敏感异质性顾客满意度主要是指通过将不同顾客对配送延迟等待时长的敏感度差异分为几个等级,并基于不同的顾客时间敏感度等级和实际的配送延迟等待时长来设计顾客满意度函数。例如,针对不同顾客对不同订单的配送延迟等待时间敏感度的不同,美团外卖推出了外卖配送准时达服务,对于时间敏感度较高的顾客,可在下单前选择花费不到 1 元购买准时宝外卖延误保险服务,即按照是否购买服务将顾客分成两种不同的配送延迟等待时间敏感度等级,并在购买服务后根据顾客延迟等待的具体时长进行赔偿。事实上,准时达服务对研究考虑顾客时间满意度的即时配送路径优化问题的意义已经得到了理论验证,张力娅等(2021)在研究如何提高即时配送顾客时间满意度时,探讨了美团的准时达服务对订单配送顺序的影响。考虑到购买准时达服务后因订单超期送达会产生惩罚成本的特点,将顾客分为优先顾客和普通顾客两个等级,并根据不同顾客的优先级进行配送路径优化。综合上述文献研究和时间敏感异质性顾客的特点,本节考虑把顾客时间敏感度分成三个等级,并研究时间敏感异质性顾客满意度对即时配送路径优化的影响。

4.4.2 模型求解

本节算例在 4.3 节的算例数据及其层次聚类订单合并结果的基础上,更新了不同的顾客时间敏感度 β 的取值,在 $\beta = \{0.5, 1, 1.5\}$ 的取值范围内将各订单随机设置为顾客时间敏感度低、中、高三个等级;在自适应大邻域搜索算法求解过程中,假设破坏算子破坏程度上限为 5,破坏程度下限为 1,随机破坏算子随机破坏程度上限为 0.4,随机破坏程度下限为 0.1,每执行 5 次破坏算子和修复算子,将重置算子的得分和被选中次数；破坏或修复后得到新的全局最优解得分为 30，破坏或修复后没有得到全局最优解但比当前解好得分为 20，尚未接受过的且比当前解差得分为 10，次优位置个数为 3，算子权重衰减系数为 0.4。

　　基于时间敏感度系数 β 在 $\{0.5, 1, 1.5\}$ 取值范围内的顾客满意度最优的目标进行求解，我们得到了基于自适应大邻域搜索算法的配送路径优化结果，从表 4-13 中可以看出，时间敏感度 $\beta = 1.5$ 时的顾客平均满意度为 0.686，时间敏感度 $\beta = 1$ 时的顾客平均满意度为 0.66，时间敏感度 $\beta = 0.5$ 时的顾客平均满意度为 0.61，总的顾客平均满意度为 0.65。由此可得，考虑顾客时间敏感异质性的配送路径优化模型对提高顾客满意度有显著效果。其中，路径 1、路径 2、路径 3、路径 4、路径 6 和路径 7 中顾客满意度为 1 的订单有 4 个，路径 5 中顾客满意度为 1 的订单有 3 个。

表 4-13　考虑时间敏感异质性的配送路径优化模型算例及求解结果

路径	订单	送餐点 x	送餐点 y	需求量	E_i	F_i	L_i	敏感度	服务时间	到达时间	顾客满意度
1	41	2460	3417	1	0	32	42	1.5	1.7	5.85	1
	3	2176	3300	4	0	37	47	1	2.5	14.98	1
	23	2283	2664	1	0	33	43	1	0.5	18.83	1
	31	1897	2413	1	0	33	43	1.5	0.3	30.19	1
	10	1931	2571	1	13	33	43	1	2.1	34.33	0.867
	44	2603	2689	1	12	32	42	1.5	1.3	38.91	0.172
	24	2797	2866	2	0	32	42	0.5	0.6	42.88	0
	4	2773	2907	1	14	34	44	1	2	46.54	0
	47	3311	3172	1	0	39	49	1.5	1.2	51.24	0
	46	3150	3297	1	0	35	45	0.5	0.7	53.82	0
	34	2806	3331	2	0	38	48	0.5	1.1	59.07	0
2	27	3231	2102	2	0	33	43	0.5	2.6	18.3	1
	20	3401	2180	2	0	38	48	1.5	0.1	21.23	1
	18	3974	2868	2	0	38	48	1.5	1.1	27.51	1
	43	4244	2687	1	0	38	48	0.5	2.8	32.4	1
	39	4916	3616	2	0	40	50	1	1.3	40.02	0.99
	17	3892	3998	1	0	40	50	1.5	0.7	45.86	0.27
3	49	2881	1250	2	0	34	44	1	1.5	16.66	1
	6	2516	1317	1	1	35	45	1	2.8	22.03	1

路径	订单	送餐点 x	送餐点 y	需求量	E_i	F_i	L_i	敏感度	服务时间	到达时间	顾客满意度
3	5	2156	1701	1	1	33	43	1	2.6	27.89	1
	42	2435	1835	2	0	36	46	0.5	1.8	32.92	1
	33	2664	1999	2	0	33	43	1	1.3	37.86	0.514
	37	2727	1558	2	0	32	42	1.5	1	43.04	0
	32	3064	1199	2	0	36	46	1	0.1	46.98	0
4	8	3377	837	2	1	34	44	1.5	1	15.9	1
	38	3190	807	2	11	31	41	1	1.5	20.73	1
	48	2962	312	1	0	36	46	1.5	2.4	25.94	1
	9	4738	104	2	23	40	50	0.5	2.7	37.6	1
5	2	1190	1468	3	14	34	44	0.5	3	23.92	1
	1	1102	1361	2	0	35	45	0.5	2.5	29.28	1
	12	1199	1349	1	13	33	43	0.5	0.2	31.31	1
	29	1371	1484	1	0	31	41	1	2.6	35.64	0.54
	21	1475	1616	2	17	37	47	1.5	2.8	42	0.35
	19	1493	1054	1	18	38	48	1	0	45.37	0.512
	22	1445	715	1	0	37	47	1.5	1.6	49.61	0
	36	1893	712	2	0	35	45	0.5	1.1	54.61	0
	28	1883	1296	2	0	33	43	0.5	0.8	60.36	0
	13	1905	1234	1	0	36	46	0.5	2.2	63.98	0
6	11	1379	2204	2	0	33	43	1.5	0.2	11.6	1
	26	1364	2133	2	0	33	43	0.5	1.9	15.94	1
	25	1190	2508	2	0	35	45	0.5	0.1	20.27	1
	14	1070	2256	1	0	37	47	1.5	2	24.2	1
	15	1213	3013	2	14	34	44	1.5	1.1	35.18	0.88
	45	834	3808	3	0	40	50	1	2.6	44.42	0.56
	35	384	2329	1	0	39	49	1	0	51.07	0
	16	831	1893	2	0	38	48	0.5	1.9	57.45	0
7	50	2315	4589	1	0	37	47	1	2.2	14.9	1
	40	2695	4950	2	0	39	49	1.5	2.1	21.64	1
	7	2664	4459	2	1	39	49	0.5	1.8	28.68	1
	30	2883	4358	1	0	40	50	1.5	1.1	31.49	1

4.4.3　时间敏感度对比分析

从考虑时间敏感异质性顾客满意度的配送路径优化求解结果（表 4-14）中可以看出，优化结果将 50 个订单分为 7 条路径进行配送，其中顾客满意度为 1 的路径有 2 条，顾客满意度低于 0.5 的路径有 2 条，另外有 3 条路径顾客满意度不低于 0.65。细分到每个订单可以发现，考虑顾客异质性时间敏感度的优化结果中，各订单的平均满意度为 0.65，与不考虑顾客异质性时间敏感度的优化结果的 0.49 相比，各订单的满意度平均提高了 0.16。

表 4-14　考虑时间敏感异质性顾客满意度的配送路径优化结果

路径编号	配送路径	平均满意度
1	R4-R41-R10-R3-R23-R1-R2-R31-R10-R44-R24-R4-R47-R46-R34	0.46
2	R10-R3-R8-R27-R20-R18-R43-R39-R17	0.88
3	R1-R2-R9-R8-R49-R6-R6-R5-R42-R33-R37-R32	0.65
4	R10-R1-R6-R8-R8-R38-R48-R9	1
5	R6-R3-R10-R1-R2-R1-R12-R29-R21-R19-R22-R36-R9-R28-R13	0.44
6	R6-R3-R2-R11-R26-R5-R25-R14-R0-R15-R45-R35-R16	0.68
7	R1-R3-R7-R10-R50-R40-R7-R30	1

此外，如表 4-15 所示，考虑顾客异质性时间敏感度的配送优化总里程时间为 343，较不考虑顾客异质性时间敏感度的优化结果时间减少了 51；考虑顾客异质性时间敏感度的优化结果中满意度为 1 的订单为 27 个，且满意度为 0 的订单为 13 个；由此可得，考虑顾客异质性时间敏感度的配送路径优化模型能够更有效地提高顾客满意度和配送效率。

表 4-15　考虑异质性时间敏感度的各订单时间满意度结果对比

是否考虑异质性	各订单平均满意度	总里程时间	满意度为 1 的订单数	满意度为 0 的订单数
否	0.49	394	18	18
是	0.65	343	27	13

从图 4-23 中的是否考虑时间敏感异质性对顾客平均满意度的影响对比中可以得出，考虑异质性时间敏感度的顾客满意度的即时配送路径优化模型求解得到的各条路径，相较于不考虑不同订单顾客时间敏感差异的路径优化求解结果，各条

路径的订单平均顾客满意度均更优，也进一步验证了考虑异质性时间敏感度的顾客满意度的即时配送路径优化模型的合理性。

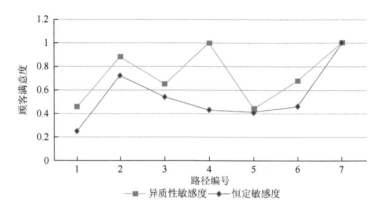

图 4-23　是否考虑时间敏感异质性对顾客平均满意度的影响对比

4.4.4　小结

在现实生活中，顾客往往具有时间敏感异质性的特点，即使在相同的时间敏感度等级下，每个订单实际的顾客时间敏感度也有所不同。因而本节着重探讨了顾客满意度函数中的时间敏感度 β 值的变化，设计了基于层次聚类的自适应大邻域搜索优化模型，并使用其进行算例求解。通过将顾客的时间敏感度分为高、中、低三个等级，分别对应于顾客时间敏感度 $\beta = 0.5$、$\beta = 1$、$\beta = 1.5$ 的场景，并将不考虑不同订单之间顾客时间敏感度差异的即时配送路径优化结果与之进行对比。研究发现，考虑时间敏感异质性顾客满意度的即时配送路径优化模型可以切实有效地提高即时配送服务的顾客满意度。

参 考 文 献

毕菁佩，舒华英. 2016.基于竞争平台的新老用户定价策略分析[J]. 管理学报，13（8）：1257-1262.

池毛毛，刘姝君，卢新元，等. 2019.共享住宿平台上房东持续参与意愿的影响机理研究：平台网络效应的视角[J]. 南开管理评论，22（4）：103-113.

董蕊，刘冉，江志斌，等. 2015.具有时间窗约束累积性车辆路径问题的禁忌搜索优化算法[J]. 工业工程与管理，20（1）：49-55.

段永瑞，徐建，霍佳震. 2017.考虑参照效应的自有品牌动态定价策略[J]. 工业工程与管理，22（1）：14-21.

符卓，刘文，邱萌. 2021.带软时间窗的需求依订单拆分车辆路径问题及其禁忌搜索算法[J]. 中国管理科学，25（5）：78-86.

郭放，黄志红，黄卫来. 2021.考虑前置仓选址与服务策略的同时取送货车辆路径问题研究[J]. 系统工程理论与实践，41（4）：962-978.

郭捷，王嘉伟.2017.基于 UTAUT 视角的众包物流大众参与行为影响因素研究[J]. 运筹与管理，26（11）：1-6.

纪汉霖，王小芳.2014.平台差异化且用户部分多归属的双边市场竞争[J]. 系统工程理论与实践，34（6）：1398-1406.

林志炳，张岐山.2011.零售商的动态定价和服务模型分析[J]. 中国管理科学，19（6）：73-78.

刘会燕，戢守峰.2017.考虑消费者绿色偏好的竞争性供应链的产品选择与定价策略[J]. 管理学报，14（3）：451-458.

卢新元，王康泰，胡静思，等. 2017. 基于 Fuzzy-DEMATEL 法的众包模式下用户参与行为影响因素分析[J]. 管理评论，29（8）：101-109.

马艳芳，闫芳，康凯，等.2018.不确定同时取送货车辆路径问题及粒子群算法研究[J]. 运筹与管理，27（12）：73-78.

孟秀丽，杨静，吴一凡.2021.众包物流服务质量管理行为微分博弈研究[J]. 工业工程与管理，26（2）：98-108.

任亮，黄敏，王兴伟. 2018.考虑客户时间偏好的第四方物流路径优化问题[J]. 系统工程理论与实践，38（12）：3187-3196.

宋天舒，童咏昕，王立斌，等. 2017.空间众包环境下的 3 类对象在线任务分配[J]. 软件学报，28（3）：611-630.

王文杰，陈颖，蒋帅杰. 2020.考虑平台竞争的众包物流社会配送服务最优定价策略[J]. 运筹与管理，29（10）：11-20.

王文杰，孙中苗，徐琪，等. 2018a. 随机需求下考虑服务商竞争的众包物流动态定价策略[J]. 工业工程与管理，23（2）：114-121.

王文杰，孙中苗，徐琪. 2018b. 考虑社会配送供应能力的众包物流服务动态定价模型[J]. 管理学报，15（2）：293-300，316.

闫芳，陈凯，邬珂. 2019.多时段可搭载零担物流路径优化问题模型及算法研究[J]. 工业工程与管理，24（6）：64-70，78.

张力娅，张锦，肖斌. 2021.考虑顾客优先级的多目标 O2O 外卖即时配送路径优化研究[J]. 工业工程与管理，26（2）：196-204.

张新鑫，申成霖，侯文华.2016.考虑竞争者进入威胁的易逝品动态定价机制[J]. 管理科学学报，19（10）：34-47.

张艳，薛耀文. 2017.多阶段多目标洗钱网络路径算法研究及反洗钱应对策略[J]. 系统工程理论与实践，37（8）：1992-2003.

赵道致，杨洁，李志保. 2020.考虑等待时间的网约车与出租车均衡定价研究[J]. 系统工程理论与实践，40（5）：1229-1241.

赵轩维，夏恩君，李森.2019.网络众包参与者创造力影响因素研究[J]. 科研管理，40（7）：192-205.

仲秋雁，李晨，崔少泽.2018.考虑工人参与意愿影响因素的竞争式众包任务推荐方法[J]. 系统工程理论与实践，38（11）：2954-2965.

宗利永，李元旭. 2018.基于发包方式的众包平台任务绩效影响因素研究[J]. 管理评论，30（2）：107-116.

Afuah A，Tucci C L. 2012.Crowdsourcing as a solution to distant search[J]. Academy of Management Review，37（3）：355-375.

Agatz N，Bouman P，Schmidt M. 2018. Optimization approaches for the traveling salesman problem with drone[J]. Transportation Science，52（4）：965-981.

Alnaggar A，Gzara F，Bookbinder J H. 2021.Crowdsourced delivery：A review of platforms and academic literature[J]. Omega，98：102139.

Armstrong M. 2006.Competition in two-sided markets[J]. The RAND Journal of Economics，37（3）：668-691.

Arslan A M，Agatz N，Kroon L, et al. 2018.Crowdsourced delivery—a dynamic pickup and delivery problem with Ad Hoc drivers[J]. Transportation Science，53（1）：222-235.

Biesinger B，Hu B，Raidl G R. 2018.A genetic algorithm in combination with a solution archive for solving the generalized vehicle routing problem with stochastic demands[J]. Transportation Science，52（3）：673-690.

Briceño-Arias L，Correa J R，Perlroth A. 2017. Optimal continuous pricing with strategic consumers[J]. Management Science，63（8）：2741-2755.

Cachon G P，Daniels K M，Lobel R. 2017.The role of surge pricing on a service platform with self-scheduling capacity[J]. Manufacturing & Service Operations Management，19（3）：368-384.

Castillo V E，Bell J E，Rose W J，et al. 2018.Crowdsourcing last mile delivery：Strategic implications and future research directions[J]. Journal of Business Logistics，39（1）：7-25.

Chen C，Pan S，Wang Z，et al. 2017.Using taxis to collect citywide E-commerce reverse flows：A crowdsourcing solution[J]. International Journal of Production Research，55（7）：1833-1844.

Chiu C M，Liang T P，Turban E. 2014.What can crowdsourcing do for decision support？[J]. Decision Support Systems，65：40-49.

Darvish M，Archetti C，Coelho L C，et al. 2019.Flexible two-echelon location routing problem[J]. European Journal of Operational Research，277（3）：1124-1136.

Dayarian I，Savelsbergh M. 2020.Crowdshipping and same-day delivery：Employing in-store customers to deliver online orders[J]. Production and Operations Management，29（9）：2153-2174.

Deng X N，Joshi K D，Galliers R D. 2016.The duality of empowerment and marginalization in microtask crowdsourcing：Giving voice to the less powerful through value sensitive design[J]. MIS Quarterly，40（2）：279-302.

Devari A，Nikolaev A G，He Q. 2017.Crowdsourcing the last mile delivery of online orders by exploiting the social networks of retail store customers[J]. Transportation Research Part E：Logistics and Transportation Review，105：105-122.

Györgyi P，Kis T. 2019.A probabilistic approach to pickup and delivery problems with time window uncertainty[J]. European Journal of Operational Research，274（3）：909-923.

Herbon A，Khmelnitsky E. 2016.Optimal dynamic pricing and ordering of a perishable product under additive effects of price and time on demand[J]. European Journal of Operational Research，260（2）：546-556.

Howe J. 2006.The rise of crowdsourcing[J]. Wired Magazine，14（6）：1-5.

Hsieh T P，Dye C Y. 2017. Optimal dynamic pricing for deteriorating items with reference price effects when inventories stimulate demand[J]. European Journal of Operational Research，262（1）：136-150.

Hwang I，Jang Y J，Ko Y D，et al. 2018.System optimization for dynamic wireless charging electric vehicles operating in a multiple-route environment[J]. IEEE Transactions on Intelligent Transportation Systems，19（6）：1709-1726.

Karger D R，Oh S，Shah D. 2014. Budget-optimal task allocation for reliable crowdsourcing systems[J]. Operations Research，62（1）：1-24.

Katz M L，Shapiro C. 1985. Network externalities，competition，and compatibility[J]. American Economic Review，75（3）：424-440.

Klapp M A，Erera A L，Toriello A. 2018.The dynamic dispatch waves problem for same-day delivery[J]. European Journal of Operational Research，271（2）：519-534.

Koc C，Karaoglan I. 2016.The green vehicle routing problem：A heuristic based exact solution approach[J]. Applied Soft Computing，39：154-164.

Liao W，Zhang L，Wei Z. 2020.Multi-objective green meal delivery routing problem based on a two-stage solution strategy[J]. Journal of Cleaner Production，258（4）：120627.

Liu S，Qu Q. 2016. Dynamic collective routing using crowdsourcing data[J]. Transportation Research Part B：

Methodological，93：450-469.

Liu T X，Yang J，Adamic L A，et al. 2014. Crowdsourcing with all-pay auctions：A field experiment on Taskcn[J]. Management Science，60（8）：2020-2037.

Lu C C，Yan S，Huang Y W. 2018.Optimal scheduling of a taxi fleet with mixed electric and gasoline vehicles to service advance reservations[J]. Transportation Research Part C：Emerging Technologies，93：479-500.

Naccache S，Côté J F，Coelho L C. 2018. The multi-pickup and delivery problem with time windows[J]. European Journal of Operational Research，269（1）：353-362.

Neves-Moreira F，Pereira da Silva D，Guimarães L，et al. 2018. The time window assignment vehicle routing problem with product dependent deliveries[J]. Transportation Research Part E：Logistics and Transportation Review，116：163-183.

Rochet J C，Tirole J. 2004.Two-sided markets：An overview[C]. IDEI-CEPR Conference on Two-Sided Markets，Toulouse：1-44.

Sun W，Yu Y，Wang J. 2019.Heterogeneous vehicle pickup and delivery problems：Formulation and exact solution[J]. Transportation Research Part E：Logistics and Transportation Review，125：181-202.

Verganti R. 2008.Which kind of collaboration is right for you？[J]. Harvard Business Review，34（12）：78-86.

Voccia S A，Campbell A M，Thomas B W. 2019.The same-day delivery problem for online purchases[J]. Transportation Science，53（1）：167-184.

Wang H，Yang H. 2019. Ridesourcing systems：A framework and review[J]. Transportation Research Part B：Methodological，129：122-155.

Wang S Y，Chen H M，Wu D S. 2019. Regulating platform competition in two-sided markets under the O2O era[J]. International Journal of Production Economics，215：131-143.

Wang W，Jiang L. 2022.Two-stage solution for meal delivery routing optimization on time-sensitive customer satisfaction[J]. Journal of Advanced Transportation：1-15.

Wang Y，Gao Y，Li Y，et al. 2020.A worker-selection incentive mechanism for optimizing platform-centric mobile crowdsourcing systems[J]. Computer Networks，171：107144.

Wu T，Zhang M B，Tian X，et al. 2020. Spatial differentiation and network externality in pricing mechanism of online car hailing platform[J]. International Journal of Production Economics，219：275-283.

Ye H，Kankanhalli A. 2017.Solvers' participation in crowdsourcing platforms：Examining the impacts of trust，and benefit and cost factors[J]. The Journal of Strategic Information Systems，26（2）：101-117.

Zhang J，Liu F，Tang J，et al. 2019.The online integrated order picking and delivery considering Pickers' learning effects for an O2O community supermarket[J]. Transportation Research Part E：Logistics and Transportation Review，123：180-199.

第5章 分享经济下的供应链运营管理

5.1 分享经济环境下的供应链特征

5.1.1 分享供应链的概念与基本特征

当前，分享经济作为一种新颖的商业模式，成为互联网时代新兴经济领域最为活跃的部分。《中国共享经济发展报告（2023）》显示，2022年我国共享经济市场交易规模约为3.83万亿元，同比增长约3.9%，其中生活服务和共享医疗两个领域市场规模同比增长分别为8.4%和8.2%。在互联网技术、资本和市场等因素的作用下，其领域逐渐从大众消费和服务环节向生产环节拓展渗透，并延伸到供应链层面。由此，"分享供应链"等分享经济形态也迅速兴起并发展，如阿里巴巴连接淘宝卖家与工厂的"淘工厂"平台已有1000万家企业商铺，覆盖30个省份，全球注册企业用户超过1.2亿人；海尔集团由"制造产品"向"孵化创客"转型的孵化平台"海创汇"，汇聚了1333家风投，吸引了4000多家生态资源，孵化和孕育着超过2200多家创客小微公司。毫无疑问，分享供应链带来了全新的生产模式、消费模式和企业运营管理模式。

从分享经济的视角来看，无论哪家企业的闲置仓储资源、制造资源、服务资源等供应链资源，只要没有得到充分利用，就是一种社会资源，无论闲置在什么地方，都是对社会资源的浪费。因此，分享供应链作为分享经济的一个重要细分领域，本质上也是对供应链上剩余产品和闲置资源的重新配置。在此过程中，围绕供应链中的核心企业，各节点通过对整个分享供应链上所涉及的信息流、资金流、物流等加以管理与控制来实现闲置资源的分享。在大数据、智能技术为代表的现代信息技术的支持下，闲散资源（如物流、制造、仓储、库存等实体资源，知识、经验、数据、信息等抽象资源）通过互联网平台进入供应链领域，实现流通。供应链中的上下游企业物品所有者，通过资源分享战略合作联盟网络将其闲置资源的使用权暂时转移给物品需求者，从而实现信息分享和闲置资源整合以及再分配；而需求者以更低的价格获得资源，从而盘活闲置资源，有效提高了企业资源的利用率、供应链的运作效率和服务水平，使资源配置更加科学、合理，极大地激活了经济运行潜能。分享供应链主要包含如下五大特征。

（1）闲置资源。分享供应链的出现是因为"经济产能过剩"，也就是供应链闲置资源，反过来也成为分享供应链发展的必备条件。供应链中海量分散化的闲置资源被集成在由分享经济创造的分享环境中，通过资源提供方与需求方的低成本匹配有效提高了资源的使用效率，有利于促进供应链资源的优化配置。

（2）获得收益。对于供应方而言，他可以让渡其自身闲置资源的短时使用权，并以一定的方式分享出去，从而获得一定的收益报酬。对于需求方而言，相比于传统的购买产品的消费模式，分享供应链的消费模式有利于降低使用成本和管理成本，这些促使企业积极参与其中。

（3）分享平台。需求方通过分享平台发布需求任务，以期付出相应的交易成本来获取资源从而满足自身的需求；供应方则通过分享平台定位需要服务的需求方，并为之提供相应的产品或者服务并获得收益。平台是供应方和需求方的桥梁以及供应方和需求方交互的通道，起着基础性的作用。其存在的意义主要是为供需双方提供个性化和定制化服务，连接当前供应链中存在的闲置资源和真实需求，使之有效匹配并且保证其发生交易，降低交易成本和提高交易成功率。

（4）信息技术。分享供应链是现代信息技术发展到一定阶段的产物。现代信息技术的发展尤其是智能终端的迅速普及，使供需双方迅速建立联系，大大降低了资源的匹配成本，使闲置资源的分享成为可能，同时也让陌生人之间的交易在第三方平台的辅助下有更强的信任机制。

（5）短时让渡。闲置资源的所有者通过分享交易平台将资源的使用权短时让渡给资源使用者，在该交易过程中资源的所有权并不发生改变。对供应方来说，分享供应链就是在规定的时间内将物品通过租、借的方式将使用权转移给租借者；对需求方来说，其间并没有获得物品的拥有权，而是通过支付一定的租金在规定的时间内获取物品的使用权。

在分享供应链模式运行过程中，这五大要素缺一不可。闲置资源是分享供应链活动产生的基础，而获得收益则是分享供应链发展的目的，分享平台和信息技术是分享供应链发展的重要支撑，短时让渡是分享供应链资源分享的方式。

5.1.2　分享供应链的备用产能

随着共享经济模式在分享供应链中向制造业领域的深入渗透、全面融合以及再次创新，产能共享已成为制造业发展的新趋势。这一趋势对于重构制造业供需结构、催生经济增长新动能和激发社会创新等都具有重要意义。分享供应链中的产能共享主要是指以互联网平台为基础，以使用权共享为特征，围绕制造过程各个环节，整合和配置分散的制造资源与制造能力，最大化地提升制造业生产效率的新型经济形态。从共享的范围来看，分享供应链中的产能共享贯穿于设计、研发、生产管理、服务等制造活动全链条；从共享的对象来看，分享供应链产能共享涵盖设备工具、物料、仓储、知识、技术、人力等制造资源，以及设计、试验、生产、管理、维护等制造能力；从共享的效果来看，有利于打造产业链纵向集成、跨产业横向交融的制造业生态圈。分享供应链产能共享有以下主要特征。

（1）主体特征：以制造企业和生产性服务企业为主。分享供应链产能共享的参与主体主要是企业，包括大型制造企业、中小制造工厂，以及研发、物流、仓储、金融服务、信息服务等生产性服务企业。

（2）技术特征：基于互联网平台。互联网、大数据、云计算、物联网等技术的广泛应用是分享供应链产能共享的前提。在分享供应链实际应用中，平台既可以是龙头制造企业自身搭建的开放式平台，也可以是由第三方互联网企业搭建的共享平台。

（3）效果特征：生产资料和制造能力的高效配置。需求方可以根据自身的生产需要选择共享内容和共享方式，灵活的选择方式和大量主体的参与实现了制造资源的快速流动和生产能力的高效配置，满足多样化的生产需求，提高整体生产效率。

从当前主要的共享内容来看，分享供应链产能共享主要包括设备共享、技术服务共享、生产能力共享以及综合性服务共享等，具体阐述如下。

（1）设备共享：主要是指生产设备与工具的共享，通常采用分时租赁的模式。国外较为典型的平台有美国的 Machinery Link 共享平台、荷兰的 Foow2 共享平台和 3D Hubs（全球最大的 3D 打印机网络联盟）；国内典型的设备共享平台如鲁班世界等。

（2）技术服务共享：主要是指制造过程中所有技术及服务能力的共享，包括人力、知识、管理、运维等要素。技术服务通常依托于云平台和智能化设备，在分享供应链产能共享过程中获取信息并提供相应的服务。典型的企业如沈阳机床厂、上海明匠等。

（3）生产能力共享：主要是指企业制造能力的共享。制造企业将自身的生产能力开放，通过互联网平台与需求方实现有效对接，打造个性化、柔性化的生产模式，提高生产效率。典型平台如淘工厂、优制网、生意帮等。

（4）综合性服务共享：主要是指研发、供应链、销售网络、物流、仓储、服务等资源的共享。通常是大型制造企业开放自身优质资源，为中小微企业提供协作、创新、资源、生产等综合性服务。典型的平台如海尔的海创汇、美的集团的美创平台等。

5.1.3　分享供应链的协调运营

分享供应链管理一般会涉及两个或更多的独立企业，每个企业都有自己的行为和决策，由于这些行为和决策往往是基于每个企业自身最优收益的考虑，这种只关注自身利益的行为很容易造成分享供应链中的利益冲突并且损害整个供应链的收益。为了促进分享供应链的整体绩效提升，需要合作方之间能就各自的理念、战略、策略、技能、管理流程和创新等进行充分的协调，从而达到多方能力之间的一种均衡，并能发挥出大于单个企业绩效的整合效应。一旦相互之间无法形成这种状态或以后难以再达到这种状态，必然会产生矛盾和冲突。分享供应链协调机制的提出正是基于分享供应链成员之间这种利益矛盾的现实，以期达到企业在追求自身利益最大化的同时也能实现整个分享供应链收益最大的目的。它决定着成员企业的协作效率，是分享供应链管理的重要内容。通过上下游节点企业合作密切程度的不同将分享供应链的协调方法划分为集中控制、伙伴关系，以及分享供应链契约三大类。

1. 集中控制

在这种情形下，分享供应链中存在一个核心节点企业，分享供应链的协调活动由此节点控制或引导。按照控制强度的不同，企业可通过收购、兼并、持股或在该链中处于龙头核心地位，来实现对其他上下游节点的控制。这种管理方法更倾向于"纵向一体化"，而且通过集中规划来优化分享供应链的理论前提在于，各个分享供应链成员的利益必须一致。实际的分享供应链往往是由利益不同的主体构成的合作系统，各个子系统是在考虑自身利益最大化的基础上开展合作的。

2.伙伴关系

供应商和购买方建立合作伙伴关系以协调供应链运作，已在很多企业得到广泛应用。由于参与者期望关系能持续相当长的时间，从而为个体利益和整体利益的调整提供了良好的基础。伙伴成员之间的信任是实施伙伴关系的前提条件。供应商选择是组织所做的必要决策之一，供应商选择的标准和方法是备受关注的问题，其中采用单供应商还是多供应商涉及企业供应风险和成本问题，以美国汽车企业为代表的西方国家模式倾向于多个供应商，而以日本汽车企业为代表的准时制生产模式则倾向于少数供应商。

3. 分享供应链契约

分享供应链契约机制不仅效果好而且应用广泛，对双重边际化效应也可起到消除或减弱作用。因此，分享供应链契约的出现能够促进企业间的合作，实现共赢。分享供应链的主导者可以通过调整参数的设置，使分享供应链成员做出有利于整条供应链的决策，实现收益在分享供应链成员间的合理分配。这方面的研究主要基于以下 4 种类型：批发价格契约、回购契约、收益共享契约，以及数量弹性契约。其他的契约模型如数量折扣契约、数量承诺契约、期权契约、延迟补偿契约、预购契约和回馈与惩罚契约等都可由上述 4 种契约演变、组合而成。每种契约都有自己适合应用的场景，因此在现实生活中需要根据具体情况选择合适的契约，以实现分享供应链的协调并保障每个分享供应链成员的收益水平。

此外，分享供应链协调中比较困难的一点是节点企业之间的信息不对称。在企业追求自身利益最大化的过程中，会损害到分享供应链的整体绩效。目前，有两条途径来改进或者消除这种不利现象。第一条途径就是利用信息技术建立可靠的信息共享渠道，从根源上消除产生机会主义行为的信息不对称现象。但这条途径受到技术、成本和信息拥有方共享意愿等因素的制约，所以并不能完全消除信息不对称现象，对于分享供应链整体绩效的帕累托改进是有限的。第二条途径是建立一种委托关系的协调机制，借以提升信息拥有方的共享意愿，或者在不改变信息结构的情况下通过对委托方和代理方之间的收益进行协调和让渡，消除代理方进行机会主义行为的利益动机。对于分散型分享供应链决策系统来说，第二条途径比较容易实施，能对供应链的整体绩效起到一定的提升作用。

5.2　分享供应链备用产能决策

本节将研究分享经济下半导体产业中常见的横向双源采购模式。供应链由集成设备制造商（integrated device manufacturer，IDM）和纯代工商（以下称为"代工厂"）组成。IDM 可以进行内部生产，也可以从代工厂处进货，且只有 IDM 将产品销售给市场。IDM 和代工厂在生产前都必须对产能进行投资。考虑随机的单周期需求，需求可以是高类型，也可以是低类型。假设真正的需求类型是 IDM 的私有信息，这样 IDM 和代工厂就会在信息分享方面产生信号博弈问题。研究发现，在这种信息不对称条件下，博弈双方通过信号传递存在唯一的分离均衡。同时，产能信息共享可能会缓解或加剧双重边缘化效应，也可能会影响 IDM 和代工厂之间的产能分配。此外，本节对均衡的敏感性和信息共享租金也进行了数值研究。

5.2.1　考虑产能分享的新型供应链结构特征

1. 信息分享下供应链结构背景

在半导体行业有两种常见的制造商：代工厂和 IDM。代工厂只专注于制造（如台积电、GlobalFoundries、联华电子和中芯国际)，而 IDM 则将设计和制造融为一体(如三星、IBM 和 MagnaChip)。在实践中，IDM 进行内部生产，也从代工厂采购。代工厂和 IDM 之间形成了水平的双源采购结构。由于半导体行业的新技术发展迅速，并与产品需求高效融合，半导体产品通常面临着高水平的需求波动。此外，建立半导体工厂的成本通常非常高。为了管理需求波动和避免过高的资本投资，对 IDM 而言，必须谨慎对待其资本投资，并维持适当的生产柔性。事实上，现在主要的 IDM 越来越依赖于代工厂进行生产，这样 IDM 自身就不需要进行非常高的产能投资。

相比于其他生产活动，半导体行业的产品生产需要足够的提前准备时间，因而产能决策是在实际需求之前做出的。在销售旺季之前，IDM 和代工厂都需要投资产能。代工厂在供应链的上游进行生产，而 IDM 在下游与市场互动，如果需要，也将进行生产。IDM 希望有足够的产能来满足不确定的市场需求，但由于昂贵的成本和不确定的风险，企业不愿投资过高水平的产能。IDM 希望代工厂对产能进行投资，以降低由于冗余投资产能而导致亏损的风险。然而，代工厂也担心产能投资过度会造成亏损。因此，IDM 必须激励代工厂提供足够的储备产能。

Wu 等(2013，2014)研究了代工厂和 IDM 在对称信息环境下，可用于激励代工厂的复杂合同，并未涉及信息分享。然而，由于功能的不同，代工厂和 IDM 对市场需求信息的获取方式不同。代工厂纯粹专注于制造，而 IDM 与更接近终端市场的供应链参与者互动。一些 IDM，如 IBM 和惠普，可以定期要求经销商共享销售数据(Lee and Whang，2002)，而代工厂却没有这样的渠道。这通常会让 IDM 比代工厂更了解市场需求(Li et al.，2014b)。因此，针对需求信息不对称环境下考虑信息共享的双源采购模式进行研究具有良好的现实意义。

假设只有 IDM 拥有关于需求类型的私有信息，由于 IDM 和代工厂都需要储备产能，所以代工厂需要从 IDM 那里获取市场信息。然而，如上所述，IDM 现在越来越依赖于代工厂进行生产。因此，IDM 有动机夸大需求信息，以诱导代工厂储备更多的产能。由于代工厂意识到这一点，它们可能不会轻易相信 IDM 的市场信息。IDM 也意识到这种可能性，必须有意识地通过预测代工厂的反应来改变它的决定。这种情况导致了代工厂和 IDM 之间在信息分享方面产生信号博弈问题。本节考虑一个涉及备用产能的信息分享下的信号博弈决策。也就是说，IDM 不直接告诉代工厂需求信息，而是透露其容量保留决策向其传递信息，而代工厂根据 IDM 的决策推断出需求信息，进而实现信息分享。本节对二者信号博弈的研究主要涉及以下几个问题。

首先，为了确保可信的需求信息通过信号传递的方式被共享给代工厂，关于 IDM 的备用产能是否存在唯一均衡？

其次，产能信息分享对备用产能决策有什么影响？供应链绩效是否有所改善？

最后，需求不确定性如何影响信息分享下信号博弈的均衡和信息共享租金？

2. 产能信息分享下供应链备用产能相关研究

相关文献主要涉及两大类：信息不对称下的备用产能和信息分享激励。下面对这两方面的研究进行综述。

在备用产能方面，备用产能合约在高科技行业很常见。备用产能合约的目的要么是降低采购成本，要么是确保供应（Wu et al.，2005）。本节研究的目的侧重于后者。Erkoc 和 Wu（2005）考虑买方提前支付一笔违约金，从而鼓励供应商进行生产储备的情况。Jin 和 Wu（2007）将模型从一个买家扩展到多个买家，并探讨了几种不同的预订合同。Li 等（2014a）研究了在自身产能不足的情况下，供应商备用产能以满足零售商的需求，并可从外部获取资源的情形。Boulaksil 等（2017）研究了多个原始设备制造商从一个合同制造商处采购产品，而合同制造商根据原始设备制造商的备用产能约束决定如何将产品分配给原始设备制造商。以上研究主要关注的是垂直采购供应链，而本节研究考虑的是水平的双源采购供应链。当竞争对手之间共享产能时，一些水平供应链就会出现备用产能现象。Li 和 Zhang（2015）研究了两个具有竞争关系的代理人面对同一个承运人时的备用产能问题，研究表明产能共享对三方都有利。Heese（2015）研究了议价能力下的单一和多重采购。另一种类型的横向采购是供应商采购和现货市场采购，这种采购模式被 Inderfurth 和 Kelle（2011）以及 Inderfurth 等（2013）着重关注，在该模式下，只有供应商面临备用产能问题。本节研究假设不从现货市场采购，而是制造商即 IDM 可以在内部生产或从代工厂采购。因此，两者都面临着备用产能问题。Wu 等（2013）研究了类似的水平结构，并设计了两份合同，以使 IDM 可以激励代工厂投资足够的产能，要么支付预先的备用产能费，要么承诺事后需求实现的比例。Wu 等（2014）的研究表明，由于双重边际化或产能配置错位，批发价格合同无法协调水平供应链。他们提出了一个积极的备用产能合约，以实现供应链收益的最大化。Wang 等（2017）将这种横向双源模式进一步扩展到网络化供应链结构。与本节研究不同的是，上述研究均假设博弈方之间的信息结构是对称的，并未考虑非对称信息下的产能信息分享问题。

第二类相关文献采用委托代理理论研究了不对称条件下供应链成员的信息分享问题。有两种常见的策略：通过发送信号实现信息分享（拥有私人信息的成员努力可信地共享信息）和甄别信息（没有私人信息的成员寻求可信的信息）。本节研究属于第一类，在甄别信息方面则参考了 Babich 等（2012）关于信息甄别的相关研究。这里将注意力限制在供应链中的信号传递博弈上。供应链中的许多信号传递博弈考虑到两级供应链中的下游成员比上游成员拥有更多关于市场需求的私人信息。例如，Ha 和 Tong（2008）研究了两个有不同的信息分享投资成本的竞争型垂直供应链。在合同菜单和线性价格合同下，信息分享价值被予以研究。Anand 和 Goyal（2009）、Kong 等（2013）均探究了由一个供应商和两个经销商构成的水平供应链，其中，只有一个经销商拥有市场需求的私人信息。消息灵通的经销商决策是否将需求信息传递给供应商，这一决策需要考虑到供应商可能会将该需求信息泄露给与其竞争的另一个经销商，从而产生权衡。Anand 和 Goyal（2009）研究发现，批发价格合同鼓励供应商将需求信息泄露给不知情的经销商。Kong 等（2013）则发现收益分享合同可以防止供应商将需求信息泄露给不知情的经销商。还有一些研究也考虑了信息不对称下的供应商侵占问题，上游供应商建立自己的直销渠道与下游零售商竞争。Li 等（2014a，2015）分别考虑了线性批发价格和非线性批发价格。Li 等（2014a）的研究表明，在不同的参数设置下，供应商（或经销商）可能会受益（或受损）。Li 等（2015）研究发现，供应商侵占可以转移中间商的销售量，但同时也增加了整体销售量。这两种效应都可能起主导作用，主要取决于效率和需求分布。

在描述下游成员的私人需求信息方面，上述供应链中信息分享下的信号传递模型与本节研究模型有一个关键的区别。具体地，上述研究考虑了确定性的线性需求函数，通常用 $p = a - q$ 表示，其中，p 为价格，a 为市场规模，q 为总供给。在市场需求方面，伯努利分布刻画了市场需求的不确定性，可能是高的（例如，a_H 概率为 β），也可能是低的（例如，a_L 概率为 $1 - \beta$）。准确的市场需求是下游成员的私人信息。然而，在本节研究的模型中考虑了一个随机需求，它可以是高类型或低类型。在需求分布中，用变量刻画需求的不确定性。具体来说，假设高需求类型（随机）大于低需求类型。用分布变量来描述需求信息不对称性更为普遍，但是，这也增加了分析信息分享下信号博弈的挑战性。

与本节研究最为相关的是利用需求分布变量来表征需求不确定性的研究。Cachon 和 Lariviere（2001）研究了两级供应链中的几个合约，在该供应链中，下游制造商发出需求预测信息，以确保供应商储备足够的产能。他们考虑的是纯比例需求分布，即随机需求按高值或低值的比例分布。这种需求不确定性的设定可以看作本节研究的一个特例。此外，信号传递是在垂直供应链上进行的，而这里考虑的是水平的双采购源结构下的合约问题。本节研究将表明，在水平双采购源的情况下，收益函数变成了两段凹函数，这增加了进行信号传递分析的难度。Li 等（2017）研究了信息不对称下上游制造商对风险厌恶零售商的侵占行为。其需求信息不确定性与本节研究的需求信息不确定性一样，通过在随机需求之间使用随机序表征。然而，它们适用于特定形式的随机需求即截尾正态分布。这使信号传递的分析大为简化，因为这样可以用两个特定的平均值处理不确定性。Feng 等（2015）研究了一个卖家和买家之间关于数量和支付的动态讨价还价博弈，并推导出了议价博弈的完美贝叶斯均衡。

另一种随机需求设定方式是假设需求是几个参数的线性和，而且其中一些参数是随机的。在该情况下，信息不对称的刻画涉及相关随机分布函数（Özer and Wei，2006）。Li 等（2017）研究了信息不对称下的垂直备用产能决策。这些研究侧重于信息甄别而不是信号传递。除了需求信息不对称，也有一些文献对其他问题的信息不对称进行了研究。例如，Herbon（2017）研究了消费者位置信息的不对称，Wu 等（2017）考虑的不对称信息要素集中于消费者的异质性上，Yang 等（2018）、Huang 和 Yang（2016）考虑了成本信息的不对称。Shen 等（2019）对信息不对称问题的研究进行了详细回顾。本节的研究与以上文献的不同之处在于，将确定需求信息不对称拓展到随机需求信息不对称，进一步探究产能分享下的供应链产能决策。

5.2.2　考虑产能分享的供应链产能决策

本节首先介绍模型和符号；其次，在 IDM 和代工厂具有不对称的市场信息结构下，不考虑产能信息分享，分析给出基准情况下收益函数的初步结果。

1. 模型描述及基准模型

1）模型描述

考虑一个由单一代工厂和单一 IDM 组成的水平供应链。IDM 可以从代工厂采购产品，也可以进行内部生产，并向市场销售产品。IDM 和代工厂在开始生产活动之前都必须对备用产能进行投资。

信息不对称和信号博弈设置如下。由于 IDM 更接近市场，在预测需求方面比代工厂更有经验。为了获得这一特性，假设 IDM 能够观察到市场类型，而代工厂却不能。市场需求类型可能是高的，也可能是低的。如果市场需求类型为高，则实现的随机需求大于市场需求类型为低时的随机需求。具体地，令 D_i 表示需求类型为 i 时的随机需求，其中 $i \in \{H, L\}$。令 $F_i(\cdot)$ 和 $f_i(\cdot)$ 分别为随机需求 D_i 的累积密度函数和概率密度函数。D_H（随机）大于 D_L 可表示为 $F_H(\cdot) \leqslant F_L(\cdot)$。

代工厂没有关于需求类型是"H"还是"L"的信息，但假设其拥有一个初始信念，即需求类型为 H 的概率为 ρ、L 的概率为 $1-\rho$。令

$$F_N(\cdot) = \rho F_H(\cdot) + (1-\rho)F_L(\cdot)$$

式中，下标 "N" 表示无信息的情形，则 $F_H(\cdot) \leqslant F_N(\cdot) \leqslant F_L(\cdot)$。为了便于表示，定义 $\bar{F}_i(x) = 1 - F_i(x)$，$i \in \{H, N, L\}$。上述关于单周期随机需求的假设在文献中应用较为普遍（Taylor and Xiao，2009；Feng et al.，2015）。

事件序列如图 5-1 所示。IDM 和代工厂在销售季节前签订批发价合同。IDM 首先观察需求类型 i，其中 $i = H, L$，然后进行备用产能决策 k_m。代工厂观察到 IDM 的决策后更新其对市场需求的信念类型 j。需要注意的是，代工厂的最初信念为 $j = N$，更新后的信念为 $j = H, L$ 或者 N（$j = N$ 意味着 IDM 的决定是混同均衡，在该情况下代工厂无法判断市场的真实类型是 H 还是 L，因此它的信念保持为 N）。基于对需求的信念类型 j，代工厂决策自身的备用产能 k_f，基于此实现单周期需求。在备用产能约束下，IDM 从代工厂采购或者自身内部生产以满足需求。正如 Wu 等（2013，2014）的案例一样，如果从代工厂处采购比进行内部生产更便宜，那么 IDM 将首先考虑向代工厂采购以满足需求；否则，如果内部生产更加便宜，IDM 则优先使用内部产能，然后从代工厂那里获取产能不足的部分。IDM 和代工厂的目标都是最大化各自的收益。因此，这是一个 IDM 和代工厂的斯塔克尔伯格（Stackelberg）博弈，前者是博弈的领导者。

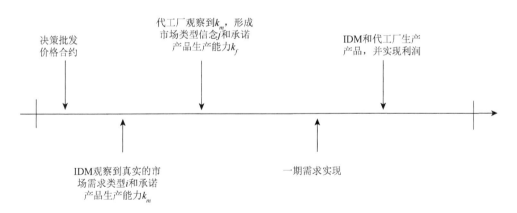

图 5-1　博弈顺序

对于成本参数的定义，令 w 为批发价，p 为单位售价。v_m 和 v_f 分别为 IDM 和代工厂的备用产能单位成本。c_m 和 c_f 分别表示 IDM 和代工厂的可变生产成本。根据 Wu 等（2013）的研究，假设 $p > c_m + v_m$，$w > c_f + v_f$。进一步假设 $c_m + v_m > c_f + v_f$，这意味着代工厂比 IDM 具有成本优势。在不失一般性的前提下，将剩余产品的残值设定为 0。表 5-1 列出了各个参数的含义说明。

表 5-1　参数含义说明

参数	含义说明
$i=H,L$	需求类型
D_i	需求类型为 i 的随机市场需求
$F_i(\cdot)$	信号 D_i 下的累积密度函数
p	单位产品价格
w	单位批发价格
$v_m(v_f)$	IDM（代工厂）的备用产能单位成本
$c_m(c_f)$	IDM（代工厂）的可变生产成本
$k_m(k_f)$	IDM（代工厂）的承诺产能策略

2）无信息分享的基准模型

首先探讨信息不对称下无信息分享的基准模型。具体而言，假设代工厂认为市场类型为 j，j 的取值与 IDM 的备用产能 k_m 没有关联。在无信息分享情形下，代工厂的信念结构将保留至下一部分。

假设 IDM 和代工厂之间进行 Stackelberg 博弈，IDM 是领导者。在基准情况下，首先推导得出代工厂的最优决策，然后考虑 IDM 的收益函数。给定代工厂的信念 j 和 IDM 的备用产能决策 k_m，令 $k_f^j(k_m)$ 表示代工厂的最佳对策，其中 $j=H,L,N$。需要指出的是，若 $j=N$，则表示供应商不能更新其信念；给定 IDM 的产能投资决策 k_m。令 $\Pi^{ij}(k_m)$ 表示当真实市场类型为 i，而代工厂的信念为 j 时的 IDM 收益。

IDM 或代工厂的收益取决于当需求实现时，IDM 或代工厂的生产能力是否首先耗尽。如果 $w\leq c_m$，对 IDM 来说，从代工厂采购比使用内部生产更便宜，并且 IDM 会首先耗尽代工厂的生产能力，如 Wu 等（2014）的"代工厂优先案例"。在该情况下，代工厂的收益为 $(w-c_f)\int_0^{k_f}\overline{F}_j(x)\mathrm{d}x-v_f k_f$，且与 k_m 无关。IDM 的收益如下：

$$\Pi^{ij}(k_m)=p\min\left\{D_i,k_m+k_f^j(k_m)\right\}-w\min\left\{D_i,k_f^j(k_m)\right\}-c_m\min\left\{\left(D_i-k_f^j(k_m)\right)^+,k_m\right\}-v_m k_m$$
$$=(p-c_m)\int_{k_f^j(k_m)}^{k_m+k_f^j(k_m)}\overline{F}_i(x)\mathrm{d}x+(p-w)\int_0^{k_f^j(k_m)}\overline{F}_i(x)\mathrm{d}x-v_m k_m$$

$$(5\text{-}1)$$

反之，如果 $w > c_m$，对于 IDM 来说，进行内部生产比向代工厂采购成本更低，因此 IDM 首先耗尽其内部生产能力，如 Wu 等（2014）的研究中的"IDM 优先案例"。在该情况下，代工厂的收益为 $(w-c_f)\int_{k_m}^{k_m+k_f}\overline{F}_i(x)\mathrm{d}x - v_f k_f$，IDM 的收益如下：

$$\Pi^{ij}(k_m) = p\min\left\{D_i, k_m + k_f^j(k_m)\right\} - c_m\min\{D_i, k_m\} - w\min\left\{(D_i - k_m)^+, k_f^j(k_m)\right\} - v_m k_m$$

$$= (p - c_m)\int_0^{k_m}\overline{F}_i(x)\mathrm{d}x + (p - w)\int_{k_m}^{k_m+k_f^j(k_m)}\overline{F}_i(x)\mathrm{d}x - v_m k_m$$

（5-2）

需要注意的是，此处代工厂在不对称信息下的最优响应可以视为对 Wu 等（2014）的研究中关于对称情况研究的扩展。因此，我们提出了关于代工厂的最优反应，证明过程省略。

引理 5-1 IDM 的产能决策为 k_m，代工厂认为需求类型为 j，其中 $j = H, N, L$。因此，有以下结论成立。

（1）代工厂对产能投资的最优响应如下：

$$k_f^j(k_m) = \begin{cases} \overline{F}_j^{-1}\left(\frac{v_f}{w-c_f}\right), & w \leqslant c_m \\ \max\left\{\overline{F}_j^{-1}\left(\frac{v_f}{w-c_f}\right) - k_m, 0\right\}, & w > c_m \end{cases} \quad (5\text{-}3)$$

（2）不同市场需求情况下的最佳响应满足 $k_f^L(k_m) \leqslant k_f^N(k_m) \leqslant k_f^H(k_m)$。

关于 IDM 的收益函数和最优备用产能，有如下命题。

命题 5-1 （1）如果 $w \leqslant c_m$，则 $\Pi^{ij}(k_m)$ 是一个凹函数。

（2）如果 $w > c_m$，则 $\Pi^{ij}(k_m)$ 在 k_m 内是两个分段凹函数。具体来说，$\Pi^{ij}(k_m)$ 在区间 $\left[0, \overline{F}_j^{-1}\left(\frac{v_m}{w-c_f}\right)\right]$ 和 $\left(\overline{F}_j^{-1}\left(\frac{v_f}{w-c_f}\right), +\infty\right)$ 内取到最优值。

命题 5-1 表明当 $w > c_m$ 时，收益函数是两个分段凹函数。这是因为 $k_f^j(k_m)$ 在 $\overline{F}_j^{-1}\left(\frac{v_f}{w-c_f}\right)$ 处有一个阶跃[参见引理 5-1（1）]。两个分段凹函数表明存在两个局部最优解，可以比较两个局部最优解来确定全局最优解。为了表示方便，令

$$A = \overline{F}_i^{-1}\left(\frac{v_m}{w-c_m}\right), \quad B = \overline{F}_j^{-1}\left(\frac{v_f}{w-c_f}\right), \quad C = \overline{F}_i^{-1}\left(\frac{v_m}{p-c_m}\right)$$

由于 $w < p$ 并且 $\overline{F}_i^{-1}$ 是递减的，因此可以验证 $A < C$。结合上述分析，有以下命题成立。

命题 5-2 表 5-2 给出了信息不对称、无信号下的最优备用产能决策。

表 5-2　最优备用产能

情形		k_m^{ij}	$k_f^j\left(k_m^{ij}\right)$
情形 1：$w \le c_m$		$\left(\overline{F}_j^{-1}\left(\frac{v_m}{p-c_m}\right)-\overline{F}_j^i\left(\frac{v_f}{w-c_f}\right)\right)^+$	$\overline{F}_j^{-1}\left(\frac{v_f}{w-c_f}\right)$
情形 2：$c_m < w \le c_m+v_m$	$C<B$	0	$\overline{F}_j^{-1}\left(\frac{v_f}{w-c_f}\right)$ 或 0
	$C \ge B$	0 或 $\overline{F}_i^{-1}\left(\frac{v_m}{p-c_m}\right)$	0
情形 3：$w > c_m+v_m$	$B<A$	$\overline{F}_i^{-1}\left(\frac{v_m}{p-c_m}\right)$	0
	$A \le B \le C$	$\overline{F}_i^{-1}\left(\frac{v_m}{w-c_m}\right)$ 或 $\overline{F}_i^{-1}\left(\frac{v_m}{p-c_m}\right)$	$\overline{F}_j^{-1}\left(\frac{v_f}{w-c_f}\right)-\overline{F}_i^{-1}\left(\frac{v_m}{w-c_m}\right)$ 或 0
	$C<B$	$\overline{F}_i^{-1}\left(\frac{v_m}{w-c_m}\right)$	$\overline{F}_j^{-1}\left(\frac{v_f}{w-c_f}\right)-\overline{F}_i^{-1}\left(\frac{v_m}{w-c_m}\right)$

2. 信息分享决策

在有信息分享的模型中，假设 IDM 可以观察到需求类型（即 H 或 L），而代工厂可以从 IDM 的备用产能决策 k_m 推断出市场类型，获知 IDM 的产能信息，以辅助确定自己的产能决策 k_f。IDM 意识到这一点，并在预测代工厂的决定时确定了 k_m，进而实现信息分享。因此，代工厂和 IDM 之间进行了一场信息分享下的信号博弈。

对于 IDM 的产能决策，存在两种相互排斥的信息均衡。第一种是分享信息产生的分离均衡，当需求市场为 H 和 L 时，IDM 采用不同的产能决策，代工厂可以从 k_m 的取值准确地推断出市场类型。第二种是不分享信息下的混同均衡，即不考虑需求类型，IDM 使用同一产能决策，代工厂不能推测出市场类型，进而无法更新其对市场类型的初始信念，此时信息未能成功分享，这一情景与 Li 等（2014a）的例子类似，证明了混同均衡在信息分享模型中不符合直觉准则。具体地，Li 等（2014a）的研究中的证明逻辑表明，代工厂和 IDM 的信号博弈混同均衡无法在信息分享模型中的直觉准则下存在，此外，我们还参考了 Li 等（2014a）的研究中对于"直觉准则"的定义。在混同策略中，代工厂无法更新对需求类型的信念，即代工厂对需求类型的信念保持为初始信念"N"。假设存在一个池化均衡 k_m^N，回顾上文，$\Pi^{iH}(k_m) > \Pi^{iN}(k_m)$，同时，$\Pi^{ij}(k_m)$ 要么是凹函数，要么是两个分段凹函数。因此，可以找到这样一个 k_m^F，使 $\Pi^{HH}\left(k_m^F\right) = \Pi^{HN}\left(k_m^N\right)$。

注意式（5-1）和式（5-2）给出了 IDM 的收益 $\Pi^{ij}(k_m)$，它取决于 $w \le c_m$ 还是 $w > c_m$。下面以 $w \le c_m$ 的情况为例，给出证明过程。当 $w \le c_m$ 时，由式（5-1）可得

$$\Pi^{LN}\left(k_m^F\right) - \Pi^{HH}\left(k_m^F\right) = (p - c_m)\int_0^{k_m^F + k_s^H} (\overline{F}_L(x) - \overline{F}_H(x))\mathrm{d}x + (c_m - w)$$

$$\cdot \int_0^{k_s^H} (\overline{F}_L(x) - \overline{F}_H(x))\mathrm{d}x$$

$$\Pi^{LN}\left(k_m^N\right) - \Pi^{HN}\left(k_m^N\right) = (p - c_m)\int_0^{k_m^N + k_s^N} (\overline{F}_L(x) - \overline{F}_H(x))\mathrm{d}x + (c_m - w)$$

$$\cdot \int_0^{k_s^N} (\overline{F}_L(x) - \overline{F}_H(x))\mathrm{d}x$$

给定 $k_m^F > k_m^N$ 以及 $\Pi^{HH}\left(k_m^F\right) = \Pi^{HN}\left(k_m^N\right)$，可以推导出 $\Pi^{LN}\left(k_m^F\right) = \Pi^{LN}\left(k_m^N\right)$。

因此，令中间变量 $k_m^D = k_m^F - \varepsilon$，当 IDM 观察到高需求类型时，就有动机从混同均衡 k_m^N 偏离到 k_m^D。当观察到低需求类型时，则没有动机偏离均衡。也就是说，偏差 k_m^D 总是导致代工厂相信真实的市场为 H，即存在 k_m^D，使 $\Pi^{HN}\left(k_m^N\right) < \Pi^{HH}\left(k_m^D\right)$ 和 $\Pi^{LN}\left(k_m^N\right) < \Pi^{LH}\left(k_m^D\right)$。

因此，混同均衡不符合直观准则，只需关注分离均衡。

1）初步结果

在研究信息分享下的分离均衡之前，我们首先得到了关于不同信息情景下 IDM 收益函数的一些初步结果。注意，当考虑 IDM 的收益函数时，已经考虑了代工厂关于其需求类型信念的最佳决策。有以下引理成立。

引理 5-2　（1）$\Pi^{Hj}(k_m) \geqslant \Pi^{Lj}(k_m)$，$j = H, L, N$。

（2）$\Pi^{iH}(k_m) \geqslant \Pi^{iN}(k_m)$，$i = H, L$。

证明：对于任何 $i, j = H, L$，有 $\Pi^{Hj}(k_m) \geqslant \Pi^{Lj}(k_m)$ 和 $\Pi^{iH}(k_m) \geqslant \Pi^{iL}(k_m)$。这里，$k_m$ 可以看作一个固定变量。因此，为了简单起见，在证明中有时将 $k_f^j(k_m)$ 简单地写为 k_f^j。在两种情况下建立上述关系。

根据研究假设，$\overline{F}_H^{-1}(\cdot) \geqslant \overline{F}_L^{-1}(\cdot)$，供应商的最佳响应 $k_f^j(k_m)$ 由式（5-3）给出，可以得到 $k_f^H(k_m) \geqslant k_f^L(k_m)$。

情况 1：$w \leqslant c_m$。在该情况下：

$$\Pi^{ij}(k_m) = (p - c_m)\int_{k_f^j}^{k_m + k_f^j} \overline{F}_i(x)\mathrm{d}x + (p - w)\int_0^{k_f^j} \overline{F}_i(x)\mathrm{d}x - v_m k_m$$

$$= (p - c_m)\int_{k_f^j}^{k_m + k_f^j} \overline{F}_i(x)\mathrm{d}x + (c_m - w)\int_0^{k_f^j} \overline{F}_i(x)\mathrm{d}x - v_m k_m$$

首先证明 $\Pi^{Hj}(k_m) \geqslant \Pi^{Lj}(k_m)$，$j = H, L$。根据上式有

$$\Pi^{Hj}(k_m) - \Pi^{Lj}(k_m)$$

$$= (p - c_m)\int_{k_f^j}^{k_m + k_f^j} \left(\overline{F}_H(x) - \overline{F}_L(x)\right)\mathrm{d}x + (p - w)\int_0^{k_f^j} \left(\overline{F}_H(x) - \overline{F}_L(x)\right)\mathrm{d}x \geqslant 0$$

当 $c_m \geq w$ 和 $p > c_m > 0$ 时，最后一个不等式成立。因此 $\Pi^{iH}(k_m) - \Pi^{iL}(k_m) \geq 0$，即 $\Pi^{iH}(k_m) \geq \Pi^{iL}(k_m)$，其中，$i = H, L$。

情况2：$w > c_m$。在该情况下：

$$\Pi^{Hj}(k_m) - \Pi^{Lj}(k_m)$$
$$= (w - c_m)\int_0^{k_m}\left(\overline{F}_H(x) - \overline{F}_L(x)\right)\mathrm{d}x + (p - w)\int_{k_m+k_f^L}^{k_m+k_f^H}\left(\overline{F}_H(x) - \overline{F}_L(x)\right)\mathrm{d}x \geq 0$$

最后一个不等式是由于 $k_f^H \geq k_f^L$，$\overline{F}_H(x) \geq \overline{F}_L(x)$ 且 $w > c_m$。根据上式，得到

$$\Pi^{iH}(k_m) - \Pi^{iL}(k_m) = (p - w)\int_{k_m+k_f^L}^{k_m+k_f^H}\overline{F}_i(x)\mathrm{d}x \geq 0$$

因此，$\Pi^{Hj}(k_m) \geq \Pi^{Lj}(k_m)$ 和 $\Pi^{iH}(k_m) \geq \Pi^{iL}(k_m)$，其中，$i, j = H, L$。证毕。

需要注意的是，Li 等（2014a）考虑的是线性的反向需求函数，发现收益函数是凹函数，在四种信息不对称场景下的位置很明确，读者可具体参见 Li 等（2014a）的文献中的图 2。然而，在本节的信息分享模型中，最优策略更加复杂。

对于收益函数 $\Pi^{ij}(k_m)$，令 k_m^{ij} 表示 k_m 的最优值，从而得到 $\Pi^{ij}(k_m)$。由命题 5-1 可知，当 $w \leq c_m$ 时，$\Pi^{ij}(k_m)$ 是凹函数，且 k_m^{ij} 具有唯一最优值。当 $w > c_m$ 时，$\Pi^{ij}(k_m)$ 是两个分段凹函数。令 k_m^{ij1} 和 k_m^{ij2} 为 k_m 的两个局部最优值，其中 $k_m^{ij1} < k_m^{ij2}$，对于任意 $i, j = H, L$，$k_m^{ij} = \arg\max\left\{\Pi^{ij}\left(k_m^{ij1}\right), \Pi^{ij}\left(k_m^{ij2}\right)\right\}$。特别地，如果 $\Pi^{ij}\left(k_m^{ij1}\right) = \Pi^{ij}\left(k_m^{ij2}\right)$，令 $k_m^{ij1} = k_m^{ij2}$。关于 k_m^{ij} 之间的关系，有以下引理成立。

引理 5-3　（1）如果 $w \leq c_m$，$k_m^{HL} \geq k_m^{HH} \geq k_m^{LH}$ 且 $k_m^{HL} \geq k_m^{LL} \geq k_m^{LH}$。

（2）如果 $w > c_m$，在区间 $\left[\overline{F}_H^{-1}\left(\frac{v_f}{w-c_f}\right), +\infty\right]$ 上有 $\Pi^{iH}(k_m) = \Pi^{iL}(k_m), i = H, L$。

证明：（1）考虑 $w \leq c_m$ 的情况。根据模型假设 $F_H(x) \leq F_L(x)$，有 $\overline{F}_H^{-1}(x) \geq \overline{F}_L^{-1}(x)$。如果 $w \leq c_m$，由命题 5-2，有

$$k_m^{ij} = \overline{F}_i^{-1}\left(\frac{v_m}{p-c_m}\right) - \overline{F}_j^{-1}\left(\frac{v_f}{w-c_f}\right)$$

对于 $j = H, L$，有 $k_m^{Hj} \geq k_m^{Lj}$；对于 $i = H, L$，有 $k_m^{iL} \geq k_m^{iH}$。因此，有 $k_m^{HL} \geq k_m^{LL} \geq k_m^{LH}$ 和 $k_m^{HL} \geq k_m^{HH} \geq k_m^{LH}$ 成立。

（2）如果 $w > c_m$，结果如命题 5-1 所示。证毕。

由引理 5-2 和引理 5-3，可以部分确定收益函数 $\Pi^{ij}(k_m)$ 的位置，其中，$i, j = H, L$。图 5-2 直观地展示了这一结论。

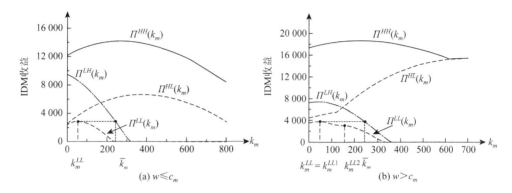

图 5-2 不同信息场景下的 IDM 收益

从图 5-2 中可以看到，IDM 向代工厂传递真实市场需求信息的动机。当市场类型为 H 时，有 $\Pi^{HH}(k_m) \geqslant \Pi^{HL}(k_m)$（引理 5-2）。在该情况下，如果代工厂误判断为需求类型 L，IDM 就会遭受收益损失。因此，IDM 有强烈的动机消除信息不对称性。

2）分离均衡

接下来将建立 IDM 备用产能的分离均衡。首先制定代工厂的信念结构，在分离策略中，代工厂可以完美地推断出市场需求类型，实现信息共享。采用以下供应商信念机制：首先，需要注意的是，如果需求类型是 H 而不是 L，IDM 会承诺更高的产能。因此，一个合理的信念结构应该满足以下直观信念。当 k_m 足够大时，代工厂相信需求类型为 H，而当 k_m 足够小时，代工厂可能暗示需求类型为 L，因此可采用阈值信念结构。具体来说，令 $\hat{k}_m$ 为一个承诺的生产能力阈值。因此，代工厂成功获取 IDM 共享信息下的信念结构定义如下：

$$j(k_m) = \begin{cases} H, & k_m \geqslant \hat{k}_m \\ L, & k_m < \hat{k}_m \end{cases} \tag{5-4}$$

这种信念结构在其他许多研究中也经常被采用（Özer and Wei，2006；Li et al.，2014a）。在该信念结构下，信息得到成功共享，如果 IDM 的备用产能大于阈值 $\hat{k}_m$ 即 $k_m > \hat{k}_m$，则代工厂认为需求类型为 H。因此，在观察 IDM 的备用产能 k_m 后，代工厂确定了自己的信念 $j(k_m)$。

引理 5-2 中得出了对于任何 $i = H, L$，$\Pi^{iH} \geqslant \Pi^{iL}$，也就是说，对于任何代工厂的备用产能，如果代工厂的信念是 H，对 IDM 将会更好。因此，IDM 会集中增加其备用产能，以诱导代工厂相信需求市场是 H。代工厂也意识到这一点，因此将调整其信念结构。与 Li 等（2014a）的研究类似，这里主要探讨实现信息分享时的完美贝叶斯分离平衡（Gibbons，1992；Cachon and Netessine，2004），定义如下。

定理 5-1　在信号博弈中，如果存在一个阈值 $\hat{k}_m$，即当需求类型为 H 时，IDM 的备用产能 $k_m \geqslant \hat{k}_m$，则达到了一个完美贝叶斯分离均衡；如果需求类型为 L，则 IDM 的备用产能 $k_m < \hat{k}_m$。

接下来，推导关于 IDM 备用产能 k_m 的完美贝叶斯分离均衡（以下简称"分离均衡"）。假设市场类型为 H，为了确保代工厂认为市场类型为 H，IDM 的备用产能 k_m 必须足够大，以致当真实需求类型为 L 时无法模仿 H 类型。其中 k_m 必须满足以下条件：

$$\Pi^{LL}\left(k_m^{LL}\right) \geqslant \Pi^{LH}(k_m) \tag{5-5}$$

不等式左侧是 IDM 的最大收益，如果真实需求类型是 L，而且代工厂也认为需求类型是 L。式（5-5）确保了 IDM 没有向代工厂发出虚假需求市场类型信号的动机，因为如果代工厂制定了真实的信念，IDM 的收益会更大。

下面研究 k_m 的值，以使式（5-5）成立。在 $\Pi^{LL}\left(k_m^{LL}\right)$ 上画一条水平线，以确定水平线与曲线 $\Pi^{LH}(k_m)$ 在区间 $\left[k_m^{LL}, +\infty\right)$ 上的交点数。在命题 5-2 和引理 5-3 中描述了曲线的局部特征，发现仅存在一个交点。该结论可以用不同的例子来说明。

如果 $w \leqslant c_m$ [图 5-2（a）]，有 $\Pi^{LH}\left(k_m^{LL}\right) > \Pi^{LL}\left(k_m^{LL}\right)$，而且 $\Pi^{LH}(k_m)$ 在区间 $[k_m^{LL}, +\infty)$ 内递减。在该情况下，水平线与曲线 $\Pi^{LH}(k_m)$ 在区间 $[k_m^{LL}, +\infty)$ 内有一个交点。

如果 $w > c_m$，$\Pi^{ij}(k_m)$ 是两个分段凹函数，对于任意 $i, j = H, L$ [图 5-2（b）]。在前文中将 k_m^{LL1} 和 k_m^{LL2} 定义为 $\Pi^{LL}(k_m)$ 的两个局部最优解。讨论 k_m^{LL} 的两种情况，如果 $k_m^{LL} = k_m^{LL2}$，得到 $\Pi^{LH}\left(k_m^{LL}\right) > \Pi^{LL}\left(k_m^{LL}\right)$，以及 $\Pi^{LH}(k_m)$ 在区间 $\left[k_m^{LL}, +\infty\right)$ 内递减。当 $w < c_m$ 时，在 $k_m \in \left[k_m^{LL}, +\infty\right)$ 内交点是唯一的。如果 $k_m^{LL} = k_m^{LL1}$，有 $\Pi^{LL}(k_m) < \Pi^{LL}\left(k_m^{LL}\right)$ 对任意 $k_m \in \left[k_m^{LL}, +\infty\right)$ 成立。已知 $\Pi^{LH}(k_m)$ 在区间 $\left[0, \overline{F}_H^{-1}\left(\frac{v_f}{w-c_f}\right)\right]$ 和 $\left(\overline{F}_H^{-1}\left(\frac{v_f}{w-c_f}\right), +\infty\right)$ 是凹函数，在第二个区间内有 $\Pi^{LH}(k_m) = \Pi^{LL}(k_m)$。从 $\overline{F}_H^{-1}\left(\frac{v_f}{w-c_f}\right) > \overline{F}_L^{-1}\left(\frac{v_f}{w-c_f}\right) \geqslant k_m^{LL}$，可以得出 $\Pi^{LH}\left(\overline{F}_H^{-1}\left(\frac{v_f}{w-c_f}\right)\right) < \Pi^{LL}\left(k_m^{LL}\right)$，以及 $\Pi^{LH}(k_m) < \Pi^{LL}\left(k_m^{LL}\right)$ 对于任意 $k_m \in \left(\overline{F}_H^{-1}\left(\frac{v_f}{w-c_f}\right), +\infty\right)$ 成立。因此，水平线 $\Pi^{LL}\left(k_m^{LL}\right)$ 与曲线 $\Pi^{LH}(k_m)$ 在区间 $\left[k_m^{LL}, \overline{F}_H^{-1}\left(\frac{v_f}{w-c_f}\right)\right)$ 有一个交点，而在区间 $\left(\overline{F}_H^{-1}\left(\frac{v_f}{w-c_f}\right), +\infty\right)$ 与曲线 $\Pi^{LH}(k_m)$ 无交点。总之，如果 $w > c_m$，在 k_m^{LL} 的左侧，水平线 $\Pi^{LL}\left(k_m^{LL}\right)$ 与曲线 $\Pi^{LH}(k_m)$ 有一个交点。因此，给出引理 5-4。

引理 5-4　以下方程存在唯一解：

$$\Pi^{LL}(k_m) = \Pi^{LL}\left(k_m^{LL}\right) \text{且} k_m \geqslant k_m^{LL} \tag{5-6}$$

根据引理 5-4，定义一个临界阈值 $\overline{k}_m$，用来描述 IDM 的均衡备用产能。

定义 5-1　定义 $\overline{k}_m$ 为式（5-6）的唯一解，以及定义 $\hat{k}_m = \max\left\{\overline{k}_m, k_m^{HH}\right\}$。

当 $k_m \geqslant \overline{k}_m$ 时，式（5-5）有效。其实，图 5-2 还描述了阈值 $\overline{k}_m$。回顾供应商的信念结构，为了诱导代工厂认为需求类型为 H，$\hat{k}_m$ 不能小于 $\overline{k}_m$。根据这种直觉和图 5-2 中描述的情况，得出以下命题来表征唯一的分离平衡。令 k_m^{i*} 为真实需求类型为 i 时 IDM 的最优备用产能决策。关于 IDM 唯一的分离均衡如下。

命题 5-3　给定真实需求类型 i，IDM 唯一的分离均衡 k_m^{i*} 如下：

$$k_m^{i*} = \begin{cases} \hat{k}_m, & i = H \\ k_m^{LL}, & i = L \end{cases}$$

从命题 5-3 可知市场需求类型为 H 且 $\overline{k}_m > k_m^{HH}$ 的情况。IDM 的备用产能 $\hat{k}_m = \overline{k}_m > k_m^{HH}$。在该情况下，IDM 将自己的备用产能值向上扭曲，向代工厂传递可信的信息，从而导致一定的收益损失。具体来说，在对称信息设置下，IDM 的最大收益为 $\Pi^{HH}\left(k_m^{HH}\right)$。在非对称信息下的信号博弈中，IDM 的最大收益为 $\Pi^{HH}(\hat{k}_m)$。收益损失 $\Pi^{HH}\left(k_m^{HH}\right) - \Pi^{HH}(\hat{k}_m)$ 可视为 IDM 实现信息共享所支付的成本。这就是所谓的信息租金（Laffont and Martimort，2002；Çakanyıldırım et al.，2012）。如果 $\overline{k}_m \leqslant k_m^{HH}$，则制造商的最优备用产能值为 k_m^{HH}。在该情况下，IDM 不需要扭曲完全信息条件下的最优产能，即可成功地将需求类型 H 信息发送给代工厂，这种情况称为自然分离。

如果需求类型为 L，则 IDM 没有向供应商发出市场需求信息的动机，只会选择备用产能决策 k_m^{LL}。根据式（5-4）中定义的代工厂信念结构，代工厂会认为需求类型为 L，此时，IDM 的收益与对称信息设置下的收益相同。

3）信息不对称效应

前面比较了不同信息设置下的 IDM、代工厂和供应链的产能投资决策。为了便于表示，令 k_m、k_f 和 $k_{sc} = k_m + k_f$ 分别为信息不对称情况下三者对应的备用产能。令 k_m^a、k_f^a 和 $k_{sc}^a = k_m^a + k_f^a$ 为信息共享下对应的备用产能决策。因此，k_x 和 k_x^a 之间的关系有如下结论。

命题 5-4　（1）如果 $i = L$ 或 $i = H$，系统自然分离，其中 $x = m, f, sc$，分别代表 IDM、代工厂和供应链整体。

（2）如果 $i = H$，系统达到分离平衡时，k_x 和 k_x^a 之间的关系如表 5-3 所示。

表 5-3　备用产能之间的关系

$w \leqslant c_m$			$w > c_m$								
			$k_f^a = 0, k_f = 0$			$k_f^a = 0, k_f > 0$			$k_f^a > 0, k_f > 0$		
k_m^a	k_f^a	k_{sc}^a	k_m^a	k_f^a	k_{sc}^a	k_m^a	k_f^a	k_{sc}^a	k_m^a	k_f^a	k_{sc}^a
$>$	$=$	$>$	$>$	$=$	$>$	$>$	$<$	$<$	$>$	$<$	$=$
k_m	k_f	k_{sc}	k_m	k_f	k_{sc}	k_m	k_f	k_{sc}	k_m	k_f	k_{sc}

证明： 已知命题 5-2 描述了信息不对称下 IDM 和代工厂之间的最优产能保留值。令 $i = j$，则可以得到对称信息下的备用产能。如果 IDM 的备用产能为 k_m^{ii}，那么代工厂的备用产能为 $k_f^i(k_m^{ii})$。根据式（5-3）：

$$k_f^i(k_m^{ii}) = \begin{cases} \overline{F_i}^{-1}(v_f w - c_f), & w \leqslant c_m \\ \max\{\overline{F_i}^{-1}(v_f w - c_f) - k_m^{ii}, 0\}, & w > c_m \end{cases}$$

供应链总备用产能为

$$k_m^{ii} + k_f^i(k_m^{ii}) = \begin{cases} k_m^{ii} + \overline{F_i}^{-1}(v_f w - c_f), & w \leqslant c_m \\ \max\{\overline{F_i}^{-1}(v_f w - c_f), k_m^{ii}\}, & w > c_m \end{cases}$$

当信息不对称且 IDM 传递信号时，由式（5-3）可知，代工厂相应的备用产能为

$$k_f^{j(k_m^{i*})}(k_m^{i*}) = k_f^i(k_m^{i*}) = \begin{cases} \overline{F_i}^{-1}(v_f w - c_f), & w \leqslant c_m \\ \max\{\overline{F_i}^{-1}(v_f w - c_f) - k_m^{i*}, 0\}, & w > c_m \end{cases}$$

供应链总备用产能为

$$k_m^{i*} + k_f^{j(k_m^{i*})}(k_m^{i*}) = \begin{cases} k_m^{i*} + \overline{F_i}^{-1}\left(\frac{v_f}{w - c_f}\right), & w \leqslant c_m \\ \max\{\overline{F_i}^{-1}\left(\frac{v_f}{w - c_f}\right), k_m^{i*}\}, & w > c_m \end{cases}$$

比较上述 IDM、代工厂和供应链三者的备用产能表达式，可以看到，当 $k_m^{i*} = k_m^{ii}$ 时，即当 $i = L$ 或者 $i = H$ 和 $\hat{k}_m = k_m^{HH}$（自然分离）时，两种信息场景下 IDM 和代

工厂的备用产能是相同的。当 $i = H$ 和 $\hat{k}_m > k_m^{HH}$，即系统处于分离均衡状态时，可以比较两种信息情景下的 IDM 和代工厂产品产能的差异。在表 5-3 中，只关注 $i = H$ 和 $\hat{k}_m = k_m^{HH}$ 的情况。证毕。

表 5-3 关注成功分享信息下的分离均衡情况。因此，对于所有情况，有 $k_m^a > k_m$。表 5-3 中的其他关系为本模型研究提供了一些有趣的见解。关于代工厂的备用产能，有 $k_f^a > k_f$ 或者 $k_f^a < k_f$，即在信息不对称的情况下，IDM 会通过增加自己的备用产能来向代工厂分享需求信息。但是，代工厂不会改变甚至减少其备用产能。与对称信息条件下相比，供应链两个成员的备用产能可能增加、减少或不变。如果 $k_f^a = k_f$，则供应链总备用产能增加（例如，$w \leqslant c_m$ 的情况和 $w > c_m$ 且 $k_f^a = k_f = 0$ 的情况）。如果 $k_f^a < k_f$，供应链总备用产能减少（例如，$w > c_m$ 和 $k_f^a = 0$，$k_f > 0$）或者保持不变（例如，$w > c_m$，$k_f^a > 0$，$k_f > 0$）。Wu 等（2014）的研究表明，在对称信息的水平双外包供应链中（即代工厂和 IDM 都可以准备产能的供应链），由于众所周知的双重边际化，IDM 和代工厂的总产能投资要小于对应的集中式供应链的总产能投资。本模型研究结果表明，信息不对称可能会缓解或加剧横向供应链中的双重边缘化。

另一个观察结果是，当 $w > c_m$，$k_f^a > 0$，$k_f > 0$ 时，在信息不对称和信息对称的两种情况下总备用产能相同。然而，生产能力分配在 IDM 和代工厂之间是不同的。具体地说，在分享信息的情况下，IDM 增加了自己的备用产能，而代工厂减少了同样数量的备用产能。IDM 必须增加自己的生产能力储备，以向代工厂传递市场需求信息。如果将 IDM 和代工厂之间的产能分配作为其议价能力的表现（Su and Zhang，2008），可以推断出信息不对称降低了 IDM 的议价能力。

3. 数值研究

下面进行研究模型的数值分析。在前面的分析中没有指定需求分布函数，只要求 $F_H(\cdot) < F_L(\cdot)$。这里将着重考虑指数需求分布。当然，这里还测试了其他几种常见的分布，如均匀分布和正态分布，观察到的模式与指数分布类似。

设 λ_H 和 λ_L 分别为市场类型为 H 和 L 时指数需求的均值。考虑以下参数设置：$p = 575$，$w = 480$，$v_m = 50$，$v_f = 120$，$c_m = 500$，以及 $c_f = 340$。为了研究市场需求分布对信号博弈的影响，考虑 λ_H 和 λ_L 的不同取值。注意 $F_H(\cdot) < F_L(\cdot)$，有 $\lambda_H < \lambda_L$。固定 $\lambda_L = 0.005$，并且令 λ_H 在区间 $(0,1)$ 内变化。为了便于标记，定义：

$$\theta = \frac{\lambda_H}{\lambda_L}$$

用 $1 - \theta$ 代表需求的不确定性，即用两种类型需求分布的均值之比来表达（Anand and Goyal，2009）。需要注意的是，当 $\theta = 0$ 时，市场需求的不确定性最大。

当 $\theta = 1$ 时，市场不存在需求不确定性（$\lambda_H = \lambda_L$）。对于每一组参数设置，考察对应的唯一均衡和信息租金。

图 5-3（a）描述了 $\hat{k}_m$ 与 θ 的平衡关系。k_m^{HH} 和 $\overline{k}_m$ 随着 λ_H 的增大而减小，在 $\theta = 0.22$ 和 $\theta = 1$ 处相交。具体而言，当需求不确定性较高（即本例中 $\theta \leqslant 0.22$）时，供应链系统自然分离，均衡备用产能为 $\min\{\overline{k}_m, k_m^{HH}\} = \overline{k}_m$。当需求不确定性降低（即 $0.22 < \theta \leqslant 1$）时，供应链具有唯一的分离均衡，$\min\{\overline{k}_m, k_m^{HH}\} = k_m^{HH}$。需要注意的是，当不存在需求不确定性时，$\overline{k}_m = k_m^{HH}$。图 5-3（a）也显示了均衡 $\min\{\overline{k}_m, k_m^{HH}\}$ 并不随着市场需求不确定性的降低而增加。

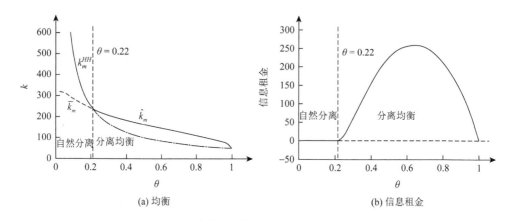

(a) 均衡　　　　　　　　　　(b) 信息租金

图 5-3　参数 θ 对均衡和信息租金的影响

图 5-3（b）描述了信息租金与 θ 的关系。当市场需求不确定性较高（即 $\theta \leqslant 0.22$）时，系统自然分离，信息租金为零。当需求不确定性降低（即 $\theta \in (0.22, 1]$）时，信息租金在 $\theta = 0.64$ 处达到最大值后呈现出下降的趋势，最终在 $\theta = 1$ 处达到 0，这是一个有趣的观察结果。可以认为，随着需求不确定性的降低，信息租金会增加，因为区分两种相似的市场类型应该需要支付更高的成本。信息租金在需求不确定性适中时达到最大值（即 $\theta = 0.64$），然后随着需求不确定性的持续降低而降低（即 $\theta \in (0.64, 1]$）。

当市场需求不确定性增大（即 θ 在 $[0.22, 0.64]$ 内减小）时，系统更接近于自然分离状态，因此，信息租金下降。当需求不确定性降低（即 θ 在 $[0.64, 1]$ 内增加）时，如果代工厂没有正确地向市场类型发出信号，潜在的收益损失就会减少。因此，IDM 发送信号的动机降低，信息租金降低。

接下来讨论 w 对平衡状态的影响。在前面的数值研究中，当 $w = 480$ 和 $\lambda_H = 0.001$ 时，系统达到自然分离状态。下面的算例表明，当 w 增大时，系统变为分离均衡。固定 $\lambda_H = 0.001$ 并且令 w 在 460（即 $c_f + v_f$）与 575（即 p）之间变化。同样,绘制了 IDM 的最优备用产能值 $\overline{k}_m$ 和信息租金 k_m^{HH}。图 5-4(a) 显示出 $\overline{k}_m$ 和 k_m^{HH} 有两个交点。这意味着随着 w 的增加,系统由自然分离变为分离均衡,并最终再次由分离均衡变为自然分离。该现象可解释如下:当 w 很小且接近 $c_f + v_f$ 时,代工厂的备用产能决策为 $k_f^j = \overline{F}_j^{-1}\left(\dfrac{v_f}{w-c_f}\right)$ (见命题 5-1)。当 $\dfrac{v_f}{w-c_f}$ 接近 1 时,无论其对市场的信念是否准确,代工厂的备用产能决策 k_f^j 接近于 0。因此,IDM 没有分享信息的动机,系统自然分离。而当 w 较大且接近销售价格 p 时,IDM 优先使用其内部产能。在这种情况下,IDM 没有动机向代工厂发出信号,敦促其投资备用产能。因此,系统达到了自然分离。当 w 适中,系统达到分离均衡时,在 $w = 500$ 时出现跳跃。回顾前文,收益函数 Π^{HH} 是两个分段凹函数。当 $w = 500$ 时,$\Pi^{HH}(k_m)$ 的最大值从第二个凹函数的局部最优点(即不小于 $\overline{F}_H^{-1}\left(\dfrac{v_f}{w-c_f}\right)$ 的边界值)转向第一个凹函数的局部最优点[即本例中的 0,如图 5-4(a) 中的曲线 k_m^{HH} 所示]。

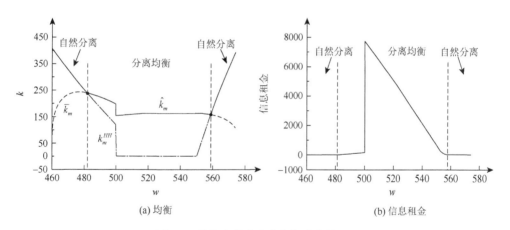

图 5-4　均衡和信息租金与批发价格 w

图 5-4(b) 显示了信息租金与 w 的关系。当系统达到自然分离时,信息租金为 0;当系统处于分离均衡时,信息租金在 $w = 500$ 时突然大幅增加。当系统再次达到自然分离时,它又会减少到 0。信息租金的跳跃也是由两分段收益函数 $\Pi^{HH}(k_m)$ 中两个局部最优之间的全局最优切换引起的。

5.2.3　小结

本节模型研究了半导体产业中 IDM 和代工厂之间的横向双源模式,其中 IDM

和代工厂必须在生产开始前储备产能。IDM 具有关于市场类型的私人信息，需求不确定性通过需求分布函数来表征。IDM 通过信号传递方式将市场需求信息传递给代工厂，实现两博弈方之间的信息共享。本节通过对信号传递机理的研究，得到了如下一些结论。

（1）在 IDM 的产能保留决策中存在唯一的完美贝叶斯分离均衡。在该分离均衡下，代工厂根据 IDM 的决策可以成功地推断出 IDM 所掌握的需求信息，产能信息在两博弈方之间成功实现共享。

（2）在信息不对称的情况下，为了证明分享的信息真实可信，IDM 可能需要向上扭曲自己的产能保留决策，而代工厂可能会降低或者不改变自己的产能保留。不同于一般的合约式信息共享方式，本节模型研究展示了通过扭曲或改变产能决策可以实现信息共享。

（3）通过比较信息对称和信息不对称情况下的产能保留决策，发现信息不对称可能会缓解或加剧供应链的双重边缘化效应，并可能通过产能分配降低 IDM 与代工厂之间的议价能力。为了降低信息不对称导致的 IDM 收益损失以及实现信息共享，IDM 需要扭曲产能决策并支付一定的信息租金。虽然这种信息分享的方式可能导致 IDM 的收益损失，但是相比于不对称信息下的收益，信息分享仍然是 IDM 的最优策略。

（4）敏感性分析表明，当市场需求不确定性（或批发价）适中时，信息租金达到峰值。

本节研究存在以下几点局限，未来可以进一步予以拓展。首先，我们把 IDM 和代工厂之间的批发价格设定为一个外部给定的参数，后续研究可以考虑将批发价格作为内部决策变量进行建模分析。其次，本节所考虑的是随机的单周期需求，因此均衡不能以封闭形式给出，未来可以分析多周期的需求情形。最后，本节模型研究的是信息不对称下的一个信号博弈，后续也可以尝试从 IDM 中寻找信息的甄别机制，或者通过考虑风险规避问题来调整研究目标。

5.3　分享供应链双渠道激励契约设计

本节考虑在分享环境下构建一个由单一制造商和单一零售商组成的供应链的信息甄别模型，并研究二者在不对称信息下的经营合约。在该模型中，零售商可以通过其线下商店以及在线网站两种渠道销售制造商生产的产品。此时，制造商的经营权在一定程度上分享给了零售商。研究发现，当制造商可以指定零售商在实体渠道和在线渠道的销售价格时，如果零售商的保留效用依赖于市场类型以及需求的不确定性足够高，则制造商可以在信息不对称条件下不用支付信息租金，并获得完全信息状态下的收入。制造商应根据多个因素设定线上和实体渠道价格，如需求的不确定性、市场规模、需求对价格的敏感性等。

5.3.1　分享供应链双渠道激励现状

随着网络经济和电子商务技术的发展，基于互联网的供应链分销引起了社会各界的重大关注。许多传统品牌在现有零售渠道的基础上纷纷建立了在线网络销售渠道，利用电商渠道中间环节少、不受地域限制、交易成本低等优势，达到快速接触网络消费群体、拓展市场、提高竞争力的目的。例如，戴尔、佐丹奴、耐克、联想、海尔等传统零售品牌，都已经建立了传统渠道网络与电子渠道相结合的销售模式。然而，随着网络渠道逐渐成为商业活动以及消费者消费习惯中不可忽视的部分，其与传统渠道之间的矛盾也日益凸显。由于网络渠道顺应了价格敏感型消费需求，其终端产品的低价策略旨在利用渠道优势提高市场份额。因此，在与传统渠道重叠的经营区域内，双渠道之间目标的不兼容性在给实体渠道造成冲击的同时，也加剧了渠道之间的非理性竞争。2012 年，天猫网站上夏普、海尔、海信、TCL、惠普、宏碁、联想等 40 多个家电品牌率先试水网络专供款，推出专供机型近 500 个；某些实体店也不得不在"双十一"推出各种各样的活动，价格甚至比网店更低。近年来，部分企业在双渠道的协作方面也做了一些有益的尝试，但一方面网络零售商急切地希望与传统零售商联盟，把规模做大；而另一方面传统零售商却担心联手会加快自身的衰退。可见，目前网络零售渠道与传统渠道的互动仍然不足，随着供应链分销模式的发展，电商与传统渠道之间的竞争必将回归理性，渠道之间的协作与默契共赢的诉求日益突出。

由于渠道定价是引发渠道冲突的主要因素，因此在以往的研究中，渠道定价与渠道协调一直是研究热点。在渠道定价方面，许多学者在结合双渠道服务水平、消费者渠道偏好，以及产品特点等因素的基础上，建立渠道需求函数，利用博弈论的方法讨论各种定价策略对供应链成员以及供应链整体收益的影响。Chun 和 Kim（2005）以终端消费者效用理论为基础，建立了霍特林模型，讨论了 B2C 模式下电子渠道和传统渠道的定价策略问题。Hua 等（2010）通过建立双渠道供应链模型，研究了电子渠道提前期以及消费者对电子渠道的接受程度这两个因素对渠道定价的影响。肖剑等（2010）从渠道服务成本差异出发，建立双渠道供应链中制造商电子渠道与零售商的 Stackelberg 和伯川德（Bertrand）博弈模型。王宏达（2006）研究了在电子商务环境下，针对季节性商品、易腐蚀商品和知识性产品这三种具有典型特征的产品的双渠道定价问题。在渠道冲突协调方面，大多数学者将传统渠道的协调策略进行变形和组合，利用多种契约对双渠道进行协调，Cai 等（2009）

证明了利用价格折扣机制能够更好地协调此类双渠道供应链。Chiang（2010）建立了库存持有成本分担与收益共享的组合协调机制，但是该机制不能使制造商与零售商同时达到帕累托最优。针对该研究的不足，但斌等（2012）构建了一个制造商与一个零售商的双渠道供应链模型，从电子渠道与零售渠道合作的角度出发，研究了使供应链成员实现双赢的补偿策略。除此之外，一些学者还从渠道定价的角度，研究了协调渠道冲突的方法。陈远高和刘南（2011）研究了在产品存在差异的前提下，网络直销渠道与传统零售渠道供应链系统的协调问题。Fruchter 和 Tapiero（2005）在 Stackelberg 博弈下建立了需求不确定性的随机模型，结果表明当制造商以向电子渠道与实体渠道收取同样费用为定价策略时，引入电子渠道的双渠道销售模式对自己以及消费者均有利。综上，在已有的文献中，关于双渠道差异引起的价格竞争策略以及双渠道合作策略的研究相对较少，因此，针对双渠道理性定价策略及其影响因素展开研究十分有必要。

默契合谋是生产同样产品的厂商之间，由于价格战对双方不利，因此在没有明确交流和讨论的前提下双方均不会削价，以一种纯粹的非合作的方式，通过协调行动使共同收益最大化的行为。近年来，默契合谋也被学者应用到多种管理与经济学环境下，分析供应链成员的行为及策略。Thomadsen 和 Rhee（2007）研究表明，随着不同渠道产品差异的增大，默契合谋的代价变大，因此公司产品越接近，合谋的可能性越大。Normann（2009）在线性需求函数下，研究了供应链下游成员垂直整合对上游企业合谋情况的影响。Piccolo 和 Miklós-Thal（2012）研究了多制造商和多零售商的博弈模型。Piccolo 和 Reisinger（2011）研究了需求对称和不对称情况下，重复交易的供应链分别在授权销售、自由竞争，以及授权销售和自由竞争同时存在的情况下，合谋的可能性。Chen 等（2012）利用重复博弈的思路研究了两条供应链无限期重复竞争的模型，在考虑制造商产能投资以及零售商市场拓展的影响因素下，讨论了企业实施销售额和净收益综合评价指标的可能性。因此，利用默契合谋的概念，从网络渠道与实体渠道达成共识的角度出发，研究理性定价策略及影响双渠道合谋的主要因素，将有助于行业和供应链的良性发展，促进网络和实体渠道脱离价格竞争的恶性循环，建立默契共赢的良性竞争环境。

从网络及实体双渠道竞争合作的视角来看，影响双渠道形成默契合谋的要素包括两个方面。首先，相对于网络渠道，实体渠道可以使消费者通过"触摸""试用""试穿"等真实体验来确定产品的价值，不同产品对渠道的体验属性要求不同。以高档服装为例，顾客在购买前，往往需要实际体验、试穿感知后做出相对可靠的购买决策，在不考虑价格等因素的前提下，实体渠道为首选；而某些产品，如电话卡、游戏卡，则不需要实际体验即可在网络渠道完成交易。

体验性要求越高的产品，实体渠道的优势越明显，双方在竞争中的力量对比差异越大，形成合作共赢的可能性越小，而越是势均力敌的态势，越有利于双方和平竞争。其次，终端市场竞争的激烈程度还取决于两个渠道所属供应链的结构。如果与竞争渠道相比，自身渠道终端与上游的议价能力越弱，则其在终端与对手竞争时定价的空间越小，表现得越具有侵略性，从而难以形成合作共赢的局面；而对方供应链的内部结构也同样会在一定程度上影响对方销售商的市场竞争行为。因此，双方供应链的相对结构成为影响终端渠道竞争合作的另一个重要因素。

综上，接下来将基于销售产品的体验性与双方供应链结构（节点的议价能力和供应链的分散程度）这两个因素，研究双渠道合谋定价策略。同时我们还将探讨在长期的市场竞争中，双渠道合谋共赢的可能性和稳定性，并研究双渠道供应链形成默契合谋的机理与路径，从而为供应链企业的营销结构及定价策略提供有益的参考。

5.3.2　问题描述

考虑由一个产品制造商 M 和一个零售商 R 组成的二级供应链模型，制造商以边际成本 c（为了简便起见，标准化为 0）生产产品并委托零售商进行产品销售，向后者收取转移支付 t^S（$S \in \{H, L\}$，当 $S=H$ 时，$t^S = \bar{t}$，当 $S=L$ 时，$t^S = \underline{t}$）。零售商以价格 p_r 通过实体店进行产品销售。除了实体店外，零售商还具有网上渠道的经营权，并以价格 p_e 销售产品。实体渠道和网上渠道收益归零售商所有，因此零售商的总收益可表示为 $R(p_r) + R(p_e) - t^S$。由于零售商更靠近市场，所以零售商可以更加确切地了解市场类型 α。其中，$\alpha \in \{\bar{\alpha}, \underline{\alpha}\}$，$\bar{\alpha}$ 代表市场类型为高，$\underline{\alpha}$ 代表市场类型为低；假设 $\bar{\alpha} > \underline{\alpha}$，$\underline{\alpha} > \rho\bar{\alpha}$。而市场类型 α 对于制造商是未知的，其只能了解 α 的分布，满足 $\Pr(\alpha = \bar{\alpha}) = \rho$，$\Pr(\alpha = \underline{\alpha}) = 1 - \rho$，且 $0 < \rho < 1$。因此市场类型是零售商的私有信息。为了表述方便，下文直接称 α 为零售商的私有类型。市场类型将影响需求量并最终影响参与者的收益。因为 α 为零售商的私有类型，零售商有可能为了降低转移支付而隐瞒真实的市场类型。因此，制造商向零售商提供合约，从而激励零售商披露真实信息。

用 q_r、q_e 分别表示实体店和网店的需求，用 β 表示需求的价格弹性系数，用 γ 表示交叉价格弹性。由于产品自身的价格对需求的影响程度要高于其替代品价格对本产品需求的影响，因此有 $\beta > \gamma$。由此可得实体店、网店的需求分别表示为 $q_r = \alpha - \beta p_r + \gamma p_e$，$q_e = \alpha - \beta p_e + \gamma p_r$。进一步可得，零售商双渠道在市场类型 α 的总收益函数为 $R^S(p_r, p_e) = p_r q_r + p_e q_e$。

同时，网店的最优定价可以表示为 p_r 的函数：$p_e^S(p_r) = \arg\max\limits_{p_e} R^S(p_r, p_e)$。因此，制造商对零售商宣布合作契约 $\{t^S, p_r^S\}$，零售商上缴转移支付 $\bar{t}, \underline{t}$；制造商同时还规定零售商在实体店的销售定价 p_r（p_e 随之确定）。这些参数的设定实现了支付信息租金的目的，完成信息甄别。各参与方的相关支付如图 5-5 所示。

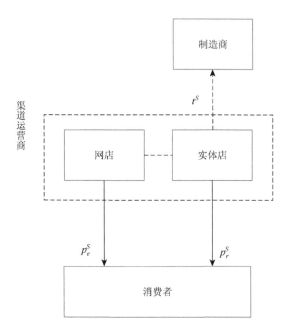

图 5-5　双渠道供应链信息甄别模型

经典的信息甄别是单一委托人对单一代理人的单一任务。但是在双渠道情形下，代理人对单一的私有信息有两个渠道的收益，委托人可以通过调整对代理人的策略（如对网络渠道限制定价）从而达到提升自己的收益、降低信息租金的目的。特别地，经典的信息甄别模型中假设不同类型的代理人保留效用相等，而在实际商业运作中，高市场类型的零售商往往会有更多的商务选择。因此，本节研究放松这一假设，认为不同类型代理人的保留效用不同，即 $G^H(0) > G^L(0)$ 时，系统可能达到信息对称的状态，不产生信息租金。

本节的研究模型涉及的制造商、零售商的博弈时序为：①制造商宣布其信息甄别的激励机制 $\{t^S, p_r^S\}$，包括上缴的转移支付和实体店定价（或者网店限制定价策略下的 $\{t^S, p_r^S, p_e^S\}$）；②零售商根据观察到的实现的需求决定网上价格 p_e（或在网店限制定价策略下，双渠道分别按供应商要求定价）；③需求实现，各方完成销售和收益。模型博弈时序见图 5-6。

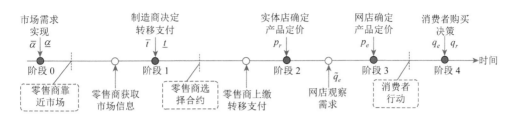

图 5-6　模型博弈时序

表 5-4 对本节的研究模型所使用的参数/变量符号进行了说明。

表 5-4　符号说明

符号	含义
c	边际成本（本节标准化为 0）
t	转移支付，$t \in \{\bar{t}, \underline{t}\}$
S	状态，$S \in \{H, L\}$
p_i	i 店的产品价格，$i \in \{r, e\}$
q_i	i 店的产品销量，$i \in \{r, e\}$
R^S	网店售价跟随实体店售价确定的供应链收益，$S \in \{H, L\}$
R_r^S	网店售价跟随实体店售价确定的实体渠道收益，$S \in \{H, L\}$
R_e^S	网店售价跟随实体店售价确定的网络渠道收益，$S \in \{H, L\}$
G^S	网店独立确定售价情形下的供应链收益，$S \in \{H, L\}$
G_r^S	网店独立确定售价情形下的实体渠道收益，$S \in \{H, L\}$
G_e^S	网店独立确定售价情形下的网络渠道收益，$S \in \{H, L\}$
α	市场类型，$\alpha \in \{\bar{\alpha}, \underline{\alpha}\}$
ρ	市场类型为高的概率，$\rho \in (0,1)$
β	需求的价格弹性系数，$\beta < 1$
γ	交叉价格弹性系数，$\gamma < \beta$
$o \in \{*, N*, P*\}$	依次代表完全信息、无限制条件、限制定价的均衡

5.3.3　无分享条件下制造商策略

在完全信息情形下无分享的必要，制造商和零售商同时观察到市场类型，因此制造商可以针对每种具体的市场类型设计合理的资源配置契约 $\{t^s, p_r^s\}$，确定针对每种市场类型使系统总体收益最优的实体店定价 p_r^s，网店随之定价；确定转移支付 t^s 使零售商获得与其保留效用 $G^s(0)$ 相等的收益，而制造商获得交易中的全部剩余，并承担所有风险。系统总收益为两个渠道销售之和：$R^s(p_r, p_e) = p_r q_r + p_e q_e$。根据图 5-6 的博弈时序，按照逆向归纳法，零售商先确定网店的最优定价，可以表示为 p_r 的函数：

$$p_e^s\left(p_r^s\right) = \arg\max_{p_e} R^s(p_r, p_e) = \frac{\alpha + 2p_r^s\gamma}{2\beta} \tag{5-7}$$

由于 $\partial p_e^s\left(p_r^s\right) \big/ \partial p_r^s > 0$，所以当实体店价格上升时，网店的价格也会有所上升。

将 $p_e^s\left(p_r^s\right)$ 代入 $R^s(p_r, p_e)$，系统收益可以表达为只依赖于实体店定价 p_r 的形式，用 $G^s(p_r)$ [①] 表示，如下：

$$G^s(p_r) = R^s\left(p_r, p_e^s(p_r)\right) = \frac{\alpha^2 + 4p_r\alpha(\beta+\gamma) + 4p_r^2(-\beta^2+\gamma^2)}{4\beta} \tag{5-8}$$

同时，有 $\partial G^s(p_r) \big/ \partial\alpha = (\alpha + 2p_r(\beta+\gamma))/2\beta > 0$，即 $G^H(p_r) > G^L(p_r)$；另外可得 $\partial(G^H(p_r) - G^L(p_r)) \big/ \partial p_r > 0$。由 $\partial G^s\left(p_r^s\right) \big/ \partial p_r^s = 0$ 得到完全信息条件下实体店的最优定价 p_r^*，代入 $p_e^s\left(p_r^s\right)$ 可得网店最优定价 p_e^*。由此可以得到命题 5-5。

命题 5-5　在完全信息条件下，制造商的最优策略为合约 $\{\bar{t}^*, \bar{p}_r^*\}$，$\{\underline{t}^*, \underline{p}_r^*\}$，其中，$\bar{p}_r^* = \bar{p}_e^* = \dfrac{\bar{\alpha}}{2\beta-2\gamma}$，$\underline{p}_r^* = \underline{p}_e^* = \dfrac{\alpha}{2\beta-2\gamma}$，$\bar{t}^* = \dfrac{(\beta+\gamma)\bar{\alpha}^2}{4\beta(\beta-\gamma)}$，$\underline{t}^* = \dfrac{(\beta+\gamma)\underline{\alpha}^2}{4\beta(\beta-\gamma)}$。

在完全信息条件下，制造商确定最优合约 $\{\bar{t}^*, \bar{p}_r^*\}$，$\{\underline{t}^*, \underline{p}_r^*\}$，零售商获得保留效用 $G^s(0)$，因此，制造商获得的转移支付即为供应链的总收益 $t^{s^*} = R^{s^*} - G^s(0)$。完全信息条件下的供应链收益如图 5-7 所示。此时，制造商不需要支付信息租金，系统收益达到最大，制造商承担全部风险。但在供应链实践中，通常无法实现完

---

① 当 p_r、p_e 存在关系 $p_e^s\left(p_r^s\right)$ 时，供应链收益用 $G^s(p_r)$ 表示，即 $G^s(p_r) = R^s\left(p_r, p_e^s(p_r)\right)$；当 p_r、p_e 不存在关系 $p_e^s\left(p_r^s\right)$ 时，供应链收益用 $R^s(p_r, p_e)$ 表示。

全信息的激励机制。因此，下面分别讨论不对称信息条件下的两种情形，即无附加限制条件的甄别模型、网店限价的甄别模型。

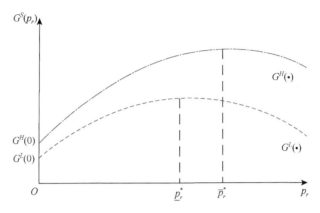

图 5-7　完全信息条件下的供应链收益

5.3.4　无附加限制的双渠道信息分享模型

信息不对称情形下，零售商有谎报市场类型的倾向，以提高自己的收益。因此制造商提供合约 $\{\bar{t}^N, \bar{p}_r^N\}$ 和 $\{\underline{t}^N, \underline{p}_r^N\}$，通过指定不同市场条件下的转移支付 $\bar{t}$、$\underline{t}$ 和实体店价格，付出一定的信息租金，激励零售商披露真实的 α。根据直接显示原理，可得制造商的收益最大化问题表示为

$$\max_{\{t^N, p_r^N\}} \rho\bar{t} + (1-\rho)\underline{t}$$

$$\text{s.t.}\quad G^H(\bar{p}_r) - \bar{t} = G^H(\underline{p}_r) - \underline{t} \quad (\text{I}\bar{\text{C}})$$

$$G^L(\underline{p}_r) - \underline{t} = G^L(0) \quad\quad (\text{I}\underline{\text{R}})$$

式中，$(\text{I}\bar{\text{C}})$ 代表市场类型为高时的激励约束；$(\text{I}\underline{\text{R}})$ 代表市场类型为低时的参与约束。由此可以得到实体店和网店的最优定价以及转移支付，见命题 5-6。

命题 5-6　无附加限制的不对称信息条件下，制造商的最优策略为合约 $\{\bar{t}^{N*}, \bar{p}_r^{N*}\}$，$\{\underline{t}^{N*}, \underline{p}_r^{N*}\}$：

$$\bar{p}_r^{N*} = \bar{p}_r^*, \quad \underline{p}_r^{N*} = (\underline{\alpha} - \rho\bar{\alpha})\beta m$$

$$\bar{p}_e^{N*} = \bar{p}_e^*, \quad \underline{p}_e^{N*} = \gamma(\underline{\alpha} - \rho\bar{\alpha})m + \frac{\alpha}{2\beta}$$

$$\bar{t}^{N*} = \frac{1}{2}m(\beta + \gamma)(2\rho\underline{\alpha}^2 - (1+\rho)\Delta\alpha^2)$$

$$\underline{t}^{N*} = \frac{m(\beta+\gamma)(\underline{\alpha}-\rho\overline{\alpha})(\rho\Delta\alpha+(1-\rho)\underline{\alpha})}{2(1-\rho)}$$

式中，$m = 1/(2\beta(\beta-\gamma)(1-\rho))$（$m>0$）；$\Delta\alpha = \overline{\alpha}-\underline{\alpha}$。

通过对比命题 5-5 和命题 5-6，可以得到推论 5-1。

推论 5-1　与信息对称情形比较，在无附加限制的不对称信息情形下，有以下结论。

（1）在高市场类型下，实体店和网店的定价不发生扭曲（$\overline{p}_r^{N*} = \overline{p}_r^*$，$\overline{p}_e^{N*} = \overline{p}_e^*$），而且网店和实体店的定价仍然保持一致，即 $\overline{p}_r^{N*} = \overline{p}_e^{N*}$。

（2）在低市场类型下，实体店和网店的定价都向下扭曲，即 $\underline{p}_r^{N*} < \underline{p}_r^*$，$\underline{p}_e^{N*} < \underline{p}_e^*$，从而支付给高类型零售商信息租金，而且实体店和网店的定价不再保持一致。特别地，$\underline{p}_r^{N*} < \underline{p}_e^{N*}$，即实体店定价向下扭曲的程度大于网店定价向下扭曲的程度。

推论 5-1 表明，在低市场类型下，信息不对称导致两个渠道的定价都向下扭曲，而且制造商需要支付信息租金给高市场类型时的零售商，以激励其披露真实的信息。信息不对称对价格的影响，间接促使系统收益在成员间以及两个渠道间进行重新分配。供应链的收益为 $G = \rho G^H + (1-\rho)G^L$。由于高市场类型下网店和实体店定价都没有变化，即 G^H 保持不变。因此考察供应链收益的变化，仅需分析低市场类型下供应链收益 G^L 的变化情况即可。

图 5-8 将低市场类型时供应链的收益拆分为实体店收益 G_r^L 和网店收益 G_e^L（表示为 $\underline{p}_r$ 的函数）进行对比分析。在完全信息下，最优实体店定价为 $\underline{p}_r^*$，此时网店和实体店收益相同，即为图中的 A 点（可证 A 点在实体店收益最高点的右侧），供应链的收益为 $G^L\left(\underline{p}_r^*\right)$。

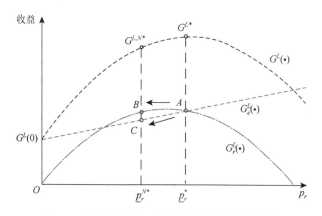

图 5-8　低市场类型下实体店与网店收益对比[①]

---

① 图中 $G^{L*} = G^L\left(\underline{p}_r^*\right)$，$G^{L,N*} = G^L\left(\underline{p}_r^{N*}\right)$。

当信息不对称时，实体店最优定价向下扭曲至 $\underline{p}_r^{N*}$，由于网店定价 $\underline{p}_e$ 由 $\underline{p}_r$ 确定，存在 $p_e^L(\underline{p}_r) = (\alpha + 2\underline{p}_r\gamma)/2\beta$，且 $\gamma < 1$，所以网店最优定价也向下扭曲，即 $\underline{p}_e^{N*} < \underline{p}_e^*$，由于 $\gamma < \beta$，所以其扭曲程度小于实体店定价向下扭曲的程度。因此，市场需求在双渠道之间重新分配，实体店的收益变为图 5-8 中的 B 点，网店收益变为图 5-8 中的 C 点。由于 $\partial G_e^L / \partial \underline{p}_r > 0$，所以 $\underline{p}_r$ 向下扭曲后网店收益下降。实体店收益从 A 点变为 B 点，其收益可能增加也可能减少。由此可以得到无附加限制不对称模型对渠道收益的影响，见推论 5-2。

推论 5-2　无附加限制不对称信息条件下，低市场类型时的网店收益减少；当 $\bar{\alpha} < ((\gamma + 2\beta\rho + \gamma\rho)\underline{\alpha}) / 2(\beta + \gamma)\rho$ 时，实体店的收益增加，反之减少；供应链的总收益减少，即 $G^L(\underline{p}_r^{N*}) < G^L(\underline{p}_r^*)$。

证明：由前面的分析可知，R_r^L 是关于 $\underline{p}_r$ 的二次函数，可以求得 $\underline{p}_r^{**} = \arg\max_{\underline{p}_r} R_r^L = \underline{\alpha}(2\beta + \gamma)/4(\beta^2 - \gamma^2)$，易证 $\underline{p}_r^{**} < \underline{p}_r^*$。因此，$A$ 点在实体店收益最高点的右侧（图 5-9），则在最高点左侧必有一点 A'，使 R_r^L 在 A 点和 A' 点的收益相同。可以解得 A' 点对应的实体店定价为 $\beta\underline{\alpha}/2(\beta^2 - \gamma^2)$，而 $\underline{p}_r^{N*}$ 可能大于 $\beta\underline{\alpha}/2(\beta^2 - \gamma^2)$，对应收益在 B_1 点，则实体店收益增加；$\underline{p}_r^{N*}$ 也可能小于 $\beta\underline{\alpha}/2(\beta^2 - \gamma^2)$，对应收益在 B_2 点，则实体店收益减少。由 $\beta\underline{\alpha}/2(\beta^2 - \gamma^2) < \underline{p}_r^{N*}$ 可以解得 $\rho < \gamma\underline{\alpha}/(\gamma\bar{\alpha} + \beta\Delta\alpha)$。

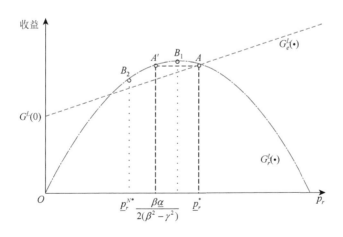

图 5-9　无附加限制条件下实体店与网店收益示意图

下面分析供应链的收益。当 $\underline{p}_r^{N*}$ 小于 $\beta\underline{\alpha}/2(\beta^2 - \gamma^2)$ 时，实体店与网店收益都减少，供应链收益必然减少。当 $\underline{p}_r^{N*}$ 大于 $\beta\underline{\alpha}/2(\beta^2 - \gamma^2)$ 时，实体店收益增加而网

店收益减少，总效应不明显。假设 B_1 点正好为 R_r^L 的最高点，即 $\underline{p}_r^{**} = p_r^{N*}$，那么从 A 点到 B_1 点实体店收益增加得最多。此时 $\Delta R_r^L = \gamma^2\underline{\alpha}^2/16(\beta^3 - \beta\gamma^2) > 0$，$\Delta R_e^L = -\gamma^2\underline{\alpha}^2/(8\beta^3 - 8\beta\gamma^2) < 0$。由于 $\left|\Delta R_e^L\right| > \left|\Delta R_r^L\right|$，所以供应链收益的变化为 $\Delta G^L = \Delta R_r^L + \Delta R_e^L < 0$。因此，在无附加限制不对称信息条件下，供应链收益始终减少。证毕。

由推论 5-2 可知，虽然实体店的收益在 $\rho < \gamma\underline{\alpha}/(\gamma\bar{\alpha} + \beta\Delta\alpha)$ 时会增加，但其增加的幅度小于网店收益减少的幅度。两个渠道收益变化的总效应导致供应链的总收益降至 $G^L\left(p_r^{N*}\right)$。此时，信息不对称导致了系统低效率，制造商支付信息租金，供应链总收益减少。因此，下面将进一步讨论对网店的限制定价措施，以达到降低信息租金、提升制造商收益的目的。

5.3.5　网店限价的双渠道信息分享模型

由前面的分析可知，信息不对称使制造商不得不支付信息租金给零售商，从而激励零售商披露真实的市场类型，接下来将讨论制造商通过网店限价手段重新调整系统内的资源配置。此时，制造商对零售商宣布合作契约 $\left\{t^S, p_r^S, p_e^S\right\}$，在原来指定转移支付 t^S 以及实体店定价 p_r^S 的基础上，进一步对网店定价限制为 p_e^S。此时博弈时序就变为制造商同时对实体店和网店的定价进行决策，从而使 p_r 和 p_e 之间的函数关系消失。

因此，在网店限价情形下，制造商确定 p_r^S、p_e^S 以最大化其收益，此时制造商的收益最大化模型为

$$\max_{\bar{t}, \underline{t}} \rho\bar{t} + (1-\rho)\underline{t}$$

$$\text{s.t.} \quad R^H(\bar{p}_r, \bar{p}_e) - \bar{t} \geqslant R^H(\underline{p}_r, \underline{p}_e) - \underline{t} \quad (\overline{IC})$$

$$R^L(\underline{p}_r, \underline{p}_e) - \underline{t} \geqslant R^L(\bar{p}_r, \bar{p}_e) - \bar{t} \quad (\underline{IC})$$

$$R^H(\bar{p}_r, \bar{p}_e) - \bar{t} \geqslant G^H(0) \quad (\overline{IR})$$

$$R^L(\underline{p}_r, \underline{p}_e) - \underline{t} \geqslant G^L(0) \quad (\underline{IR})$$

式中，$(\overline{IC})$、$(\underline{IC})$ 分别代表市场类型为高和为低时的激励约束；$(\overline{IR})$、$(\underline{IR})$ 分别代表市场类型为高、低时的参与约束。由此可得，制造商的收益表示为

$$\Pi_m = \rho(R^H(\bar{p}_r, \bar{p}_e) - \max\{R^H(\underline{p}_r, \underline{p}_e) - R^L(\underline{p}_r, \underline{p}_e) + G^L(0), G^H(0)\})$$
$$+ (1-\rho)(R^L(\bar{p}_r, \bar{p}_e) - G^L(0))$$

上式存在以下两种情况：$R^H(\underline{p}_r, \underline{p}_e) - R^L(\underline{p}_r, \underline{p}_e) + G^L(0) \geqslant G^H(0)$ 和 $R^H(\underline{p}_r, \underline{p}_e) - R^L(\underline{p}_r, \underline{p}_e) + G^L(0) < G^H(0)$，下面讨论这两种情况下的限制定价合约。

当 $R^H(\underline{p}_r, \underline{p}_e) - R^L(\underline{p}_r, \underline{p}_e) + G^L(0) \geqslant G^H(0)$ 时，制造商的收益函数为

$$\Pi_m^1 = \rho(R^H(\overline{p}_r, \overline{p}_e) - R^H(\underline{p}_r, \underline{p}_e)) + R^L(\underline{p}_r, \underline{p}_e) - G^L(0)$$

由制造商的收益最大化求得：$\overline{p}_r^{P*} = \overline{p}_e^{P*} = \overline{p}_r^* = \overline{p}_e^*$，$\underline{p}_r^{P*} = \underline{p}_e^{P*} = \underline{p}_r^{N*}$。

当 $R^H(\underline{p}_r, \underline{p}_e) - R^L(\underline{p}_r, \underline{p}_e) + G^L(0) < G^H(0)$ 时，制造商的收益函数为

$$\Pi_m^2 = \rho(R^H(\overline{p}_r, \overline{p}_e) - G^H(0)) + (1-\rho)(R^L(\underline{p}_r, \underline{p}_e) - G^L(0))$$

由制造商的收益最大化求得：$\overline{p}_r^{P*} = \overline{p}_e^{P*} = \overline{p}_r^* = \overline{p}_e^*$，$\underline{p}_r^{P*} = \underline{p}_e^{P*} = \underline{p}_r^*$。

综上可得网店限制定价的最优定价策略，见命题 5-7。

命题 5-7　网店限价条件下信息甄别模型最优定价策略为

$$\overline{p}_r^{P*} = \overline{p}_r^*, \quad \overline{p}_e^{P*} = p_e^H(\overline{p}_r^*)$$

$$\underline{p}_r^{P*} = \underline{p}_e^{P*} = \begin{cases} \underline{p}_r^{N*}, & \overline{\alpha} < f_1(\underline{\alpha}, \beta) \\ \dfrac{\overline{\alpha} + \underline{\alpha}}{8\beta}, & f_1(\underline{\alpha}, \beta) \leqslant \overline{\alpha} < f_2(\underline{\alpha}, \beta) \\ \underline{p}_r^*, & \overline{\alpha} \geqslant f_2(\underline{\alpha}, \beta) \end{cases}$$

式中

$$f_1(\underline{\alpha}, \beta) = \frac{(\gamma(1-\rho) + \beta(3+\rho))\underline{\alpha}}{\beta - \gamma(1-\rho) + 3\beta\rho}$$

$$f_2(\underline{\alpha}, \beta) = \frac{(3\beta + \gamma)\underline{\alpha}}{\beta - \gamma}$$

证明：在命题的第一种情况下，$\underline{p}_r^{P*} = \underline{p}_e^{P*} = \underline{p}_r^{N*}$，但需要满足前提条件 $R^H(\underline{p}_r, \underline{p}_e) - R^L(\underline{p}_r, \underline{p}_e) + G^L(0) > G^H(0)$。

化简后得

$$(\underline{p}_r + \underline{p}_e)\overline{\alpha} + \underline{\alpha}(-4(\underline{p}_r + \underline{p}_e)\beta + \underline{\alpha})/4\beta > \overline{\alpha}^2/4\beta$$

将 $\underline{p}_r^{P*} = \underline{p}_e^{P*} = \underline{p}_r^{N*}$ 代入后解得 $\overline{\alpha} < f_1(\underline{\alpha}, \beta)$，其中：

$$f_1(\underline{\alpha}, \beta) = \sqrt{\beta m(4\beta(\overline{\alpha}\underline{\alpha} - \rho\overline{\alpha}\Delta\alpha) - (\gamma(1-\rho) + \beta(3+\rho))\underline{\alpha}^2)}$$

同理，在命题的第二种情况下，$\underline{p}_r^{P*} = \underline{p}_e^{P*} = \underline{p}_r^*$，需要满足前提条件 $R^H(\underline{p}_r, \underline{p}_e) - R^L(\underline{p}_r, \underline{p}_e) + G^L(0) < G^H(0)$，即

$$(\underline{p}_r + \underline{p}_e)\overline{\alpha} + \underline{\alpha}(-4(\underline{p}_r + \underline{p}_e)\beta + \underline{\alpha})/4\beta < \overline{\alpha}^2/4\beta$$

将 $\underline{p}_r^{P*} = \underline{p}_e^{P*} = \underline{p}_r^*$ 代入后解得 $\overline{\alpha} \geqslant f_2(\underline{\alpha}, \beta)$，其中：

$$f_2(\underline{\alpha}, \beta) = \sqrt{\underline{\alpha}\left(4\beta\bar{\alpha} - (3\beta + \gamma)\underline{\alpha}\right)/(\beta - \gamma)}$$

此外，还存在第三种情况，即 $R^H(\underline{p}_r, \underline{p}_e) - R^L(\underline{p}_r, \underline{p}_e) + G^L(0) = G^H(0)$，即 $\Pi_m^1 = \Pi_m^2$。此时，$\bar{\alpha} \in [f_1, f_2)$。由 $R^H(\underline{p}_r, \underline{p}_e) - R^L(\underline{p}_r, \underline{p}_e) + G^L(0) = G^H(0)$ 可以解得 $\underline{p}_r$ 和 $\underline{p}_e$ 存在如下关系：

$$\underline{p}_e = \frac{\bar{\alpha} + \underline{\alpha} - 4\beta\underline{p}_r}{4\beta}$$

将上式代入制造商的目标函数，并求收益最大化，得到 $\underline{p}_r^{P*} = \underline{p}_e^{P*} = (\bar{\alpha} + \underline{\alpha})/8\beta$。证毕。

由命题 5-7 可得，在高市场类型下的定价策略与完全信息条件下的策略相同，而且网店和实体店的定价始终保持一致，$p_r^{P*} = p_e^{P*}$。在低市场类型下的定价策略则与 $\bar{\alpha}$、$\underline{\alpha}$、β 以及 γ 之间的函数关系有关。市场波动以及替代品的存在对供应链成员的收益会造成影响，进而影响制造商、零售商的定价决策。本节模型用 $\bar{\alpha}/\underline{\alpha}$ 刻画市场波动的强度，用 β/γ 描述竞争产品的替代性，且有 $1 \leqslant \bar{\alpha}/\underline{\alpha} < 1/\rho$，$\beta/\gamma > 1$。因此，$\bar{\alpha}/\underline{\alpha}$ 越大则市场的波动性越强，β/γ 越大，则替代品对产品的影响程度越小。由此可以得到市场波动性与产品替代性对定价的影响，见图 5-10。

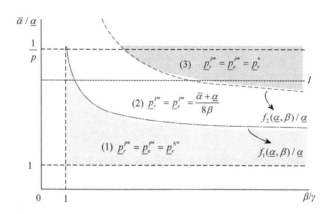

图 5-10　市场波动性与产品替代性对价格选择的影响（$\rho = 0.2$）

当 $\bar{\alpha} < f_1(\underline{\alpha}, \beta)$ 时，如图 5-10 中的区域（1），市场波动性较小，价格对产品替代性的敏感度较低，此时渠道定价与无限制条件下的实体店定价相同，即 $\underline{p}_r^{P*} = \underline{p}_e^{P*} = \underline{p}_r^{N*}$；不同的是，网店限价使网店的定价从 $\underline{p}_e^{N*}$ 进一步向下扭曲至 $\underline{p}_r^{N*}$。当 $f_1(\underline{\alpha}, \beta) \leqslant \bar{\alpha} < f_2(\underline{\alpha}, \beta)$ 时，如图 5-10 中的区域（2），实体店和网店定价为

$(\bar{\alpha}+\underline{\alpha})/8\beta$，而且可以证明在此区间内，$p_r^{N*}<(\bar{\alpha}+\underline{\alpha})/8\beta<p_e^{N*}<p_r^*$，即网店定价仍向下扭曲，但扭曲程度较小，而实体店定价高于无附加限制条件下的定价，即向下扭曲的程度有所缓解。

值得注意的是，当 $\bar{\alpha}\geq f_2(\underline{\alpha},\beta)$ 时市场波动大，价格对产品的替代性非常敏感。产品替代性较小（β/γ 较大）时，制造商的定价决策落在图 5-10 的区域（3），实体店和网店定价与完全信息条件下的定价相同，即 $\underline{p}_r^{P*}=\underline{p}_e^{P*}=\underline{p}_r^*$，此时网店和实体店的定价不发生扭曲，制造商不需要支付信息租金。

市场波动强时，产品替代性对产品定价的影响如图 5-10 中的直线 I 所示。当 $\beta/\gamma\to 1$，即产品的替代性很强时，市场波动性对定价的影响较小，制造商会选择最低定价 p_r^{N*}。此时市场接近于完全竞争市场的情况，制造商只能选择最低定价，否则会被替代品完全占领市场。反之，当 $\beta/\gamma\to\infty$，即产品的替代性很弱时，市场接近于垄断市场，此时制造商定价不需要考虑竞争商品的影响，仅根据市场波动性选取定价，市场波动性越强，定价越高。

根据以上分析可得到如下推论。

推论 5-3　网店限制定价策略下，有以下结论成立。

（1）制造商可以减少信息不对称的信息租金。当市场波动足够大时，制造商完全不支付信息租金。

（2）市场波动性越强（$\bar{\alpha}/\underline{\alpha}$ 越大），产品的替代性越小（β/γ 越大），制造商在低市场类型设置的定价越高，而高市场类型的定价不受影响。

（3）当高市场类型出现概率较高（$\rho\geq 1/3$）时，制造商无法实现完全信息时的定价策略。

证明：下面只对结论（3）进行证明。在命题 5-7 中，当 $\bar{\alpha}\geq f_2(\underline{\alpha},\beta)$ 时，$\underline{p}_r^{P*}=\underline{p}_e^{P*}=\underline{p}_r^*$，用市场波动性表示为：当 $\bar{\alpha}/\underline{\alpha}\geq f_2(\underline{\alpha},\beta)/\underline{\alpha}$ 时，制造商会选择完全信息时的定价。由于 $f_2(\underline{\alpha},\beta)/\underline{\alpha}=(3\beta+\gamma)/(\beta-\gamma)>3$，只有满足 $\bar{\alpha}/\underline{\alpha}>3$，制造商才会选择 $\underline{p}_r^{P*}=\underline{p}_e^{P*}=\underline{p}_r^*$。又可知 $1\leq\bar{\alpha}/\underline{\alpha}<1/\rho$，因此当且仅当 $\rho<1/3$ 时，$\bar{\alpha}\geq f_2(\underline{\alpha},\beta)$ 的条件才能被满足。反之，当 $\rho\geq 1/3$ 时，即高市场类型的概率较高时，制造商无法实现完全信息条件下的定价策略，结论（3）得证。证毕。

因此，制造商如果选择网店限价合约以降低信息租金，其定价决策将受到市场波动性、产品替代性、市场类型分布等多方面的影响。

5.3.6　分享信息对双渠道供应链绩效的影响

基于 5.3.5 节推导得出的网店限制定价下的激励策略，下面进一步分析供应链以及各成员的绩效变化。

1. 供应链总收益

通过上文的分析可知，制造商可以根据不同的实际情况（$\bar{\alpha}$、$\underline{\alpha}$、β 以及 γ 之间不同的函数关系）制定不同的合约，使实体店和网店定价发生不同程度的扭曲，并导致收益在两个渠道之间的不同分配，进而影响制造商的收益和信息租金的支付。同样，由于高市场类型的定价没有变化，因此仅对低市场类型下实体店和网店的收益进行分析。结论 5-1 反映了网店限价对供应链整体收益及实体店、网店收益的影响。

结论 5-1　信息不对称条件下，采取网店限价合约将导致供应链整体收益进一步向下扭曲，实体店收益下降，而网店收益可能上升，也可能下降。

图 5-11（a）和图 5-11（b）分别反映了网店限价对实体店、网店以及供应链收益的影响。对于供应链的收益，高市场类型的收益没有变化，低市场类型的收益向下扭曲或保持不变。供应链收益的变化趋势如图 5-11（a）所示。$G^H(\cdot)$、$G^L(\cdot)$ 分别表示无附加限制条件时高市场类型和低市场类型的供应链收益，且满足 $p_e^S(p_r^S) = \arg\max_{p_e} R^S(p_r, p_e) = (\alpha + 2p_r^S \gamma)/2\beta$。$R^H(\cdot)$ 和 $R^L(\cdot)$ 分别表示限制定价条件时高市场类型和低市场类型的供应链收益，且满足 $p_e^P = p_r^P$。图 5-11 中的实心小圆点表示无附加限制条件下供应链的收益情况，空心小圆点为实施网店限价后的系统收益。从图中可以看出，只有当 $\underline{p}_r^{P*} = \underline{p}_e^{P*} = \underline{p}_r^*$ 时，低市场类型的供应链收益才能实现完全信息条件下的最优状态，即图中的 G^{L*}。距离 $\underline{p}_r^*$ 越远，供应链收益向下扭曲的程度越大。由于 $\underline{p}_r^{N*} < (\bar{\alpha} + \underline{\alpha})/8\beta < \underline{p}_r^*$，因此限制定价合约设定在 $\underline{p}_r^{P*} = \underline{p}_e^{P*} = \underline{p}_r^{N*}$ 时，供应链收益向下扭曲的程度最大；当 $\underline{p}_r^{P*} = \underline{p}_e^{P*} = (\bar{\alpha} + \underline{\alpha})/8\beta$ 时，可在一定程度上缓解供应链收益向下扭曲的程度。

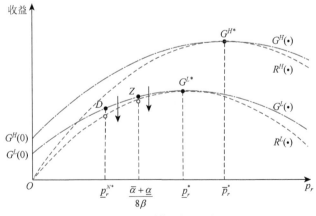

(a) 供应链收益变化示意图

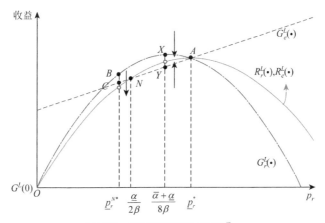

(b) 网店、实体店收益变化示意图[1]

图 5-11　限制定价条件下收益变化示意图

　　网店和实体店收益的变化情况与无附加限制条件下的模型不同，图 5-11（b）反映了实体店和网店收益的变化情况之一。由于网店限价时，网店和实体店的定价始终保持一致，此时两个渠道的收益函数相同，即 $R_r^L = R_e^L$。在 $R_r^L = R_e^L$ 时，R_r^L 恒小于 G_r^L。所以，当实体店定价设在小于 $\underline{p}_r^*$ 的水平上时，实体店的收益必然会下降。而对于网店，其收益需要具体分析。由此得到推论 5-4。

　　推论 5-4　增加限制定价的条件后，处于低市场类型时，有以下结论。

　　（1）当 $\bar{\alpha} \in \left[0, f_3(\underline{\alpha}, \beta)\right) \bigcup \left[3\underline{\alpha}, f_2(\underline{\alpha}, \beta)\right)$ 时，网店收益上升，实体店收益下降，供应链收益下降。

　　（2）当 $\bar{\alpha} \in \left[f_3(\underline{\alpha}, \beta), 3\underline{\alpha}\right)$ 时，网店和实体店收益都下降，供应链收益下降。

　　（3）当 $\bar{\alpha} \geqslant f_2(\underline{\alpha}, \beta)$ 时，网店和实体店收益、供应链收益与完全信息状态下相同。

　　其中，$f_3(\underline{\alpha}, \beta) = \dfrac{(\gamma + \beta\rho - \gamma\rho)\underline{\alpha}}{\beta\rho}$。

　　证明： 由 $G_e^L = R_e^L$ 解得 N 点对应定价为 $\underline{\alpha}/2\beta$。首先，考虑 $\underline{p}_r^{P*} = \underline{p}_e^{P*} = \underline{p}_r^{N*}$ 时，需满足 $\bar{\alpha} < f_1(\underline{\alpha}, \beta)$。判断 $\underline{p}_r^{N*}$ 和 $\underline{\alpha}/2\beta$ 的大小关系。当 $\underline{p}_r^{N*} > \underline{\alpha}/2\beta$ 时，解得 $\bar{\alpha} < f_3(\underline{\alpha}, \beta)$，$f_3(\underline{\alpha}, \beta) = (\gamma + \beta\rho - \gamma\rho)\underline{\alpha}/\beta\rho$，易证 $f_3(\underline{\alpha}, \beta) < f_1(\underline{\alpha}, \beta)$。因此，当 $\bar{\alpha} < f_3(\underline{\alpha}, \beta)$ 时，$\underline{p}_r^{N*} > \underline{\alpha}/2\beta$，$G_e^L\left(\underline{p}_r^{N*}\right) < R_e^L\left(\underline{p}_r^{N*}\right)$；当 $f_3(\underline{\alpha}, \beta) \leqslant \bar{\alpha} < f_1(\underline{\alpha}, \beta)$ 时，$\underline{p}_r^{N*} \leqslant \underline{\alpha}/2\beta$，$G_e^L\left(\underline{p}_r^{N*}\right) > R_e^L\left(\underline{p}_r^{N*}\right)$。同理，当 $\underline{p}_r^{P*} = \underline{p}_e^{P*} = (\bar{\alpha} + \underline{\alpha})/8\beta$ 时，需满足 $f_1(\underline{\alpha}, \beta) \leqslant \bar{\alpha} < f_2(\underline{\alpha}, \beta)$。判断 $(\underline{\alpha} + \bar{\alpha})/8\beta$ 和 $\underline{\alpha}/2\beta$ 的大小关系。当 $\bar{\alpha} < 3\underline{\alpha}$ 时，解得 $(\underline{\alpha} + \bar{\alpha})/8\beta \leqslant \underline{\alpha}/2\beta$，易证 $f_1(\underline{\alpha}, \beta) \leqslant 3\underline{\alpha} < f_2(\underline{\alpha}, \beta)$。因此，当

_____

[1]　图中 $G^L(\bullet) = G^L(\underline{p}_r)$，$R^L(\bullet) = R^L(\underline{p}_r, \underline{p}_e)$。

$f_1(\underline{\alpha}, \beta) \leqslant \bar{\alpha} < 3\underline{\alpha}$ 时，$G_e^L((\underline{\alpha} + \bar{\alpha})/8\beta) > R_e^L((\underline{\alpha} + \bar{\alpha})/8\beta)$；当 $3\underline{\alpha} \leqslant \bar{\alpha} < f_2(\underline{\alpha}, \beta)$ 时，$G_e^L((\underline{\alpha} + \bar{\alpha})/8\beta) < R_e^L((\underline{\alpha} + \bar{\alpha})/8\beta)$。供应链收益变化的证明类似，略去。证毕。

从推论 5-4 可以发现，增加了限制定价后，相比于没有限制定价时的情况，此时网店收益可能上升，也可能下降。图 5-12 反映了市场波动性与产品替代性对网店收益的影响。从前面的分析可知，与无附加限制条件下的情况相比，在网店限价条件下，实体店的收益下降。因此，市场波动性与产品替代性对于实体店的收益没有影响，而是主要影响网店的收益。当 $\bar{\alpha} < f_3(\underline{\alpha}, \beta)$ 时，如图 5-12 的区域（1），$\underline{p}_r^{P*} = \underline{p}_e^{P*} = \underline{p}_r^{N*}$，在此区间有 $\underline{p}_r^{N*} > \underline{\alpha}/2\beta$，因此网店收益上升，实体店收益下降；当 $f_3(\underline{\alpha}, \beta) \leqslant \bar{\alpha} < f_1(\underline{\alpha}, \beta)$ 时，如图 5-12 的区域（2），$\underline{p}_r^{N*} \leqslant \underline{\alpha}/2\beta$，网店和实体店收益都下降；当 $f_1(\underline{\alpha}, \beta) \leqslant \bar{\alpha} < 3\underline{\alpha}$ 时，如图 5-12 的区域（3），$\underline{p}_r^{P*} = \underline{p}_e^{P*} = (\bar{\alpha} + \underline{\alpha})/8\beta$，且 $(\bar{\alpha} + \underline{\alpha})/8\beta < \underline{\alpha}/2\beta$，网店和实体店收益都下降；当 $3\underline{\alpha} \leqslant \bar{\alpha} < f_2(\underline{\alpha}, \beta)$ 时，如图 5-12 的区域（4），$(\bar{\alpha} + \underline{\alpha})/8\beta > \underline{\alpha}/2\beta$，网店收益上升，实体店收益下降；当 $\bar{\alpha} \geqslant f_2(\underline{\alpha}, \beta)$ 时，如图 5-12 的区域（5），网店和实体店定价与完全信息状态时相同，因此其收益也与完全信息状态下相同。推论 5-5 反映了市场波动性、产品替代性对网店收益的影响。

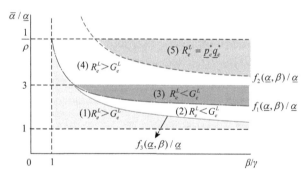

图 5-12　网店收益变动区域（$\rho = 0.2$）

推论 5-5　当市场波动性较大（$\bar{\alpha}/\underline{\alpha} \geqslant 3$）时，网店收益不受产品替代性影响，且相比于无限制条件下的收益增大；当市场波动性较小（$\bar{\alpha}/\underline{\alpha} < 3$）时，产品替代性对网店收益影响增大，网店收益可能增大，也可能减小。

从推论 5-5 可知，网店收益的变化受到市场波动性以及产品替代性的影响。制造商可以根据具体的市场情况以及竞争产品的情况选择定价策略，进而决定两个渠道的收益分配，达到提高自身收益的目的。制造商的收益又与其支付给零售商的信息租金有关，因此，接下来将从信息租金角度对制造商的收益进行分析，以揭示不对称信息对制造商的收益及信息租金的影响。

2. 信息租金分析

前面对不同条件下的供应链收益、网店以及实体店收益都进行了详细的分析，从分析结果可知，信息不对称对高市场类型下的供应链收益没有影响，但在低市场类型下，供应链的整体收益下降，而网店限价导致供应链收益进一步向下扭曲，其中实体店收益下降，网店收益可能上升，也可能下降。但对于制造商来说，其收益包括 $\bar{t}$ 和 $\underline{t}$ 两部分，因此，制造商在不同条件下的收益会受到高市场类型和低市场类型的双重影响。除此之外，在信息不对称的条件下，制造商需要支付信息租金以激励零售商披露真实的市场信息。根据前文的定价策略，可以得到无附加限制条件和网店限价条件下制造商需要支付的信息租金。对每种状态下制造商的收益进行处理，同时除以 $\bar{\alpha}\underline{\alpha}$，并用 Π_m 表示，可以得到 Π_m 和市场波动性 $\bar{\alpha}/\underline{\alpha}$ 之间的关系，如图 5-13（a）所示。图中 Π_m^*、Π_m^{N*}、Π_m^{P*} 分别表示完全信息、无附加限制以及网店限价条件下制造商的收益情况，其中 Π_m^{P*} 分为 3 段，是由于命题 5-7 中 3 段不同的定价策略导致的收益不同。同理，对制造商支付的信息租金进行处理，同时除以 $\bar{\alpha}\underline{\alpha}$，得到市场波动性对信息租金的影响，见图 5-13（b）。

基于上述分析，可以得到如下结论。

结论 5-2　制造商可以通过网店限价在一定程度上减少支付的信息租金，提高收益，缓解信息不对称导致的收益扭曲。

图 5-13（a）中的 Π_m^* 与 Π_m^{N*} 之间的面积是信息不对称导致的制造商收益向下扭曲的部分，即负方向的信息不对称效应。阴影部分表示的是网店限价导致的制造商收益提高的部分，即正方向的限制定价效应。随着市场波动性的增大，限

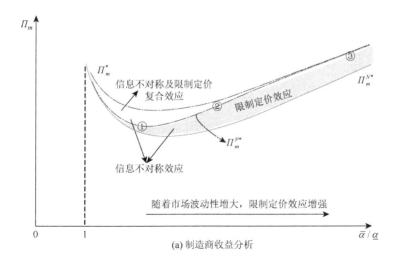

(a) 制造商收益分析

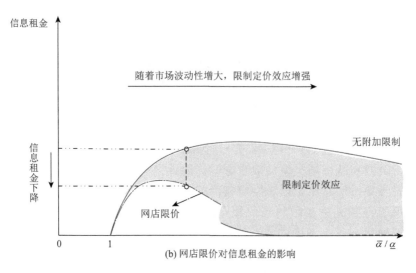

图 5-13　信息不对称对信息租金影响分析

制定价的效应也逐渐增强。因此，正的限制定价效应抵消了一部分负的信息不对称效应，这两个效应的复合效应即为 Π_m^* 和 Π_m^{P*} 之间的白色区域。可见，制造商可以通过网店限价提高收益，而收益的变化主要来源于信息租金的减少。图 5-13（b）中无附加限制条件和网店限价条件之间的阴影部分，表示限制定价导致的信息租金减少的程度，即限制定价在信息租金上的效应。可以发现，当 $\bar{\alpha}/\underline{\alpha} \to 1$，即市场波动性很小时，限制定价效应很小，此时制造商支付的信息租金和得到的收益与无网店限价时相近。随着市场波动性的增大，这种效应逐渐增强。特别地，当市场波动性很大时，制造商可以选择完全信息条件下的定价策略，此时制造商需要支付的信息租金为 0，收益不发生扭曲，限制定价效应达到最大。因此，制造商可以在市场波动性较大时，采取网店限价的合约，以达到降低信息租金、提高收益的目的。

5.3.7　小结

通过本节模型的研究，可以得出如下几点结论。

（1）网店限价使供应链整体收益进一步向下扭曲。

（2）网店限价在一定程度上可以缓解信息不对称带来的制造商收益的扭曲程度，因此制造商可以通过网店限价提高收益。

（3）网店限价可以减少信息租金。在信息不对称条件下，制造商采用网店限价合约是有利可图的，可以在一定程度上降低信息租金、提高收益，但是对于整个供应链而言则是不合理的，网店限价导致了系统收益进一步向下扭曲。

5.4　共享供应链产品质量水平与及时交货率决策

共享供应链是企业资源有效分享的新业态，如何在保证产品质量的同时，通过共享平台提高及时交货率是企业在共享经济下面临的新问题。近年来，分享经济领域持续拓展，已经从消费环节进入生产环节，并延伸到了供应链层面，进而涌现出了很多共享平台，提供供需资源的匹配服务。由于零售商（如设计师、品牌商、淘宝店主）的订货存货能力大都较低，因而以小批量订货为主。但传统加工生产行业由于成本等因素很少有工厂愿意接小订单。随着共享经济的发展，共享平台可以聚合海量工厂，帮助零售商解决找工厂难、小订单难、翻单备料难等问题，实现了生产资源的有效共享。例如，阿里巴巴旗下的 1688 淘工厂平台，整合全国 1.5 万家服装工厂，通过一个订单多家工厂加工的在线协同，利用各工厂的空闲档期实现产能共享的定制化生产，实现了淡季不"淡"的盈利目标。但随着共享经济的发展，共享供应链的运作也面临着一系列问题，如共享工厂产品的质量水平、及时交货水平等问题，特别是在销售热期，如"双十一"期间，共享工厂的及时交货率远没有达到需求方的要求，而如果一味要求及时交货率，又可能带来产品质量问题。因此，如何在共享供应链中，通过资源的有效匹配共享，解决产品质量和及时交货率的矛盾具有重要意义。

关于产品的质量水平，George（2000）研究了在信息不完全但对称条件下的质量控制决策问题。Shen 等（2018）研究了基于"互联网＋"的农产品质量控制问题。韩亚娟等（2019）分析指出产品质量水平会受不同的激励措施和收益共享契约的影响。Chakraborty 等（2019）探讨了供应链中一个零售商和两个相互竞争的制造商如何从协作的产品质量改进策略中获益。周建亨和张志芳（2017）分析了双渠道的市场需求、定价决策和质量选择决策。Giri 等（2017）探究了在市场需求依赖于价格和产品质量的三级供应链中最优订货、定价和质量管理策略。胡军等（2013）研究了质量互动和市场需求下的供应链协调。Kranton（2003）研究发现渠道对客户的竞争将会消除价格溢价。Xie 等（2011）讨论了不同供应链策略和风险规避行为对供应链质量投资和价格决策的影响。曹裕等（2018）剖析了需求受价格和服务水平双重影响下的易逝品随机生产库存模型。Yu 和 Xiao（2017）研究了生鲜农产品供应链的定价和服务水平决策。Li 等（2019）分析了双渠道供应链中的定价和服务决策问题。关于产品质量缺陷和交货率引入惩罚机制的相关文献也有不少。例如，田厚平等（2010）指出制造业务外包中存在典型的质量与交货期联合决策问题。华中生和陈晓伶（2003）指出质量成本和延期交货成本是供应链企业签订契约时需要重点关注的问题。Hsieh 和 Liu（2010）研究了供应链产品质量提升的投入政策以及对残次品的监督和惩罚政策。另外，平台在不同时期会采用不同的定价策略以使其自身利润更优，Kung 和 Zhong（2017）研究了共享经济下双边平台的最优定价策略。Zhang 等（2019）探讨了分散渠道下平台如何对制造商选择收益共享契约或者固定费用契约，以及制造商如何根据平台的决策决定自己产品的价格和质量水平。Zhou 等（2019）研究了在共享平台下，不同契约对平台收益的影响。

相关文献关于产品质量、供应链协调、定价等问题已有较为深入的研究，但是关于共享供应链及其质量与交货率的研究成果还较为少见。因此，本节将着重考虑一个由共享平台、共享工厂和中小零售商构成的共享供应链，以共享平台为供需双方匹配订货和生产资源为背景，分析共享供应链在销售平常期、淡季闲期、热销忙期三个时期平台的定价收费选择策略；引入惩罚机制，研究不同时期下制造商的最优质量投入水平和交货投入水平；探讨不同时期共享平台的定价选择决策，从而促使共享供应链各成员通过优化供需资源配置，提升制造商的生产资源利用率，缓解零售商产品积压或缺货问题，实现供应链双赢。该研究结果表明：在平常期，平台两种定价策略下的收益相同，而制造商投入的产品质量水平和交货率与质量惩罚成本相关并影响订货量；在忙期，平台选择基于交易量的定价策略为最优，增加制造商延迟交货的惩罚成本、降低制造商生产成本可提高及时交货水平；在闲期，平台选择基于会员的定价方式为最优，但由于批发价的降低，制造商的产品质量和及时交货水平将会降低。

5.4.1 模型描述及符号说明

对于一个由中小零售商、共享平台和工厂组成的共享供应链，考虑销售和生产均存在忙期、闲期、平常期且需求不确定的情形，零售商通过共享平台提交订单，共享平台为其匹配合作的工厂进行产品的生产。工厂和零售商通过生产资源共享而获得收益。同时，生产商和零售商按平台收费模式付费给平台。若工厂超过规定时间交货或产品出现质量问题，则要支付惩罚费用给零售商。由工厂造成的产品质量和延期问题均会影响零售商的顾客满意度，任何时期的质量问题都会引起消费者的不满，它将造成零售商给予消费者一定的补偿成本；闲期的延期交货会使消费者产生不满，零售商也将承担一定的补偿成本；而在热销期，通常由于提前期短而允许有一定的延迟交货率。

该共享供应链决策的顺序如下：平台首先给出收费方案，零售商根据平台给出的策略再决定是否加入平台进行订货，之后工厂根据零售商的订货量来决策自己的质量和交货投入水平。假设平台向共享工厂收取固定的佣金，而对零售商有两种定价方案：一是会员方式定价，即平台在每阶段开始就收取零售商一笔固定的费用作为会员费，之后的交易不再有额外费用；二是交易方式定价，即平台不收取零售商固定会员费，但每一笔交易收取零售商一定的佣金。以下是本节模型研究中用到的符号及其说明，如表 5-5 所示。

表 5-5　符号含义解释

参数	含义说明
α	工厂产品质量投入水平
s	工厂及时交货投入水平
Q	零售商的订货量
X	市场的随机需求
T	产品质量缺陷的惩罚成本
L	延期交货的惩罚成本
c	共享工厂单位产品的制造成本
ε	共享工厂批发价格折扣率
h	共享平台惩罚成本的折扣率
w	共享工厂给零售商的单位产品批发价
β	共享平台向共享工厂收取的单笔交易佣金率
γ	共享平台向零售商收取的单笔交易佣金率
c_1	共享工厂为提升质量而付出的生产成本
c_2	共享工厂为及时交货而付出的生产成本
B	闲期时产品延期交货的单位缺货成本
A	有质量问题的产品生产的单位补偿成本

5.4.2　平常期策略

1. 平常期共享平台定价策略

销售平常期指该期间既不是热销旺季，也不是淡季。该期间，考虑平台对工厂始终收取固定的佣金，对零售商有上述两种定价收费策略。为了方便讨论，平台收益中不考虑从工厂收取的佣金费用。假设在平常期阶段，零售商订货 N 次，平台索取的固定会员费为 F_c，单笔交易的佣金为 r_c，r_c 的取值与零售商订货量 Q

以及佣金率 γ 有关。根据 Kung 和 Zhong（2017）和 Zhang 等（2019）的研究，零售商的效用与平台服务水平 q 有关，零售商感知到的平台服务水平 q 是由零售商订货提前期决定的，这在很大程度上取决于共享平台上已签约的共享工厂效率。平台服务水平随着平台合作工厂数量的增加而提升。零售商类型 ρ 服从（0，1）均匀分布，其下单率与平台服务水平相关，因此 ρ 型零售商在该阶段的效用函数 u_R 可表示为

$$u_R = N(\rho q - r_c) - F_c$$

上式右侧第一部分表示零售商在该时期 N 笔订单所获得的总效用，第二部分为零售商付给平台的会员费。平台在平常期从一个 ρ 型零售商处获得的收益为 $Nr_c + F_c$。当 ρ 大于零售商愿意加入平台的临界值时，因其效用大于 0，零售商将加入平台并向共享工厂订货。假设平台拥有的零售商数量 n_c 为 $n_c = 1 - \rho^*$。据此，可得出平台在平常期的总利润 π_{pT} 为 $\pi_{pT} = (1 - \rho^*)(Nr_c + F_c)$。根据 u_R，可得出 $\rho^* = F_c + Nr_c / Nq$，将其代入平台的总利润函数 π_{pT} 得 $\pi_{pT} = \left(1 - \dfrac{F_c + Nr_c}{Nq}\right)(Nr_c + F_c)$。从利润表达式可知，当平台基于会员方式收费即 $r_c = 0$ 时，平台利润函数 π_{pT}^M 为 $\pi_{pT}^M = \left(1 - \dfrac{F_c}{Nq}\right)F_c$；基于交易方式收费即 $F_c = 0$ 时，平台利润函数 π_{pT}^T 为 $\pi_{pT}^T = \left(1 - \dfrac{r_c}{q}\right)Nr_c$。

平台采取基于会员的方式收费时，对上式利润函数可解得最优解 $F_c^* = \dfrac{Nq}{2}$，代入 π_{pT}^M 的表达式，可得基于会员定价下平台的最优利润为 $\pi_{pT}^{M*} = \dfrac{Nq}{4}$。而平台基于交易方式收费时，最优解为 $r_c^* = \dfrac{q}{2}$，代入 π_{pT}^T 的表达式，可得基于交易方式时平台的最优利润为 $\pi_{pT}^{T*} = \dfrac{Nq}{4}$。

显然，在销售平常期，不论平台选用何种收费策略，平台的收益都是一样的，因此，平台可以选择任一种收费方案。

2. 平常期零售商和制造商的策略

考虑市场需求不确定的情形，假设市场的随机需求 X 服从 (a, b) 的均匀分布（$b > a \geqslant 0$），其中 X 的概率密度函数为 $f(x) = \dfrac{1}{b - a}$，其累积分布函数为

$F(x) = \dfrac{X-a}{b-a}$。零售商需面对市场需求不确定的风险，而制造商则没有该风险。

制造商可以控制产品质量的投入水平，产品质量投入水平越高，产品的质量越好。同理，若制造商及时交货投入水平越高，产品的及时交货率也会越高。如果交货时商品有质量问题，则相应的惩罚成本为 $(1-\alpha)T$；若商品没有质量问题但未准时交货，则相应的惩罚成本为 $(1-s)L$。通常对产品质量的要求大于延期交货的约束，所以两种惩罚成本的关系满足 $T > L$。此外，制造商的质量和及时交货投入水平所付出的成本分别为 $\dfrac{c_1}{2}\alpha^2$ 和 $\dfrac{c_2}{2}s^2$。设共享平台向制造商收取 β 的佣金，向零售商收取 γ 的佣金，其中 $\alpha, s, \beta, \gamma \in (0,1)$，则制造商的利润 π_m 可表示为

$$\pi_m = (1-\beta)\left((w-c)Q - \frac{c_1}{2}\alpha^2 - \frac{c_2}{2}s^2 \right) - (1-\alpha)T - (1-s)L$$

假设在平常期，消费者只对质量问题产生不满，所以零售商只需对质量问题付出惩罚成本 A，相应的由于消费者不满意而造成的损失成本为 $(1-\alpha)A$。此时，考虑零售商库存的残值、消费者不满的损失成本，以及制造商质量补偿金额，则零售商的利润 π_R 可表达如下，其中 p 为零售商的产品销售价格。

$$\pi_R = (1-\gamma)(p\min\{Q, X\} - wQ) + v(Q-X)^+ - (1-\alpha)$$
$$\bullet A\min\{Q, X\} + (1-\alpha)T + (1-s)L$$

当考虑制造商和零售商之间因质量或延期交货而产生的惩罚成本时，平台实现单笔交易获得的利润 π_p 由收取的制造商佣金和收取的零售商佣金组成：

$$\pi_p = \beta\left((w-c)Q - \frac{c_1}{2}\alpha^2 - \frac{c_2}{2}s^2 \right) + \gamma(p\min\{Q, X\} - wQ)$$

进一步可得在 $-(1-\gamma)p + v + A(1-\alpha) < 0$ 时，零售商的最优订货量 $Q^* = \dfrac{(b-a)}{-(1-\gamma)}$

$\dfrac{(A(1-\alpha) - (1-\gamma)(p-w))}{p+v+A(1-\alpha)} + a$，零售商的期望利润 $E(\pi_R)$ 为

$$E(\pi_R) = (1-\gamma)\left(p\left(Q - \int_a^Q F(x)\mathrm{d}x\right) - wQ \right) + v\int_a^Q F(x)\mathrm{d}x + (1-a)T + (1-s)L$$
$$- (1-a)A\left(Q - \int_a^Q F(x)\mathrm{d}x\right)$$

有 $E(\min\{Q, X\}) = Q - \int_a^Q F(x)\mathrm{d}x$，$(Q-X)^+ = \int_a^Q F(x)\mathrm{d}x$。

当 $0 \leqslant \gamma < 1 - \dfrac{v}{w}$ 时，制造商的利润 π_m 在 (α^*, s^*) 处获得最优解，其中最优质量投入水平和及时交货投入水平分别为

$$\alpha^* = \frac{T + (1-\beta)(w-c)\dfrac{\partial Q^*}{\partial \alpha}}{(1-\beta)c_1}, \quad s^* = \frac{L}{(1-\beta)c_2}$$

根据上述分析可以知道，随着制造商的质量投入水平升高，商品的质量会更好，引起的消费者不满意会减少，从而零售商愿意从制造商处订更多的货。因此在平常期，零售商的订货量与制造商生产的产品质量有关，当制造商质量投入水平更高时，零售商所承受的因质量缺陷带来的惩罚成本也会相应降低。同时，制造商的质量水平和交货水平与惩罚成本、制造商的生产成本有关，平台通过与制造商和零售商的协调，可以增大或者减少惩罚成本。

5.4.3　热销忙期的优化策略

1. 忙期共享平台的定价策略

忙期指的是类似"双十一"等大型促销活动热销期或者换季订货期，在此期间市场需求出现激增。许多季节性产品，如服装等通常有销售忙期和闲期。在忙期，由于提前期缩短，零售商可利用共享平台，将订单有效地分配给共享工厂。假设在忙期，零售商的订货次数增加了 k 倍（$k \geqslant 0$），即订货次数从平常期的 N 次变为 $(1+k)N$ 次。参考 Kung 和 Zhong（2017）的研究，考虑共享平台收益可能存在随着时间的推移而有损失的情形，因而平台希望尽早获得佣金。此外，在忙期，平台运营商对时间折扣有更大的耐心，因而愿意通过提高交易额的定价来弥补忙期的时间折扣。设参数 $t(0 \leqslant t \leqslant 1)$ 作为平常期平台利润函数的时间折扣。若是预付固定会员费的成员，该会费收入不打折扣。然而，对于会员期间完成订单所带来的收入，这些未来的现金流与时间折扣有关。t 值越小，平台越没有耐心。假设忙期的时间折扣为 $t+\theta$，这意味着平台比平常期更有耐心，其中 $\theta(0 \leqslant \theta \leqslant 1)$ 为平台耐心程度增加的部分。为了方便建模，设平常期的时间折扣 $t=1$，忙期的时间折扣为 $1+\theta$。

ρ 型零售商的效用函数为 $u_R = (1+k)N(\rho q - r_c) - F_c$，易得 $\rho^* = \dfrac{F_c + (1+k)Nr_c}{(1+k)Nq}$，代入 π_{pT} 可得 $\pi_{pT} = \left(1 - \dfrac{F_c + (1+k)Nr_c}{(1+k)Nq}\right)\left((1+k)(1+\theta)Nr_c + F_c\right)$。当平台采取会员定价

方式即 $r_c = 0$ 时，其利润函数为 $\pi_{pT}^M = \left(1 - \dfrac{F_c}{(1+k)Nq}\right)F_c$；平台采取交易定价方式即

$F_c = 0$ 时，其利润函数为 $\pi_{pT}^T = \left(1 - \dfrac{r_c}{q}\right)(1+k)(1+\theta)Nr_c$。

由 π_{pT}^M 求 F_c 的一阶导数，可得忙期最优会员价为 $F_c^* = \dfrac{(1+k)Nq}{2}$，此时平台基

于会员定价方式的利润为 $\pi_{pT}^{M*} = \dfrac{(1+k)Nq}{4}$。同理，基于交易定价方式的利润为

$\pi_{pT}^{T*} = \dfrac{Nq(1+k)(1+\theta)}{4}$。

通过上述比较，易知 $\pi_{pT}^{T*} = \dfrac{Nq(1+k)(1+\theta)}{4} \geqslant \pi_{pT}^{M*} = \dfrac{(1+k)Nq}{4}$，即共享平台在

忙期基于交易定价方式获得的收益不小于基于会员定价方式。共享平台在忙期应
该选择基于每笔交易的定价策略。

2. 忙期零售商和制造商的优化策略

在热销忙期，零售商有大量的订单需求，而加入共享平台的共享工厂也进入
生产忙期，此时市场常常面临供不应求的状况。假设在忙期，零售商订货的单位
批发价增加 $\varepsilon\%(0 \leqslant \varepsilon \leqslant 1)$，即批发价从 w 涨为 $(1+\varepsilon)w$。同时，制造商的惩罚成
本降低 $h\%(0 \leqslant h \leqslant 1)$。市场需求 X 会增加 i 倍（$i \geqslant 0$），即市场需求将变为
$(1+i)a < X < (1+i)b$。此时制造商、零售商、平台三方的利润分别如下：

$$\pi_m = (1-\beta)\left(((1+\varepsilon)w-c)Q - \frac{c_1}{2}\alpha^2 - \frac{c_2}{2}s^2\right) - (1-\alpha)(1-h)T - (1-s)(1-h)L$$

$$\pi_R = (1-\gamma)(p\min\{Q,X\} - (1+\varepsilon)wQ) - (1-\alpha)A\min\{Q,X\}$$
$$- (1-\alpha)(1-h)T - (1-s)(1-h)L + v(Q-X)^+$$

$$\pi_p = \beta\left(((1+\varepsilon)w-c)Q - \frac{c_1}{2}\alpha^2 - \frac{c_2}{2}s^2\right) + \gamma(p\min\{Q,X\} - (1+\varepsilon)wQ)$$

零售商的期望利润可表示为

$$E(\pi_R) = (1-\gamma)\left(p\left(Q - \int_{(1+i)a}^{Q}F(x)dx\right) - (1+\varepsilon)wQ\right) + v\int_{(1+i)a}^{Q}F(x)dx + (1-\alpha)(1-h)T$$
$$+ (1-s)(1-h)L - (1-a)A\left(Q - \int_{(1+i)a}^{Q}F(x)dx\right)$$

同理，对该期望利润关于订货量求一阶导和二阶导，易得当 $-(1-\gamma)p + v + A(1-\alpha) < 0$ 时，$E(\pi_R)$ 是凹函数，因此零售商在忙期的最优订货量 Q^* 为

$$Q^* = \frac{(1+i)(b-a)(A(1-\alpha) - (1-\gamma)(p-(1+\varepsilon)w))}{-(1-\gamma)p+v+A(1-\alpha)} + (1+i)a$$

可以证明，在随机需求下，当共享平台向零售商收取的佣金满足 $0 \leqslant \gamma < 1 - \frac{v}{(1+\varepsilon)w}$ 时，制造商的利润 π_m 在 (α^*, s^*) 下获得最优解，其中，最优质量和及时交货投入水平为

$$\alpha^* = \frac{(1-h)T + (1-\beta)((1+\varepsilon)w - c)\frac{\partial Q^*}{\partial \alpha}}{(1-\beta)c_1}, \quad s^* = \frac{(1-h)L}{(1-\beta)c_2}$$

因此，在销售忙期，当批发价提高而零售价保持不变时，制造商的产品质量和交货投入水平均会下降，从而导致产品质量水平和及时交货率下降。此时，虽然零售商的单位产品利润降低，但由于订货量增加，总利润也会增加。由及时交货投入水平可知，增加对制造商延迟交货的惩罚成本、降低平台对其收取的佣金率、降低制造商为投入交货水平所需支付的生产成本三种方式均可提高忙期的交货率。在现实中，忙期制造商的及时交货水平是共享供应链面临的重要问题。忙期会使交货率显著降低，为了减少缺货惩罚，制造商更倾向于提高及时交货率。

5.4.4 淡季闲期的优化策略

1. 闲期共享平台的定价策略分析

闲期即市场和工厂均在销售淡季的空闲期，此时零售商的订货量将会减少。假设零售商在闲期的订货次数从 N 次变为 $(1-k)N$ 次。对于平台来说，由于是闲期，此时它更期望不断有订单，因而其对时间更敏感，即其对时间折扣比在正常销售阶段更缺少耐心，即闲期的时间折扣为 $t - \theta$。假设正常销售阶段的时间折扣 $t = 1$，则闲期的时间折扣为 $1 - \theta$。因此，ρ 型零售商在闲期的效用函数为 $u_R = (1-k)N(\rho q - r_c) - F_c$，可得 $\rho^* = \frac{F_c + (1-k)Nr_c}{(1-k)Nq}$，代入平台利润函数，得

$$\pi_{pT} = \left(1 - \frac{F_c + (1-k)Nr_c}{(1-k)Nq}\right)((1-k)(1-\theta)Nr_c + F_c)$$

考虑平台的两种定价策略。基于会员定价方式即 $r_c = 0$ 时，平台的利润函数为 $\pi_{pT}^M = \left(1 - \frac{F_c}{(1-k)Nq}\right)F_c$；基于交易定价方式即 $F_c = 0$ 时，平台的利润函数为 $\pi_{pT}^T = (1 - r_c/q)(1-k)(1-\theta)Nr_c$。

进一步比较两个时期的平台定价策略，两者最优会员价不同，则闲期平台基于会员定价方式的利润为 $\pi_{pT}^{M*} = \dfrac{(1-k)Nq}{4}$。同理，基于交易定价方式的利润为

$$\pi_{pT}^{T*} = \frac{Nq(1-k)(1-\theta)}{4} \text{。}$$

易知 $\pi_{pT}^{M*} = \dfrac{(1-k)Nq}{4} \geqslant \pi_{pT}^{T*} = \dfrac{Nq(1-k)(1-\theta)}{4}$，即共享平台在闲期选择基于会员定价方式获得的利润不小于基于交易的定价方式。因此，平台在闲期会选择基于会员的定价方式。

2. 闲期零售商和制造商的优化策略

假设闲期市场需求减少，变为 $(1-j)a < X < (1-j)b$，因此工厂降低批发价格来吸引零售商订货，而消费者在闲期对产品质量和交货期都有更高的要求，因此在闲期消费者往往不愿意为缺货而等待。零售商单位产品缺货成本为 B，总的缺货成本为 $B(X-sQ)^+$。此时，平台往往采取基于固定会员费的定价方式，零售商每笔交易的固定会员费为 $f_c = \dfrac{F_c}{(1-k)N}$。

在闲期，制造商、零售商、平台的利润函数可分别表示为

$$\pi_m = (1-\beta)\left(((1-\varepsilon)w - c)Q - \frac{c_1}{2}\alpha^2 - \frac{c_2}{2}s^2 \right) - (1-\alpha)T - (1-s)L$$

$$\pi_R = p\min\{Q, X\} - (1-\varepsilon)wQ + v(Q-X)^+ - (1-\alpha)A\min\{Q, X\}$$
$$- B(X - sQ)^+ + (1-\alpha)T + (1-s)L + f_c$$

$$\pi_p = \beta\left(((1-\varepsilon)w - c)Q - \frac{c_1}{2}\alpha^2 - \frac{c_2}{2}s^2 \right) + f_c$$

此时，零售商的期望利润如下：

$$E(\pi_R) = p\left(Q - \int_{(1-j)a}^{Q} F(x)\mathrm{d}x \right) - (1-\varepsilon)wQ + v\int_{(1-j)a}^{Q} F(x)\mathrm{d}x + (1-\alpha)T + (1-s)L$$

$$- (1-\alpha)A\left(Q - \int_{(1-j)a}^{Q} F(x)\mathrm{d}x \right) - B\int_{sQ}^{(1-j)b}(x - sQ)f(x)\mathrm{d}x + f_c$$

由该期望利润函数可得，闲期零售商的最优订货量为

$$Q^* = \frac{(1-j)a(-p+v+A(1-\alpha)) + (1-j)(b-a)(A(1-\alpha) - p + (1-\varepsilon)w) - Bbs(1-j)}{-p+v+A(1-\alpha) - Bs^2}$$

$$= \frac{K_2 + M_2(\alpha, s)}{K_1 + M_1(\alpha, s)}$$

式中

$$K_1 = -p + v + A$$

$$K_2 = (1-j)a(-p+v+A) + (1-j)(b-a)(A-p+(1-\varepsilon)w)$$

$$M_1(\alpha, s) = -A\alpha - Bs^2, \quad M_2(\alpha, s) = (-Ab\alpha - Bbs)(1-j)$$

$$K_1 + M_1 \leqslant 0, \quad K_2 + M_2 < 0$$

为了方便起见，将 $M_1(\alpha, s)$ 和 $M_2(\alpha, s)$ 分别简写为 M_1、M_2。

在闲期，当满足以下三个条件时，制造商的利润 π_m 是关于 (α^*, s^*) 的凹函数，此时制造商的最优产品质量和及时交货投入水平如下：

$$\alpha^* = \frac{T + (1-\beta)((1-\varepsilon)w - c)\frac{\partial Q^*}{\partial \alpha}}{(1-\beta)c_1}, \quad s^* = \frac{L + (1-\beta)((1-\varepsilon)w - c)\frac{\partial Q^*}{\partial s}}{(1-\beta)c_2}$$

满足：

$$\begin{cases} (a-b)(v-(1-\varepsilon)w) > bBs(1-s) \\ v-p+A-A\alpha+3Bs^2 < 0 \\ 4(K_2+M_2)((K_2+M_2)-(1-j)b(K_1+M_1)) - B(b(1-j))^2(2s-1)^2(K_1+M_1) > 0 \end{cases}$$

进一步可以推导得出，工厂处于闲期时，在 $(a-b)(v-(1-\varepsilon)w) > bBs(1-s)$ 和 $v-p+A-A\alpha+3Bs^2 < 0$ 时，零售商的订货量与 α 和 s 均正相关，即订货量随着质量投入水平和交货投入水平的升高而增加。

因此，与平常期相比，闲期的市场需求大大降低，且零售商要承担延期产品所导致的消费者不满的风险。因此，虽然此时批发价降低了，但其订货量显著减少，整个共享供应链的利润随之下降。此时，订货量不仅与质量和交货投入水平有关，并且随着质量和交货投入水平的升高而增加。在现实中，通常认为工厂处于闲期时有更多的资源和人力，因此产品的质量水平和整体交货水平会比其他时期高。但本节模型研究的结果表明，当考虑最优的质量和及时交货投入水平时，在闲期制造商的质量水平反而由于批发价的降低而下降，而交货水平也并没有提高，甚至会降低。这在一定程度上是因为订货量和批发价同时降低，使制造商的收入显著下降，对比生产成本和惩罚成本，后者显著比前者低。因此，在闲期制造商会选择降低质量投入水平和交货投入水平来降低生产成本，从而保持更多的利润。

5.4.5 数值分析

1. 最优值分析

以阿里巴巴 1688 平台下的服装"淘工厂"为例进行数值实验分析。假设市场需求 X 服从 $(100, 150)$ 的均匀分布，相关参数如表 5-6 所示。

表 5-6　参数数值

p	w	c	v	c_1	c_2	T	L	A	B	β	γ	h	ε	f_c	a	b	i	j
40	22	8.5	8	15	10	1200	800	1000	700	3%	4%	15%	10%	90	100	150	0.5	0.2

计算可得各个时期制造商和零售商的最优决策及其利润，如表 5-7 所示。

表 5-7　不同时期最优质量和及时交货投入水平、订货量及利润

时期	α^*	s^*	Q^*	π_R^*	π_m^*	π_p^*
平常期	0.981	0.902	128	2028.51	715.67	104.49
忙期	0.978	0.767	187	2657.5	1905.56	167.38
闲期	0.885	0.725	107	1691.9	202.5	105.8

从表 5-7 可知，在平常期，制造商的服装质量和及时交货投入水平能达到一个较高的水平。在忙期，制造商的质量投入水平基本不变，但由于零售商订货量大大增加，制造商的及时交货投入水平不足，进而交货率显著下降。在闲期，市场需求大大降低，制造商的收入降低。根据以上数据，考虑生产成本和惩罚成本时，制造商选择降低质量和交货投入水平。而且，零售商的利润在任何时期都处于优势，而制造商在忙期由于批发价变高，惩罚成本降低，利润提升；在闲期由于批发价下降，惩罚成本升高，利润骤减。平台在三个阶段的利润变化不明显，但平台在不同时期采用不同的收费策略起了很大作用。在闲期，平台的收费方式从基于交易的方式转变为基于会员的方式，使其利润不减反增，这说明这种收费方式对平台来说有很好的效果。

2. 灵敏度分析

根据上述分析，对制造商的惩罚成本会在一定程度上影响质量和交货投入水平。因此，下面进一步分析质量缺陷惩罚成本 T 对质量和交货投入水平的影响。假设其他变量保持不变，计算 T 在三个时期分别对质量投入水平、及时交货投入水平、订货量以及三者利润的影响，结果如表 5-8～表 5-10 所示。

表 5-8　平常期 T 对质量和交货投入水平、订货量及利润的影响

T	L	α^*	s^*	Q^*	π_R^*	π_m^*	π_p^*
850	700	0.867	0.902	126.91	1915.82	727.08	107.90
875	700	0.886	0.902	127.14	1936.47	724.00	107.35

续表

T	L	α^*	s^*	Q^*	π_R^*	π_m^*	π_p^*
900	700	0.905	0.902	127.36	1956.37	721.33	106.79
925	700	0.924	0.902	127.58	1975.37	719.18	106.22
950	700	0.943	0.902	127.80	1993.55	717.53	105.64
975	700	0.962	0.902	128.01	2010.53	716.35	105.03
1000	700	0.981	0.902	128.22	2026.98	715.67	104.49

表 5-9　忙期 T 对质量和交货投入水平、订货量及利润的影响

T	L	α^*	s^*	Q^*	π_R^*	π_m^*	π_p^*
850	700	0.892	0.767	185.31	2488.08	1914.09	169.72
875	700	0.906	0.767	185.59	2517.22	1911.82	169.37
900	700	0.92	0.767	185.88	2545.67	1910.07	169.00
925	700	0.935	0.767	186.18	2575.31	1908.54	168.59
950	700	0.949	0.767	186.45	2602.69	1907.22	168.21
975	700	0.964	0.767	186.74	2630.56	1906.29	167.79
1000	700	0.978	0.767	187	2632.34	1896.81	166.33

表 5-10　闲期 T 对质量和交货投入水平、订货量及利润的影响

T	L	α^*	s^*	Q^*	π_R^*	π_m^*	π_p^*
850	700	0.759	0.721	105.9	1590.3	223.6	109.3
875	700	0.78	0.722	106.1	1610.3	219.5	108.8
900	700	0.801	0.722	106.2	1628.4	214.7	108.2
925	700	0.822	0.723	106.3	1645.3	210.5	107.6
950	700	0.843	0.724	106.5	1662.6	208.0	107.0
975	700	0.864	0.724	106.6	1677.6	204.8	106.4
1000	700	0.885	0.725	106.7	1691.7	202.3	105.8

对比表 5-8～表 5-10 可知，在平常期和忙期，当惩罚成本 T 越来越高时，制造商

的质量投入水平 α 越来越高，而交货投入水平不受影响，同时零售商的订货量也随之增加；而在闲期，T 的升高会使质量投入水平、及时交货水平和订货量同时都变高。总体上，惩罚成本 T 的升高使共享供应链的总利润上升，尽管制造商和平台的利润都有所下降。这也进一步证实了适当增加惩罚成本能有效提高质量和及时交货投入水平。另外，平台在闲期的利润与平常期差不多，而不是随着订货量减少而大幅下降，这说明平台在不同时期采取不同的定价策略能够有效地提高自身的利润水平。

3. 质量投入水平和及时交货投入水平对利润的影响

上述模型中制造商的利润是 α 和 s 的凹函数，通过算例仿真在 α 和 s 变化下，制造商在平常期、忙期和闲期的利润变化的三维曲面图，如图 5-14~图 5-16 所示。从图中可以看出，整个函数曲面呈凹形。与平常期相比，制造商的利润在忙期随着质量和交货投入水平上升得更快，曲面更陡。

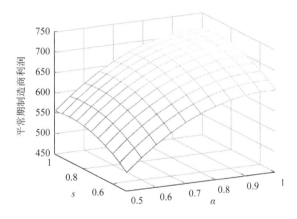

图 5-14　平常期制造商的利润变化

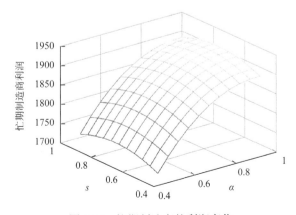

图 5-15　忙期制造商的利润变化

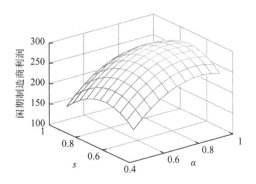

图 5-16　闲期制造商的利润变化

　　从图 5-17～图 5-19 可知，在平常期和忙期，α、s 与零售商的利润是一次函数的关系。在闲期，由于引入了缺货成本，所以 α、s 与零售商的利润是多元函数的形式。而且，在闲期，零售商的利润是关于质量和交货投入水平的凹函数。

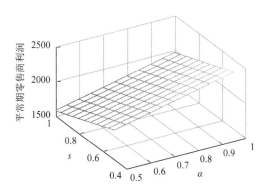

图 5-17　平常期零售商的利润变化

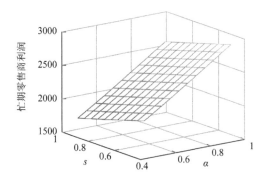

图 5-18　忙期零售商的利润变化

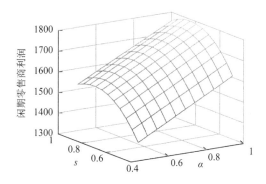

图 5-19 闲期零售商利润的变化

5.4.6 小结

本节的研究针对共享供应链，由共享平台连接上下游，从激励共享工厂在不同时期提高产品质量投入水平和及时交货投入水平的视角，体现供应链共享的思想。通过引入惩罚机制，构建质量和及时交货投入水平的决策模型，实现供应链资源共享。从研究中可以看到，供应链在闲期、忙期，其生产或销售能力不同，常常出现闲期产品积压，而忙期缺货的情况。而通过共享供应链不同时期的生产或销售能力，使忙期不忙，闲期不闲，充分体现了共享经济的思想，使供应链资源得到了充分利用。通过本节的研究可以总结出以下几点主要结论。

（1）共享平台在不同时期采取的定价策略会直接影响其利润。在平常期，两种定价策略产生的利润是相同的；在忙期，平台采取基于交易的定价方式获得的利润最优；在闲期，平台采取基于会员的定价方式获得的利润最优。

（2）在三种时期下，当制造商满足某种条件时，存在最优的质量和及时交货投入水平。对于质量投入水平来说，质量缺陷的惩罚成本越高，产品的质量投入水平越高，零售商订货量及其利润越高，制造商和共享平台的利润则越低；对于及时交货投入水平来说，延迟交货的惩罚成本越高，产品的及时交货投入水平和零售商的最优订货量在平常期和忙期保持不变，在闲期均变高，零售商的利润在平常期和闲期均下降，在闲期保持上升趋势，制造商和共享平台的利润则在三个时期都下降。

（3）共享平台适当提高对制造商的惩罚成本或佣金率，能有效地提升整个供应链的质量水平和交货水平。此外，制造商降低生产成本，也可以提高质量和交货投入水平。

5.5　成本分担机制下共享供应链激励策略

　　共享供应链相较于一般的供应链，它的运作涉及各成员的资源能力以及供需资源的优化匹配等，其运作更为复杂。特别是在热销季节，即使是共享供需资源，产品的及时交货率也常常难以满足销售商的需求。产品的质量水平与交货期相互影响，交货水平的提高会影响质量水平（田厚平等，2010），而且两者较多的是动态关系，对此，学者利用微分博弈等方法开展了较广泛的研究。洪江涛和黄沛（2016）采用微分博弈的方法研究了两级供应链在四种质量管理博弈情形下的最优质量管理策略及最优利润。王艳和谭德庆（2018）利用微分博弈模型得出双寡头厂商的单位产品质保服务投入越高、质保期越长，均衡价格就越高等结论。Voros（2019）建立了一个需求同时依赖于价格和质量的动态模型，分析指出质量可以通过对开发过程的投资来提高，并且积累的有关质量的知识可以被纳入模型中。Chen等（2018）运用博弈论方法对能力投入约束对食品质量和质量调节的影响进行了理论分析，结果表明，两种能力投入约束均导致产出水平、质量水平和消费者剩余水平降低，但价格水平却提高了。他们还发现在食品质量保障方案中，奖励比惩罚或罚款更有效。Cellini等（2018）应用微分博弈提出了一个关于价格和质量竞争的动态模型来分析竞争对质量的影响，其研究结果表明，如果供应商采用闭环决策规则，竞争越激烈，质量会越高，但是质量仍比开环规则下低。Heydari和Ghasemi（2018）研究了由单一再制造商和单一回收商组成的两级逆向供应链，考虑了回收产品质量和再制造能力的不确定性，针对该情形开发了一个定制的收益共享契约，激励参与者分担风险，实现双赢。

　　由于工厂投入的及时交货水平（即服务水平）对利润有影响，高服务水平需要承受利润损失，而采取动态定价和订购联合决策可以降低追求服务水平所带来的利润损失（段永瑞等，2019）。因此，如何优化产品的服务水平也是近年来学术界研究的热点。王大飞等（2017）通过构建两个销售阶段的动态博弈模型，分析了产品服务系统价值、成本和服务价值占比对消费者策略行为的影响。田巍和葛兵（2019）针对由两个制造商和一个零售商组成的双渠道供应链，分析了制造商在售后服务支持等服务努力与产品广告成本的分摊及服务竞争对各方利润的影响。Chang等（2019）提出了一种面向服务的动态多级预测维护分组策略，构造了惩罚成本和分组服务成本，并设计了改进的K-means方法对预测的最优服务进行动态分组。

　　上述文献大多研究了质量水平与价格、质量投资、竞争和契约的相互影响，以及服务水平对利润、对消费者策略和分担成本等的影响。这些文献着重考虑的是质量水平或服务水平单方面对各因素的影响，而本节模型则主要考虑在共享情形下，产品质量水平和及时交货水平两者相互影响及对其他变量的共同影响。在现实中，通常如果工厂被要求提高质量水平，很有可能订单的及时交货水平会降低；反之，若大幅提高及时交货水平，则产品质量水平又很难得到保证。本节模型通过构造不同的共享激励组合，探讨如何在保持产品质量水平不变的情况下提高及时交货水平，从而提高供应链的整体利润，实现在资源充分利用的同时，共享供应链实现共赢。

关于成本分担契约，彭鸿广和骆建文（2015）提出了不对称信息下供应链成本分担激励契约，旨在为供应商的努力提供不同程度的激励措施。分析指出，最优契约中供应商的成本分担系数皆随成本不确定性的增加而减少，采购方对供应商的固定支付皆随成本不确定性的增加而增加。李小美等（2019）考虑供需同时不确定的条件，设计了回购和成本分担组合契约，以协调该供应链，实现供应链利润的任意分配。刘云志和樊治平（2017）针对考虑损失规避型零售商与产品质量水平的二级供应链协调问题，构建了回购-质量成本分担契约下的供应链协调契约模型，并且证明了该模型的有效性。王磊和但斌（2015）设计了"基于生鲜农产品新鲜度的采购价"契约和"批发价 + 保鲜成本分担"契约两种促进供应商提高保鲜努力的激励机制。这两种机制均能提高供应商保鲜努力水平，并且在一定程度上实现了供应链协调。王芹鹏和赵道致（2014）的研究指出，制造商的低碳声誉和零售商的促销都能增加产品的需求。他们还比较了不合作、成本分担契约以及合作三种契约对供应链成员的影响，并得出在合作下供应链利润最优的结论。

上述相关文献对于供应链的质量管理、服务水平及成本分担契约已有较深入的研究，但是鲜有文献考虑在共享供应链下产品质量水平和及时交货水平的联合决策。因此，本节研究针对由共享工厂、共享平台和零售商构成的一个共享供应链，平台和零售商对共享工厂的产品质量和及时交货率的投入成本予以弱激励和强激励分担，利用动态微分博弈方法，研究强激励和弱激励成本分担的最优比例，以及共享供应链产品质量水平与及时交货水平的最优投入决策；分析在产品质量水平保障的前提下，不同的成本分担机制对提高共享供应链的及时交货率和利润的影响；通过探讨不同激励强度的成本分担组合，探究哪种激励组合下的成本分担契约更有效。研究结果表明，当目标市场为中低成本的产品时，共享供应链在强激励成本分担机制下整体利润较高，此时可实现在工厂产品质量投入努力水平不变的前提下，及时交货率得以提高；而针对高成本市场，共享供应链在弱激励成本分担机制下整体利润较高。

5.5.1 模型描述与假设

对于一个由零售商 R、共享平台 P 和签约的工厂 M 组成的共享供应链，考虑质量水平、交货水平，以及需求动态变化的情形。零售商通过共享平台提交订单，共享平台为其匹配合作签约的工厂进行产品的生产。工厂决定产品的质量投入努力和及时交货投入努力，并按平台收费模式付佣金给平台；平台为了提高工厂的交货水平，对工厂的及时交货所投入的成本给予一定的补贴，以激励工厂的交货投入努力；为了吸引更多的零售商利用平台进行订货，平台并不收取零售商的佣金。零售商采取动态定价策略，同时，在一定条件下平台也分担工厂的产品质量的投入成本和及时交货率的投入成本。因此，通过共享平台及时交货补贴激励和交货与质量投入分担机制，工厂、共享平台和零售商均可从资源共享中获得更多的收益，实现共享共赢的目的。

假设 1：工厂对产品的质量投入努力（包括研究人员、新技术、新设备等）将提高产品的质量水平。随着时间的推移，由于设备的老化、技术的落后等因素，若无持续的投入，产品质量水平存在衰减的状况。假设产品质量水平变化的状态方程为

$$\dot{q}(t) = \alpha_1 A(t) - \delta q(t)$$

式中，$q(t)$ 为 t 时刻产品的质量水平，初始质量水平为 $q(0) = q_0$；$A(t)$ 为 t 时刻工厂的质量投入努力；$\alpha_1 > 0$，为工厂产品质量投入努力敏感系数，表示其质量投入对产品质量水平的影响程度；$\delta > 0$，为产品质量水平的衰减率。

假设 2：在生产忙期，工厂往往由于忙于赶工而忽略产品质量（田厚平等，2010），产品的及时交货水平（即准时交货率）和质量水平有一定的相关性。假设工厂的及时交货水平不仅与工厂的交货投入努力（用于增加工人、更新设备等）有关，还与产品的质量存在一定的负相关关系。及时交货水平随时间变化的状态方程可表示为

$$\dot{s}(t) = \alpha_2 B(t) - \mu q(t) - \gamma s(t)$$

式中，$s(t)$ 为 t 时刻的及时交货水平，初始交货水平为 $s(0) = s_0$；$B(t)$ 为 t 时刻工厂的及时交货投入努力；$\alpha_2 > 0$，为工厂及时交货投入努力敏感系数，表示及时交货投入努力对及时交货水平的影响程度；$\mu > 0$，为产品的质量水平对及时交货水平的影响程度；$\gamma > 0$，为及时交货投入水平的衰减率，可由热销期、换季期或大型促销期间订单堆积导致。

假设 3：通常零售商更倾向于寻找交货及时且产品质量高的共享平台订单。参考 El Ouardighi（2014）将市场需求影响因素分为价格因素和非价格因素，且两个因素可通过分离相乘的形式对市场需求产生影响的思路，假设产品的市场需求函数为

$$D(t) = (a - bp(t))(\xi q(t) + ks(t))$$

式中，$p(t)$ 为 t 时刻产品的零售价；$\xi > 0$、$k > 0$ 分别为消费者对产品质量水平和及时交货水平的敏感系数；$b > 0$，为消费者对价格的敏感系数；$a > 0$，为市场

规模，且 $a-bp(t) \geqslant 0$。该需求函数说明市场需求受产品质量水平和及时交货水平的正影响，受价格的负影响（$D_q > 0, D_s > 0, D_p < 0$）。产品质量水平和及时交货水平的升高会降低零售价对市场需求的负影响（$D_{pq} = -\xi b < 0, D_{ps} = -bk < 0$）。换言之，随着产品质量水平和及时交货水平的提升，消费者对该类产品的价格敏感度降低。其中，D_q 表示需求函数 $D(t)$ 对 q 求一阶导数，以此类推，D_s、D_p 分别表示需求 D 对 s、p 求一阶导数。D_{pq} 表示需求函数 $D(t)$ 先对 p 求一阶导数，再对 q 求二阶导数，D_{ps} 同理。

假设 4：质量水平和及时交货水平分别为质量投入努力和及时交货投入成本的凸函数，即

$$C_{Mq}(t) = \frac{k_1}{2}A^2(t), \qquad C_{Ms}(t) = \frac{k_2}{2}B^2(t)$$

式中，$C_{Ms}(t)$ 为 t 时刻工厂的产品质量投入成本；$C_{Ms}(t)$ 为 t 时刻工厂的交货投入成本；$k_1 > 0$、$k_2 > 0$，分别表示工厂产品质量投入努力和交货投入的成本系数。

假设 5：假设工厂和零售商均基于完全信息进行理性决策，不计供应链存货成本和缺货成本。工厂、平台、零售商有着相同的正贴现率。工厂产品的批发价为 $w(w > 0)$。表 5-11 是本节的研究模型用到的符号及其说明。

表 5-11　符号及其说明

参数/变量	含义说明
A	工厂对产品质量的投入努力，决策变量
B	工厂对及时交货的投入努力，决策变量
q	产品的质量水平，状态变量
s	订单的及时交货水平，状态变量
D	市场需求
ρ	时间贴现率
w	工厂产品的批发价
p	零售价格
β	共享平台对每笔成交的订单向工厂收取的佣金比例（介于 0 和 1 之间）
λ	平台对工厂及时交货的投入成本所分担的比例，决策变量
ν	平台对工厂产品质量的投入成本所分担的比例，决策变量
τ	零售商对工厂质量的投入成本所分担的比例，决策变量
$D(t)$	市场需求函数
$C_{Mq}(t)$	t 时刻工厂的产品质量投入成本
$C_{Ms}(t)$	t 时刻工厂的交货投入成本

5.5.2 弱激励下的投入努力和成本分担模型

弱激励的成本分担是指平台只分担工厂及时交货努力的投入成本，而不分担产品质量投入的成本；而零售商只分担工厂产品质量努力投入成本，不分担及时交货投入的成本。据了解，阿里巴巴的"淘工厂"平台关注于提高及时交货率，以吸引更多的零售商通过平台下单订货。因此，它更认可平台对工厂实施及时交货努力的激励策略。

在此情形下，为了吸引更多有资质的工厂和零售商加入平台，假设共享平台对每笔成交的订单向工厂收取佣金，比例为 β；同时，为工厂分担 λ 比例的及时交货的投入成本，以提高整个供应链的交货水平；零售商为了提高消费者满意程度，也愿意为工厂分担一定比例的产品质量的投入成本，以提高产品的质量水平。在该共享供应链中，各成员的决策顺序为：首先零售商和平台同时决策各自最优的成本分担比例 τ、λ，以及零售价 P，然后工厂根据两类成本分担比例再分别决策其最优的质量水平投入和交货水平的投入，即 A、B。

根据上述分析，工厂、平台和零售商的长期利润可分别表示为

$$J_{M(A,B)} = \int_0^\infty e^{-\rho t}((1-\beta)wD(t)-(1-\tau)C_{Mq}(t)-(1-\lambda)C_{Ms}(t))\mathrm{d}t$$

$$J_{p(\lambda)} = \int_0^\infty e^{-\rho t}(\beta wD(t)-\lambda C_{Ms}(t))\mathrm{d}t$$

$$J_{R(p,\tau)} = \int_0^\infty e^{-\rho t}((p(t)-w)D(t)-\tau C_{Mq}(t))\mathrm{d}t$$

为了方便表述，下文将不再列出时间 t。

根据上述利润模型，采用逆向归纳法和最优控制理论对工厂的最优产品质量投入努力、及时交货水平投入努力，以及零售商和平台的成本分担比例进行求解分析，由此可得如下定理。

定理 5-2 在成本分担弱激励机制下的共享供应链中，工厂的最优产品质量投入努力、交货水平投入努力，零售商对工厂的质量投入成本的最优分担比例、最优零售价，以及平台对工厂的交货投入成本的最优分担比例分别如下：

$$A^* = \frac{\alpha_1(a-bw)(a-bw\beta)(-k\mu+\xi\rho+\gamma\xi)}{4bk_1(\delta+\rho)(\gamma+\rho)}, \quad B^* = \frac{\alpha_2 wk(a-bw)(1+\beta)}{4k_2(\gamma+\rho)}$$

$$\tau^* = \frac{a-bw(2-\beta)}{a-bw\beta}, \quad p^* = \frac{a+bw}{2b}, \quad \lambda^* = \frac{3\beta-1}{1+\beta}$$

从定理 5-2 可以看出，若要 $\lambda^* > 0$，必须 $3\beta-1 > 0$，即 $\beta=1/3$ 是平台对工厂

及时交货投入进行补贴的临界条件。大于该临界值，意味着平台对工厂及时交货投入给予一定比例的补贴。当 $3\beta-1<0$ 时，$\lambda^*<0$，此时意味着平台给予工厂的补贴为负，也就是工厂不仅要承担自身的投入成本，还要支付给平台一定比例的费用成本，这一情形不符合本节模型研究中的激励机制，所以下面仅考虑 $\lambda^*>0$，即 $\beta>1/3$ 的情况。

由定理 5-2 得，在成本分担机制下，工厂的最优质量投入努力与市场质量敏感程度正相关，与交货水平因子负相关，与质量成本参数、质量衰退率和时间贴现因子负相关；最优交货水平与市场交货敏感程度正相关，与交货水平成本参数、交货水平衰退率和贴现因子负相关。当 $w\in(0, a/(2b))$ 时，产品批发价正向影响工厂的质量投入努力和交货投入努力（$\partial A/\partial w>0, \partial B/\partial w>0$）；当 $w\in\left(\dfrac{a}{2b}, \dfrac{a(1+\beta)}{2b\beta}\right)$ 时，产品批发价正向影响工厂的质量投入努力，负向影响其交货投入努力（$\partial A/\partial w>0, \partial B/\partial w<0$）；当 $w\in\left(\dfrac{a(1+\beta)}{2b\beta}, \dfrac{a}{b\beta}\right)$ 时，产品批发价负向影响工厂的质量投入努力，负向影响其交货投入努力（$\partial A/\partial w<0, \partial B/\partial w<0$）。当 $w=a/(2b)$ 时，供应链及时交货投入努力达到最大值；当 $w=a(1+\beta)/(2b\beta)$ 时，产品质量投入努力达到最大值。而且，市场质量偏好以及产品质量水平对交货水平的边际贡献率均影响工厂的质量投入努力，但不影响其交货投入努力。平台对工厂的交货成本的分担比例只受到佣金的影响。此外，零售商的零售价格与批发价、市场规模和价格敏感系数相关，其对工厂的质量成本的分担比例受批发价、市场规模和价格敏感系数影响，随着批发价上升，零售商愿意为工厂分担的质量投入成本比例减少（$\partial\tau/\partial w<0$）。

进一步地，将上述最优策略代入两状态方程中，可得工厂的产品质量水平和及时交货水平路径轨迹的微分方程：

$$\dot q(t)=\frac{\alpha_1^2(a-bw)(a-bw\beta)(-k\mu+\xi\rho+\gamma\xi)}{4bk_1(\delta+\rho)(\gamma+\rho)}-\delta q(t)$$

$$\dot s(t)=\frac{\alpha_2^2 wk(a-bw)(1+\beta)}{4k_2(\gamma+\rho)}-\mu q(t)-\gamma s(t)$$

求解上述两个微分方程可得如下定理。

定理 5-3　在成本分担弱激励机制下，共享供应链产品质量水平和及时交货水平的最优轨迹分别为

$$q^*(t)=q_\infty+(q_0-q_\infty)e^{-\delta t}$$

$$s^*(t)=s_\infty-\frac{\mu}{\gamma-\delta}(q_0-q_\infty)e^{-\delta t}+\left(s_0-s_\infty+\frac{\mu}{\gamma-\delta}(q_0-q_\infty)\right)e^{-\gamma t}$$

式中

$$
\begin{cases}
q_\infty = \dfrac{\alpha_1^2(a-bw)(a-bw\beta)(-k\mu+\xi\rho+\gamma\xi)}{4bk_1\delta(\delta+\rho)(\gamma+\rho)} \\
s_\infty = \dfrac{\alpha_2^2 wk(a-bw)(1+\beta)}{4k_2\gamma(\gamma+\rho)} - \dfrac{\alpha_1^2\mu(a-bw)(a-bw\beta)(-k\mu+\xi\rho+\gamma\xi)}{4bk_1\delta\gamma(\delta+\rho)(\gamma+\rho)}
\end{cases}
$$

且 q_∞、s_∞ 分别为成本分担模型下产品质量水平和及时交货水平的稳定值，即与时间无关的量。

从定理 5-3 可看到，由于 q_0 是常数，所以质量水平和及时交货水平的稳定值 q_∞、s_∞ 是影响最优质量水平轨迹和最优及时交货水平轨迹的变量。因而，分析稳定值的特点可间接得出质量水平和交货水平的特点。

成本分担弱激励机制下，共享工厂的产品质量水平和及时交货水平的稳定值与市场质量和交货敏感程度正相关，与质量水平对交货水平的边际贡献、成本参数、两者衰退率和时间贴现因子负相关。特别地，当 $w\in\left(0,\dfrac{a(1+\beta)}{2b}\left(\dfrac{n_1+n_2}{(\beta+1)n_1+\beta n_2}\right)\right)$ 时，产品批发价正向影响产品质量水平和交货水平的稳定值（$\partial q_\infty/\partial w>0, \partial s_\infty/\partial w>0$）；当 $w\in\left(\dfrac{a(1+\beta)}{2b}\left(\dfrac{n_1+n_2}{(\beta+1)n_1+\beta n_2}\right),\dfrac{a(1+\beta)}{2b\beta}\right)$ 时，产品批发价正向影响产品质量水平的稳定值，负向影响其交货水平的稳定值（$\partial q_\infty/\partial w>0, \partial s_\infty/\partial w<0$）；当 $w\in\left(\dfrac{a(1+\beta)}{2b\beta},\dfrac{a}{b\beta}\right)$ 时，产品批发价负向影响工厂产品质量水平和其交货水平的稳定值（$\partial q_\infty/\partial w<0, \partial s_\infty/\partial w<0$）。其中 $n_1=kk_1\alpha_2^2(\delta+\rho)\delta$，$n_2=\mu k_2\alpha_1^2(-k\mu+\gamma\xi+\xi\rho)$。因此，当 $w=\dfrac{a(1+\beta)}{2b\beta}$ 时，工厂产品质量水平的稳定值达到最大值，这与定理 5-2 得出的结论一样；当 $w=\dfrac{a(1+\beta)}{2b}\left(\dfrac{n_1+n_2}{(\beta+1)n_1+\beta n_2}\right)$ 时，工厂交货水平的稳定值达到最大，这与定理 5-2 得出的结论中的临界点不同，因为及时交货水平受工厂交货投入努力及质量水平的影响。

另外，在成本分担机制下，产品质量水平的轨迹是单调的，而交货水平轨迹呈多变性。交货水平受工厂交货投入努力与质量水平的影响，其轨迹呈多样性变化。结合最优策略和最优状态轨迹，可以得出成本分担弱激励下共享供应链的整体利润为

$$J_{\text{Total}}^s = \mathrm{e}^{-\rho t}\left(\left(\left(\frac{(a-bw)(-k\mu+\gamma\xi+\xi\rho)(a+bw)}{4b(\gamma+\rho)(\delta+\rho)}\right)\left(q_\infty^s+(q_0-q_\infty^s)\mathrm{e}^{-\delta t}\right)+\left(\frac{k(a-bw)^2}{4b(\gamma+\rho)}\right)\right.\right.$$

$$\left.\cdot\left(s_\infty-\frac{\mu\left(q_0-q_\infty^s\right)\mathrm{e}^{-\delta t}}{\gamma-\delta}+s_0-s_\infty^s+\frac{\mu\left(q_0-q_\infty^s\right)\mathrm{e}^{-\gamma t}}{\gamma-\delta}\right)\right.$$

$$+\frac{\alpha_2^2 k^2 w(a-bw)^2(2a+bw(1-\beta))(1+\beta)}{32bk_2\rho(\rho+\gamma)^2}$$

$$\left.+\frac{(a-bw)^2\alpha_1^2(a^2+2abw(5+2\beta)+b^2w^2(-7+12\beta-20\beta^2))(-k\mu+\xi\rho+\gamma\xi)^2}{128b^2k_1\rho(\rho+\gamma)^2(\rho+\delta)^2}\right)$$

5.5.3　强激励下的投入努力和成本分担模型

平台与零售商强激励的成本分担机制是指零售商既分担工厂质量努力投入成本，也分担工厂的及时交货努力投入成本；而平台则与弱激励情形下的分担机制相同，即只分担工厂及时交货的投入成本。这种情况通常较多地出现于销售旺季，此时工厂因产能、提前期等因素的影响，其及时交货率难以满足零售商的要求。为了防止工厂因赶工而降低产品质量，零售商愿意对工厂的质量投入和交货投入成本同时给予补贴，以进一步激励工厂，使得在产品质量保证的前提下，交货水平也得到提高，从而避免因交货不及时带来的缺货损失。也就是说，在该情形下，平台和零售商都想进一步提高及时交货率，从而促进整个供应链利润更优。在现实中，很多生鲜超市、便利店等对产品的及时到货率十分看重。例如，日本大型连锁便利店 7-11 的新鲜食品占其销售额的很大一部分。其中，便当、沙拉等新鲜食品都需当天送达以进行售卖，此时供应商的食品是否准时到货将直接影响该门店的销售额。为了提高及时交货率确保在就餐时间点前能送达，7-11 投资建立了配送中心，所有食品供应商统一将食品运到配送中心，然后配送中心将来自不同供应商的所有产品进行重组并运到各连锁店。7-11 公司这一战略补贴不仅为供应商缩短了派送货物的时间，提高了产品到货率，还有助于合理地管理产品库存。因此，在本节的研究中，我们将进一步探讨平台和零售商都对工厂的及时交货努力进行激励时供应链各方的最优投入，以期达到共享供应链的整体收益最优化。

在强激励成本分担机制下，共享供应链的决策顺序为：平台和零售商首先同时决策各自关于工厂的质量水平和交货水平最优的分担比例 $\lambda(v,\tau)$ 及零售商价格 p，然后工厂根据分担比例再分别决策其最优的质量投入努力和交货投入努力（A、B）。由此，三方利润函数可分别表示如下：

$$J_{M(A,B)} = \int_0^\infty \mathrm{e}^{-\rho t}((1-\beta)wD(t)-(1-\tau_s)C_{Mq}(t)-(1-\lambda_s-v)C_{Ms}(t))\mathrm{d}t$$

$$J_{p(\lambda)} = \int_0^\infty \mathrm{e}^{-\rho t}(\beta wD(t)-\lambda_s C_{Ms}(t))\mathrm{d}t$$

$$J_{R(p,\tau)} = \int_0^\infty \mathrm{e}^{-\rho t}((p(t)-w)D(t)-\tau_s C_{Mq}(t)-vC_{Ms}(t))\mathrm{d}t$$

对于上述利润函数，采用逆向归纳法和最优控制理论进行求解，可得如下定理。

定理 5-4　在平台和零售商强激励成本分担机制下，工厂最优的质量投入努力和及时交货投入努力、零售商分担工厂的最优质量成本和及时交货成本的最优比例、最优零售价格，以及平台分担的工厂及时交货投入成本的最优比例分别如下：

$$A_s^* = \frac{\alpha_1(a-bw)(a-bw\beta)(-k\mu+\xi\rho+\gamma\xi)}{4bk_1(\delta+\rho)(\gamma+\rho)}, \quad B_s^* = \frac{\alpha_2 k(a-bw)(a-bw(1-2\beta))}{4bk_2(\gamma+\rho)}$$

$$\tau_s^* = \frac{a+bw(\beta-2)}{a-bw\beta}, \quad v^* = \frac{a+bw(\beta-2)}{a+bw(2\beta-1)}, \quad p_s^* = \frac{a+bw}{2b}, \quad \lambda_s^* = \frac{bw(3\beta-1)}{a+bw(2\beta-1)}$$

同理，由定理 5-4 可知，只有当 $3\beta-1>0$ 时，$\lambda^*>0$。由于本节仅讨论激励机制下的最优解，所以 $3\beta-1<0$ 时的情况不予考虑。

从定理 5-4 中可以看出，在强激励成本分担模型下，工厂的最优质量投入努力与市场质量敏感程度正相关，与市场交货水平敏感程度负相关，与质量成本参数、质量衰退率和贴现因子负相关；最优交货投入努力与市场交货敏感程度正相关，与交货水平成本参数和衰退率、贴现因子负相关。

当工厂的批发价 $w\in\left(0,\frac{a(1+\beta)}{2b\beta}\right)$ 时，产品批发价正向影响工厂的质量投入努力和交货投入努力（$\partial A/\partial w>0,\partial B/\partial w>0$）；当 $w\in\left(\frac{a(1+\beta)}{2b\beta},\frac{a(1-\beta)}{b(1-2\beta)}\right)$ 时，产品批发价正向影响工厂的质量投入努力，负向影响其交货投入努力（$\partial A/\partial w>0$，$\partial B/\partial w<0$）；当 $w\in\left(\frac{a(1-\beta)}{b(1-2\beta)},\frac{a}{b(1-2\beta)}\right)$ 时，产品批发价负向影响工厂的产品质量投入努力和其交货投入努力（$\partial A/\partial w<0,\partial B/\partial w<0$）。因此当 $w=\frac{a(1-\beta)}{b(1-2\beta)}$ 时，供应链及时交货投入努力达到最大值；当 $w=\frac{a(1+\beta)}{2b\beta}$ 时，产品质量投入努力达到最大值。而且，此时市场对于产品质量的敏感程度，以及工厂的质量投入系数、

质量水平对交货水平的边际贡献率等都影响工厂的质量投入努力，但却不影响其交货投入努力。平台和零售商对工厂的分担比例受到佣金、批发价、市场规模和价格敏感系数的影响。

对于零售商而言，其零售价与批发价、市场规模和价格敏感系数相关。随着批发价上升，零售商愿意为工厂分担的质量投入成本比例减少（$\partial \tau / \partial w < 0$），为工厂分担的交货投入成本比例减少（$\partial v / \partial w < 0$），而且零售商将通过提高零售价格来降低因批发成本增加和分担比例增加而带来的损失（$\partial p / \partial w > 0$）。

进一步地，将定理 5-4 中的最优决策变量代入两个状态方程中，可得

$$\dot{q}_s(t) = \frac{\alpha_1^2 (a-bw)(a-bw\beta)(-k\mu + \xi\rho + \gamma\xi)}{4bk_1(\delta+\rho)(\gamma+\rho)} - \delta q_s(t)$$

$$\dot{s}_s(t) = \frac{\alpha_2^2 k(a-bw)(a-bw(1-2\beta))}{4bk_2(\gamma+\rho)} - \mu q(t) - \gamma s_s(t)$$

求解上述微分方程即可得到如下定理。

定理 5-5　在强激励成本分担机制下，共享供应链产品质量水平和及时交货水平的最优轨迹分别为

$$q_s^*(t) = q_\infty^s + \left(q_0 - q_\infty^s\right) e^{-\delta t}$$

$$s_s^*(t) = s_\infty^s - \frac{\mu}{\gamma - \delta}\left(q_0 - q_\infty^s\right) e^{-\delta t} + \left(s_0 - s_\infty^s + \frac{\mu}{\gamma - \delta}\left(q_0 - q_\infty^s\right)\right) e^{-\gamma t}$$

式中

$$\begin{cases} q_\infty^s = \dfrac{\alpha_1^2 (a-bw)(a-bw\beta)(-k\mu + \xi\rho + \gamma\xi)}{4bk_1\delta(\delta+\rho)(\gamma+\rho)} \\[3mm] s_\infty^s = \dfrac{\alpha_2^2 k(a-bw)(a-bw(1-2\beta))}{4bk_2\gamma(\gamma+\rho)} - \dfrac{\alpha_1^2 \mu(a-bw)(a-bw\beta)(-k\mu + \xi\rho + \gamma\xi)}{4bk_1\delta\gamma(\delta+\rho)(\gamma+\rho)} \end{cases}$$

且 q_∞^s、s_∞^s 分别为强激励成本分担模型下，共享供应链产品质量水平和交货水平的稳定值。

由定理 5-5 可以看出，在强激励成本分担机制下，共享供应链的产品质量水平和及时交货水平受其稳定值的影响，两者的稳定值与市场质量和交货敏感程度正相关，与质量水平对交货水平的边际贡献负相关，与质量和交货水平的成本参数、衰退率和贴现因子负相关。同时，当 $w \in \left(0, \dfrac{a((1+\beta)m_1 - 2(1-\beta)m_2)}{2b(\beta m_1 - (1-2\beta)m_2)}\right)$ 时，产品批发价负向影响供应链质量水平的稳定值，正向影响其及时交货水平的稳定值

（$\partial q_\infty/\partial w > 0, \partial s_\infty/\partial w > 0$）；当 $w \in \left(\dfrac{a((1+\beta)m_1 - 2(1-\beta)m_2)}{2b(\beta m_1 - (1-2\beta)m_2)}, \dfrac{a(1+\beta)}{2b\beta} \right)$ 时，产品批

发价负向影响供应链质量水平的稳定值，负向影响其交货水平的稳定值

（$\partial q_\infty/\partial w < 0, \partial s_\infty/\partial w > 0$）；当 $w \in \left(\dfrac{a(1+\beta)}{2b\beta}, \dfrac{a}{b\beta} \right)$ 时，产品批发价负向影响供应链

质量水平的稳定值，负向影响其交货水平的稳定值（$\partial q_\infty/\partial w < 0, \partial s_\infty/\partial w < 0$）。其

中，$m_1 = k_2 \mu \alpha_1^2 (-k\mu + \xi\rho + \gamma\xi)$，$m_2 = \alpha_2^2 k_1 \delta(\delta + \rho)k$。因此，当 $w = \dfrac{a(1+\beta)}{2b\beta}$ 时，供

应链质量水平的稳定值达到最大值，这与定理 5-4 得出的结果一样；当

$w = \dfrac{a((1+\beta)m_1 - 2(1-\beta)m_2)}{2b(\beta m_1 - (1-2\beta)m_2)}$ 时，供应链及时交货水平的稳定值达到最大。

结合最优策略和状态轨迹可以得出，在强激励成本分担机制下的供应链整体
利润为

$$
\begin{aligned}
J_{\text{Total}}^s = \mathrm{e}^{-\rho t} &\left(\left(\frac{(a-bw)(-k\mu + \gamma\xi + \xi\rho)(a+bw)}{4b(\gamma+\rho)(\delta+\rho)} \right)\left(q_\infty^s + (q_0 - q_\infty^s)\mathrm{e}^{-\delta t} \right) \right. \\
&+ \left(\frac{k(a-bw)^2}{4b(\gamma+\rho)} \right)\left(s_\infty - \frac{\mu \mathrm{e}^{-\delta t}}{\gamma-\delta}(q_0 - q_\infty^s) + \left(s_0 - s_\infty^s + \frac{\mu}{\gamma-\delta}(q_0 - q_\infty^s) \right)\mathrm{e}^{-\gamma t} \right) \\
&+ \frac{\alpha_2^2 k^2 (a-bw)^2 (a+bw(3-2\beta))(a-bw(1-2\beta))}{32b^2 k_2 \rho(\rho+\gamma)^2} \\
&\left. + \frac{(a-bw)^2 \alpha_1^2 (a-bw\beta)(a+bw(2+\beta))(-k\mu + \xi\rho + \gamma\xi)^2}{32b^2 k_1 \rho(\rho+\gamma)^2(\rho+\delta)^2} \right)
\end{aligned}
$$

5.5.4 两种激励机制的比较分析

基于上述研究，接下来进一步比较弱激励和强激励成本分担机制下共享供应
链中的最优零售价格、工厂的产品质量最优投入努力、及时交货最优投入努力的
差值，进而判断共享供应链应该采取哪一种激励机制使整体利润最优。各差值计
算如下：

$$\Delta A = A^* - A_s^* = 0, \qquad \Delta p = p^* - p_s^* = 0$$

$$\Delta B = B^* - B_s^* = -\frac{k\alpha_2(a-bw)(a-bw(2-\beta))}{4bk_2(\gamma+\rho)}$$

从中可发现，强激励和弱激励成本分担机制下共享供应链产品的零售价和
产品质量投入努力均一致，但及时交货投入努力不确定。由于 $a - bp > 0, p > w$，
所以 $a - bw > 0$。当 $a/b(2-\beta) \leqslant w \leqslant a/b$ 时，$\Delta B > 0$，即此时弱激励成本分担机

制及时交货投入努力更佳；当 $w < a/b(2-\beta) \| w > a/b$ 时，$\Delta B < 0$，此时强激励成本分担机制及时交货投入努力更佳。因而，根据目标市场产品的成本区间，选择不同激励的成本分担机制，通过共享供应链的资源共享，在一定的激励机制下，即使在热销期，产品的及时交货率也能够得到保障，同时产品质量不会受影响。

　　进一步，比较弱激励和强激励下平台分担比例、零售商分担比例、产品质量水平、及时交货水平及质量和及时交货的稳定值的差值，如下所示。由于分担比例 $\lambda \geqslant 0$，所以 $3\beta - 1 \geqslant 0$。

$$\Delta\lambda = \lambda^* - \lambda_s^* = \frac{(a-bw(2-\beta))(3\beta-1)}{(1+\beta)(a-bw(1-2\beta))} > 0$$

$$\Delta\tau = \tau^* - \tau_s^* = 0$$

$$\Delta q_\infty = q_\infty - q_\infty^s = \alpha_1\Delta A/\delta = 0$$

$$\Delta s_\infty = s_\infty - s_\infty^s = (\alpha_2\Delta B - \mu\Delta q_\infty)/\gamma = \alpha_2\Delta B/\gamma$$

$$\Delta q^* = q^* - q_s^* = \Delta q_\infty(1-\mathrm{e}^{-\delta t}) = (1-\mathrm{e}^{-\delta t})\alpha_1\Delta A = 0$$

$$\Delta s^* = s^* - s_s^* = (1-\mathrm{e}^{-\gamma t})\alpha_2\Delta B/\gamma$$

　　根据上述假设，可以直观地看出，零售商对工厂产品质量成本的分担比例在强激励下与弱激励下相等，即零售商不会因为自身分担了工厂的及时交货成本而减少质量成本的分担比例；在强激励下平台对及时交货成本的分担比例小于弱激励下的值，也就是说，在强激励下零售商对于及时交货成本的分担，减轻了平台的分担负担；强激励下的产品质量水平、质量水平的稳定值与弱激励下一致，但及时交货水平、及时交货的稳定值则与及时交货投入努力一样，与批发价有一定的关系。

　　在两种激励机制下，共享供应链的整体利润之差为

$$\begin{aligned}
\Delta J_T^* &= \Delta J_{Tw}^* - \Delta J_{Ts}^* \\
&= \mathrm{e}^{-\rho t}\left(\left(\frac{(a-bw)(-k\mu+\gamma\xi+\xi\rho)(a+bw)}{4b(\gamma+\rho)(\delta+\rho)}\right)\Delta q^* + \left(\frac{k(a-bw)(a+bw)}{4b(\gamma+\rho)}\right)\Delta s^*\right. \\
&\quad -\frac{\alpha_2^2 k^2(a-bw)^2(a^2-2bw\beta+b^2w^2(-3\beta^2+8\beta-4))}{32b^2k_2\rho(\rho+\gamma)^2} \\
&\quad \left.-\frac{(a-bw)^2\alpha_1^2(-k\mu+\xi\rho+\gamma\xi)^2(3a^2-2abw(1+2\beta)+b^2w^2(16\beta^2-20\beta+7))}{128b^2k_1\rho(\rho+\gamma)^2(\rho+\delta)^2}\right)
\end{aligned}$$

由于上式无法直观地比较出两种激励机制下利润的相对大小，因此进一步借助数值分析来观察两种激励机制的利润大小情况。

从数值分析可知，当 $0 \leqslant w \leqslant a/b$ 时，有 $\Delta J_T^* \leqslant 0$，此时弱激励下共享供应链系统的利润小于强激励下的值，因而零售商和平台应该选择强激励成本分担机制；反之，应该选择弱激励下的成本分担机制。

综上所述，共享供应链弱激励成本分担机制和强激励成本分担机制下，产品价格、零售商对产品质量成本的分担比例以及工厂对产品质量的投入努力均相同。零售商对工厂及时交货投入成本的分担机制能够减小平台成本分担的压力，激励平台不断提升供需资源的匹配效率，提高及时交货水平，达到共享资源充分利用的目的。

但是，供应链应根据目标市场产品的成本定位，选择相应的成本分担机制，决策最优投入努力和分担比例。当 $0 \leqslant w \leqslant a/b(2-\beta)$ 时，强激励成本分担机制可保证在质量水平不变的前提下，提高及时交货水平，且此时共享供应链的整体利润较高；当 $a/b(2-\beta) < w \leqslant a/b$ 时，虽然此时弱激励成本分担机制及时交货水平较高，但是供应链整体利润低于强激励机制，因此供应链仍需采用强激励成本分担机制；当 $w > a/b$ 时，虽然强激励下的及时交货水平较高，但整体利润却降低，因而此时供应链应选择弱激励成本分担机制。

5.5.5　数值分析

为了更直观地分析不同成本分担激励机制下共享供应链的最优均衡策略、质量水平和交货水平状态变量轨迹以及整体利润等，这里对外生变量赋值进行数值分析。借鉴游达明和朱桂菊（2016）的研究成果，参数的设置如表 5-12 所示。

表 5-12　参数赋值

a	b	w	k	β	ξ	μ	ρ	k_1	k_2	δ	γ	α_1	α_2	q_0	s_0
100	2	20	0.5	0.35	0.5	0.2	0.3	1	1	0.3	0.15	1	0.8	1800	1800

由表 5-13 可看出，在基准参数下，强激励成本分担机制在保证质量水平不变的前提下，大大提高了及时交货水平且共享供应链整体利润也提高了很多。下面给出基准参数下，最优产品质量水平和及时交货水平的轨迹，如图 5-20 所示。

表 5-13　不同激励下的最优策略

激励	P^*	λ^*	τ^*	v^*	A^*	B^*	J
弱激励	35	3.7%	39.5%	—	298.6	260	2 720 000
强激励	35	2.3%	39.5%	38.6%	298.6	587	3 190 000

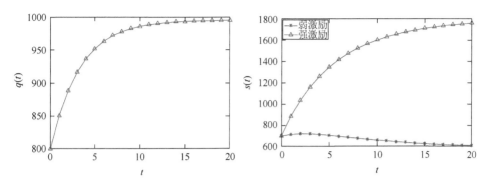

图 5-20　基准参数下状态变量的最优轨迹

从图 5-20 可知，两种成本分担激励机制下的产品质量水平一致，且质量水平随着时间递增直到维持某一水平。对于及时交货水平来说，由于受到质量水平和衰退率的影响，弱激励下的及时交货水平轨迹随时间先递增再小幅度衰减直至稳定在一定水平，而强激励下的及时交货水平随时间递增直到维持在某一水平；强激励下及时交货水平始终远远高于弱激励下的及时交货水平。

综上，在基准参数下，强激励成本分担机制下的共享供应链整体利润大于弱激励成本分担机制下的利润，且前者在保证工厂质量水平不变的前提下，大大提高了及时交货水平。因此，共享供应链此时会选择强激励的成本分担机制。

平台的佣金率对各分担比例有重要影响。保持其他参数不变，图 5-21 显示了佣金率的变化对供应链整体利润、平台对工厂及时交货生产成本分担比例 λ、零售商对工厂产品质量投入成本的分担比例 τ 和强激励下零售商对工厂及时交货投入成本的分担比例 ν 的影响。显然，无论佣金率如何变化，强激励下供应链整体利润始终高于弱激励下的值。对于 λ，随着佣金率的增加，强激励下平台的分担比例先是大于而后小于弱激励下的值。对于 τ 和 ν，两者都随着佣金率的增加而增加。因此在现实生活中，平台可以通过控制其对工厂的佣金率来决策其分担比例，使自身利润最优并同时激励工厂提升交货率。

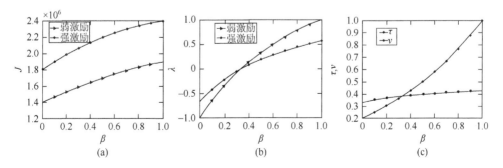

图 5-21　佣金率对利润、分担比例的影响

图 5-22 显示了批发价对质量水平、及时交货水平和利润的影响。当批发价在一定范围内时，强激励下的及时交货水平始终略高于弱激励下的值，强激励下的供应链整体利润大于弱激励下的利润；当批发价不满足该范围时，则选择弱激励成本分担契约。因此在现实中，针对批发价较低的产品，采用强激励成本分担机制更能刺激供应链质量水平、及时交货水平和利润，而针对高端昂贵产品，采用弱激励成本分担机制则更有优势。

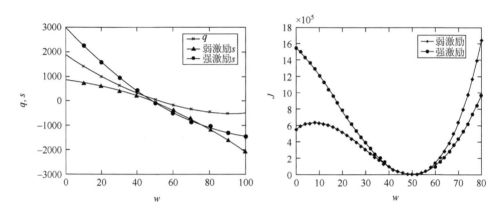

图 5-22　批发价对相关变量的影响

5.5.6　小结

由共享平台实现生产商与销售商之间产能等资源的共享，需要采取一定的激励机制。本节考虑产品质量水平和及时交货水平随时间动态变化，而且相互影响的情形，描述价格因素和非价格因素（产品质量水平和及时交货水平）对市场需求的动态影响，通过微分博弈模型和不同激励程度下的成本分担模型的构建，推导给出了共享供应链产品质量和及时交货水平的最优投入水平、定价和成本分担策略，得出以下主要结论。

（1）在弱激励和强激励两种成本分担机制下，产品零售价、产品质量水平以及零售商对工厂产品质量投入成本的分担比例都一样。通常强激励下工厂在保证质量不变的前提下，及时交货水平及其稳定值都高于弱激励下的值。同时，强激励下零售商对于工厂及时交货投入成本的额外分担会减轻平台对此成本分担的压力，从而使平台的分担比例降低。在不同的成本分担激励模式下，最优动态交货水平可使供应链利润最优。例如，在强激励下，工厂需先快速提升及时交货水平，之后稳定至某一水平，此时整体利润在这种最优交货水平动态轨迹下达到最优。

（2）平台对工厂的佣金率的提高能增加平台和零售商对工厂生产成本的分担比例和供应链整体利润。批发价的变化对状态变量和整体利润有着重要影响。当批发价较低时，强激励成本分担机制下的及时交货水平更高，供应链利润较优；否则，弱激励成本分担机制下的这两个指标较好。

总之，强激励成本分担机制和弱激励成本分担机制各有优劣。当目标市场的产品为中低成本产品（如服装、配饰等）时，零售商对工厂交货水平的进一步激励手段能显著提高订单的及时交货水平，而且供应链整体利润大幅提升。因而此时强激励成本分担机制能更好地促进供应链各方实现共赢。在强激励成本分担机制下，工厂一开始需快速提升产品质量水平和及时交货水平，然后使其稳定至一定水平即可达到最优状态。平台为了提高交货水平，会将聚集的订单按工厂的忙闲来分配，既能高效地提升交货率，又能使工厂提高开机率，减少因空闲造成的资源浪费。另外，由于工厂的机会主义行为会给自有品牌商品质量带来隐患，因而零售商会采取成本分担等手段来激励工厂提升产品质量。当目标市场产品是高成本产品（如计算机、手机等）时，零售商对及时交货水平的激励手段反而会降低整体利润。此时，弱激励成本分担机制更有优势，既能保证质量和交货水平，又能提高供应链的整体利润。

本节的研究还存在一些局限性，未来可进一步探讨共享供应链中共享平台（以淘工厂为例）的订单分配问题，以及订单分配对产品质量和及时交货水平的影响；对于佣金小于一定值时造成平台分担比例小于 0 的工厂补贴情形，也值得进一步展开讨论。

参 考 文 献

曹裕，易超群，万光羽. 2018. 易逝品随机生产库存模型动态定价、服务水平和生产控制策略[J]. 系统工程理论与实践，38（7）：1717-1731.

陈远高，刘南. 2011. 存在差异性产品的双渠道供应链协调研究[J]. 管理工程学报，25（2）：239-245.

但斌，徐广业，张旭梅. 2012. 电子商务环境下双渠道供应链协调的补偿策略研究[J]. 管理工程学报，26（1）：125-130.

段永瑞，徐超，霍佳震. 2019. 服务水平约束下动态定价与库存管理[J]. 运筹与管理，28（5）：1-7.

韩亚娟，史保莉，汪建. 2019. 激励策略和收益共享契约下四级供应链产品质量控制研究[J]. 工业工程与管理，24（1）：37-44，95.

洪江涛，黄沛. 2016. 基于微分博弈的供应链质量协调研究[J]. 中国管理科学，24（2）：100-107.

胡军，张镞，芮明杰. 2013. 线性需求条件下考虑质量控制的供应链协调契约模型[J]. 系统工程理论与实践，33（3）：601-609.

华中生，陈晓伶. 2003. 考虑质量失误与延期交货问题的供应链博弈分析[J]. 运筹与管理，12（2）：11-14.

李小美，张光军，刘人境，等. 2019. 供需不确定条件下考虑双边努力的供应链组合契约设计[J]. 运筹与管理，28（8）：48-58.

刘云志，樊治平. 2017. 考虑损失规避与质量水平的供应链协调契约模型[J]. 系统工程学报，32（1）：89-102.

彭鸿广，骆建文. 2015. 不对称信息下供应链成本分担激励契约设计[J]. 系统管理学报，24（2）：267-274.

田厚平，刘长贤，刘书款. 2010. 制造业务外包中的质量与交货期联合决策问题研究[J]. 管理工程学报，24（4）：161-166.

田巍，葛兵. 2019. 制造商服务努力下竞争与合作的双渠道供应链微分博弈分析[J]. 工业工程与管理，24（1）：136-143.

王大飞，张旭梅，周茂森，等. 2017. 考虑消费者策略行为的产品服务供应链动态定价与协调[J]. 系统工程理论与实践，37（12）：3052-3065.

王宏达. 2006. 电子商务环境下几种典型商品的定价策略研究[D]. 沈阳：东北大学.

王磊，但斌. 2015. 考虑消费者效用的生鲜农产品供应链保鲜激励机制研究[J]. 管理工程学报，29（1）：200-206.

王芹鹏，赵道致. 2014. 两级供应链减排与促销的合作策略[J]. 控制与决策，29（2）：307-314.

王艳，谭德庆. 2018. 劣势耐用品厂商的产品质保期与质保服务投入策略研究[J]. 中国管理科学，26（2）：142-151.

肖剑，但斌，张旭梅. 2010. 双渠道供应链中制造商与零售商的服务合作定价策略[J].系统工程理论与实践，30（12）：2203-2211.

游达明，朱桂菊. 2016. 低碳供应链生态研发、合作促销与定价的微分博弈分析[J]. 控制与决策，31（6）：1047-1056.

周建亨，张志芳. 2017. 考虑产品体验性的双渠道供应链价格及质量决策[J]. 工业工程与管理，22（6）：107-113.

Anand K S，Goyal M. 2009. Strategic information management under leakage in a supply chain[J]. Management Science，55（3）：438-452.

Babich V，Li H，Ritchken P，et al. 2012.Contracting with asymmetric demand information in supply chains[J]. European Journal of Operational Research，217（2）：333-341.

Boulaksil Y，Fransoo J C，Tan T. 2017. Capacity reservation and utilization for a manufacturer with uncertain capacity and demand[J]. OR Spectrum，39（3）：689-709.

Cachon G P，Lariviere M A. 2001. Contracting to assure supply：How to share demand forecasts in a supply chain[J]. Management Science，47（5）：629-646.

Cachon G P，Netessine S. 2004.Game Theory in Supply Chain Analysis[M]. Boston：Kluwer Academic Publishers.

Cai G，Zhang Z，Zhang M. 2009.Game theoretical perspectives on dual-channel supply chain competition with price discounts and pricing schemes[J]. International Journal of Production Economics，177（1）：80-96.

Çakanyıldırım M，Feng Q，Gan X，et al. 2012. Contracting and coordination under asymmetric production cost information[J]. Production and Operations Management，21（2）：345-360.

Cellini R，Siciliani L，Straume O R. 2018. A dynamic model of quality competition with endogenous prices[J]. Journal of Economic Dynamics and Control，94（9）：190-206.

Chakraborty T，Chauhan S S，Ouhimmou M. 2019.Cost-sharing mechanism for product quality improvement in a supply chain under competition[J]. International Journal of Production Economics，208：566-587.

Chang F，Zhou G，Zhang C，et al. 2019.A service-oriented dynamic multi-level maintenance grouping strategy based on prediction information of multi-component systems[J]. Journal of Manufacturing Systems,53（5）：49-61.

Chen L W，Gilbert S M，Xu X H. 2012. The role of revenue-focused managerial performance measures in supply chain coordination[J]. Production and Operations Management，21（5）：814-832.

Chen Y，Huang S，Mishra A K，et al. 2018. Effects of input capacity constraints on food quality and regulation mechanism design for food safety management[J]. Ecological Modelling，385（10）：89-95.

Chiang W. 2010.Product availability in competitive and cooperative dual-channel distribution with stock-out based substitution[J]. European Journal of Operational Research，200（1）：111-126.

Chun S H, Kim J C. 2005. Pricing strategies in B2C electronic commerce: Analytical and empirical approaches[J]. Decision Support Systems, 40 (2): 375-388.

El Ouardighi F. 2014. Supply quality management with optimal wholesale price and revenue sharing contracts: A two-stage game approach[J]. International Journal of Production Economics, 156 (5): 260-268.

Erkoc M, Wu S D. 2005. Managing high-tech production capacity expansion via reservation contracts[J]. Production and Operations Management, 14 (2): 232-251.

Feng Q, Lai G, Lu L X. 2015.Dynamic bargaining in a supply chain with asymmetric demand information[J]. Management Science, 61 (2): 301-315.

Fruchter G E, Tapiero C S. 2005.Dynamic online and offline channel pricing for heterogeneous customers in virtual acceptance[J]. International Game Theory Review, 7 (2): 137-150.

George D A R. 2000.A model of endogenous quality management[J]. Journal of Economics & Business, 52 (3): 289-304.

Gibbons R. 1992.A Primer in Game Theory[M]. Prentice Hall, NJ: Harvester Wheatsheaf.

Giri B C, Roy B, Maiti T. 2017. Coordinating a three-echelon supply chain under price and quality dependent demand with sub-supply chain and RFM strategies[J]. Applied Mathematical Modelling, 52: 747-769.

Ha A Y, Tong S. 2008. Contracting and information sharing under supply chain competition[J]. Management Science, 54 (4): 701-715.

Heese H S. 2015. Single versus multiple sourcing and the evolution of bargaining positions[J]. Omega, 54: 125-133.

Herbon A. 2017. Non-cooperative game of a duopoly under asymmetric information on consumer location[J]. International Journal of Production Research, 55 (18): 5185-5201.

Heydari J, Ghasemi M. 2018. A revenue sharing contract for reverse supply chain coordination under stochastic quality of returned products and uncertain remanufacturing capacity[J]. Journal of Cleaner Production, 197 (10): 607-615.

Hsieh C C, Liu Y T. 2010.Quality investment and inspection policy in a supplier-manufacturer supply chain[J]. European Journal of Operational Research, 202 (3): 717-729.

Hua G W, Wang S Y, Cheng T C E. 2010. Price and lead time decisions in dual-channel supply chains[J]. European Journal of Operational Research, 205 (1): 113-126.

Huang S, Yang J. 2016. Information acquisition and transparency in a supply chain with asymmetric production cost information[J]. International Journal of Production Economics, 182: 449-464.

Inderfurth K, Kelle P. 2011. Capacity reservation under spot market price uncertainty[J]. International Journal of Production Economics, 133 (1): 272-279.

Inderfurth K, Kelle P, Kleber R. 2013. Dual sourcing using capacity reservation and spot market: Optimal procurement policy and heuristic parameter determination[J]. European Journal of Operational Research, 225 (2): 298-309.

Jin M, Wu D. 2007. Capacity reservation contracts for high-tech industry[J]. European Journal of Operational Research, 176 (3): 1659-1677.

Kong G, Rajagopalan S, Zhang H. 2013. Revenue sharing and information leakage in a supply chain[J]. Management Science, 59 (3): 556-572.

Kranton R E. 2003. Competition and the incentive to produce high quality[J]. Economica, 70 (279): 385-404.

Kung L C, Zhong G Y. 2017. The optimal pricing strategy for two-sided platform delivery in the sharing economy[J]. Transportation Research Part E: Logistics & Transportation Review, 101: 1-12.

Laffont J J, Martimort D. 2002.The Theory of Incentives: The Principal-Agent Model[M]. Princeton, NJ: Princeton University Press.

Lee H, Whang S. 2002.The impact of the secondary market on the supply chain[J]. Management Science, 48 (6): 719-731.

Li G, Li L, Sun J. 2019.Pricing and service effort strategy in a dual-channel supply chain with showrooming effect[J]. Transportation Research Part E: Logistics and Transportation Review, 126: 32-48.

Li J, Wang M, Zhou W, et al. 2014a.Outsourcing decision and order policy with forecast updating under capacity reservation contract[J]. Journal of Systems Science and Systems Engineering, 23 (1): 39-79.

Li L, Zhang R Q. 2015. Cooperation through capacity sharing between competing forwarders[J]. Transportation Research Part E: Logistics and Transportation Review, 75: 115-131.

Li Q, Li B, Chen P, et al. 2017.Dual-channel supply chain decisions under asymmetric information with a risk-averse retailer[J]. Annals of Operations Research, 257 (1/2): 423-447.

Li Z, Gilbert S M, Lai G. 2015.Supplier encroachment as an enhancement or a hindrance to nonlinear pricing[J]. Production and Operations Management, 24 (1): 89-109.

Li Z, Gilbert S M, Lai H. 2014b.Supplier encroachment under asymmetric information[J]. Management Science, 60 (2): 449-462.

Normann H T. 2009. Vertical integration, raising rivals' costs and upstream collusion[J]. European Economic Review, 53 (4): 461-480.

Özer Ö, Wei W. 2006.Strategic commitments for an optimal capacity decision under asymmetric forecast information[J]. Management Science, 52 (8): 1238-1257.

Piccolo S, Miklós-Thal J. 2012.Colluding through suppliers[J]. The RAND Journal of Economics, 43 (3): 492-531.

Piccolo S, Reisinger M. 2011.Exclusive territories and manufacturers' collusion[J]. Management Science, 57 (7): 1250-1266.

Shen B, Choi T M, Minner S. 2019.A review on supply chain contracting with information considerations: Information updating and information asymmetry[J]. International Journal of Production Research, 57 (15/16): 4898-4936.

Shen Q, Zhang J, Hou Y, et al. 2018.Quality control of the agricultural products supply chain based on "Internet + " [J]. Information Processing in Agriculture, 5 (3): 394-400.

Su X, Zhang F. 2008.Strategic customer behavior, commitment, and supply chain performance[J]. Management Science, 54 (10): 1759-1773.

Taylor T A, Xiao W. 2009. Incentives for retailer forecasting: Rebates vs. returns[J]. Management Science, 55 (10): 1654-1669.

Thomadsen R, Rhee K E. 2007. Costly collusion in differentiated industries[J]. Marketing Science, 26 (5): 660-665.

Voros J. 2019.An analysis of the dynamic price-quality relationship[J]. European Journal of Operational Research, 277 (3): 1037-1045.

Wang J, Wu X, Krishnan V. 2017. Decision structure and performance of networked technology supply chains[J]. Manufacturing & Service Operations Management, 20 (2): 199-216.

Wu C, Li K, Shi T. 2017. Supply chain coordination with two-part tariffs under information asymmetry[J]. International Journal of Production Research, 55 (9): 2575-2589.

Wu S D, Erkoc M, Karabuk S. 2005.Managing capacity in the high-tech industry: A review of literature[J]. The Engineering Economist, 50 (2): 125-158.

Wu X, Kouvelis P, Matsuo H. 2013.Horizontal capacity coordination for risk management and flexibility: Pay ex ante or commit a fraction of ex post demand? [J]. Manufacturing & Service Operations Management, 15 (3): 458-472.

Wu X, Kouvelis P, Matsuo H, et al. 2014.Horizontal coordinating contracts in the semiconductor industry[J]. European Journal of Operational Research, 237 (3): 887-897.

Xie G, Yue W Y, Wang S Y, et al. 2011. Quality investment and price decision in a risk-averse supply chain[J]. European

Journal of Operational Research，214（2）：403-410.

Yang D，Xiao T，Choi T M，et al. 2018.Optimal reservation pricing strategy for a fashion supply chain with forecast update and asymmetric cost information[J]. International Journal of Production Research，56（5）：1960-1981.

Yu Y，Xiao T. 2017. Pricing and cold-chain service level decisions in a fresh agri-products supply chain with logistics outsourcing[J]. Computers & Industrial Engineering，111：56-66.

Zhang J，Cao Q，He X. 2019.Contract and product quality in platform selling[J]. European Journal of Operational Research，272（3）：928-944.

Zhou Y W，Lin X，Zhong Y，et al. 2019.Contract selection for a multi-service sharing platform with self-scheduling capacity[J]. Omega，86：198-217.

中篇：实践应用篇

第6章　共享出行服务应用——网约车平台优化运营策略

6.1　共享经济与网约车

共享经济是整合社会闲置资源,利用闲置资源实现共同分享,达到物尽其用的目的。共享经济的出现对优化社会资源配置以及转变经济发展方式具有重要的推动作用,使各行各业的融合不断加深,发展出新型业态。网约车是网络预约出租汽车经营服务的简称,网约车模式作为共享经济的形态,集聚了平台、驾驶员、乘客等多方协同参与,借助共享经济的优势实现了多方价值共创,其共享价值替代了交换价值。网约车平台如何优化运营、平台与驾驶员和乘客之间如何实现价值共创是本章重点深入探讨的问题。

6.1.1　网约车发展现状与趋势

我国网约车兴起自 2010 年,经过十几年的发展,格局多次调整。2010 年 5 月,易到用车在北京成立,率先推出"专车"服务。随后,快的打车和滴滴打车先后上线。2014 年 Uber 正式进入中国。2015 年 2 月,滴滴打车和快的打车宣布合并,2016 年 8 月滴滴出行并购优步,行业进入市场启动期间,国家政策频出,引导行业健康有序地发展[①]。国务院及交通运输部、公安部等 7 部门联合出台了鼓励政策,网约车合法地位获得明确,极大地促进了移动出行领域分享经济的发展,网约车市场规模呈爆发式增长。中国互联网络信息中心发布的第 49 次《中国互联网络发展状况统计报告》显示,截至 2021 年 12 月,我国网约车用户规模达 4.53 亿人,较 2020 年 12 月增长 8733 万人,占网民整体的 43.9%。截至 2021 年 12 月 31 日,全国共有 258 家网约车平台公司取得网约车平台经营许可;各地共发放网约车驾驶员证 394.8 万本、车辆运输证 155.8 万本,环比分别增长 2.2%、3.9%。2021 年全年网约车完成订单量 83.2 亿单,其中中心城市完成 46.76 亿单。2017 ~ 2021 年的市场规模增长如 图 6-1 所示,其中 2021 年市场规模达到了 3581 亿元。2016 ~ 2019 年网约

---

① 《预见 2022:〈2022 年中国网约车行业全景图谱〉》。

车相关企业注册量不断增加，2019 年网约车相关企业注册量逼近 3000 家，2020 年受疫情影响，网约车相关企业注册量有所减少，达到 1328 家，2021 年新增网约车相关企业 913 家①。

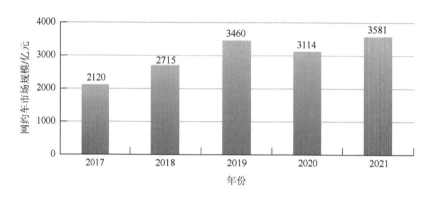

图 6-1　中国网约车市场规模发展概况

资料来源：2021 年中国网约车市场回顾及 2022 年发展趋势预测分析

　　网约车的快速发展与人们出行方式改善的需求紧密相关，与出租车相比，网约车极大地填补了出租车和公共交通未能覆盖的短途出行需求空白。目前国内单日短途出行订单约为 9700 万单，以单笔出行价格 10 元计，单日市场规模约为 9.7 亿元。中国有庞大的人口基数，因而支撑了如此巨大的出行需求，这也将继续支撑网约车的持续发展空间。网约车可以提前知道何人、何车在何地、何时能接乘客上车，准确测算行程终点到达时间，甚至还能随时分享动态轨迹给朋友和家人，让家人和朋友更放心。目前的网约车市场是一个互联网＋出行、AI＋出行、共享新能源汽车紧密相连的链条，使用智能手机、移动互联网、网约车、共享出行等新的出行方式的人口将越来越多，网约车的前景十分可观。威尔森汽车智能决策发布的《2021 出行行业市场洞察》报告显示，2025 年中国网约车市场规模预期将达到 4341 亿元，2022～2025 年中国网约车市场规模复合增速约为 10%。随着行业规模的增长、市场竞争的充分化，2026～2027 年，中国网约车行业市场规模增速或将下降，但仍保持增长的趋势，预期增速为 5%～7%，至 2027 年，市场规模预计将达到 4878 亿元。到 2030 年，全球网约车行业的总市场价值预计将增长到 2850 亿美元（MarketWatch，2017），这将为网约车平台企业带来巨大的经济效益。可以预见，在下一轮网约车行业的竞争中，技术迭代和服务优化将成为核心竞争力。

---

① 2021 年中国网约车市场回顾及 2022 年发展趋势预测分析（baidu.com）。

6.1.2　网约车类型及模式

互联网出行市场包括网约车（快车、专车）、出租车（APP 端）、顺风车、租车（APP 端租车、分时租赁）以及共享单车市场。在互联网出行市场中，网约车的占比最大而且发展潜力最大，目前已经成为推动互联网出行市场发展的核心动力。国内网约车行业的主要参与者可分为三类，包括享道出行、曹操出行、首汽约车等传统车企入局者，哈啰出行、携程用车、百度地图等互联网企业入局者，以及滴滴出行、万顺叫车、神州专车等其他入局者。从业务量来看，滴滴出行无疑是我国网约车行业的龙头企业，除快车、专车等业务外，还拥有对外公开的 AI 基础平台。2022 年 3 月，曹操出行、享道出行和花小猪出行订单量环比上升，其他平台均出现不同程度的下降。享道出行和 T3 出行背靠传统车企，自有运力充足，以 B2C 模式为主，因此订单合规率相对较高。整体而言，除滴滴出行稳居行业第一，其余平台竞争力基本相当，我国网约车行业的市场集中度较高①。

网约车的运作模式是依托于互联网平台的线下出行活动，统筹协调乘客、互联网平台、驾驶员及汽车企业之间的利益，积极促进互联网与出租车行业的融合，为乘客的出行提供更加便利的服务，同时也为出租车驾驶员提供更多的就业岗位。共享经济下的网约车利用移动互联网的特点，将线上与线下相融合，匹配乘客和驾驶员的需求，减少驾驶员的空载率，节约驾驶员与乘客的沟通成本，同时也提高了乘客出行的便捷性和效率。乘客通过网约车 APP 发出乘车需求，网约车驾驶员将闲置的运力资源信息发送到网约车平台，平台将信息配置到乘客所在地点周边空闲的网约车资源，进而将乘车需求与乘车供应服务相匹配。这种乘车模式体现了共享经济的资源优化匹配的特点，平台能够实时获取乘客的乘车需求，以最优供需匹配算法完成乘车需求信息与车辆供应信息的共享和匹配，优化了双方的交易成本，实现了社会资源的充分利用。

6.2　不同需求下考虑乘运供应能力的网约车平台动态定价

6.2.1　引言

共享经济下的网约车平台服务运作模式具有共享社会闲置车资源乘运能力等独有的特征。如表 6-1 所示，基于移动互联网的网约车乘车需求是在线随机发生的，并且具有动态波动的特性，区别于传统出租车服务模式根据乘客的线下需求

---

① 《预见 2022：〈2022 年中国网约车行业全景图谱〉》。

进行接单。另外，网约车平台的乘运人员为具有闲置车资源的兼职社会驾驶员，而非出租车公司的专职驾驶员。兼职社会驾驶员自由选择工作地点、时间以及是否接单，因此网约车平台的乘运能力具有不确定性；同时，受平台报酬的影响，兼职社会驾驶员往往会选择具有高乘运价格的乘车需求订单。因此，网约车平台具有乘车需求随机变化、乘运供应不确定的特点，而且受服务区域、天气等社会因素的影响，可能产生巨大的供需不平衡问题。当平台的乘车需求高于乘运供应能力时即供不应求，将不得不延误服务乘客的订单即延长等车时间，甚至损失订单；当平台的乘运供应能力高于订单需求时即供过于求，平台将不得不闲置可利用的乘运资源。因此，网约车平台如何在乘车需求波动导致供需不平衡的市场环境下，确定最优乘车价格，调节乘运供应能力，减少订单延误和乘运资源闲置，从而最大化平台期望收益具有重要的现实意义。

表 6-1　网约车平台与传统出租车服务模式对比

特征	网约车平台	传统出租车
乘车需求	在线随机发生	线下接单
乘运人员	兼职社会驾驶员	专职出租车驾驶员
打车方式	APP 在线叫车	路边摆手叫车
供需匹配	线上匹配	线下匹配

目前，相关的研究主要包括动态定价和网约车平台两个方面。关于动态定价方面，管理专家和学者已开展了大量的研究。例如，在易逝品动态定价研究上，Lu 等（2016）介绍了一种有限补货能力的易腐品库存系统，利用庞特里亚金极大值原理，通过求解最优问题，得到了最优的联合动态定价与补给策略。Feng（2019）则研究了具有动态定价和质量投资的易腐产品单位时间总利润最大化的动态优化模型，并根据庞特里亚金极大值原理求解，得到了最优的联合动态定价、质量投资和补货策略。Herbon 和 Khmelnitsky（2017）利用最优控制理论研究了可储存易腐物品的最优动态定价和最优补货策略。Chen 等（2018）研究了随机需求下变质产品的联合库存与价格优化问题。Sato（2019）针对易逝品市场，考虑了在一家公司的动态定价方案中，当另一家公司提供更好的产品时的价格趋势。在服务动态定价研究上，现有文献主要集中在网络服务和航空服务等方面。段文奇和柯玲芬（2016）针对交叉网络效应导致用户加入双边平台的效用随用户规模动态变化的特征，提出了根据用户规模进行适应性动态定价的策略思想，并运用数值计算方法对该定价策略的效果进行深入研究。Do 等（2016）应用博弈论研究了云服务的动态定价。张旭梅等（2017）考虑电信服务的网络外部性，研究了电信产品服务联合定价模型。Ajorlou 等（2018）研究了在社交网络中，对于边际成本为零

或边际成本可忽略不计的耐久产品，最优动态定价策略往往会使其价格无限地降至为零。罗利和萧柏春（2012）应用随机控制理论建立了两个平行航班动态定价连续时间数学模型，证明了最优策略的性质，得到了最优动态定价综合策略。李豪等（2018）研究了乘客具有策略行为时航空公司舱位控制与动态定价问题。Hu等（2015）分析了乘客可能受心理影响的单次和多次航班设置的动态定价问题，并通过动态规划方法获得最优定价策略。在上述关于动态定价的研究文献中，不少学者都运用了最优控制理论，如 Lu 等（2016）和 Feng（2019）等，构建状态变化方程，并根据庞特里亚金极大值原理求得最优动态价格解。

　　关于网约车平台方面的现有研究主要分为两类：平台定价策略和供需匹配。在平台定价策略上，Cachon 等（2017）比较了静态定价和峰时定价对所有参与者的影响，并发现峰时定价对乘客来说相对更好，如果固定价格和工资，将导致高需求时期的客户服务较差。Guda 和 Subramanian（2019）考虑了网约车驾驶员在决定跨区域移动时与平台的战略互动，发现即使在驾驶员供大于求的区域，峰时定价也可以赢利。Zha 等（2018）研究了不同劳动力供给行为假设下的网约车平台峰时定价效应。Yan 等（2020）使用 Uber 的数据研究表明，联合优化动态定价和动态等待可以提高乘运供应能力利用率、行程吞吐量等。Bimpikis 等（2019）考虑了空间对价格的影响，探索定价是否能够通过影响和促使出租车驾驶员转到需求大于供应的地区，从而在一段时间内帮助平衡供应和需求。研究表明，基于客户位置的价格差异确实可以增加驾驶员、平台以及消费者剩余的利润。上述文献较好地论证了网约车平台在需求高峰时的定价策略，但是尚未将网约车平台需求随机波动变化以及供应不确定的特点纳入模型中，同时也没有考虑平台服务质量以及供需不平衡时可能带来的损失。在供需匹配上，许多研究人员将驾驶员和顾客之间的匹配过程建模为一个不可观察的队列，将乘客的到达视为泊松过程，将驾驶员看作排队系统中的服务器，运用排队论对网约车平台系统的供需匹配进行研究（Bai et al.，2019；Hu and Zhou，2019；Taylor，2018）。Feng等（2017）比较了网约车平台在线供需匹配与传统出租打车的平均等待时间的匹配效率。Hu and Zhou（2018）考虑平台在一段时间内的匹配，并得出每对潜在的配对者都会得到相应的回报，而在该段时间结束时会产生无法匹配的供求关系。关于网约车平台其他方面的研究，Ma 等（2020）考察了网约车平台的最优调度，使驾驶员选择接受平台的调度，而不是开车到另一个区域或等待更高的价格。Afeche 等（2018）研究了驾驶员可能会根据飙升的价格和收入差异，对是否、何时、何地提供服务做出战略决策。

　　综上，运用最优控制理论研究易逝品以及航空服务动态定价的文献比较常见，但将最优控制理论应用到网约车平台定价研究上的文献并不多见。另外，目前关于网约车平台定价策略的研究，多集中在探讨和论证峰时定价上，而考虑乘运供应能力，研究乘车需求波动导致供需不平衡的平台最优定价问题比较缺乏。鉴于此，本节将考虑网约车平台面对乘车需求衰减、激增以及不变三种情形，以及考虑平台服务质量与供需不平衡时将带来的损失，设计状态变化方程，并运用最优控制方法构建平台动态定价模型，进而求得最优动态价格解和实现平台期望收益最大化。探讨基于最优控制方法的网约车平台定价问题，可以有益地拓展网约车平台服务运作方面的研究，因而具有理论意义；同时，相关成果可以为网约车平台企业的定价提供指导，对提升平台收益具有现实意义。

6.2.2 模型描述与假设

在网约车平台服务期间，当市场的供需不能及时获得匹配时，将面临供需不平衡的问题。平台可以通过调整乘车价格，进而调整兼职社会驾驶员的报酬，从而影响乘运供应和改善供需不平衡问题，通过动态优化供需匹配实现最大化平台收益。网约车平台服务运作模型如图 6-2 所示。

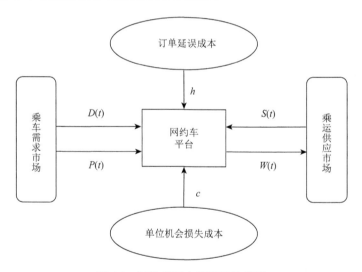

图 6-2　网约车平台服务运作模型

假设市场上有一个网约车平台，在服务时段 $[0, T]$ 内，乘车需求在线随机发生，t 时刻平台需求为 $D(t)$；而 t 时刻加入平台的乘运供应能力为 $S(t)$；平台基于 t 时刻的供需情况向乘客收取价格 $P(t)$，同时向共享个人车辆并提供乘运服务的车主支付报酬 $W(t)$；当平台在 t 时刻的乘运能力高于市场乘车需求时，平台将承担单位机会损失成本 c，当平台在 t 时刻的乘运能力不能满足市场乘车需求时，平台将承担单位订单延误成本 h。模型变量及参数设定如表 6-2 所示。

表 6-2　模型变量及参数设定

参数	说明	参数	说明
α	市场初始乘车需求	c	单位机会损失成本
a	市场乘车需求变化系数	h	单位订单延误成本
β	需求价格敏感系数	$\tilde{S}$	市场最大乘运供应能力
γ	需求服务敏感系数	$P(t)$	平台乘车价格
s	乘运供应能力价格敏感系数	$W(t)$	兼职社会驾驶员单位报酬
r	固定佣金报酬率	$C(t)$	单位成本
η	服务成本系数	$v(t)$	过剩乘运供应能力
q	服务质量	$u(t)$	延误订单量

网约车平台服务动态定价模型的构建基于以下一些基本假设。

假设 1：市场上只有一个网约车平台（如滴滴出行），不考虑多个平台的竞争情况。

假设 2：在平台服务时段 $[0, T]$ 内，假设 0 时刻的供需是平衡的，且在服务时段内乘客不会取消订单，车主也不会停止服务。

假设 3：当平台乘运供应能力高于市场乘车需求时，过剩的乘运供应能力记为 $v(t)$。对于平台在线驾驶员过剩的情形，平台过剩驾驶员处于空载状态，令平台的单位机会损失成本为 c，特别地，0 时刻过剩乘运能力为 0，T 时刻过剩乘运能力为 v_T；当平台乘运能力不能满足市场乘车需求时，所造成的延误订单量记为 $u(t)$，对于平台叫车订单请求较多的情形，平台服务订单不能及时被满足即延迟服务，令平台的单位订单延误成本为 h，特别地，0 时刻延误订单量为 0，T 时刻延误订单量为 u_T。

假设 4：平台乘车需求率为 $D(P, t) = \alpha e^{-at} - \beta P(t) + \gamma q$，其中 $\alpha > 0$，$\beta > 0$，$\gamma > 0$。α 表示市场初始乘车需求，β 和 γ 分别表示网约车平台需求的价格敏感系数和服务敏感系数（Liu et al.，2019），a 表示市场乘车需求变化系数（林志炳和张岐山，2011）。

假设 5：当市场乘车需求变化系数 $a > 0$ 时，表示市场乘车需求衰减。例如，在现实中的打车低谷期，平台乘运供应能力往往是过剩的，即 $v(t) \geqslant 0$；当 $a < 0$ 时，表示市场乘车需求激增，如现实中的打车高峰期往往存在订单延误，即 $u(t) \geqslant 0$；当 $a = 0$ 时，表示市场乘车需求不变，对应于打车平峰期，此时平台供需趋于稳定或平衡，即 $v(t) = u(t) = 0$。

假设 6：平台单位成本为 $C(t) = W(t) + \eta q^2$，其中 ηq^2 为单位服务成本（Desiraju and Moorthy，1997），η表示网约车平台的服务成本系数，q表示服务质量；$W(t)$为支付兼职社会驾驶员的单位报酬，$W(t) = r \times P(t)$，r表示固定佣金报酬率且$0 < r < 1$，车主的报酬采用固定佣金合同，单位报酬与价格呈线性关系，如 Uber 公司的报酬形式（Cachon et al.，2017）。

假设 7：平台乘运供应率为$S(P,t) = s \times W(t)$，其中s表示平台乘运供应能力价格敏感系数，反映供应能力随报酬变化的敏感程度；当$P(t) \to 0$时，$W(t) \to 0$，$S(P,t)$也将趋于 0，这与网约车平台的服务运作实际是一致的（Hu and Zhou，2019）。同时，令$\tilde{S}$表示市场最大乘运供应能力，$S(P,t) \leqslant \tilde{S}$。

为了便于分析讨论，用v、b、u作为各变量的下标，分别表示乘车需求衰减、不变、激增情形下的变量值。例如，$D_v(t)$、$S_v(t)$、$P_v(t)$分别表示平台乘车需求衰减时的乘车需求率、乘运供应率和平台乘车价格。接下来探讨不同乘车需求下的平台定价策略。考虑到现实中的网约车平台需求往往是随机波动变化的，主要利用最优控制理论分别构建乘车需求衰减、乘车需求激增以及乘车需求不变情况下的最优动态定价模型，并分析相应的最优动态价格、乘车需求率和乘运供应率。

6.2.3 市场乘车需求衰减时平台最优定价策略

市场乘车需求衰减主要是指在某时间段内乘车需求相对较少，如在非出行高峰时段。因而，在平台服务时段$[0,T]$内，当市场乘车需求衰减即$a > 0$时，网约车平台在 0 时刻的供需平衡将被打破，此时将会出现乘运供应能力过剩的情况，即$v(t) \geqslant 0$。基于 6.2.2 节的问题描述与假设，设定网约车服务价格$P(t)$为控制变量，运用最优控制理论构建平台供应能力过剩时的最优定价模型。借鉴 Jørgensen 和 Kort（2002）的研究，用实体产品的库存作为状态变量，基于补货率和需求率构建库存状态变化方程。在此，基于网约车平台乘运供应率$S(t)$和乘车需求率$D(t)$，构建乘运供应能力过剩时的状态变化方程：

$$\overline{v}(t) = S(P,t) - D(P,t)$$

$$v(0) = 0$$

$$v(T) = v_T$$

在t时刻的累积过剩乘运供应能力为

$$v(t) = v(0) + \int_0^t (S(P,\tau) - D(P,\tau)) d\tau$$

在平台服务时段 $[0,T]$ 内，网约车平台获得的最大期望收益目标函数为

$$\pi(P,t) = \max_{P(t)} \int_0^T (D(P,t) \cdot P(t) - D(P,t) \cdot C(P,t) - c \cdot v(t)) \mathrm{d}t$$

$$= \max_{P(t)} \int_0^T \left(D(P,t) \cdot (P(t) - W(t) - \eta q^2) - c \left(\int_0^t (S(P,\tau) - D(P,\tau)) \mathrm{d}\tau \right) \right) \mathrm{d}t$$

$$= \max_{P(t)} \int_0^T (D(P,t) \cdot (P(t) - W(t) - \eta q^2) - c(T-t) \cdot (S(P,t) - D(P,t))) \mathrm{d}t$$

约束条件为

$$\bar{v}(t) = S(P,t) - D(P,t) = sW(t) - \alpha \mathrm{e}^{-at} + \beta P(t) - \gamma q$$

$$v(0) = 0$$

$$v(T) = v_T$$

目标函数为网约车平台在乘车需求衰减的服务时段 $[0,T]$ 内获取的总最大化期望收益。其中，平台在 t 时刻的收益率包含三个部分：车费收入 $D(P,t) \cdot P(t)$、单位成本支出 $D(P,t) \cdot C(P,t)$，以及机会损失成本 $c \cdot v(t)$。约束条件中的 $\bar{v}(t)$ 表示平台在该段时间内面对乘运供应能力过剩时的动态供需状态变化方程；$v(0)$ 与 $v(T)$ 为边界条件，分别表示平台过剩供应能力 $v(t)$ 的始端状态和末端状态。进一步地，引入拉格朗日乘子 $\lambda(t)$ 构建哈密顿函数，以求解网约车平台期望收益最大化的最优价格：

$$H(v(t),P(t),\lambda(t),t) = D(P,t) \cdot (P(t) - W(t) - \eta q^2) - c(T-t) \cdot (S(P,t) - D(P,t))$$
$$+ \lambda(t) \cdot (sW(t) - \alpha \mathrm{e}^{-at} + \beta P(t) - \gamma q)$$
$$= (\alpha \mathrm{e}^{-at} - \beta P(t) + \gamma q) \cdot (P(t) - W(t) - \eta q^2)$$
$$+ (\lambda(t) - c(T-t)) \cdot (sW(t) - \alpha \mathrm{e}^{-at} + \beta P(t) - \gamma q)$$

可以证明，在市场乘车需求衰减情形下，考虑平台因乘运供应能力过剩带来的单位机会损失成本，存在最优动态价格解 $P_v^*(t)$ 可以使网约车平台的期望收益实现最大化。

根据庞特里亚金极大值原理，满足目标收益函数最优的必要条件为

$$\begin{cases} \bar{v}(t) = \dfrac{\partial H}{\partial \lambda} \\[2mm] \bar{\lambda}(t) = -\dfrac{\partial H}{\partial v} \\[2mm] \dfrac{\partial H}{\partial P} = 0 \end{cases}$$

联立求解方程组，可解得网约车平台在市场乘车需求衰减时的最优价格 $P^*(t)$ 和影子价格 $\lambda^*(t)$ 随时间 t 的动态变化轨迹：

$$P^*(t) = \frac{\alpha}{2\beta}e^{-at} + \frac{c(sr+\beta)}{\beta(1-r)}t + \frac{\gamma q}{sr+\beta} - \frac{cT(sr+\beta)}{2\beta(1-r)} - \frac{\alpha(sr-\beta)\cdot(1-e^{-aT})}{2\beta Ta(sr+\beta)} + \frac{v_T}{T(sr+\beta)}$$

$$\lambda^*(t) = ct + \frac{(1-r)\cdot(sr-\beta)\cdot(\alpha e^{-aT} - aT\gamma q - \alpha)}{Ta(sr+\beta)^2} + \frac{2\beta v_T(1-r)}{T(sr+\beta)^2} - \frac{\beta\eta q^2}{sr+\beta}$$

定理 6-1　在平台服务时段 $[0,T]$ 内，当市场乘车需求衰减时，平台的最优动态价格为 $\alpha\cdot e^{-at}/(2\beta) + c(sr+\beta)\cdot t/(\beta(1-r)) + \gamma q/(sr+\beta) - \alpha(sr-\beta)/(2\beta(sr+\beta))$；乘运供应率为 $sr\alpha\cdot e^{-at}/(2\beta) + src(sr+\beta)\cdot t/(\beta(1-r)) + sr\gamma q/(sr+\beta) - sr\alpha(sr-\beta)/(2\beta(sr+\beta))$；平台乘车需求率为 $\alpha\cdot e^{-at}/2 - c(sr+\beta)\cdot t/(1-r) + sr\gamma q/(sr+\beta) + \alpha(sr-\beta)/(2(sr+\beta))$；影子价格为 $ct + (1-r)\cdot(2\beta\alpha - \gamma q(sr-\beta))/(sr+\beta)^2 - (\alpha(1-r) + \beta\eta q^2)/(sr+\beta) + cT$。

证明：略。

由定理 6-1 可知，在平台服务时段 $[0,T]$ 内，最优价格、影子价格、乘运供应率和乘车需求率都是随着时间 t 而动态变化的。影子价格 $\lambda_v^*(t)$ 是时间 t 的单调增函数，其斜率为单位机会损失成本 c。由于影子价格表示约束条件对目标函数的影响，随着时间的推移，剩余乘运供应能力的变化对网约车平台的期望收益的影响逐渐增大。

进一步分析可知，当市场乘车需求衰减时，平台最优价格是时间 t 的凸函数，且存在 $t^* = -\frac{1}{a}\ln(2c(sr+\beta)/a\alpha(1-r))$，当 $0 \leq t^* \leq T$ 时，平台最优价格先减小后增大；当 $T < t^*$ 时，平台最优价格单调下降。

该定理说明，在网约车平台服务时段 $[0,T]$ 内，当市场乘车需求衰减时，最优价格 $P_v^*(t)$ 首先会随着时间的推移而单调递减，这表明平台一方面为了缓解乘车需求的衰减，通过降低服务价格尽可能地刺激市场乘车需求，从而最大化地利用乘运供应能力；另一方面，由于平台采用固定佣金合同（如 Uber）付给兼职社会驾驶员报酬 $W_v^*(t)$，$W_v^*(t) = r\cdot P_v^*(t)$，降低乘车价格 $P_v^*(t)$ 相应地会降低兼职社会驾驶员的佣金 $W_v^*(t)$，以此来避免该服务时间段过多的兼职社会驾驶员加入平台，从而减少平台过剩的乘运资源闲置。随着时间的继续推移，最优价格将达到最小值 $P_v^{\min} = P_v^*(t^*)$，这表明当市场乘车需求持续衰减到一定程度时，为了保障网约车平台的基本收益，平台并不会持续降低价格。同时，由于未利用的乘运供应能力所导致的机会损失成本增大，平台将不得不提高价格。

在平台服务时段 $[0,T]$ 内，市场乘车需求衰减时，有 $v(t) \geq 0$。为了保证模型的有效性，存在以下参数约束：当 $\beta \geq sr$ 时，平台过剩乘运供应能力随着时间 t 的逐渐增大,满足 $v(t) \geqslant 0$;当 $\beta < sr$ 时,若 $2c(sr + \beta)^2 \geqslant a\alpha(sr - \beta) \cdot (1 - r)$,平台过剩乘运供应能力同样随着时间 t 逐渐增大,满足 $v(t) \geqslant 0$;若 $2c(sr + \beta)^2 \geqslant a\alpha(sr - \beta) \cdot (1 - r)$,将不能保证 $v(t) \geqslant 0$。

这说明,在网约车平台服务时段 $[0, T]$ 内,当市场乘车需求衰减时,可知平台最优动态价格随着时间推移先减小后增大;最优动态价格刺激市场乘车需求,动态影响平台乘运供应,提高乘运供应能力利用率,避免过多的兼职社会驾驶员加入平台,降低平台过剩的乘运供应能力。因而,在共享经济理念下,通过动态价格机制,可以协调网约车市场需求和乘运供应的配置,避免运力闲置的同时也避免了资源浪费。

6.2.4　市场乘车需求激增时平台最优定价策略

市场乘车需求激增主要是指在某时间段乘车需求快速增长的情形,如一天中的上下班高峰时期、下雨和下雪时期,以及节假日等。此时,网约车平台面临供不应求的状况,若平台根据需求变化来动态调整价格,将有利于平台获得更大的收益,并尽量使乘车供需匹配。因而,在平台服务时段 $[0, T]$ 内,当市场乘车需求激增即 $a < 0$ 时,网约车平台在 0 时刻的供需平衡被打破,考虑乘车需求订单被延误即 $u(t) \geqslant 0$ 的情形,基于网约车平台乘运供应率 $S(t)$ 和乘车需求率 $D(t)$,构建延误订单量的状态变化方程:

$$\bar{u}(t) = D(P, t) - S(P, t)$$

$$u(0) = 0$$

$$u(T) = u_T$$

在 t 时刻的累积延误订单量为

$$u(t) = u(0) + \int_0^t (D(P, \tau) - S(P, \tau)) \mathrm{d}\tau$$

在平台服务时段 $[0, T]$ 内,由于市场乘车需求激增,实际乘运供应能力无法及时满足乘车需求订单,所以 t 时刻实际被满足的乘车订单需求量为 $\min(D(P, t), S(P, t)) = S(P, t)$。网约车平台获得的最大期望收益目标函数表示为

$$\pi(P, t) = \max_{P(t)} \int_0^T (S(P, t) \cdot P(t) - S(P, t) \cdot C(P, t) - h \cdot u(t)) \mathrm{d}t$$

$$= \max_{P(t)} \int_0^T \left(S(P, t) \cdot (P(t) - W(t) - \eta q^2) - h \left(\int_0^t (D(P, \tau) - S(P, \tau)) \mathrm{d}\tau \right) \right) \mathrm{d}t$$

$$= \max_{P(t)} \int_0^T (S(P, t) \cdot (P(t) - W(t) - \eta q^2) - h(T - t) \cdot (D(P, t) - S(P, t))) \mathrm{d}t$$

约束条件为

$$\bar{u}(t) = D(P,t) - S(P,t) = \alpha e^{-at} - \beta P(t) + \gamma q - sW(t)$$

$$u(0) = 0$$

$$u(T) = u_T$$

引入拉格朗日乘子 $\lambda(t)$ 构建哈密顿函数，求解网约车平台期望收益最大的最优价格：

$$H(u(t), P(t), \lambda(t), t) = S(P,t) \cdot (P(t) - W(t) - \eta q^2) - h(T-t) \cdot (D(P,t) - S(P,t))$$
$$+ \lambda(t) \cdot (\alpha e^{-at} - \beta P(t) + \gamma q - sW(t))$$
$$= (sW(t)) \cdot (P(t) - W(t) - \eta q^2) + (\lambda(t) - h(T-t)) \cdot (\alpha e^{-at} - \beta P(t) + \gamma q - sW(t))$$

可以进一步证明，若考虑平台乘车订单延误而带来的单位订单延误成本，在市场乘车需求激增情形下的平台期望收益是关于服务价格 $P(t)$ 的凸函数，此时不存在一个极大值点 $P_u^*(t)$ 可以使网约车平台期望收益达到最大。

此处不能使用最优控制理论中的庞特里亚金原理来求解该模型，否则将会得到一个平台期望收益达到最小的服务价格解。为了求出在平台服务时段 $[0,T]$ 内使平台期望收益最大化的最优动态价格，考虑市场有足够多的兼职社会驾驶员可以加入网约车平台的情形，有以下定理 6-2 和定理 6-3 成立。

定理 6-2 假设市场有足够多的兼职社会驾驶员可以加入网约车平台，即 $\tilde{S} \to +\infty$，在平台服务时段 $[0,T]$ 内，当市场乘车需求激增时，平台最优价格为 $\alpha e^{-at}/(\beta + sr) + \gamma q/(\beta + sr)$；平台乘运供应能力为 $sr\alpha e^{-at}/(\beta + sr) + sr\gamma q/(\beta + sr)$；平台乘车订单需求为 $sr\alpha e^{-at}/(\beta + sr) + sr\gamma q/(\beta + sr)$。

定理 6-2 说明，在平台服务时段 $[0,T]$ 内，当市场需求激增时，最优价格、乘运供应函数和订单需求函数都是随着时间 t 而动态变化的。而且可进一步推出，此时平台最优价格是时间 t 单调递增的凸函数；平台在 t 时刻并未承担订单延误成本，且 $S_u^*(t) = D_u^*(t)$。

由此可知，如果市场乘运供应能力无限大即 $\tilde{S} \to +\infty$，则当市场乘车需求在平台服务时段 $[0,T]$ 内激增时，为了实现平台期望收益最大化，在 t 时刻的最优价格 $P_u^*(t)$ 将最大限度地激励更多的兼职社会驾驶员加入平台并提供乘运服务，此时 $S_u^*(t) = D_u^*(t)$，即供需达到平衡；同时，由于市场需求在不断增长，最优价格 $P_u^*(t)$ 随着时间的推移而单调递增，以此来持续获取更多的乘运供应能力。

定理 6-3 若市场乘运供应能力有限，加入网约车平台的兼职社会驾驶员人数上限为 $\tilde{S}$，则存在一个时刻 $\tilde{t}^* = -\dfrac{1}{a}\ln\left(\dfrac{\tilde{S} \cdot (sr + \beta)}{sr\alpha} - \dfrac{\gamma q}{\alpha}\right)$，当 $T < \tilde{t}^*$ 时，平台最

优价格为 $\alpha e^{-at}/(\beta + sr) + \gamma q/(\beta + sr)$；当 $0 \le \tilde{t}^* \le T$ 时，平台在服务时段 $[0, \tilde{t}^*]$ 内的最优价格为 $\alpha e^{-at}/(\beta + sr) + \gamma q/(\beta + sr)$，在服务时段 $(\tilde{t}^*, T]$ 内的最优价格为 $\dfrac{\tilde{S}}{sr}$。

定理 6-3 说明，如果市场乘运供应能力有限，则当市场乘车需求在平台服务时段 $[0, T]$ 内激增时，平台最优价格 $P_u^*(t)$ 首先会随着时间的推移单调递增。当价格提高到一定程度时，市场最大乘运供应能力 $\tilde{S}$ 已全部加入平台进行乘运服务，此时平台将无法通过提高服务价格来激励更多的兼职社会驾驶员加入平台，这与实际是符合的。在乘车需求高峰时，由于乘运供应能力有限，乘客将不得不面临乘车等待问题。进一步可推得，当 $T < \tilde{t}^*$ 时，在 t 时刻的平台乘运供应能力与乘车订单需求相等且为 $sr\alpha e^{-at}/(\beta + sr) + sr\gamma q/(\beta + sr)$；当 $0 \le \tilde{t}^* \le T$ 时，平台在服务时段 $[0, \tilde{t}^*]$ 内 t 时刻的平台乘运供应能力与乘车订单需求相等且为 $sr\alpha e^{-at}/(\beta + sr) + sr\gamma q/(\beta + sr)$，在服务时段 $(\tilde{t}^*, T]$ 内，平台乘运供应能力为 $\tilde{S}$，乘车订单需求为 $sr\alpha e^{-at}/(\beta + sr) + sr\gamma q/(\beta + sr) + \int_{\tilde{t}^*}^{t} (sr\alpha e^{-at}/(\beta + sr) + sr\gamma q/(\beta + sr) - \tilde{S}) dt$。

这表明当市场乘车需求在平台服务时段 $[0, T]$ 内出现激增时，由于市场乘运供应能力有限，平台乘运供应能力 $S_u^*(t)$ 首先会随着时间的推移单调递增，但当平台乘运供应能力达到市场最大乘运供应能力 $\tilde{S}$ 时，平台将维持 $\tilde{S}$ 来满足市场乘车需求；同时，当乘车订单需求 $D_u^*(t)$ 增加到一定程度时，平台乘运供应能力 $S_u^*(t)$ 将小于乘车订单需求 $D_u^*(t)$，平台将不能及时满足市场乘车需求，此时将出现订单延误。

6.2.5 市场乘车需求不变时平台最优定价策略

在平台服务时段 $[0, T]$ 内，考虑市场乘车需求不变即 $a = 0$ 的一种特殊情形，此时 $v(t) = u(t) = 0$，网约车平台将维持 0 时刻的供需平衡，没有机会损失成本或订单延误成本。

定理 6-4 在平台服务时段 $[0, T]$ 内，当市场乘车需求不变时，平台的最优价格为 $\alpha/(sr + \beta) + \gamma q/(sr + \beta)$；平台乘运供应能力为 $sr\alpha/(sr + \beta) + sr\gamma q/(sr + \beta)$；乘车订单需求为 $sr\alpha/(sr + \beta) + sr\gamma q/(sr + \beta)$。

定理 6-4 说明，在 $a = 0$ 的情况下，市场乘车需求不随时间动态变化，网约车平台的最优价格为常数，平台将维持一定数量的兼职社会驾驶员来提供乘运供应能力，并保持与市场乘车订单需求的平衡，以此来维持平台的平稳运营。

综合上述分析可知，在网约车平台服务时间 $t \in [0, T]$ 内，平台最优价格

$P^*(t)$ 的时间轨迹随着市场乘车需求的波动情况发生不同的变化。当市场乘车需求衰减时,平台最优价格首先会随着时间的推移动态降低,然后会逐渐递增。当市场乘车需求激增时,在不考虑市场乘运供应能力限制时,平台最优价格会随着时间的推移单调递增;在考虑市场乘运供应能力限制时,平台最优价格首先会递增然后会保持不变;当市场乘车需求不变时,平台最优价格不会随时间发生变化。

6.2.6　数值分析

为了验证市场乘车需求波动下的网约车平台服务动态定价模型的有效性,接下来我们分析市场乘车需求变化系数 a 和平台服务质量 q 对最优动态价格与平台期望收益的影响。参考滴滴出行的实际运作数据,设定参数: $T = 40$, $\alpha = 10^5$, $\tilde{S} = 1.5 \times 10^5$, $\beta = 10^3$, $\gamma = 600$, $s = 2 \times 10^3$, $r = 0.6$, $\eta = 7 \times 10^{-4}$, $q = 100$, $c = h = 0.1$ 。用 $a = (0.08, -0.03, 0)$ 分别表示市场乘车需求衰减、市场乘车需求激增,以及市场乘车需求不变的三种情况。

在市场乘车需求衰减即 $a > 0$ 的情况下,网约车平台最优价格随时间的变化轨迹如图 6-3 所示。随着时间的推移,平台最优价格 $P_v^*(t)$ 是先减小后增大的凸函数,如图 6-4 所示,平台乘运供应率随着时间增加而降低,这表明最优价格动态影响平台乘运供应率,避免了过多兼职社会驾驶员加入平台,减轻了平台乘运供应能力的过剩。另外,从图 6-4 中的阴影部分可以看出,平台仍有未利用的乘运供应能力,满足定理 6-2 中的参数约束。

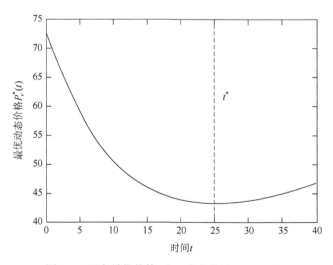

图 6-3　平台最优价格 $P_v^*(t)$ 变化轨迹 ($a > 0$)

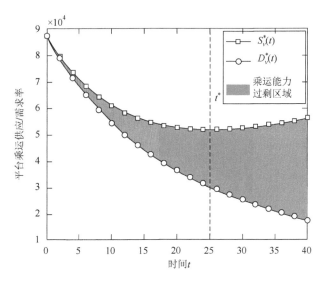

图 6-4　平台乘运供应率和需求率变化轨迹（$a > 0$）

图 6-5 所示的平台收益率随着时间的增加而减小。另外，从图 6-3 和图 6-5 中还可以看出，在平台服务时段的后期，价格的提高并不能弥补乘车需求衰减对收益的影响。在市场乘车需求激增即 $a < 0$ 的情况下，网约车平台最优价格随时间的变化轨迹如图 6-6 所示，在服务时段 $[0, \tilde{t}^*]$ 内，最优价格随着时间单调递增，而在 $(\tilde{t}^*, T]$ 内，最优价格不随着时间变化，这与定理 6-3 的描述是一致的。

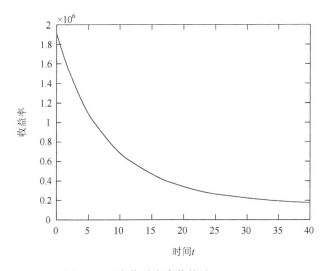

图 6-5　平台收益率变化轨迹（$a > 0$）

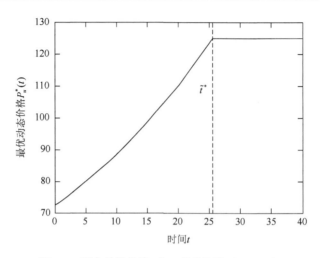

图 6-6 平台最优价格 $P_u^*(t)$ 变化轨迹（ $a<0$ ）

从图 6-7 和图 6-8 中可知，当平台所需乘运供应能力未达到市场乘运能力上限 $\tilde{S}$ 时，在最优价格的动态调节下，平台乘运供应率和需求率保持平衡，且平台收益率随着时间的增加而增大。当平台所需乘运供应能力达到市场乘运能力上限 $\tilde{S}$ 时，平台乘运供应率将不再随着时间变化，此时由于市场需求激增是不可控的，平台需求率将持续上升。从图 6-7 中的阴影部分可以看出，平台将面临乘车需求订单的延误服务，且由于考虑订单延误成本的存在，平台收益率略有下降趋势。

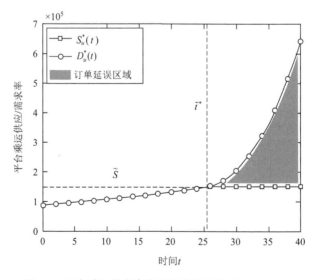

图 6-7 平台乘运供应率和需求率变化轨迹（ $a<0$ ）

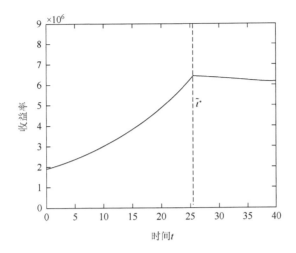

图 6-8　平台收益率变化轨迹（$a<0$）

在市场乘车需求不变即 $a=0$ 的情况下，网约车平台最优价格 $P_b^*(t)$ 将不随时间发生变化，这与定理 6-4 的描述是一致的。平台乘运供应率和乘车需求率将保持平衡且不随时间发生变化，平台收益率也将保持不变。

利用数值实验可进一步分析平台服务质量 q 以及市场乘车需求变化系数 a 对最优价格以及平台期望收益的影响。例如，市场乘车需求衰减情况下，平台最优价格 $P_v^*(t)$ 随着服务质量 q 的提高而增大，这与实际是一致的，当平台投入更多的服务成本时，则相应地会提高服务价格。平台最优价格 $P_v^*(t)$ 随着市场乘车需求变化系数 a 的增大而减小，即市场乘车需求衰减程度越大，价格越低。另外，平台期望收益会随着市场乘车需求变化系数 a 和服务质量 q 的变化而变化。平台期望收益随着市场乘车需求的衰减而减少，即 a 越大，$\pi\left(P_v^*(t),t\right)$ 会越小；而平台期望收益随着服务质量的提高呈现出先增大后减小的轨迹，这表明平台应提供合适的服务质量才能实现自身收益的最大化。

6.2.7　小结

本节基于网约车平台乘车需求随机波动变化的特点，考虑乘运供应能力的不确定性，针对乘车需求波动导致不同供需状态下的网约车平台定价问题，运用最优控制理论建立网约车平台服务动态定价模型，并基于庞特里亚金极大值原理及模型推导求解出网约车平台期望收益最大化的最优动态价格以及乘运供应率和乘车需求率的变化轨迹。本节研究得出以下几个结论。

（1）在平台面对市场乘车需求波动的情况下，最优动态价格随着时间的推移而发生不同的变化。例如，当市场乘车需求衰减时，平台最优价格随着时间的推移先减小后增大；当市场乘车需求激增时，在不考虑市场乘运供应能力约束时，平台最优价格为时间的增函数，在考虑市场乘运供应能力约束时，平台最优价格随着时间的推移先增大然后保持不变；当市场乘车需求不变时，平台最优价格不随时间发生变化。

（2）平台最优价格动态影响乘运供应能力，在市场乘车需求衰减时，避免了过多的兼职社会驾驶员加入平台，以降低平台此情形下过剩的乘运供应能力；在市场乘车需求激增时，最大限度地激励兼职社会驾驶员参与平台服务，从而尽量避免乘车需求订单发生延误。

（3）平台服务质量和乘车需求变化系数对最优价格和期望收益产生影响，最优价格随着平台服务质量的提高而增大，而平台期望收益随着服务质量的提高先增大后减小；平台最优价格和期望收益均随着市场乘车需求变化系数的增大而减小。

本节的研究假设市场上只有一个网约车平台，而实际的网约车平台乘车服务市场上，存在多个平台相互竞争的状况，因而后续研究可以考虑多个网约车平台竞争的情景。同时，在本节研究的基础上可以进一步探讨允许乘客取消乘车订单的情况，以及探究兼职社会驾驶员的损失规避行为。

6.3　不同竞争情形下网约车平台动态定价

6.3.1　引言

共享经济模式下的网约车平台服务运作为网约车平台企业带来了巨大的经济效益，这也使各网约车平台之间的竞争加剧，不仅表现为乘车需求市场的竞争，同时也有社会兼职驾驶员的供应市场的竞争，如美团打车与滴滴出行等。因此，针对网约车平台乘车需求随机波动变化以及乘运供应不确定的特点，考虑平台之间存在乘车需求竞争和乘运供应竞争，本节着重研究乘车需求衰减时考虑乘车需求竞争、乘车需求激增时考虑乘运供应竞争，以及乘车需求不变时乘车需求和乘运供应竞争共存三种情形下的网约车平台动态价格竞争策略。

基于"互联网＋出行"理念的网约车平台服务运作已经成为运营管理领域的最新研究热点。由于企业实际运营中存在激烈的市场竞争，近年来不少学者开始关注竞争环境下的定价策略研究。韦才敏等（2018）分别在 Bertrand 竞争、Stackelberg 竞争，以及集中决策框架下，研究由单制造商与多竞争零售商组成的双渠道供应链的定价决策问题。高举红等（2017）运用 Stackelberg 博弈论方法研究了需求不确定和再制造竞争双因素下的闭环供应链定价策略。沈焱等（2019）

研究了竞争条件下的电信数据业务质量与价格决策。Jena 等（2019）考虑了高品牌和低品牌制造商之间的价格竞争，研究了再制造产品品牌对总利润的影响。总体上，目前关于网约车平台定价策略的研究比较集中于探讨和论证峰时定价，而考虑多平台下关于乘车需求市场或乘运供应市场的竞争，以及考虑网约车服务实际运作中乘车需求随机波动变化特点的研究还鲜有文献。关于动态定价方面的研究，不少学者运用最优控制理论研究了易逝品以及航空服务的动态定价（Feng，2019；Herbon and Khmelnitsky，2017；罗利和萧柏春，2012），但是利用最优控制理论研究网约车平台定价问题的文献并不多见。鉴于此，基于网约车平台乘车需求波动变化的特点，本节将考虑乘车需求衰减带来的乘车需求竞争、乘车需求激增带来的乘运供应竞争，以及乘车需求不变时乘车需求竞争和乘运供应竞争共存的三种情形，构建不同情形下的网约车动态价格竞争模型。主要运用哈密顿函数以及模型推导，分别求解各种情形下的网约车平台最优动态竞争价格，以及乘运供应率与需求率的变化轨迹。运用相关结论试图回答以下问题：网约车平台面对不同竞争环境及不同市场乘车需求波动变化情形，如何优化定价以实现其期望收益的最大化？乘车需求市场竞争加剧和乘运供应市场竞争加剧对网约车平台的定价和期望收益产生怎样的影响？网约车平台采用的固定佣金报酬率如何影响平台期望收益？

6.3.2　模型描述与假设

网约车平台为用户乘车提供供需匹配服务，其服务运作连接着用户出行乘车需求和兼职社会驾驶员闲置车资源乘运供应。网约车平台的实际运作过程如图 6-9 所示。首先，用户根据自身乘车需求选择使用某网约车平台，并在手机端 APP 随时随地发出乘车请求；其次，平台将乘车需求信息共享给附近的兼职社会驾驶员，兼职社会驾驶员可自行抢单或拒单；再次，当平台为发出乘车请求的用户匹配到驾驶员时，驾驶员前往用户上车地点并完成线下乘运；最后，用户通过手机第三方支付平台完成车费支付，同时驾驶员也将收到相应的服务报酬。

本节研究基于以下一些基本假设。

假设 1：市场上存在两个网约车平台，它们拥有相同的服务运作模式，彼此有很强的替代性但又不是完全可替代的。两个网约车平台之间存在乘车价格竞争而影响需求市场；同时，也存在工资报酬竞争而影响乘运供应市场。

假设 2：在平台服务时段 $[0,T]$ 内，假设 0 时刻的供需是平衡的；并且在乘运服务时段内，乘客不会取消订单，车主也不会停止服务。

假设 3：网约车平台 i 的随机需求函数为

$$D_i(P_i,t) = \alpha e^{-at} - P_i(t) + \gamma_i q_i + k_D(P_j(t) - P_i(t))$$

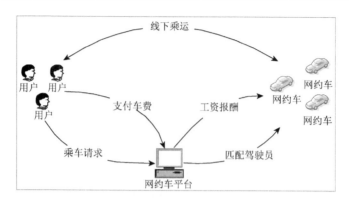

图 6-9　网约车平台实际运作图

式中，$\alpha > 0$；$\gamma_i > 0$，γ_i 为网约车平台 i 的服务敏感系数；$1 > k_D > 0$，k_D 为网约车平台 i 与网约车平台 j 之间乘车需求市场竞争时的价格竞争系数（高举红等，2017）；a 为市场乘车需求波动因子（$a > 0$ 表示市场乘车需求衰减，$a < 0$ 表示市场乘车需求激增，$a = 0$ 表示市场乘车需求不变）；$P_i(t)$ 和 $P_j(t)$ 分别为网约车平台 i 与网约车平台 j 在 t 时刻的乘车价格。

假设 4：市场乘车需求衰减即 $a > 0$ 时，网约车平台 i 可能面临乘运供应能力过剩的情形。此时用 $l_i(t)$ 表示未利用的乘运供应能力，c 表示单位机会损失成本。特别地，在 0 时刻的过剩乘运能力为 0，T 时刻的过剩乘运能力为 l_{iT}。

假设 5：市场乘车需求激增即 $a < 0$ 时，网约车平台 i 可能面临乘运供应能力不足的情形。此时用 $u_i(t)$ 表示乘车需求订单延误量，h 表示单位订单延误成本。特别地，在 0 时刻的延误订单量为 0，T 时刻的延误订单量为 u_{iT}。

假设 6：网约车平台 i 的单位运营成本为 $C_i(t) = W_i(t) + \eta_i q_i^2$，其中，$\eta_i q_i^2$ 为单位服务成本，η_i 表示网约车平台 i 的服务成本系数，q_i 表示服务质量，$W_i(t)$ 为支付兼职社会驾驶员的单位报酬，$W_i(t) = r_i P_i(t)$，r_i 表示平台固定佣金报酬率，且 $0 < r_i < 1$。车主的报酬采用固定佣金方式，类似 Uber 的运作，假设单位报酬与价格呈线性关系（Cachon et al.，2017）。

假设 7：网约车平台 i 的乘运供应函数为 $S_i(P_i, t) = s_i W_i(t) - k_S W_j(t)$，其中，$s_i > k_S > 0$，$s_j > k_S > 0$。$s_i$ 表示网约车平台 i 乘运供应能力的价格敏感系数，它反映平台乘运供应能力随报酬变化的敏感程度（Hu and Zhou，2019）。k_S 表示网约车平台 i 与网约车平台 j 之间乘运供应市场竞争时的工资竞争系数。竞争平台 j 愿意支付给兼职社会驾驶员的工资报酬 $W_j(t)$ 越大，平台 i 所能获得的乘运供应将越少，这与网约车平台的服务运作实际情况是一致的。

这里，$i \neq j$，若 $i = 1$，则 $j = 2$；若 $i = 2$，则 $j = 1$。为了方便讨论，用 l、u、b 作为各变量的下标，分别表示乘车需求衰减、乘车需求激增和乘车需求不变情况下的变量值。例如，$P_{il}(t)$、$P_{iu}(t)$、$P_{ib}(t)$分别表示网约车平台i在乘车需求衰减时、乘车需求激增时，以及乘车需求不变时的乘车价格。网约车平台服务运作及供需过程如图 6-10 所示。

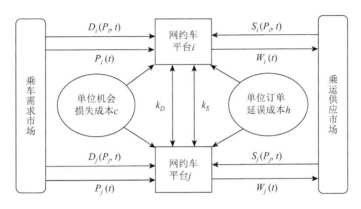

图 6-10 网约车平台服务运作及供需过程

6.3.3 乘车需求竞争下的平台最优定价策略

乘车需求竞争是指在平台服务时段$[0,T]$内，市场乘车需求衰减即$a>0$的情形。例如，在非高峰出行时间，市场上需打车出行的人逐渐减少，乘车需求相对较少。网约车平台i在 0 时刻的供需平衡将被打破，此时将会出现乘运供应能力过剩的情况，即$l_i(t) \geqslant 0$。由于乘车需求的不足，网约车平台i与网约车平台j将基于乘车价格$P(t)$竞争乘车需求订单。此时，$k_D>0$，$k_S=0$。基于 6.3.2 节的模型描述和假设，设网约车平台i的乘车价格$P_i(t)$为控制变量，运用最优控制理论构建平台供应能力过剩时的最优动态价格竞争模型。借鉴 Jørgensen 和 Kort（2002）的研究中将库存作为状态变量，构建补货率和需求率的库存状态变化方程的思路，基于网约车平台乘运供应能力变化率$S_i(t)$以及平台乘车需求率$D_i(t)$来构建过剩乘运供应能力下的状态变化方程如下：

$$\overline{l}_i(t) = S_i(P_i, t) - D_i(P_i, t)$$

$$l_i(0) = 0$$

$$l_i(T) = l_{iT}$$

在t时刻累积的过剩乘运供应能力为

$$l_i(t) = l_i(0) + \int_0^t (S_i(P_i, \tau) - D_i(P_i, \tau)) \mathrm{d}\tau$$

在服务时段$[0,T]$内，网约车平台i获得的最大期望收益目标函数表示为

$$\pi_i(P_i,t) = \max_{P_i(t)} \int_0^T (D_i(P_i,t) \cdot P_i(t) - D_i(P_i,t) \cdot C_i(P_i,t) - c \cdot l_i(t)) \mathrm{d}t$$

$$= \max_{P_i(t)} \int_0^T \left(D_i(P_i,t) \cdot (P_i(t) - W_i(t) - \eta_i q_i{}^2) - c \left(\int_0^t (S_i(P_i,\tau) - D_i(P_i,\tau)) \mathrm{d}\tau \right) \right) \mathrm{d}t$$

$$= \max_{P_i(t)} \int_0^T (D_i(P_i,t) \cdot (P_i(t) - W_i(t) - \eta_i q_i{}^2) - c(T-t) \cdot (S_i(P_i,t) - D_i(P_i,t))) \mathrm{d}t$$

约束条件为

$$\overline{l}_i(t) = S_i(P_i,t) - D_i(P_i,t) = s_i W_i(t) - \alpha \mathrm{e}^{-at} + P_i(t) - \gamma_i q_i - k_D(P_j(t) - P_i(t))$$

$$l_i(0) = 0$$

$$l_i(T) = l_{iT}$$

定理 6-5　当市场乘车需求衰减时，网约车平台 i 与网约车平台 j 在乘车需求市场竞争下的最优动态竞争价格 $P_{il}^*(t)$、$P_{jl}^*(t)$ 分别为

$$P_{il}^*(t) = f_i(t) + A_i + B_i C_j(l_{iT}(\cdot), l_{jT}(\cdot)) + E_i C_i(l_{iT}(\cdot), l_{jT}(\cdot))$$

$$P_{jl}^*(t) = f_j(t) + A_j + B_j C_i(l_{iT}(\cdot), l_{jT}(\cdot)) + E_j C_j(l_{iT}(\cdot), l_{jT}(\cdot))$$

式中，$f_i(t)$ 与 $f_j(t)$ 为关于时间 t 的函数表达式；A_i、B_i、E_i、A_j、B_j、E_j 以及 $C_i(l_{iT}(\cdot), l_{jT}(\cdot))$ 与 $C_j(l_{iT}(\cdot), l_{jT}(\cdot))$ 为包含参数 α、T、k_D、c、γ_i、s_i、r_i、q_i、η_i、γ_j、s_j、r_j、q_j、η_j 的常数表达式。

网约车平台 i 的乘车需求率 $D_{il}^*(P_{il}^*(t),t)$ 与乘运供应率 $S_{il}^*(P_{il}^*(t),t)$ 分别为

$$D_{il}^*\left(P_{il}^*(t),t\right) = \alpha \mathrm{e}^{-at} - P_{il}^*(t) + \gamma_i q_i + k_D\left(P_{jl}^*(t) - P_{il}^*(t)\right)$$

$$S_{il}^*\left(P_{il}^*(t),t\right) = s_i r_i P_{il}^*(t)$$

推论 6-1　在服务时段 $[0,T]$ 内，网约车平台 i 的最优动态竞争价格是时间 t 的凸函数。

（1）若机会损失成本 $c \neq 0$，则存在：

$$t^* = -\frac{1}{a} \ln \left(\frac{4c}{a\alpha(3k_D+2)} \left(\frac{(k_D+1)(s_i r_i + k_D + 1)}{1-r_i} + \frac{k_D(s_j r_j + k_D + 1)}{2(1-r_i)} \right) \right)$$

当 $0 \leqslant t^* \leqslant T$ 时，平台的最优动态竞争价格将先减小后增大；当 $T < t^*$ 时，平台最优动态竞争价格将单调递减。

（2）若机会损失成本 $c = 0$，则存在 T_{th}，当 $0 \leqslant T_{\mathrm{th}} \leqslant T$ 时，最优动态竞争价格将先减小然后趋于平稳或者不变；当 $T < T_{\mathrm{th}}$ 时，最优动态竞争价格将单调递减。

证明：略。

由推论 6-1 可知，在服务时段 $[0,T]$ 内，当市场乘车需求衰减时，若网约车平台 i 与平台 j 竞争乘车需求市场，网约车平台 i 的最优动态竞争价格首先随着时间的推移单调递减，即通过降低乘车价格尽可能地刺激乘车需求；同时，由于平台采用固定佣金合同 $W_i(t) = r_i P_i(t)$，乘车价格的降低也将降低兼职社会驾驶员的报酬，这样可适当避免过多兼职社会驾驶员加入平台，降低了平台过剩的乘运供应能力；若考虑机会损失成本 $c > 0$，则最优动态竞争价格最终会随着时间的推移而单调递增，这是由于当市场乘车需求衰减到一定程度时，机会损失成本的累积对平台收益的影响越来越大，平台将必须提高价格，以尽可能地保证收益最大化；若不考虑机会损失成本 $c = 0$，则最优动态竞争价格最终会随着时间的推移而趋于平稳或者不变，以保证平台的基本收益。

6.3.4　乘运供应竞争下的平台最优定价策略

乘运供应竞争是指在平台服务时段 $[0,T]$ 内，当市场乘车需求激增即 $a < 0$ 时，市场乘车需求出现增长的情形，如在上下班高峰时期、下雨或下雪等恶劣天气时期、大型音乐会结束后的散场时间等。这时，网约车平台 i 在 0 时刻的供需平衡被打破，出现乘运供应能力不足、乘车需求订单延误的情况，即 $u_i(t) \geqslant 0$。由于乘运供应资源的不足，网约车平台 i 与网约车平台 j 在这种情形下是基于工资报酬 $W(t)$ 的乘运供应市场竞争。此时，$k_D = 0$，$k_S > 0$。借鉴 Herbon 和 Khmelnitsky（2017）与 Jørgensen 和 Kort（2002）的研究，首先基于网约车平台乘运供应能力变化率 $S_i(t)$ 和平台乘车需求率 $D_i(t)$ 构建延误订单量的状态变化方程如下：

$$\overline{u}_i(t) = D_i(P_i, t) - S_i(P_i, t)$$

$$u_i(0) = 0$$

$$u_i(T) = u_{iT}$$

在 t 时刻的累积延误订单量为

$$u_i(t) = u_i(0) + \int_0^t (D_i(P_i, \tau) - S_i(P_i, \tau)) \mathrm{d}\tau$$

在服务时段 $[0,T]$ 内，由于市场乘车需求激增，网约车平台 i 的实际乘运供应能力无法及时满足所有乘车订单需求。所以，在 t 时刻实际被满足的乘车订单需求量为 $\min(D_i(P_i, t), S_i(P_i, t)) = S_i(P_i, t)$。因此，在市场乘车需求激增情形下，网约车平台 i 获得的最大期望收益目标函数可以表示为

$$\pi_i(P_i,t) = \max_{P_i(t)} \int_0^T (S_i(P_i,t)\cdot P_i(t) - S_i(P_i,t)\cdot C_i(P_i,t) - h\cdot u_i(t))\mathrm{d}t$$

$$= \max_{P_i(t)} \int_0^T \left(S_i(P_i,t)\cdot\left(P_i(t)-W_i(t)-\eta_i q_i^2\right) - h\left(\int_0^t (D_i(P_i,\tau)-S_i(P_i,\tau))\mathrm{d}\tau\right)\right)\mathrm{d}t$$

$$= \max_{P_i(t)} \int_0^T (S_i(P_i,t)\cdot(P_i(t)-W_i(t)-\eta_i q_i^2) - h(T-t)\cdot(D_i(P_i,t)-S_i(P_i,t)))\mathrm{d}t$$

约束条件为

$$\bar{u}_i(t) = D_i(P_i,t) - S_i(P_i,t) = \alpha e^{-at} - P_i(t) + \gamma_i q_i - s_i W_i(t) + k_S W_j(t)$$

$$u_i(0) = 0$$

$$u_i(T) = u_{iT}$$

定理 6-6　当市场乘车需求激增时，网约车平台 i 与网约车平台 j 在乘运供应市场竞争下的最优动态竞争价格 $P_{iu}^*(t)$、$P_{ju}^*(t)$ 分别为

$$P_{iu}^*(t) = \frac{\alpha(1+s_j r_j+k_S r_j)}{(1+s_i r_i)(1+s_j r_j)-k_S^2 r_i r_j}\cdot e^{-at} + \frac{(1+s_j r_j)\gamma_i q_i + k_S r_j \gamma_j q_j}{(1+s_i r_i)(1+s_j r_j)-k_S^2 r_i r_j}$$

$$P_{ju}^*(t) = \frac{\alpha(1+s_i r_i+k_S r_i)}{(1+s_j r_j)(1+s_i r_i)-k_S^2 r_i r_j}\cdot e^{-at} + \frac{(1+s_i r_i)\gamma_j q_j + k_S r_i \gamma_i q_i}{(1+s_j r_j)(1+s_i r_i)-k_S^2 r_i r_j}$$

网约车平台 i 的乘车需求率 $D_{iu}^*\left(P_{iu}^*(t),t\right)$ 与乘运供应率 $S_{iu}^*\left(P_{iu}^*(t),t\right)$ 分别为

$$D_{iu}^*(P_{iu}^*(t),t) = \alpha e^{-at} - P_{iu}^*(t) + \gamma_i q_i$$

$$S_{iu}^*(P_{iu}^*(t),t) = s_i r_i P_{iu}^*(t) - k_S r_j P_{ju}^*(t)$$

由定理 6-6 可以看出，网约车平台 i 的最优动态竞争价格与平台竞争系数 k_S 相关，并且同时取决于自身参数 $(\gamma_i, s_i, r_i, q_i)$ 和竞争平台 j 的参数 $(\gamma_j, s_j, r_j, q_j)$。

推论 6-2　考虑乘运供应竞争时，在服务时段 $[0,T]$ 内，网约车平台 i 的最优动态竞争价格是时间 t 单调递增的凸函数。

推论 6-2 表明，在服务时段 $[0,T]$ 内，当市场乘车需求激增时，若网约车平台 i 与平台 j 竞争乘运供应市场，网约车平台 i 的最优动态竞争价格随时间单调递增，以激励市场兼职社会驾驶员的参与，满足市场乘车需求的激增，从而最大化平台的期望收益。

6.3.5　乘车需求和乘运供应均竞争下的平台最优定价策略

乘车需求和乘运供应均存在竞争是指市场乘车需求介于乘车需求高峰与乘车需求低谷之间，例如，在一定区域内，需要打车的乘客与网约车兼职社会驾驶员

数量基本相等。此时，在平台服务时段 $[0, T]$ 内，市场乘车需求不变即 $a = 0$，网约车平台 i 将维持 0 时刻的供需平衡，而机会损失成本或订单延误成本 $l_i(t) = u_i(t) = 0$。考虑网约车平台 i 与网约车平台 j 之间同时竞争乘车需求市场和乘运供应市场，即 $k_D > 0$、$k_S > 0$，则有如下定理成立。

定理 6-7 当市场乘车需求不变时，网约车平台 i 与网约车平台 j 在乘车需求市场与乘运供应市场同时竞争下的最优动态竞争价格 $P_{ib}^*(t)$、$P_{jb}^*(t)$ 分别为

$$P_{ib}^*(t) = \frac{(\alpha + \gamma_i q_i)(1 + k_D + s_j r_j) + (k_D + k_S r_j)(\alpha + \gamma_j q_j)}{(1 + k_D + s_i r_i)(1 + k_D + s_j r_j) - (k_D + k_S r_j)(k_D + k_S r_i)}$$

$$P_{jb}^*(t) = \frac{(\alpha + \gamma_j q_j)(1 + k_D + s_i r_i) + (k_D + k_S r_i)(\alpha + \gamma_i q_i)}{(1 + k_D + s_j r_j)(1 + k_D + s_i r_i) - (k_D + k_S r_j)(k_D + k_S r_i)}$$

网约车平台 i 的乘车需求率 $D_{ib}^*\left(P_{ib}^*(t), t\right)$ 与乘运供应率 $S_{ib}^*\left(P_{ib}^*(t), t\right)$ 分别为

$$D_{ib}^*\left(P_{ib}^*(t), t\right) = \alpha - P_{ib}^*(t) + \gamma_i q_i + k_D\left(P_{jb}^*(t) - P_{jb}^*(t)\right)$$

$$S_{ib}^*\left(P_{ib}^*(t), t\right) = s_i r_i P_{ib}^*(t) - k_S r_j P_{jb}^*(t)$$

由定理 6-7 可知，在 $a = 0$，$k_D > 0$，$k_S > 0$ 的情况下，网约车平台 i 的最优动态竞争价格是包含价格竞争系数 k_D 与工资竞争系数 k_S 等参数的常数。网约车平台 i 将基于竞争平台 j 的服务质量 q_j、固定佣金报酬率 r_j 等来维持 0 时刻供需平衡时的价格，确保在竞争环境下自身期望收益的最大化。综合以上不同情形下网约车平台最优定价的分析，可得出以下结论。

（1）当市场乘车需求衰减时，在网约车平台之间的乘车需求竞争下（$a > 0, k_D > 0, k_S = 0$），若机会损失成本 $c \neq 0$，则网约车平台 i 的最优动态竞争价格随着时间的推移先减小后增大；若机会损失成本 $c = 0$，则平台 i 的最优动态竞争价格随着时间的推移先减小后平稳或不变。另外，$P_{il}^*(t)$ 与价格竞争系数 k_D、固定佣金报酬率 r_i 等参数有关。

（2）当市场乘车需求激增时，在网约车平台之间的乘运供应市场竞争下（$a < 0, k_D = 0, k_S > 0$），网约车平台 i 的最优动态竞争价格随着时间的推移单调递增，且 $P_{iu}^*(t)$ 与工资竞争系数 k_S、固定佣金报酬率 r_i 等参数有关。

（3）当市场乘车需求不变时，在网约车平台之间同时竞争乘车需求市场和乘运供应市场的情形下（$a = 0, k_D > 0, k_S > 0$），网约车平台 i 的最优动态竞争价格不随时间发生变化，且 $P_{id}^*(t)$ 与价格竞争系数 k_D、工资竞争系数 k_S 以及固定佣金报酬率 r_i 等参数有关。

6.3.6 数值分析

现实中，美团打车与滴滴出行为抢占市场乘车需求份额，往往给乘客一定

期限的优惠券，以抢占乘车需求市场。同时，美团打车与滴滴出行为鼓励兼职社会驾驶员加入平台，通过不同方式补贴兼职社会驾驶员以提高工资报酬，实现乘运供应市场的争夺。另外，网约车平台固定佣金报酬率直接决定了平台在每笔乘车需求订单中的佣金率，并且影响平台最优竞争价格和期望收益。结合上述模型，本节采用数值分析的方法，进一步探讨竞争系数 k_D、k_S 以及固定佣金报酬率 r_i 对网约车平台 i 最优动态竞争价格以及期望收益的影响，同时也将验证模型的有效性。根据滴滴出行在实际运作中的数据，同时借鉴高举红等（2017）关于再制造竞争闭环供应链的研究，主要参数设定如下：$\alpha = 100$、$T = 16$、$c = 0.2$、$\gamma_i = 2$、$s_i = 3$、$r_i = 0.6$、$q_i = 80$、$\eta_i = 10^{-6}$、$\gamma_j = 1.1$、$s_j = 5$、$r_j = 0.8$、$q_j = 50$、$\eta_j = 9 \times 10^{-5}$。用 $a = (0.09, -0.05, 0)$ 分别表示市场乘车需求衰减、激增和保持不变的三种情形；取 $k_D = (0.1, 0.5, 0.9)$ 分别刻画乘车需求市场竞争低、中和高的三种情形；取 $k_S = (0.1, 0.5, 0.9)$ 分别刻画乘运供应市场竞争低、中和高的三种情形。

　　在不同市场乘车需求波动的情况下，网约车平台 i 的最优动态竞争价格随着时间的推移发生不同的变化。如图 6-11 所示，在市场乘车需求衰减、考虑平台竞争乘车需求市场情形下，网约车平台 i 的最优动态竞争价格是时间的凸函数，它随着时间的推移先减小后增大，这与推论 6-1 中的描述是一致的。从图6-12 的实验结果可以看出，在市场乘车需求激增、考虑平台竞争乘运供应市场情形下，网约车平台 i 的最优动态竞争价格是时间单调递增的凸函数，这与推论 6-2 的描述是一致的。另外，从实验结果中还可以看出，当乘车需求市场竞

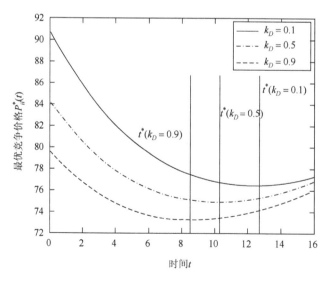

图 6-11　平台最优价格变化轨迹（$a > 0, k_D > 0, k_S = 0$）

争越激烈即 k_D 变大时，网约车平台 i 的最优动态竞争价格轨迹将向下移动；当乘运供应市场竞争越激烈即 k_S 变大时，网约车平台 i 的最优动态竞争价格轨迹将向上移动。这是因为兼职社会驾驶员的工资报酬为 $W_i(t) = r_i \cdot P_i(t)$，最优动态竞争价格的提高相应地提高了 $W_i(t)$，从而有助于网约车平台 i 竞争更多的兼职社会驾驶员参与平台乘运服务。

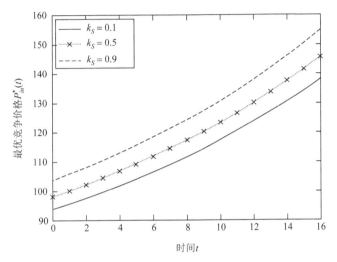

图 6-12　平台最优价格变化轨迹（$a < 0, k_D = 0, k_S > 0$）

从图 6-13～图 6-16 可以更直观地看出，在不同市场乘车需求波动情况下，网约车平台 i 的最优动态竞争价格随着竞争系数 k_D 的增大而减小，而随着竞争系数 k_S 的增大而增大。

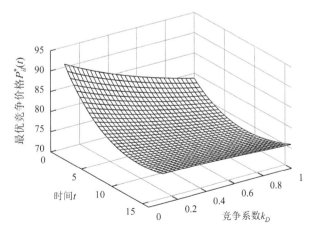

图 6-13　$P_{ii}^*(t)$ 随 k_D 的变化关系（$a > 0, k_D > 0, k_S = 0$）

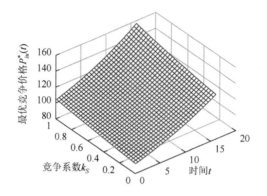

图 6-14　$P_{iu}^{*}(t)$ 随 k_S 的变化关系（ $a<0, k_D=0, k_S>0$ ）

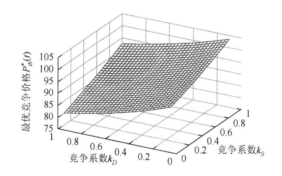

图 6-15　P_{ib}^{*} 随 k_D、 k_S 的变化（ $a=0, k_D>0, k_S>0$ ）

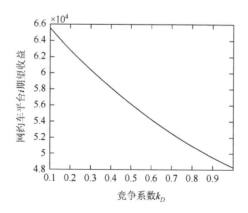

图 6-16　平台期望收益随 k_D 的变化（ $a>0, k_D>0, k_S=0$ ）

网约车平台 i 的期望收益不仅受竞争系数 k_D、 k_S 的影响，同时也受固定佣金报酬率 r_i 的影响。同样，通过数值实验分析，可以看出网约车平台 i 的期望收益随

着竞争系数 k_D、k_S 的增大而减小，这表明对于网约车平台来说，无论是乘车需求市场竞争的加剧还是乘运供应市场竞争的加剧，都将使平台期望收益降低。而且，无论考虑乘车需求市场竞争即 $k_D > 0$ 的情形，还是考虑乘运供应市场竞争即 $k_S > 0$ 的情形，网约车平台 i 的期望收益都随着固定佣金报酬率 r_i 的增大呈现为先增大后减小的凹函数，这与网约车平台的实际运作情况是一致的。当网约车平台采用较小的固定佣金报酬率时，平台不足以吸引较多的兼职社会驾驶员参与平台的乘运服务，此时平台的期望收益较小；当网约车平台采用较大的固定佣金报酬率时，平台在每笔乘车需求订单中所能获取的收益较小。

6.3.7　小结

网约车平台间存在乘车需求市场的竞争和乘运供应市场的竞争，基于乘车需求随机波动变化的特点，本节通过构建乘车需求衰减时考虑平台竞争乘车需求市场、乘车需求激增时考虑平台竞争乘运供应市场，以及平台同时竞争乘车需求市场和乘运供应市场的网约车平台动态价格竞争模型，探讨并得到了在不同情形下两个网约车平台的最优动态竞争价格策略。主要研究结论如下。

（1）在市场乘车需求衰减且平台间竞争乘车需求市场情形下，可以分别探寻机会损失成本 $c \neq 0$ 和 $c = 0$ 时平台的最优动态竞争价格，其具有随时间变化的特征。此时最优动态竞争价格的制定可缓解市场乘车需求的衰减，同时能够降低平台的过剩乘运供应能力。在市场乘车需求激增且平台间竞争乘运供应市场情形下，最优动态竞争价格将随着时间的推移单调递增，这样的价格政策可以激励更多的社会兼职驾驶员加入平台来满足乘运服务；在市场乘车需求不变且平台间同时竞争乘车需求市场和乘运供应市场情形下，平台的最优动态竞争价格将不随时间发生变化，但价格高低与平台竞争系数 k_D、k_S 有关，网约车平台可以依据不同的竞争环境进行价格决策。

（2）平台竞争系数以及固定佣金报酬率对平台最优动态竞争价格和期望收益产生影响。当乘车需求市场竞争加剧时，平台最优动态竞争价格将降低且平台期望收益将减少；当乘运供应市场竞争加剧时，平台最优动态竞争价格将增大且平台期望收益将减少。另外，平台在采用不同固定佣金报酬率时，期望收益将随着固定佣金报酬率的提高先增大后减小。

参 考 文 献

段文奇，柯玲芬. 2016.基于用户规模的双边平台适应性动态定价策略研究[J]. 中国管理科学，24（8）：79-87.
高举红，滕金辉，侯丽婷，等.2017. 需求不确定下考虑竞争的闭环供应链定价研究[J]. 系统工程学报，32（1）：
　　78-88.

李豪, 彭庆, 谭美容. 2018.面向乘客策略行为的航空公司舱位控制与动态定价模型[J]. 控制与决策, 33（7）: 1295-1302.

林志炳, 张岐山. 2011.零售商的动态定价和服务模型分析[J]. 中国管理科学, 19（6）: 73-78.

罗利, 萧柏春. 2012.航空客运平行航班动态定价模型[J]. 中国管理科学, 20（3）: 104-111.

沈焱, 王晓明, 唐小我, 等.2019. 考虑市场竞争的电信数据业务质量与定价决策[J]. 系统管理学报,28（3）:457-466.

韦才敏, 李忠萍, 范衡. 2018. 不同博弈框架下多竞争零售商的双渠道供应链定价决策研究[J]. 运筹与管理, 27（6）: 63-74.

张旭梅, 官子力, 范乔凌, 等.2017. 考虑网络外部性的电信业产品服务供应链定价与协调策略[J]. 管理学报, 14（2）: 270-276.

Afeche P, Liu Z, Maglaras C. 2018. Ride-hailing networks with strategic drivers: The impact of platform control capabilities on performance[J]. Social Science Electronic Publishing.

Ajorlou A, Jadbabaie A, Kakhbod A. 2018. Dynamic pricing in social networks: The word-of-mouth effect[J]. Management Science, 64（2）: 971-979.

Bai J, So K, Tang C S, et al. 2019. Coordinating supply and demand on an on-demand service platform with impatient customers[J]. Manufacturing & Service Operations Management, 21（3）: 556-570.

Bimpikis K, Candogan O, Saban D. 2019. Spatial pricing in ride-sharing networks[J]. Operations Research, 67（3）: 744-769.

Cachon G P, Daniels K, Lobel R. 2017.The role of surge pricing on a service platform with self-scheduling capacity[J]. Manufacturing & Service Operations Management, 19（3）: 368-384.

Chen J, Dong M, Rong Y, et al. 2018. Dynamic pricing for deteriorating products with menu cost[J]. Omega, 75（3）: 13-26.

Desiraju R, Moorthy S. 1997. Managing a distribution channel under asymmetric information with performance requirements[J]. Management Science, 43（12）: 1628-1644.

Do C T, Tran N H, Huh E N, et al. 2016. Dynamics of service selection and provider pricing game in heterogeneous cloud market[J]. Journal of Network & Computer Applications, 69: 152-165.

Feng G, Kong G, Wang Z. 2017. We are on the way: Analysis of on-demand ride-hailing systems[R]. Twin Cities: University of Minnesota.

Feng L. 2019. Dynamic pricing, quality investment, and replenishment model for perishable items[J]. International Transactions in Operational Research, 26（4）: 1558-1575.

Guda H, Subramanian U. 2019.Your uber is arriving: Managing on-demand workers through surge pricing, forecast communication, and worker incentives[J]. Management Science, 65（5）: 1995-2014.

Herbon A, Khmelnitsky E. 2017. Optimal dynamic pricing and ordering of a perishable product under additive effects of price and time on demand[J]. European Journal of Operational Research, 260（2）: 546-556.

Hu M, Zhou Y. 2018. Dynamic type matching[R]. Toronto: Rotman School of Management.

Hu M, Zhou Y. 2019. Price, wage and fixed commission in on-demand matching[R]. Toronto: University of Toronto.

Hu Y, Li J, Ran L. 2015.Dynamic pricing for airline revenue management under passenger mental accounting[J]. Mathematical Problems in Engineering,（3）: 1-8.

Jena S K, Sarmah S P, Sarin S C. 2019.Price competition between high and low brand products considering coordination strategy[J]. Computers & Industrial Engineering, 130（1）: 500-511.

Jørgensen S, Kort P M. 2002. Optimal pricing and inventory policies: Centralized and decentralized decision making[J]. European Journal of Operational Research, 138（3）: 578-600.

Liu W H，Yan X Y，Wei W Y，et al. 2019. Pricing decisions for service platform with provider's threshold participating quantity，value-added service and matching ability[J]. Transportation Research Part E：Logistics and Transportation Review，122：410-432.

Lu L，Zhang J，Tang W. 2016.Optimal dynamic pricing and replenishment policy for perishable items with inventory-level-dependent demand[J]. International Journal of Systems Science，47（6）：1480-1494.

Ma H Y，Fang F，Parkes D C. 2020. Spatio-temporal pricing for ridesharing platforms[J].ACM SIGecom Exchange，18（2）：53-57..

MarketWatch. Ride-hailing industry expected to grow eightfold to $285 billion by 2030[EB/OL]. [2017-05-27]. http://www.marketwatch.com/story/ride-hailing-industry-expected-to-grow-eightfold-to-285-billion-by-2030-2017-05-24.

Sato K. 2019. Price trends and dynamic pricing in perishable product market consisting of superior and inferior firms[J]. European Journal of Operational Research，274（1）：214-226.

Taylor T. 2018. On-demand service platforms[J]. Manufacturing & Service Operations Management，20（4）：704-720.

Yan C W，Zhu H L，Korolko N，et al. 2020. Dynamic pricing and matching in ride-hailing platforms[J]. Naval Research Logistics（NRL），67（8）：705-724.

Zha L T，Yin Y F，Du Y C. 2018. Surge pricing and labor supply in the ride-sourcing market[J]. Transportation Research Part B：Methodological，117：708-722.

第7章 共享技术推动新零售——虚拟试穿技术应用

7.1 共享零售下虚拟试穿技术的产生背景

随着共享经济的不断发展，共享理念已经从早期的共享单车应用逐步延展到其他领域。2021年，国美发布了关于共享零售的倡议书，将共享理念引入零售行业，引发了零售企业和学者的广泛关注。共享零售指的是零售的主体权利由传统零售的单一供给端转化成需求者和供给端的双向协作，共享共建集约开放的零售新生态。同时，共享零售还强调通过网络零售和实体零售的深度融合，打造线上、线下的双平台共享模式，为消费者打造全方位沉浸式消费体验场景。因此本章将具体介绍时尚零售行业推动共享零售的一个重要新技术——虚拟试穿。

时尚行业是世界上最重要的行业之一，贯穿于人们的日常生活中，2016年其生产总值占世界生产总值的2%（Merle et al.，2012；Fashion United，2016）。随着经济的快速发展和社会生活水平的提高，人们对时尚产品的需求已经不再是单一的仅满足数量和质量的大众消费，而是日益呈现出"多层次"、"多元化"以及"个性化"的需求特征（李创等，2005）。随着时尚行业越发成熟，时尚品牌层出不穷，市场竞争的激烈程度正在倍增，时尚零售商在竞争日益激烈的市场环境下，获利空间受到挤压，盈利难度增大（阎海婷，2020）。

与此同时，与线下实体店购买相比，网络购买的一个重大缺陷是消费者不能直接试穿，这导致许多消费者不愿意在网络上购买时尚服装产品。另外，试穿体验的缺乏使消费者在购买时不能准确判断产品效果，容易出现退货行为。所以时尚网络零售市场的退货率是其他网络零售市场的两倍，成为该市场的一个"致命要害"。

为了解决这些重要问题，近年来一些品牌开始尝试使用虚拟试穿技术为消费者提供在线试穿体验。虚拟试穿是图形交互技术（image interactivity technology）基于虚拟现实（virtual reality，VR）在时尚网络零售中的一种应用（Fiore et al.，2005a）。消费者可以在虚拟试衣间中创建虚拟人物化身（avatar），通过化身进行试穿，并可以从不同角度旋转和查看试穿效果。虚拟试穿化身有两种，一种是标准化化身，即通过提供一个或几个标准的虚拟模特，向消费者展示产品在该模特身上的试穿效果；另一种是个性化化身，即消费者根据自己的身材数据、面部特征、头发颜色和体型创建和自己相似的虚拟化身,利用这个相似化身体验产品试穿效果(图 7-1)。虚拟试穿技术的出现,使用户可以通过更加生动、多元化的视觉线索感知到更加丰富的产品信息,一方面帮助他们做出更明智的决策,另一方面提升消费者的购物体验。

(a) 标准化化身

(b) 个性化化身

图 7-1 虚拟试穿标准化化身和个性化化身效果例子

资料来源:优衣库 APP

随着技术的进步,虚拟试穿不再仅仅是一个简单的试穿辅助工具,它的发展为时尚行业和服装行业注入了新鲜的力量,开辟出一种新的思路,对时尚营销模式和顾客消费心理的改变也起着重要作用(雷启然和尚笑梅,2018)。为此,越来越多的时尚零售商不仅将目光聚焦在虚拟试穿技术的线上应用上,还将注意力逐渐转向虚拟试穿技术的线下应用上,希望围绕其建立一种技术创新策略,从而最大限度地缩小实体店和网站之间的差距。线下试衣镜采用大数据、人脸识别等技术,智能识别消费者人脸,自动测量消费者体型、身高、三围,为消费者在试衣镜内生成用户化身。消费者只需要利用手势或者触控即可切换衣服,从而在短时间内实现虚拟试穿。

线下店铺中虚拟功能的使用能让消费者快速进入虚拟世界，增加其在实体店中购物的乐趣，减少试衣等待时间。

7.2 虚拟试穿技术的基础——虚拟现实

7.2.1 虚拟现实概述

虚拟现实是一种通过计算机生成三维环境为用户带来虚拟感官的技术。通过虚拟现实技术，用户可以在虚拟世界进行一定程度上的探索与交互，并通过刺激人的多种感官（如视觉、听觉和触觉）形成类似幻觉的虚拟感官。相对于传统的技术媒体，虚拟现实技术能为用户带来更深层次的沉浸感。

"虚拟现实"一词最初是 1989 年由一家虚拟现实设备制造公司的首席执行官提出的。通常，用户需要使用头戴式显示器（head mounted displays，HMD）或虚拟现实耳机进入虚拟现实世界进行沉浸式交互。头戴式显示器将用户在现实世界获取的感知（如视觉和听觉的线索）替换为来自虚拟现实世界的感知输入，并反映在用户的实时行动上，完全取代用户在现实世界中的体验及存在感。此外，通过与眼动跟踪传感器和手套的配合使用，用户可以在虚拟空间中有更加丰富的交互体验，从而帮助头戴式显示器进一步提高用户的沉浸感。

增强现实（augmented reality，AR）是一个容易与虚拟现实混淆的相关技术，但二者在意义上有所不同，因此有必要对二者进行区分。虚拟现实通常会通过一个不透明的头戴式显示器将用户与现实世界分隔开。一旦用户戴上虚拟现实头戴式显示器，他们就看不到自身周边的现实环境，只能控制自己在虚拟世界的行为。而增强现实则通常是通过一个"透明"的设备来实现，用户可以观察他们所处的现实环境并且在现实环境中可以叠加数字组件。与虚拟现实不同，增强现实的目的不是取代现实世界，而是通过在用户现实环境中叠加数字组件，将现实世界与虚拟元素相结合，给予使用者实时的增强交互体验，例如，宜家的增强现实应用可以让用户在实际房间中模拟家具的摆放、Zara（飒拉）的增强现实应用可以让用户全方位观察模特试穿效果、Gucci（古驰）的增强现实应用可以让用户欣赏珠宝试戴的效果。此外，除了智能手机中的增强现实应用，增强现实设备还包括 Microsoft HoloLens、Google Glass 和 Magic Leap 等。

2014 年，Facebook（脸书）以 20 亿美元收购了虚拟现实初创公司 Oculus（傲库路思），虚拟现实从此掀起了一股热潮。同年，Sony（索尼）公开发布了 PlayStation VR 设备，三星也展示了与 Oculus 合作开发的头戴式显示器设备——Samsung Gear VR。2015 年，英特尔对虚拟现实初创公司 WorldsViz 进行了投资。随后，Comcast（康卡斯特）和 Time Warner（时代华纳）参与了 NextVR 公司（主要是利用虚拟现实技术捕捉现场活动的虚拟现实科技公司）一轮金额达到 3050 万美元的融资。在 Facebook 收购 Oculus 之后两年内，虚拟现实技术和增强现实技术公司共获得超过 225 笔风险投资，融资金额达到 35 亿美元（Goldman Sachs，2016）。2017年，Facebook 宣布其社交网络基础建设的核心之一是广泛地在社交网络上应用虚拟现实技术。

2018 年，Oculus 推出首款一体式的虚拟现实头戴式设备 Oculus Go。2019 年，Oculus 又发布了一款更精致的个人计算机（personal computer，PC）头戴式设备 Oculus Rift 和一款移动虚拟现实头戴式设备 Oculus Quest，并在 2020 年发布了 Oculus Quest 2.0。虚拟现实设备的不断更新与发展扩大了虚拟现实的应用，推动了虚拟现实在新场景的创新。例如，2017 年，Oculus Rift 售价从 599 美元大幅削减至 399 美元，HTC（宏达国际电子股份有限公司）的虚拟现实设备从 799 美元降至 599 美元。随着移动头戴式显示器的广泛普及，例如，NYTimes（纽约时报公司）向其订阅用户发放了 130 万个 Google Cardboards（谷歌头戴式设备），人们的智能手机随时可以变成一个虚拟现实设备，他们可以随时随地进出虚拟现实世界。2020 年，相当一部分大中型企业宣称，计划到 2025 年在企业中基本应用虚拟现实技术。预计至 2026 年，虚拟现实的全球市场规模将发展至 1090 亿美元（Business Wire，2020）。

7.2.2 虚拟现实在零售行业的应用

目前，虚拟现实技术已经广泛应用到各行各业，尤其为零售行业的创新带来了更多的可能性。越来越多的时尚零售商开始使用虚拟现实技术尝试为消费者带来更好的购物体验。首先，时尚零售商将虚拟现实技术应用到在线零售中。eBay 与澳大利亚时装零售商 Myer 合作推出了一家虚拟现实百货商店。基于 eBay 平台的技术能力，澳大利亚消费者在 Myer 的虚拟商店中可以获得与实体店一样真实的购物体验，360°查看任意产品，并且可以在虚拟现实世界中直接购买喜欢的商品。阿里巴巴旗下的淘宝业务也推出了同样的服务，消费者可以在虚拟在线商城中进行 360°全景浏览。

其次，时尚零售商正在进一步加强虚拟现实技术与线下购物的结合，消费者通过虚拟现实设备进入虚拟购物空间，让消费者的购物体验与在真实的购物环境中保持一致。例如，以鞋具为主的品牌 TOMS（汤姆布鞋）利用虚拟现实技术带领它们的零售客户开展了一段虚拟旅行。在位于洛杉矶的 TOMS 旗舰店，消费者可以观看《探索秘鲁》（一部 4min 的虚拟现实电影）。同时，每当顾客购买一双 TOMS 产品时，TOMS 就会向其小孩赠送一双亲子款，让顾客可以携手他们的孩子在虚拟现实中感受他们购买后由公司提供的捐赠活动如何帮助秘鲁当地的人们改善生活。此外，时尚零售商还将虚拟现实技术应用在时装秀中。例如，TopShop 和 Rebecca Minkoff（瑞贝卡·明可弗）分别在 2014 年和 2015 年向其顾客提供虚拟现实时装秀，顾客可以 360°观看时装秀及产品；Balenciaga（巴黎世家）在 2016 年秋冬时装秀中也应用了虚拟现实技术。

除时尚零售行业，其他零售行业也纷纷尝试使用虚拟现实技术为顾客提供更好的体验。2018 年，亚马逊在 10 个购物中心开设了虚拟现实服务厅，以推广亚马逊会员促销日的购物活动。购物中心的顾客可以通过佩戴虚拟现实头盔进入虚拟世界，在不同类型的虚拟商店进行购物，如时装店铺、日化美妆商店和玩具商城等，并可以通过虚拟现实控制器在全三维视角下查看商品。由于虚拟现实技术可以提供沉浸式交互体验，所以企业倾向于应用该技术为消费者提供虚拟旅游体验，从而增强消费者的线上购物体验。企业通常会与独立的虚拟现实平台供应商合作以开展虚拟现实在商业上的应用。例如，Tommy Hilfiger（汤米·希尔费格）品牌与虚拟现实平台提供商 Obsess 合作，成功推出虚拟现实旅游服务。

虚拟现实技术还被广泛应用到旅游接待业中。例如，万豪酒店曾与三星合作推出了 VRoom Service 的虚拟现实服务。在合作服务期间，入住万豪酒店的顾客可以要求酒店服务人员将虚拟现实设备送至客房。通过虚拟现实设备和特定的应用程序，顾客可以探索想去的虚拟目的地。相关旅游目的地的虚拟现实视频已经预先拍摄完成并保存在虚拟现实设备中，因此，酒店顾客可以轻松地沉浸在虚拟世界的旅游中。与静态图片传递的有限信息及简单的互动相比，虚拟现实可以为用户提供更真实的体验。

7.2.3 虚拟现实与购物体验相关研究

有关虚拟现实的相关研究主要通过数字科技和计算机技术创建虚拟商店来模拟真实的购物场所，并挖掘虚拟现实体验在不同产品类别的零售和营销中如何发挥作用（如服装、食品和信息技术）。例如，van Herpen 等（2016）通过 3D 平面设计软件搭建了一个完整的虚拟杂货店（包括商店内部和商店外观），商店内部陈列了各式各样的食品以带给消费者一个逼真的杂货店体验。另外，还有学者直接使用 Second Life 创建了虚拟零售商店进行研究。Second Life 是一个开放的虚拟现实设计平台，允许使用者使用 3D 图形创建自己的虚拟世界。例如，Gabisch（2011）的实验是要求被试参观一个在 Second Life 创建的品牌商店。

相关研究证实了虚拟现实体验可以提升消费者的购物意愿和购买意愿。例如，Domina 等（2012）研究发现，消费者在虚拟现实体验中会获得较高的愉悦感，这种愉悦感会提高他们的购物意愿。Gabisch（2011）发现，消费者虚拟商店的体验会增强他们在现实世界访问实体店铺的意图及其线下购买意愿。Pizzi

等（2019）甚至发现，相对于真实的实体店而言，消费者对虚拟现实店铺的体验更为满意。

虚拟现实在零售行业的研究较多地通过实验室实验探究虚拟现实对购物的影响，以及虚拟现实与非虚拟现实购物之间的异同。其中，部分学者将传统线下购物和网络购物中的成熟理论应用到虚拟现实研究中，包括情感评价理论（affective appraisal theory）、临场理论（presence theory）、心流理论（flow theory）、自我说服理论（self-persuasion theory）、U&G 理论（uses and gratification theory）、期望确认理论（expectation-confirmation theory）等。此外，部分学者使用社会相关理论来探究虚拟现实环境中的社交互动和社会临场感（Morotti et al.，2020）。还有部分学者基于已有的理论框架，如刺激-机体-反应（stimuli-organism-response，S-O-R）模型、理性行为理论（theory of reasoned action，TRA）、技术接受模型（technology acceptance model，TAM）、技术的接受和使用的统一理论（unified theory of acceptance and use of technology，UTAUT）提出相应的研究假设。

由于 S-O-R 理论已被广泛应用于检验零售商店的外部线索（刺激）如何影响购物者的认知反应和情绪（机体），进而影响他们的购物行为（反应）（Eroglu et al.，2003；Chang et al.，2011），因此本章进一步将虚拟现实零售研究中的相关前因和后果分为外部刺激、心理状态和行为反应三类。首先，产品、系统和技术相关因素是虚拟现实零售研究中主要的刺激因素。具体而言，产品呈现方式[如 2D 和 3D 呈现方式（Altarteer et al.，2016；Liu and Uang，2011）、全视角图像（Martínez-Navarro et al.，2019）]、产品类型[如什锦麦片或烘焙混合物（Pfeiffer et al.，2017）]，以及产品外部信息[如广告（Ketelaar et al.，2018）、包装信息（Zhao et al.，2017）]在影响消费者心理和行为方面发挥着重要作用。在系统相关因素方面，有研究探索了虚拟现实购物系统和界面对消费者心理与购物行为的影响，并且与其他购物界面进行了比较，如实体购物（Lombart et al.，2020）和一般线上购物（Hsu et al.，2020）。还有研究讨论了虚拟现实系统的交互、沉浸和定制特征如何增强消费者的购物体验（Xi and Hamari，2021）。在技术相关因素方面，现有研究主要讨论了不同的展示技术和交互技术所带来的刺激的异同。例如，Magic Wand 和操纵杆（Khan et al.，2012）、手柄和体感（Verhulst et al.，2016）在虚拟现实购物体验中带来的效果存在差异。其中，Magic Wand 在虚拟现实购物技术中被视为一项卓越且有效的技术（Khan et al.，2012）。

其次，与虚拟现实购物相关的认知反应和情绪可分为情感、沉浸、认知、态度和可用性。以往研究大多表明，消费者在虚拟现实的购物体验中可以获得积极的情感反馈，例如，愉悦感（Ketoma et al.，2018；Israel et al.，2019）、情绪唤起（Dzardanova et al.，2017；Martínez-Navarro et al.，2019）和享乐体验（Lau and Lee，2019；Kang et al.，2020）。由于虚拟现实的视觉输出覆盖了用户整个视野，大多数消费者可以很容易地沉浸在虚拟现实购物环境中，进而增强了他们的临场感和沉浸感（Liu and Uang，2011；Liu and Uang，2016；Dzardanova et al.，2017；Martínez-Navarro et al.，2019）、感知现实水平（Meißner et al.，2019）和新奇感（Khan et al.，2012）。并且，虚拟现实购物能对消费者认知方面产生影响，主要包括感知价值（Altarteer et al.，2016；Moes and van Vliet，2017；Pizzi et al.，2019）、记忆召回（Moes and van Vliet，2017；Martínez-Navarro et al.，2019）、信息加工（Pfeiffer et al.，2017）、熟悉度（Zhao et al.，2017）和感知侵入性（Ketelaar et al.，2018）。显而易见，在零售环境下，虚拟现实被视为能够为购物体验带来诸多优势的技术，但是它并不总能为使用者提供积极体验，特别是在可用性上。Lau 等（2014）的研究表明，一些实验被试声称，在虚拟现实购物环境中较难控制自己的行动。当佩戴虚拟现实设备（如 HMD）时，部分使用者会感到身体不适（Martínez-Navarro et al.，2019），甚至感觉头晕（Lau et al.，2014）。Tonkin 等（2011）的研究也表明，虚拟现实商店在产品检索效率上与实体商店相比并未展现出明显的优势。

最后，相关研究考察了虚拟现实中消费者购物行为的变化，包括消费者使用/购买意愿（Martínez-Navarro et al.，2019；Hsu et al.，2020；Lombart et al.，2020）、愿意花费的时间（Khan et al.，2012；Zhao et al.，2018）、购买决策（Bressoud，2013；Yang and Xiong，2019）和性能表现（Liu and Uang，2016；Zhao et al.，2017；Speicher et al.，2018）。研究表明，虚拟现实环境下消费者愿意购买更多商品（Martínez-Navarro et al.，2019）。另外，虚拟销售助手的存在增加了消费者在虚拟世界购物的时间（Zhao et al.，2018）。对于虚拟现实产品迭代和性能表现方面，导向型辅助功能可以降低产品检索的错误率并改善用户体验（Speicher et al.，2018），而裸眼立体的虚拟展示会增强顾客的临场感，特别是针对老年群体（Liu and Uang，2016）。总体而言，更加先进的虚拟现实技术和更加人性化的人机交互设计不仅会提高虚拟现实本身的性能表现，也会为消费者带来更好的体验。

综上，现有虚拟现实购物体验相关的研究主要聚焦在购物环境、更先进的技术、多感官体验和社交/社会因素的异同所带给消费者的不同体验方面。

（1）大多数研究表明虚拟现实环境会比传统购物环境带来更积极的作用：虚拟现实不仅可以为消费者带来与实体店类似的购物体验，并且在特定情况下虚拟现实购物情景能够带来更加积极的体验。这表明，虚拟现实商店在某种程度上可以替代真实的购物环境。同时，虚拟现实能带来更强的探索性、更高的体验价值、更深刻的认知和行为意向、更强的临场感和更好的促销效果、更高的购买意愿和更多的花销。但值得注意的是，虚拟现实也并非总具备优势。

（2）更高级的视觉界面和交互技术对提高虚拟现实零售环境的可用性和效率有着重要的作用。各种视觉输出设备在可用性、临场感及消费者的认知反应方面都有着不同的效果。涉及人体的交互技术和交互机制对用户在虚拟现实购物体验中起到重要的影响作用。

（3）除了视觉体验，与产品、服务和环境相关的听觉、触觉、嗅觉甚至味觉信息都可以通过数字化技术生动地传达给消费者，因此多感官技术和感官设备也可以增强购物体验，影响消费者在虚拟零售环境中的感知、判断及行为。

（4）社会关系的构成会影响消费者的虚拟现实购物体验，因此社交因素是虚拟现实研究的一个重要方向。导购、语音助手或类似导购的虚拟辅助触控板都会对消费者虚拟现实的购物体验、情绪反馈和购买行为产生影响，并且消费者与其他消费者不同的关系（独立、合作、竞争）对其在虚拟现实的购物体验也会产生影响。

7.3　虚拟试穿技术

7.3.1　虚拟试穿与图像交互技术

虚拟试穿是图形交互技术在时尚零售中的一种应用，它是在线互动性的一种形式。"互动性"（interactivity）最早是德国社会学家齐美尔（Simmel）提出的，并且在社会学、传播学、管理学等多个学科领域得到了广泛的关注。由于学科不一样，不同学科对互动性的定义有所差异。例如，社会学中的郑杭生（1994）将互动性定义为人们之间交流信息促进彼此间关系的过程，传播学中的 Wiener（1948）将互动性定义为信息传播者和信息接收者之间的双向沟通过程，管理学中的 Blattberg 和 Deighton（1991）将互动性定义为个人与组织之间不受时空影响而直接沟通的方式。营销学中的互动性更强调媒介的作用，例如，Liu 和 Shrum（2002）把互动性定义为交流方之间（包括人与机、人与人、人与信息）对彼此、对沟通媒介和对消息的影响程度，以及这些影响之间的同步程度。营销学者关注较多的是以网站为媒介的在线互动性。

在线互动性概念的出现得益于网络的发展，它是网络区别于传统媒介最重要的一个特征。学术界从不同视角考察了在线互动性，主要包括基于过程的视角、基于结构特征的视角和基于感知的视角。例如，Tremayne（2005）基于过程的视角，将在线互动性定义为用户和网站双方进行相互沟通，最终实现信息交换的过程。Lombard 和 Snyder-Duch（2001）基于结构特征的视角，将在线互动性定义为网站区别于传统媒介的一种特征，它是网站环境中用户能够改变形式或内容的程度。McMillan 等（2003）基于感知的视角，将在线互动性定义为用户对于网站临场感、沟通、参与的主动性的心理感知。近年来，国内外大量的研究考察了在线互动性对消费者购买行为的影响，其中大多数研究认为在线互动性能够显著影响消费者的购买行为。

虚拟试穿是在线互动性的一种应用技术，即图形交互技术。图形交互技术（image interactivity technology，IIT）指的是将特征或文本从原本的文本形式转化为图像形式的交互技术，它允许用户通过改变产品的外观设计、背景、情境以及产品查看角度或距离来模拟产品的使用，从而使用户获得更丰富的产品信息，帮助他们的网络体验更像"真实的"产品体验。这些基于图形交互技术的产品间接体验，称为虚拟体验（Klein，2003）。由于阻碍消费者线上购买的一个重要因素是消费者线上无法直接接触到产品从而无法获得一些重要的产品信息，而图形交互技术能够通过在线互动为消费者提供产品使用体验，从而帮助消费者做出购买决策。因此，越来越多的时尚网络零售商开始利用图形交互技术促进在线互动性。以往的相关研究主要考察了三种图形交互技术类型对消费者的影响：3D产品可视化、混搭（mix-and-match），以及虚拟试穿。

1. 3D产品可视化

3D产品可视化本质上是更复杂的传统产品可视化，主要是通过三维图片来展示产品。Li等（2003）的研究结果表明，相较于2D产品可视化，3D产品可视化可以为消费者带来更好的产品体验，并且积极影响消费者的品牌态度和提高消费者的购买意愿。Schlosser（2003）的一项研究表明，与被动接受相同的产品信息（即静态图像）相比，通过交互方式展示产品会提高消费者的购买意愿。

2. 混搭

基于图形交互技术的混搭功能能够让使用者在设备上自由地进行服装组合（Fiore et al.，2005a）。具体而言，在具备混搭功能的网站上，消费者可以从产品池中任意选择或搭配产品（如衬衫、连衣裙和鞋子），并在设备上看到组合的服装。相对于2D产品可视化的体验，消费者使用混搭功能后会提高其购买意愿、复访意愿和线下实体店的光临意愿，并且在网站上停留的时间比预期更长，对网站的评价也更好（Fiore and Jin，2003）。

3. 虚拟试穿

和3D产品可视化以及混搭相比，虚拟试穿是一种更高级的图形交互技术。消费者能够从不同性别、身材比例和身高的"模特"中任意选择一个模特，甚至消费者可以通过输入数据或上传头像个性化定制一个和自己外表相似的虚拟模特，用于试穿自主选择或搭配好的服装，并且可以通过360°环绕视角查看这个模特化身的试穿效果。相比较而言，3D 产品可视化和混搭这两种技术不能通过这种技术获得比较真实的用户体验。

7.3.2　虚拟试穿技术概述

虚拟试穿指的是在计算机模拟的环境下，顾客可以选择服装并在 3D 人体模型或虚拟形象上试穿，以达到协助顾客在网上购买合身的服装的目的。此外，3D 人体模型或虚拟形象通常会根据顾客的体型进行适当的调整。换言之，在线上服装商店的消费者能够根据自己输入的一些指标（如身高和体重）构建虚拟人体模型并通过虚拟人体模型进行试穿。

Hardaker 和 Fozzard（1998）在开发虚拟服装三维计算机辅助设计（computer-aided design，CAD）方法的关键领域有着重要的贡献。他们提出了交互式三维 CAD 系统的几大关键问题，并且提出服装设计需要高度专业化的能力，不仅需要具备创意设计思维和技术制作能力，还需要对服装面料有全面的了解。首先，人体模型的构建需要通过手工和三维 CAD 方法一同构建，而服装的创建通常有几种方法：①设计师将成衣设计成一系列连接在人体模特四周的面板；②通过各种尺寸的 3D 服装块组成；③在 3D 环境中开发可视化的 2D 模式的常规设计。其次，需要使用织物模型预测悬垂状态下织物的形状及流动状态。通过测试系统（如 Kawabata 评价系统）测试织物的性能，并对虚拟织物进行纹理映射。在图形生成步骤中，需要一种从 3D 原型转化到 2D 模型的方法，这可以由一个三维 CAD 系统来实现。对于 2D 图形的可视化，将 2D 图形的边缘缝合在一起，缝合好的 3D 图形就可以放置在一个 3D 替身上。此外，设计的交互界面对于三维 CAD 系统的成功开发也至关重要。

Divivier 等（2004）梳理了一个完整的虚拟现实技术流程链，从人体的三维扫描到虚拟模型试穿的三维呈现。首先，通过 Human Solutions GmbH 公司的三维激光扫描仪对消费者进行测量，从点云中创建具有光滑多边形表面的虚拟形象。对于虚拟织物的悬垂，织物材料参数采用 Kawabata 评价系统进行测量；其次，对二维的图形交换文件（drawing exchange file，DXF）进行拼接、紧固和材料参数的充填；最后，将 3D 虚拟图形放置于虚拟形象上，并对整个效果进行模拟和渲染。虚拟试穿可以提供许多高效的交互操作，例如，自动调整（根据使用者的身形测量对 3D 虚拟形象进行优化）、自由地选择和试穿不同的服装、线上呈现通用人体模型试穿服装或实时仿真虚拟形象穿着服装的动态形象。

Kartsounis 等（2003）的研究表明，在网络环境下，消费者通过虚拟试穿技术可以看到自己或者虚拟模特试穿挑选好的服装，并评估与他们实际身形尺寸之间的匹配程度。由于消费者与服装产品的互动增强,他们在做出购买决策时会获得更多的参考信息(Fiore et al., 2005a)。另外,搭建精准测量消费者体型的数据库,有助于消费者在短时间内创建一个合适且精准的虚拟化身(Lim, 2009)。随着人们对服装定制、电子商务和 3D 技术的关注度增强,虚拟设计已经成为服装个性化定制的重要方式之一。虚拟设计软件供应商通过线上的方式,让消费者对各种身体扫描技术或者应用进行排序,结果发现虚拟试穿技术对消费者最具吸引力(Loker et al., 2004)。这一发现为大规模推广 3D 虚拟设计软件提供了有力的支持。

7.3.3　虚拟试穿化身

化身是虚拟试穿区别于其他两种图形交互技术的主要特征。化身这个词来源于古印度语梵语,指的是一个神的化身。与此原始定义一致,化身的当前定义是指实体的代表。例如,在交互式虚拟环境中,化身被定义为"代表人类进行对话的动画人物"(Bente et al., 2008)。越来越多的化身使用复杂的人工智能程序,它们是能实时提供产品信息的拟人信息代理。这些类人化身能够模拟人类对话,可以使消费者通过文本的对话形式获得实时信息,从而充当交互式在线信息提供者。因此,化身和品牌虚拟代言人不一样。品牌虚拟代言人是企业为了向消费者传达品牌个性等信息而设计的卡通形象,而化身是消费者在交互式虚拟环境中能看到的类人化身。

在营销和信息管理领域中,化身的相关研究主要聚焦在虚拟世界中。虚拟世界指的是一种沉浸式的三维虚拟空间,用户通过化身和虚拟世界中的物品以及其他用户的化身进行互动。提高虚拟世界中用户体验的娱乐价值、信息价值和满意度的一种重要途径是使用化身。例如,Animesh 等(2011)提出,化身的交互性、社交性、稳定性和密集性能够提高远距临场感、社会临场感和心流(flow,指人们在专注进行某行为时所表现的一种心理状态)体验,从而提高用户对虚拟产品的购买意愿。Nah 等(2011)发现三维虚拟世界的化身既能够通过提高远距临场感和愉悦性对品牌资产产生正向作用,又能通过分散注意力对品牌资产产生负向作用;而品牌资产反过来能对行为意愿产生正向作用。Suh 等(2011)发现用户更喜欢使用和自己相似的化身,因为用户对这种化身具有更正面的态度,同时用户也更容易评价使用这些化身的时尚产品。Lee 和 Chen(2011)提出虚拟世界的化身能够通过提高认知评价、感知控制和情感评价来提高心理拥有权和自我投资,从而提高对虚拟世界的未来光顾意愿以及使用化身的意愿。Wang 等(2016)提出化身能够提高感知愉悦度,从而提高情感信任,但这种作用只对认为化身是专业的用户是有效的。

与传统的虚拟世界不一样，虚拟试穿可以使用两种不同的化身。虚拟试穿用户不仅可以使用标准化化身（即用户选择一个标准化的虚拟模特），他们还可以使用个性化化身（即用户创建一个和自己外表相似的虚拟模特）。早期虚拟试穿研究主要是检验消费者对虚拟试穿中标准化化身的态度。例如，Fiore 等（2005b）和 Lee 等（2006）提出，消费者认为虚拟试穿中的标准化化身比传统的产品展示方式更加有趣，并且更加有用。随后的虚拟试穿研究开始考察虚拟试衣间（virtual fitting room，VFR）使用个性化化身的效果。例如，Kim 和 Forsythe（2007，2008a，2008b）检验了虚拟试穿个性化化身的感知有用性、易用性和娱乐价值对消费者态度和 VFR 使用意愿的作用。Yang 和 Xiong（2019）比较了个性化化身和标准化化身对消费者购买意愿的影响。

在以往这些考察虚拟世界化身作用的研究中，一些学者认为化身是"虚拟世界中的另一个自我"，具有人的特征（Bailenson and Yee，2005；Yee and Bailenson，2007）。这些学者的研究聚焦在化身的表达属性上，以及人们如何在虚拟世界中通过化身来表达自己的价值观和特征。他们的研究结论显示，人们通过选择与自己相关或相似的化身来表达自己（Kang and Yang，2006）。而其他一些学者则将化身视为一种"产品或工具"（Galanxhi and Nah，2007；Cui et al.，2009）。他们的研究聚焦在化身的功能属性，以及人们如何在购物等以任务为中心的情境中使用化身来完成他们的任务方面。例如，在时尚网络购物情境中，消费者可以通过使用化身来试穿衣服，从而为自己选择更合适的衣服。另外，还有一些学者认为不应该只聚焦在化身的一种属性上，相反，化身的这两种属性是可以共存的、相互影响的（Suh et al.，2011）。

在虚拟试穿研究中，一些学者也认为化身在虚拟试穿中能同时通过表达属性和功能属性来影响消费者行为。一方面，消费者在虚拟试穿中可以使用化身的功能属性，在虚拟试穿中的化身可以为消费者提供在线试穿的虚拟体验，让消费者弥补他们触觉/体验信息的不足，降低消费者的感知风险（Merle et al.，2012）。另一方面，在虚拟试穿中消费者还可以使用化身的表达属性，即消费者可以通过化身来展示自己的外表、身材和动作，并与朋友等其他用户分享他们的这些表达属性，增加了享乐价值（例如，娱乐、兴奋和乐趣），提高了消费者的感知愉悦度（Lee et al.，2006）。例如，Fiore 等（2005b）提出虚拟试穿能够通过提高消费者的临场感、工具性价值和体验性价值来提高消费者对线上零售商的态度、购买意愿和光顾意愿。Lee 等（2006）分析指出，虚拟试穿能够通过提高感知有用性、易用性和愉悦性，从而正向影响消费者对零售商的态度和购买意愿。Kim 和 Forsythe（2007，2008a，2008b）检验了虚拟试穿个性化化身的感知有用性、易用性和娱乐价值对消费者态度和虚拟试穿使用意愿的作用。

7.3.4　虚拟试穿技术在零售商中的应用

虚拟试穿是一项新兴技术，用于帮助消费者在没有试衣间的情况下试穿或随意搭配服装（Hwangbo et al.，2020）。虚拟试穿主要包括三个步骤：消费者根据自身的体型和身材构建虚拟形象、三维服装建模、交互式试穿或混搭，其中三维服装建模是由计算机辅助设计二维平面图形或二维服装图片组合而成的。构建一个良好的虚拟试穿技术有两个关键的因素，即检测用户身材、位置、行动的方法和展示叠加在用户身上的虚拟服装的方法（Kaewrat and Boonbrahm，2017）。

2010 年初，梅西百货、杰西潘尼百货和诺德斯特龙百货等零售行业公司已经将虚拟试衣间技术（虚拟试穿的一种）应用到线上，以达到改善顾客零售体验的目的（Hwangbo et al.，2020）。首先，在线上零售环境下，消费者只能浏览服装但不能进行试穿（Hwangbo et al.，2020），而虚拟试穿可以根据消费者的体型和身材提供一个虚拟的试穿形象，以取代实际的试穿操作，进而为消费者提供合身服装的指导意见，并且整个虚拟试穿过程不需要消费者与他人展开交互，完全可以由消费者独立完成（Hwangbo et al.，2020）。因此，虚拟试穿可以解决衣服尺寸与顾客实际身材不匹配的问题，而这正是消费者线上购买后最常见的退货原因之一（Yang and Xiong，2019）。其次，虚拟试穿的数据对零售商而言具有重要的价值，因为这些数据反映了消费者真实的偏好，例如，消费者在购买衣服时的偏好（款式、颜色和大小等），零售商可以利用这部分行为信息预测销售额或开展有针对性的营销活动。此外，由于虚拟试穿可以提高消费者的购物满意度、光顾意愿和购买意愿，零售商可以利用此工具提高消费者的忠诚度（Beck and Crié，2018）。尽管虚拟试穿有许多优点，但它也有一些缺陷，例如，对织物触觉或纹理的模拟效果较差（Hwangbo et al.，2020）。

迄今为止，虚拟试穿技术的开发涉及许多先进技术，例如，微软的 Kinect、3D 扫描技术、通过机器学习仿真实物、基于图形处理器（graphics processing unit，GPU）的实时布料仿真、基于图像的虚拟试穿网络、实时姿态反馈系统和尺寸推荐功能。最新的虚拟试穿技术开发聚焦在真实感模拟领域。Sun 等（2019）提出了一种基于图像的虚拟试穿网络，该网络可以通过人工解析保持生成图像和原始图像之间的结构一致性。Boonbrahm 等（2015）研究了三维服装的真实感模拟技术，并通过改变参数探究了织物的物理性能。因此，研究者和零售商可以通过观察织物的拉伸刚度、抗弯刚度、阻尼、摩擦、碰撞和重力等属性来判断所用织物的种类。这种仿真可以通过 3D 游戏引擎实现，如 Maya 和微软的 Kinect2。

7.3.5　虚拟试穿的相关研究

1. 虚拟试穿与消费者体验

消费者体验是消费者在整个决策过程中，基于与人、产品、过程和环境的交互所形成的感觉、感知和态度的总和（Jain and Bagdare，2009）。在购物过程中，消费者面临着多个接触点，如渠道、设备和活动。消费者与这些接触点之间的互动可能会带来积极或消极的影响。

虚拟试穿最初提出是为了替代传统零售商所提供的线下试衣服务，克服消费者在线上无法与产品进行实体互动的固有挑战。研究表明，线上购物缺乏与实体产品交互是导致消费者在购买过程中采取跨渠道（例如，线上浏览商品后在线下购买产品）购买的主要原因（Flavián et al.，2016）。虚拟试穿的本质是可以让消费者在虚拟形象上"试穿"挑选好的产品，而虚拟形象通常是根据消费者自己输入的指标数据或者通过扫描仪和摄像头等设备获得消费者的身材数据，直接或间接仿真所得的形象。换言之，消费者通过虚拟试穿可以在展示媒介上看到时尚商品叠加在虚拟化身上的效果。

消费者需要一种精准且真实的方式来评估产品是否适合自己，虚拟试穿基于虚拟现实技术可以极大地满足消费者这一需要（Blázquez，2014）。与客观的尺寸度量不同，服装的合身性很难测度和评估，因为它并不是单纯地判断尺寸是否在物理上合适，而是一个富含情绪的测度，需要消费者自己感受是否适合自己。这种感知合身性还会受到实用、审美和心理因素等多维特征的影响（Shin and Damhorst，2018）。例如，Shin 和 Chang（2018）就提出，消费者在购买时装产品时，他们对实际身型和感知身型之间存在差异，这使他们很难评估产品是否合身。为此，线上虚拟试衣中虚拟形象呈现的试穿效果以及互动可以极大地帮助消费者准确地评估尺码和合身性（Gao et al.，2014）；增强消费者的信心、降低线上购买的感知风险（Kim and Forsythe，2008b；Huang and Qin，2011）；降低消费者退货率（Yang and Xiong，2019）。此外，线下虚拟试衣间还可以为实体店的消费者提供更加便利的服务，无须到实体的试衣间即可评估服装的上身效果。

现有研究主要聚焦在消费者对线上虚拟试衣的感知上。Yu 和 Damhorst（2015）发现，消费者对身材的满意程度、消费者虚拟试穿的体验、消费者对产品的态度与消费者的线上购买意愿之间存在关联。具体而言，对自己的身材满意程度较高的女性消费者能够从虚拟试穿中感知到更多的享乐价值，这有助于提高消费者对产品的评价，增强购买意愿。在另一项研究中，Shin 和 Baytar（2014）探究了理想身材的虚拟模特和根据消费者自身构建的虚拟形象、消费者对自己身材的满意度、服装合身性的感知风险和使用虚拟试穿的态度之间的关系。研究结果表明，相对于以理想身材虚拟模特呈现的女性消费者，根据自身构建虚拟形象的女性消费者表现出更高的服装合身性的感知风险。此外，Shin 和 Baytar（2014）的研究还表明，消费者对身材的满意度与服装合身性的感知风险呈负相关关系，并且对身材较不满意的消费者更愿意使用虚拟试穿技术。

Fiore 等（2005a）的研究则强调虚拟试穿具备的图形交互能力所带来的享乐价值，以及线上环境下消费者的响应路径。他们测量了图形交互（混搭功能，而非 3D 虚拟试穿）的作用，发现图形交互可以给消费者带来一种令人兴奋的体验，进而唤起消费者的情绪和愉悦感，最后可以提高消费者的线上购买意愿和线上光顾意愿。这意味着图形交互技术中的混搭功能所提供的信息和带来的愉快感是激发消费者情绪的关键，并且可以引起消费者积极的线上响应。此外，Pantano 和 Priporas（2016）的研究也将虚拟试穿作为移动购物的一种营销特征，认为虚拟试穿可以为移动营销带来价值增长。他们从便利性和体验感两方面对移动营销进行了定性分析，结果表明在移动互联网购物场景中，消费者行为的主要驱动因素为节省时间、节省金钱、符合他们的生活方式、提供安全的交易及优质的收款服务，并从虚拟试穿等新兴移动营销特征中说明其为消费者带来的享乐和功能价值。

2. 虚拟试穿与零售商销量

尽管许多研究探究了虚拟试穿技术的应用及价值，近年来也有部分研究给出了消费者在使用虚拟试穿技术时的态度及行为，但是很少有研究关注虚拟试穿技术对实际销售的影响。Gallino 和 Moreno（2018）通过两个田野实验探究了虚拟试穿技术对零售商需求和履行成本的影响。具体地，他们发现通过虚拟试穿为消费者提供合身信息可以提高成交转换率和订单价值，并降低退货率和在家试穿行为（顾客会订购同一件产品的多个尺寸）产生的履行成本，并且虚拟试穿技术在昂贵产品的销售方面更加有效。

类似地，Yang 和 Xiong（2019）同样基于田野实验并结合实验室实验探究了线上虚拟试衣间与零售商线上销量之间的关系，其研究结果解释了"线上虚拟试衣间是否、何时以及为什么会提高商品的线上销量"。具体而言，线上虚拟试衣间能够极大地提高商品的线上销量，但这种积极作用会受到线上虚拟试衣间类型（个性化或者非个性化）和零售商促销策略的影响。当线上虚拟试衣间与模特展示结合使用时，个性化线上虚拟试衣间不会促进商品的线上销量，因为在这种情况下，感知自我差异在其中起到了负向的中介作用。此外，线上虚拟试衣间对顾客的售后满意度的提升和退货率的降低也起到了积极的作用。Hwangbo 等（2020）基于定性访谈和二手数据的研究同样证实了虚拟试穿技术的线上应用可以提高零售商线上销量。具体而言，每位顾客的平均线上销售额增加了约 72 元，并且通过虚拟试穿可以过滤掉不合适的衣服和增强衣服的合身性，降低了大约 27% 的退货率。

但是，Yang 等（2023）提出了虚拟试穿对不同消费者群体的影响作用存在异质性，忽视不同群体的差异可能会极大地削弱虚拟试穿的有效性。他们发现，虽然虚拟试穿能够促进体重指数（body mass index，BMI）较低的消费者对产品的购买，但是它却对高 BMI 消费者群体造成了自我形象威胁。为了应对该威胁，高 BMI 消费者群体可能会将责任归因为服装产品，从而导致他们对产品产生负面反应。

7.4　本　章　小　结

移动互联网技术推动了新零售业的发展进程，传统零售业以产品功能为主导逻辑，追求的是产品的交换价值和使用价值，而新零售则是以服务为主导逻辑，通过消费者对产品或服务的体验，进行价值创造（王福等，2021）。因此，时尚零售商更加关注消费者的产品或服务体验，尝试应用多种新零售技术，为顾客带来更加便利和良好的产品体验，并推动共享共建集约开放的零售新生态发展。本章着重描述与分析了虚拟试穿这项技术在新零售行业中的新兴应用及其成效，并详细综述了相关的研究成果。

参 考 文 献

雷启然，尚笑梅. 2018. 虚拟试衣技术的发展与应用[J]. 现代丝绸科学与技术，33（6）：37-40.

李创，王丽萍，任荣明. 2005. 产品差异化与竞争力分析——以纺织服装行业为例[J]. 商业经济与管理，（3）：37-41.

王福，庞蕊，高化，等. 2021. 场景如何重构新零售商业模式适配性：伊利集团案例研究[J]. 南开管理评论，24（4）：39-52.

阎海婷. 2020. 中国纺织服装产业的竞争力研究[J]. 现代经济信息，（1）：171-172.

郑杭生. 1994. 社会学概论新修[M]. 北京：中国人民大学出版社.

Altarteer S，Vassilis C，Harrison D，et al. 2016. Product customisation：Virtual reality and new opportunities for luxury brands online trading[C]. Proceedings of the 21st International Conference on Web3D Technology，Anaheim：173-174.

Animesh A，Pinsonneault A，Yang S，et al. 2011. An odyssey into virtual worlds：Exploring the impacts of technological and spatial environments on intention to purchase virtual products[J]. MIS Quarterly，35（3）：789-810.

Bailenson J，Yee N. 2005.Digital chameleons：Automatic assimilation of nonverbal gestures in immersive virtual environments[J]. Psychological Science，16（10）：814-819.

Beck M，Crié D. 2018. I virtually try it…I Want it！Virtual fitting room：A tool to increase on-line and off-line exploratory behavior，patronage and purchase intentions[J]. Journal of Retailing and Consumer Services，40：279-286.

Bente G，Rüggenberg S，Krämer N，et al. 2008. Avatar‐mediated networking：Increasing social presence and interpersonal trust in net‐based collaborations[J]. Human Communication Research，34（2）：287-318.

Blattberg R C，Deighton J. 1991. Interactive marketing：Exploiting the age of addressability[J]. Sloan Management Review，33（1）：5-14.

Blázquez M. 2014.Fashion shopping in multichannel retail：The role of technology in enhancing the customer experience[J]. International Journal of Electronic Commerce，18（4）：97-116.

Boonbrahm P，Kaewrat C，Boonbrahm S. 2015.Realistic simulation in virtual fitting room using physical properties of fabrics[J]. Procedia Computer Science，75：12-16.

Bressoud E. 2013. Testing FMCG innovations：Experimental real store versus virtual[J]. Journal of Product and Brand Management，22（4）：286-292.

Business Wire. 2020. Global Virtual Reality （VR） Market Review 2015-2019 and Forecast 2020-2026-ResearchAndMarkets.com[EB/OL].[2021-10-10].https://www.businesswire.com/news/home/20200327005158/en/.

Chang H J，Eckman M，Yan R N. 2011. Application of the stimulus-organism-response model to the retail environment：The role of hedonic motivation in impulse buying behavior[J]. The International Review of Retail，Distribution and Consumer Research，21（3）：233-249.

Cui J，Aghajan Y，Lacroix J，et al. 2009.Exercising at home：Real-time interaction and experience sharing using avatars[J]. Entertainment Computing，1（2）：63-73.

Divivier A，Trieb R，Ebert A，et al. 2004. Virtual try-on：Topics in realistic，individualized dressing in virtual reality [EB/OL]. [2004-07-31]. https://www.researchgate.net/publication/239547174_Virtual_Try-On_Topics_in_Realistic_Individualized_Dressing_in_Virtual_Reality.

Domina T，Lee S E，MacGillivray M. 2012.Understanding factors affecting consumer intention to shop in a virtual world[J]. Journal of Retailing and Consumer Services，19（6）：613-620.

Dzardanova E，Kasapakis V，Gavalas D. 2017. Affective impact of social presence in immersive 3D virtual worlds[C]. 2017 IEEE Symposium on Computers and Communications（ISCC），Heraklion：6-11.

Eroglu S A，Machleit K A，Davis L M. 2003. Empirical testing of a model of online store atmospherics and shopper responses[J]. Psychology & Marketing，20（2）：139-150.

Fashion United. 2016. Global fashion industry statistics[EB/OL]. [2016-04-20]. https://fashionunited.com/news/global-fashion-industry-statistics/2016042011023.

Fiore A M，Jin H. 2003. Influence of image interactivity on approach responses towards an online retailer[J]. Internet Research，13（1）：38-48.

Fiore A M，Jin H J，Kim J. 2005a. For fun and profit：Hedonic value from image interactivity and responses toward an online store[J]. Psychology & Marketing，22（8）：669-694.

Fiore A M，Kim J，Lee H H. 2005b.Effect of image interactivity technology on consumer responses toward the online retailer[J]. Journal of Interactive Marketing，19（3）：38-53.

Flavián C，Gurrea R，Orús C. 2016. Choice confidence in the webrooming purchase process：The impact of online positive reviews and the motivation to touch[J]. Journal of Consumer Behaviour，15（5）：459-476.

Gabisch J A. 2011.Virtual world brand experience and its impact on real world purchasing behavior[J]. Journal of Brand Management，19（1）：18-32.

Galanxhi H，Nah F. 2007.Deception in cyberspace：A comparison of text-only vs. avatar-supported medium[J]. International Journal of Human-Computer Studies，65（9）：770-783.

Gallino S，Moreno A. 2018.The value of fit information in online retail：Evidence from a randomized field experiment[J]. Manufacturing and Service Operations Management，20（4）：767-787.

Gao Y，Petersson Brooks E，Brooks A L. 2014.The performance of self in the context of shopping in a virtual dressing room system[C]. International Conference on HCI in Business，Heraklion：307-315.

Goldman Sachs. 2016. Global investment research technical report：Virtual and augmented reality-understanding the race for the next computing platform[EB/OL]. [2016-01-13]. https://www.goldmansachs.com/intelligence/ pages/technology-driving- innovation-folder/virtual-and-augmented-reality/report.pdf.

Hardaker C，Fozzard G. 1998.Towards the virtual garment：Three-dimensional computer environments for garment design[J]. International Journal of Clothing Science & Technology，10（2）：114-127.

Hsu W C，Chen P H，Chen C Y. 2020. An exploration of the impact of virtual reality interfaces on online shopping[J]. Information Resources Management Journal，33（2）：19-39.

Huang N，Qin G. 2011. A study of online virtual fitting room adoption based on UTAUT[C]. 2011 International Conference on E-Business and E-Government（ICEE），Shanghai：1-4.

Hwangbo H，Kim E H，Lee S H，et al. 2020. Effects of 3D virtual "try-on" on online sales and customers' purchasing experiences[J]. IEEE Access，8：189479-189489.

Israel K，Zerres C，Tscheulin D K，et al.2019. Presenting your products in virtual reality：Do not underestimate cybersickness[C]//Nah F F H，Siau K. International Conference on Human-Computer Interaction. Cham：Springer：206-224.

Jain R，Bagdare S. 2009.Determinants of customer experience in new format retail stores[J]. Journal of Marketing & Communication，5（2）：34-44.

Kaewrat C，Boonbrahm P. 2017.A survey for a virtual fitting room by a mixed reality technology[J]. Walailak Journal of Science and Technology，14（10）：759-767.

Kang H J，Shin J，Ponto K. 2020.How 3D virtual reality stores can shape consumer purchase decisions：The roles of informativeness and playfulness[J]. Journal of Interactive Marketing，49：70-85.

Kang H，Yang H. 2006.The visual characteristics of avatars in computer-mediated communication：Comparison of internet relay chat and instant messenger as of 2003[J]. International Journal of Human-Computer Studies，64（12）：1173-1183.

Kartsounis G A，Magnenat-Thalmann N，Rodrian H C. 2003. E-TAILOR：Integration of 3D scanners，CAD and virtual-try-on technologies for online retailing of made-to-measure garments [C]//E-Business Applications. Berlin，Heidelberg：Springer：137-152.

Ketelaar P E，Bernritter S F，van Woudenberg T J，et al. 2018. "Opening" location-based mobile ads：How openness and location congruency of location-based ads weaken negative effects of intrusiveness on brand choice[J]. Journal of Business Research，91：277-285.

Ketoma V K，Schäfer P，Meixner G. 2018.Development and evaluation of a virtual reality grocery shopping application using a multi-kinect walking-in-place approach[C]. International Conference on Intelligent Human Systems Integration，Cham：368-374.

Khan V J，Pekelharing M，Desle N.2012. Efficient navigation in virtual environments：A comparative study of two interaction techniques：The Magic Wand vs. The Human Joystick[C]. 2012 4th International Conference on Intelligent Human Computer Interaction（IHCI），Kharagpur：1-5.

Kim J，Forsythe S. 2007. Hedonic usage of product virtualization technologies in online apparel shopping[J]. International Journal of Retail & Distribution Management，35（6）：502-514.

Kim J，Forsythe S. 2008a. Adoption of virtual try-on technology for online apparel shopping[J]. Journal of Interactive Marketing，22（2）：45-59.

Kim J, Forsythe S. 2008b. Sensory enabling technology acceptance model（SE-TAM）: A multiple-group structural model comparison[J]. Psychology & Marketing, 25（9）: 901-922.

Klein L R. 2003. Creating virtual product experiences: The role of telepresence[J]. Journal of Interactive Marketing, 17（1）: 41-55.

Lau K W, Lee P Y, Lau H F. 2014.Shopping experience 2.0: An exploration of how consumers are shopping in an immersive virtual reality[J]. Advances in Economics and Business, 2（2）: 92-99.

Lau K W, Lee P Y. 2019.Shopping in virtual reality: A study on consumers' shopping experience in a stereoscopic virtual reality[J]. Virtual Reality, 23（3）: 255-268.

Lee H H, Fiore A M, Kim J. 2006.The role of the technology acceptance model in explaining effects of image interactivity technology on consumer responses[J]. International Journal of Retail & Distribution Management, 34（8）: 621-644.

Lee Y, Chen A. 2011. Usability design and psychological ownership of a virtual world[J]. Journal of Management Information Systems, 28（3）: 269-308.

Li H, Daugherty T, Biocca F. 2003. The role of virtual experience in consumer learning[J]. Journal of Consumer Psychology, 13（4）: 395-407.

Lim H S. 2009. Three dimensional virtual try-on technologies in the achievement and testing of fit for mass customization[D]. Raleigh, NC, USA: North Carolina State University.

Liu C L, Uang S T. 2011.Effects of presence on causing cybersickness in the elderly within a 3D virtual store[C]//International Conference on Human-Computer Interaction. Berlin, Heidelberg: Springer: 490-499.

Liu C L, Uang S T. 2016. Effects of depth perception cues and display types on presence and cybersickness in the elderly within a 3D virtual store[J]. Journal of Ambient Intelligence and Humanized Computing, 7（6）: 763-775.

Liu Y, Shrum L. 2002.What is interactivity and is it always such a good thing? Implications of definition, person, and situation for the influence of interactivity on advertising effectiveness[J]. Journal of Advertising, 31（4）: 53-64.

Loker S, Ashdown S P, Cowie L, et al. 2004.Consumer interest in commercial applications of body scan data[J]. Journal of Textile and Apparel technology and Management, 4（1）: 1-13.

Lombard M, Snyder-Duch J. 2001.Interactive advertising and presence[J]. Journal of Interactive Advertising, 1（2）: 56-65.

Lombart C, Millan E, Normand J M, et al. 2020. Effects of physical, non-immersive virtual, and immersive virtual store environments on consumers' perceptions and purchase behavior[J]. Computers in Human Behavior, 110: 106374.

Martínez-Navarro J, Bigné E, Guixeres J, et al. 2019. The influence of virtual reality in e-commerce[J]. Journal of Business Research, 100: 475-482.

McMillan S, Hwang J, Lee G. 2003.Effects of structural and perceptual factors on attitudes toward the website[J]. Journal of Advertising Research, 43（4）: 400-409.

Meißner M, Pfeiffer J, Pfeiffer T, et al. 2019.Combining virtual reality and mobile eye tracking to provide a naturalistic experimental environment for shopper research[J]. Journal of Business Research, 100: 445-458.

Merle A, Senecal S, St-Onge A. 2012.Whether and how virtual try-on influences consumer responses to an apparel Web site[J]. International Journal of Electronic Commerce, 16（3）: 41-64.

Moes A, van Vliet H. 2017.The online appeal of the physical shop: How a physical store can benefit from a virtual representation[J]. Heliyon, 3（6）: e00336.

Morotti E, Donatiello L, Marfia G. 2020.Fostering fashion retail experiences through virtual reality and voice assistants[C]. 2020 IEEE Conference on Virtual Reality and 3D User Interfaces Abstracts and Workshops（VRW）, Atlanta:

338-342.

Nah F，Eschenbrenner B，DeWester D. 2011.Enhancing brand equity through flow and telepresence：A comparison of 2D and 3D virtual worlds[J]. MIS Quarterly，35（3）：731-747.

Pantano E，Priporas C V. 2016.The effect of mobile retailing on consumers' purchasing experiences：A dynamic perspective[J]. Computers in Human Behavior，61：548-555.

Pfeiffer J，Pfeiffer T，Greif-Winzrieth A，et al. 2017.Adapting human-computer-interaction of attentive smart glasses to the trade-off conflict in purchase decisions：An experiment in a virtual supermarket[C]//International Conference on Augmented Cognition. Cham：Springer：219-235.

Pizzi G，Scarpi D，Pichierri M，et al. 2019. Virtual reality，real reactions？：Comparing consumers' perceptions and shopping orientation across physical and virtual-reality retail stores[J]. Computers in Human Behavior，96：1-12.

Schlosser A E. 2003.Experiencing products in the virtual world：The role of goal and imagery in influencing attitudes versus purchase intentions[J]. Journal of Consumer Research，30（2）：184-198.

Shin E，Baytar F. 2014.Apparel fit and size concerns and intentions to use virtual try-on：Impacts of body satisfaction and images of models' bodies[J]. Clothing and Textiles Research Journal，32（1）：20-33.

Shin E，Damhorst M L. 2018.How young consumers think about clothing fit？[J]. International Journal of Fashion Design，Technology and Education，11（3）：352-361.

Shin S J H，Chang H J J. 2018. An examination of body size discrepancy for female college students wanting to be fashion models[J]. International Journal of Fashion Design，Technology and Education，11（1）：53-62.

Speicher M，Hell P，Daiber F，et al. 2018.A virtual reality shopping experience using the apartment metaphor[C]. Proceedings of the 2018 International Conference on Advanced Visual Interfaces，Castiglione della Pescaia：1-9.

Suh K，Kim H，Suh E. 2011. What if your avatar looks like you？Dual-congruity perspectives for avatar use[J]. MIS Quarterly，35（3）：711-729.

Sun F，Guo J，Su Z，et al. 2019.Image-based virtual try-on network with structural coherence[C]. Proceedings of 2019 IEEE International Conference on Image Processing（ICIP），Taipei：519-523.

Tonkin C，Ouzts A D，Duchowski A T. 2011. Eye tracking within the packaging design workflow：Interaction with physical and virtual shelves[C]. Proceedings of the 1st Conference on Novel Gaze-Controlled Applications，Karlskrona：1-8.

Tremayne M. 2005.Lessons learned from experiments with interactivity on the Web[J]. Journal of Interactive Advertising，5（2）：40-46.

van Herpen E，van den Broek E，van Trijp H C M，et al. 2016.Can a virtual supermarket bring realism into the lab？Comparing shopping behavior using virtual and pictorial store representations to behavior in a physical store[J]. Appetite，107（1）：196-207.

Verhulst E，Richard P，Richard E，et al. 2016.3D interaction techniques for virtual shopping：Design and preliminary study[C]//VISIGRAPP（1：GRAPP），Rome：271-279.

Wang W Q，Qiu L Y，Kim D，et al. 2016. Effects of rational and social appeals of online recommendation agents on cognition-and affect-based trust[J]. Decision Support Systems，86：48-60.

Wiener D N. 1948.Subtle and obvious keys for the Minnesota multiphasic personality inventory[J]. Journal of Consulting Psychology，12（3）：164-170.

Xi N，Hamari J. 2021.Shopping in virtual reality：A literature review and future agenda[J]. Journal of Business Research，134：37-58.

Yang S A，Xiong G Y，Mao H F，et al. 2023. Virtual fitting room effect：Moderating role of body mass index[J]. Journal of Marketing Research，60（6）：1-26.

Yang S，Xiong G. 2019.Try it on！Contingency effects of virtual fitting rooms[J]. Journal of Management Information Systems，36（3）：789-822.

Yee N，Bailenson J. 2007.The proteus effect：The effect of transformed self-representation on behavior[J]. Human Communication Research，33（3）：271-290.

Yu U J，Damhorst M L. 2015. Body satisfaction as antecedent to virtual product experience in an online apparel shopping context[J]. Clothing and Textiles Research Journal，33（1）：3-18.

Zhao H，Huang F X，Spence C，et al. 2017. Visual search for wines with a triangle on the label in a virtual store[J]. Frontiers in Psychology，8：2173.

Zhao Y G，Ham J，van der Vlist J.2018. Persuasive virtual touch：The effect of artificial social touch on shopping behavior in virtual reality[C]//Ham J，Spagnolli A，Blankertz B，et al. International Workshop on Symbiotic Interaction. Cham：Springer：98-109.

下篇：拓 展 篇

第8章　服装供应链管理中的区块链技术应用

8.1　区块链技术在供应链管理中的应用

8.1.1　区块链技术的定义与特征

区块链技术正在改变人们的生活与商业环境。在供应链生产运营与日常生活服务的各个环节、各个层面,如何通过有效追踪产品与生活用品的来源地,充分保障企业与消费者的正当利益,这一诉求近年来逐渐引起重视。丹麦航运巨头马士基开展了区块链在商品追溯方面的早期应用,引起了全球各界人士的关注。通过区块链这种共享的分布式账本,可以实现信息的无法篡改和公开透明,能够实时跟踪集装箱在供应链中的位置,从而提供超乎寻常的透明度和安全性。

区块链技术似乎以其信息公开透明、不可篡改、可追溯等特性为商品溯源带来了新的希望。从技术上说,区块链技术是一个去中心化的分布式数据库。在这个分布式的数据库中,区块链技术形成了一个共享的、不可篡改的账本,它可以促进业务网络中的交易记录和资产跟踪流程。区块链技术首先出现在比特币的背景下,作为一个去中心化的分布式数字账本,记录了所有比特币的交易。基于去中心化和分布式的特征,比特币可以让每个人都在自己的设备上拥有整个数据库,每个设备都会与其他所有设备同步,所有的用户设备都会永远地存储这些数据。区块链是比特币和其他加密货币网络背后的数字记录技术,是金融世界的一个潜在的游戏规则改变者。

区块链技术可以帮助各类资产的交易。众所周知,房屋、汽车、现金、土地等资产是有形的,而知识产权、专利、版权、品牌等则是无形的。无论有形资产还是无形的资产,都可以在区块链网络上进行跟踪和交易,从而降低各方面的风险和成本。普通的无记名资产,如优惠券、数字货币、股票、金融证券等,可以基于以太坊等区块链网络,发行数字资产。用户只要掌握密钥即掌握了资产所有权,也可基于跨链技术实现不同区块链之间的资产互通和流量共享。所有权明确、流动性较好的资产,如房产、汽车、现金、家庭或企业固定资产等,可以基于共享平台的价值交换协议进行供需转移和流动。因此,区块链技术的发展将给金融、银行、交易系统带来冲击,同时也会创造出高效的创新商业模式。例如,在共享经济环境下，区块链技术可以帮助企业实现信息共享与披露，让消费者更放心地与其他消费者进行共享。

区块链技术对供应链的发展极为重要。业务运行依靠信息，信息接收速度越快，内容越准确，越有利于业务运营。区块链是用于传递这些信息的理想之选，因为它可提供即时、共享和完全透明的信息，这些信息存储在不可篡改的账本上，只能由获得许可的网络成员访问。区块链网络可跟踪订单、付款、账户、生产等信息。由于成员之间共享单一可信视图，因此，每位成员可以"端到端""点到点"地查看交易的所有细节，从而赋予其更大的信心和机会，并可以提高效率。

区块链技术具有三个重要的关键元素，即分布式账本技术、不可篡改的记录，以及智能合同。首先，分布式账本技术意味着所有网络参与者都有权访问分布式账本及其不可篡改的交易记录。使用此共享账本，交易仅需记录一次，从而消除了传统业务网络中典型的重复工作。其次，不可篡改的记录意味着在交易被记录到共享账本之后，任何参与者都不可以更改或篡改交易。如果交易记录中有错误，则必须添加新交易才能撤销该错误，这两个交易都是可视的。最后，智能合约意味着为了加快交易速度，区块链上存储了一系列自动执行的规则，称为"智能合约"。智能合约可以定义公司债券转让的条件，包括要支付的旅行保险条款等。

区块链的运作方式其实非常简单。每个交易发生时，都会被记录为一个数据"块"。这些交易表明了资产的流动，资产可以是有形的（如产品），也可以是无形的（如知识产权）。数据块可以记录操作者的首选信息项：何人、何物、何时、何地、数量乃至条件——如食品运输温度（Choi and Shi，2022）。然而，每个块都连接到位于它前后的块。随着资产位置的改变或所有权的变更，这些数据块形成了数据链。数据块可以确认交易的确切时间和顺序，通过将数据块安全地连接在一起，可以防止任何数据块被篡改或在两个现有数据块之间插入其他数据块。最后，交易被封闭在不可逆的区块链系统中。每添加一个数据块都会加强前一个块的验证，从而增强整条区块链。这使得区块链能够防止篡改，实现不可篡改数据的关键优势。它不但消除了恶意人员进行篡改的可能性，而且建立了操作者和其他网络成员可以信任的交易账本。

在企业中，运营人员经常在重复保存记录和第三方验证上浪费大量的精力。记录保存系统容易受到欺诈和网络攻击的影响，而且有限的透明度会减慢数据验证速度。随着物联网时代的到来，即时交易量发生显著激增。所有这些问题都会影响开展业务的速度和最终的盈利，因此需要采用更好的方法来解决上述困难。使用区块链技术就是一个极佳的选择。大致而言，使用区块链技术具有以下三个优点（Babich and Hilary，2020）。

（1）信任度高。作为会员制网络中的一员，使用区块链可以确信自己收到的数据是准确、及时的。特别地，机密区块链记录只能与特别授予访问权限的网络成员共享。

（2）安全性高。所有的网络成员都需要就数据准确性达成共识，并且所有经过验证的交易都将永久记录在案，不可篡改。没有人可以删除交易，即使是系统管理员也不例外。

（3）效率高。通过在网络成员之间共享分布式账本，可以避免在记录对账上浪费时间。为了加快交易速度，区块链上存储了一系列自动执行的规则，称为"智能合约"。

建立区块链网络有多种方法。区块链网络分为公有区块链网络、私有区块链网络、许可区块链网络和联盟区块链网络（Babich and Hilary，2020），具体如下。

（1）公有区块链网络。公有区块链网络是指任何人都可以加入和参与的区块链网络，如比特币，其缺点包括需要大量的计算能力、交易的隐私性极低或者根本没有隐私性可言，以及安全性较弱。这些是区块链企业使用公有区块链网络时需着重考虑的因素。

（2）私有区块链网络。私有区块链网络与公有区块链网络相似，也是一种分散的对等网络。但是在私有区块链网络中，要求由一个组织来负责管理网络，控制谁被允许参与网络，并执行它的共识协议，维护共享账本。根据使用情况，这可以显著提高参与者之间的信任和信心。私有区块链网络可在企业防火墙后运行，甚至可在内部托管。

（3）许可区块链网络。建立私有区块链网络的企业通常也会建立许可区块链网络。需要注意的是，许可区块链网络也可以设置权限限制。这会限制允许参与网络和执行特定交易的人员。参与者需要获得邀请或许可才能加入。

（4）联盟区块链网络。在此类网络中，多个组织可以分担维护区块链网络的责任。这些预先选定的组织决定谁可以提交交易或访问数据。在所有参与者都需要获得许可且对区块链负有共同责任时，联盟区块链网络是网络企业的理想选择。

8.1.2　区块链技术实现供应链信息透明及可追溯

区块链作为不可篡改的、分布式的、透明的和可信赖的数据库，在网络中共享，也可以影响可持续的供应链。事实上，跟踪可能对健康和环境造成影响的潜在环境和社会状况是区块链技术的一个重要应用领域。其中一个实际例子是，中国用于碳资产市场的区块链使市场能够更有效地产生碳资产，以符合中国在《巴黎协定》中设定的碳减排目标（Saberi et al.，2019）。由区块链驱动的供应链还可以更好地保证公平工作时间和人权（Hastig and Sodhi，2020）。例如，完全透明的产品历史记录向买家保证，他们所购买的商品是由经过验证的、道德健全的来源单位进行供应和制造的。智能合约在这种情况下特别有用，因为它们授予规则，自主地跟踪和控制可持续的条款和监管政策，在需要时强制执行或适当管理和纠正。食品和饮料行业是一个很好的例子，因为它面临着供应链的可持续性压力。事实上，该行业已经出现了一个涉及区块链和射频识别（radio frequency identification，RFID）的应用，即为食品供应链配备了一个基于危害分析和关键控制点（hazard analysis and critical control point，HACCP）规则的实时食品追踪系统，用来记录农业部门的供应链事件（Wang et al.，2021）。此外，区块链可以帮助供应链检测不道德的供应商和假冒伪劣产品。

区块链技术对供应链的影响超出了其技术自身的直接作用，并可能对未来的商业模式产生重大的影响。区块链的特点使其适合作为一种组织间技术，能够实现安全的信息共享，同时保证数据所有权的归属。区块链可以通过为信息共享提供安全和防篡改的媒介，增强供应链生态系统中的信任和责任。区块链能够为供应链的数据提供不可改变的数字记录，以便在整个供应链中共享，并有助于克服数据被困在孤立的组织系统中的问题。将区块链与现有技术相结合有许多机会和潜在优势。可以使用物联网（internet of things，IoT）、传感器、条形码和 RFID 标签以及应用编程接口（application programming interface，API）等技术收集数据，然后存储在区块链上（Chang et al.，2018）。

全球化正引导越来越多的企业将生产外包迁移到廉价劳动力和法律风险成本较低的国家。一家企业的可持续性与它的供应商的可持续性息息相关。因此，品牌在提出与可持续性相关的主张之前，必须收集所有必要的信息。这需要对物流、生产历史和材料数据进行适当的记录和核实。在所有的经济部门中，可追溯性系统可以用来创造一个更可持续的世界。

可追溯性是指通过有据可查的识别手段来验证一个物品的历史、位置或状态的能力。为了达到对供应链完整的端到端的可视性，有必要将序列化（为产品分配一个独特的标识符的做法）与可追溯性和智能制造合并。当被追踪时，产品被提供其生产来源和数量信息，企业和消费者都可以利用这些数据和信息来做出明智的决策。

事实上，可追溯性可以通过分析和管理数据来评估整个供应链的效率，从原材料供应商开始一直到最终消费者，甚至更远，分析什么是好的或错的。此外，使用以数据为中心的可追溯性系统，利益相关者可以通过与供应链上的连接系统交叉引用信息，分享收集到的数据并赋予其权利（Hastig and Sodhi，2020）。

区块链解决了供应链中可追溯性和交易不可逆性两个主要问题，从而可以有效提高供应链的透明度。透明度作为供应链中所有利益相关者重视的一点，能够保证产品信息即时被查看和获取，进而相应地减少因信息延迟而造成的损失（Chang et al.，2018）。

供应链的透明度主要基于有关产品沿供应链移动的信息。如果企业要保持与利益相关者的主动沟通能力，则需要获得供应链运营的可见性和可追溯性的权利，从而能够确保有关产品服务、融资，以及从制造商流向客户的信息的可见性和可访问性。可追溯性系统的基本功能之一是为供应链的每一层所涉及的利益相关者创建一个完整的画面。有了这些基本知识，高管就可以了解他们的供应商在环境、社会和治理参数方面的表现。他们还可以直观地看到供应链中的差距和风险，并对供应链中断进行预测与规划（Hastig and Sodhi，2020）。

为了使这一切发挥作用，供应商需要通过该平台披露有关他们的位置、他们如何对待工人、他们从哪里采购材料以及这些材料是否符合特定的可持续发展标准等信息。激励供应商向品牌商提供这些数据在历史上一直是个挑战，除了让客户满意之外，几乎没有什么激励措施值得供应商做这些额外的工作。随着品牌商越来越依赖环境、社会和治理（environment，social and governance，ESG）数据来识别那些高风险的供应商并做出必要的调整，这种趋势正在发生转变。

产品的可追溯性可以帮助价值链上的每一个供应链成员提高工作效率和运营质量（Hastig and Sodhi，2020）。可追溯性已被证明是一个可行的解决方案，可以将供应链参与者的信息边界扩展到其组织范围之外，这有助于在信息上整合整个供应链（Chod et al.，2020）。可追溯性有助于沟通重要信息，有助于更好地管理全球分散的供应链。从客户方面来看，人们对产品的历史越来越感兴趣，最终用户甚至愿意为可追溯的物品支付更高的费用，并认为可追溯性等同于认证。就目前服装零售业的做法而言，大部分的可追溯性信息仅限于原产国——这是用印刷标签就可以传达的内容。

可追溯性是关于产品的数据管理。当然，如果需要的话，可追溯性信息在任何时候都应该是可重复使用的，以帮助理解产品生命周期信息之间的关系（例如，需求、部件描述、产品规格、设计细节、行为者信息）。考虑到供应链中的多个参与者，拥有共享和可交换的可追溯性信息是至关重要的。区块链可以提高供应链的可见性，并在网络上实现实时数据共享。因此，区块链可以通过减少受供应链中断影响的利益相关者数量来支持供应链的灵活性策略。区块链也可以快速整合所有上链流程，改善预测和管理需求，从而实现更现实的供应和库存管理。

然而，大部分行业还没有实现100%的可追溯性。客户很难获得可以促进道德消费或确保产品真实性的产品数据。可追溯性将为消费者提供透明度和质量保证。供应链透明度十分重要，因为它可以帮助解决实践中已经存在很长时间的一些可持续发展问题，包括生命周期的环境影响、劳工标准和道德采购等。时至今日，供应链透明度依然是政府所追求的目标之一。

区块链技术可以通过为供应链带来透明度来帮助建立信任和声誉。大规模的区块链解决方案能够完全重新设计整个网络的声誉管理并检测欺诈行为（Shen et al.，2022）。区块链共识为观点的统一和实现更高透明度的能力提供了坚实的基础，在供应链中建立基于区块链技术的分散式供应链而不是集中式供应链明显具有更加高效和透明的优点。随着供应链的广泛分布，传统供应链中发生冲突、不匹配和不一致的风险增加。区块链能够为供应链提供更好的跟踪和报告，提高供应链流程中的透明度，从而改善交付时间表。区块链技术通过促进跟踪和追溯订单从生产到交付的各个阶段，以及通过快速调整来为客户提供服务。区块链技术带来的应用，只有在相关方接受的情况下，才能在网络中的特定接触点实现，从而控制所有供应链交易的数据安全性。

8.1.3　时尚行业中的区块链技术应用

区块链技术可以帮助解决纺织品和服装供应链中的许多现有挑战，并有助于提高服装产品的透明度、可追溯性和可持续能力（Cai et al.，2021）。纺织服装行业全球布局分散，具有复杂的全球原材料供应和流动网络配置。该行业的分散结构可以从促进透明度和信息共享的去中心化区块链架构中受益。通过提供交易的时间记录，区块链可以实现对多层服装供应网络的材料追踪。智能合约的使用有助于强制执行可持续的做法和识别不符合规定的情况，这有助于鼓励提升产业道德和商业信誉（Castillo and Schifrin，2020）。

区块链的采用利用了服装价值链中不同参与者的重要性、权利和地位。纤维生产商在服装供应链中的可追溯性和可持续性方面发挥着至关重要的作用，因为他们作为价值链的起点确保了服装供应链的可持续性（Choi and Luo，2019）。纤维生产商需要在其纤维进入复杂的下游服装供应链之前，能够识别其纤维并确保其来源和可持续性。对于大品牌和零售商来说，与纤维生产者的合作对其可追溯性项目的成功至关重要，有助于缩小供应链中不同环节之间的差距。除了纤维生产商，纺纱厂、面料厂和服装厂也是服装供应链中的重要参与者。它们的参与是非常重要的，因为产品可能需要在供应链的每个增值阶段被识别和跟踪，以实现有效的可追溯系统。所有的供应链伙伴，包括纤维生产商，都会因为缺乏可见性和信息共享以及牛鞭效应而出现需求波动，这对于整体的供应链计划和管理过程会产生负面影响（Choi and Luo，2019）。可追溯系统提供的丰富数据环境可能有助于改善库存管理和供应链效率，支持整个供应链的不同管理流程，如产品召回流程，以及捕捉二氧化碳排放等信息。

供应链中所应用的区块链通常是私人区块链,该区块链具有一定的访问限制,合作伙伴需要被授权后才可访问。此外,不是所有的合作伙伴都需要相同的可见性水平。私人区块链将确保每个合作伙伴只上传所需的信息,并授予可追溯性,而每个合作伙伴可能只能访问链上的部分可用信息(Choi and Luo,2019)。这种结构可以实现合作伙伴之间的信任、供应链的透明度,以及执行政府规则和政策的可见性,同时,每个合作伙伴可以选择性披露具有可追溯性目的的相关信息来保持其市场竞争优势,并且被披露信息仍然保持可审计和可核查的特性,从而使供应链合作伙伴对自己的做法负责,并激励所有合作者追求道德实践。

接下来讨论区块链在纺织和服装供应链中的应用。纺织品和服装供应网络的配置在复杂性、地理分布和规模方面各不相同。服装生产中使用了各种天然和合成纤维,如棉花、羊毛、丝绸、粘胶、聚酯等(Chang et al.,2018)。综合考虑行业的地理分布和使用材料的多样性,在大多数纺织品和服装供应链中,有六个主要的价值链增值过程:①原材料来源,如农场、森林、纤维厂等;②纤维生产商;③纺纱厂;④面料制造商;⑤服装制造商;⑥品牌或零售商。此外,还有许多其他中间商、贸易实体和物流供应商参与购买、销售和运输纺织品与服装产品的主要增值活动,以及进行具体的加工活动,如织物染色和整理。许多生产活动,包括纺纱、织物制造、裁剪、缝纫和整理等大多发生在发展中国家,而大多数产品的设计和开发则发生在发达国家(Lenzing,2020)。主要的零售商和品牌所有者经常领导服装的设计和开发(Choi,2019)。

根据目前在纺织和服装行业的应用,区块链可以有两个主要的应用领域。

1. 应用区块链技术,确保时尚产品的真实性

打击欺诈和确保产品的真实性是许多区块链试点的重要驱动力,特别是但不限于拥有高价值终端产品的奢侈品牌。在大多数试点中,可追溯性解决方案从最终产品的创造点开始。一些高可持续发展的纤维生产商也使用该技术来验证他们的纤维和打击假货。特定组织的供应链中进行这种区块链试点项目的实践案例有很多,包括 Hugo Boss、Chargeurs Luxury Materials 和 Lenzing 等。LVMH 集团承担的区块链项目实例包括该集团开发的 AURA 品牌照明解决方案供应商和 Arianee 区块链提供商开发的跟踪软件即服务(software-as-a-service,SaaS)产品,该集团使用区块链实现了奢侈品的数字认证(Choi,2019)。

2. 应用区块链技术,确保时尚产品的可持续性

由于与服装采购和生产有关的可持续性问题,许多品牌零售商和纤维生产商已经开始使用区块链技术来确保服装供应链的可持续性(DeAcetis,2021)。通过识别和验证服装原产地,利用认证供应商技术,确保供应链在每个阶段的可持续

性。已经探索或试行区块链以确保其产品的可持续性的品牌和零售商的例子包括
Martine Jarlgaard、C&A 等。

在供应链中，产品追踪的范围因区块链项目的目的而异。如果只是为了确保
产品的真实性，那么可追溯性的范围就会有所不同，包括上游或下游供应链的不
同阶段。例如，为了鉴定一件 LVMH 公司的服装，追溯系统可能从服装制造阶段
开始，但如果目的是确保服装是由有机棉制成的，那么追溯的范围可能从原材料
来源或纤维生产商开始。当可追溯性的目的是确保产品的可持续性时，供应链的
上游阶段也应包括在内。当然，在实施供应链追踪时，一些应用可能旨在确保产
品的真实性和可持续性。

8.1.4　共享供应链管理中的区块链技术支撑

从产权层面来讲，共享经济是指所有者暂时让渡资产的使用权以获取收入的
租赁经济，但是这种经济模式在互联网时代以前没有形成规模。随着大数据、云
计算、移动互联网、物联网、区块链等信息技术的产生，共享经济呈现爆发式增
长。共享经济模式不仅降低了租赁交易的信息成本，还减少了信息不对称现象，
该模式带来的最大好处是优化了社会资源配置，更好地促进了社会经济的健康发
展。现阶段共享经济主要集中在旅游、酒店、交通、零售、视频、音频交流等领
域。随着自身的发展，共享经济又衍生出了更加细分的领域，如停车位共享、办
公室共享、充电宝共享、充电桩共享、健身共享、Wi-Fi 共享、书籍共享等。每一
个细分共享领域都有机会利用物联网、大数据、区块链等技术重塑现有的共享模
式和形态，解决信任、资产安全、业务协同等问题，塑造一种人人共享、人人参
与、人人激励的新共享模式，从而达到共享经济的最大效益。

共享经济是借助信息技术高效利用闲置资源的新兴商业模式，具有自动计算
和匹配供需关系、社交化经济关系等特征。基于区块链技术的去中心化、透明公
开、数据不可篡改等显著优点构建的网络化信用框架，运用高度契合共享经济运
行特性的先天优势，可以支撑实现共享金融、共享交通、共享教育、共享住房、
共享能源等诸多共享经济场景。共享经济是符合"创新、绿色、开放、共享"理
念的新型经济模式，随着互联网时代的来临和信息技术等的不断突破，共享经济
还能够持续深化具体的商业、经济及社会模式；在得到区块链技术的关键技术支
撑后，共享经济的潜力将会得到进一步的释放。

在"区块链＋共享经济"的应用落地过程中，互联网、物联网、大数据等是
最为重要的载体。互联网＋物联网的作用是连接实物或非实物闲置资源，并以即
时化交互使共享经济的供需得到迅速响应。区块链技术为共享经济提供了创新商
业模式的基础与条件，基于区块链技术的共享经济可以达到如下效果。

1. 产品/服务的提供者与使用者信任共享，实现供需匹配

区块链技术的独特优势在于去中心化和去信任，它可以在一个完全陌生的网络环境里，通过机器和算法促成交易。在没有中心机构的信任背书下，所有参与的网络节点，可以通过区块链的代码和加密技术确定身份，产生信任共享，由此可以解决在匿名交易过程中的相互信任问题，极大地提高了对数据处理的速度和及时性。传统互联网中的交易过程由供应方、需求方和中介机构三方共同实现，通过使用区块链技术，能够将传统互联网交易中的"中介系统"彻底摒弃，把供应和需求双方直接对接在一起，实现供应和需求的最优匹配。由于在共享经济场景中，共享产品和用户双方将会发生频繁的匹配过程，区块链技术是实现共享经济的一种非常理想的解决方案。例如，Airbnb 对接了有闲置房屋或者床位的房东和租房者，实现供需双方直接交易，平台主要起撮合交易的作用。Airbnb 这个商业模式是去中心化的，平台面对的是个人与个人、信息与信息的直接交互。区块链保障了平台信息的可信度，基于可信的信息和自身的信任机制，平台就可以为用户提供类金融服务，如房屋租金的借贷、预付等。

2. 产品/服务的提供者与使用者数据共享，提供信用保障

区块链本质上是一个分布式共享的系统，包含账本分布式共享、数据分布式存储、交易分布式记录、参与者分布式协作、系统分布式维护等，"共享"所带来的革命性变化，就是系统内的数据存储、交易验证、信息传输过程全部是对等的、分布式的、公开透明的，共享的数据被同步运行在所有参与网络的节点中，任何人无法篡改、销毁账本，因为没有人可以同时控制所有的网络节点。这种体现为"公正性"的技术优势，使区块链技术在金融、保险、知识产权、慈善公益等领域都具有广泛、深入的应用价值。具体到共享经济当中，也能够为形成以用户体验为核心的信用体系提供根本保障。

3. 产品/服务的提供者与使用者签订智能合约，简化交易程序并实现全天候实时交易

智能合约是在一定条件被满足的情况下，就可以在网络信息平台和系统中得到自动执行的合约。智能合约是区块链技术发展中最被看好的一种商业模式，基于区块链技术的智能合约系统兼具自动执行和可信任性的双重优点，使其可以帮助实现共享经济中的产品预约、违约赔付等多种涉及网上信任的商业情景，使共享经济更加完善、可靠。随着区块链技术水平的不断提高，智能合约将有望成为未来共享经济在具体应用场景的一种标准化解决方案。

4. 产品/服务的提供者与使用者权限共享，带来商业模式的革命性创新

基于区块链的技术规则，数据需要大部分参与者同意其有效性，才可以被确认。通过权限分享的形式，每个参与者同时作为数据提供方、验证方和使用方，共同维护区块链数据的安全性和有效性。因此，没有任何机构可以完全拥有数据的控制权限。与互联网时代最大的区别在于，区块链技术不仅实现了数据的共享，而且实现了数据权限的共享，这是区块链带来的一个革命性的变化。

"物联网＋大数据＋区块链"的技术融合是构建共享经济新模式的关键。在"区块链＋物联网"方面，物联网数据系统与区块链系统的即时融合是发展的重点。开发物联网与区块链技术的程序接口，在"区块链＋大数据"方面，可以利用区块链技术数据公开透明的特征，合理检验共享平台数据的真实性，提高信息的可信度，消除信息安全隐患。

因此，基于区块链技术，在共享经济下，产品/服务的提供者与使用者信任共享，实现供需匹配；产品/服务的提供者与使用者数据共享，提供信用保障；产品/服务的提供者与使用者签订智能合约，简化交易程序并实现全天候实时交易；产品/服务的提供者与使用者权限共享，带来商业模式的革命性创新。

8.1.5　供应链信息披露中的区块链技术应用

近年来，许多学者已经认识到在供应链管理中采用区块链的价值（Zhu and Kouhizadeh，2019），区块链技术的应用引发了供应链管理的革新（Dolgui et al.，2020）。Queiroz 等（2019）分析了 27 篇关于区块链和供应链管理整合的论文。他们认为，区块链的应用可能会颠覆传统行业，如医疗保健、运输和零售等行业。Wang 等（2019a）对供应链管理中的区块链技术进行了文献回顾，发现区块链技术的价值包括扩展可见性和可追溯性、供应链数字化和去中介化、提高数据安全性和智能合约。Morkunas 等（2019）提出了使用区块链进行资产交换的五个步骤：①提出交易；②添加加密签名；③广播到计算机网络；④验证交易，附加到区块链；⑤完成交易。他们发现区块链技术可以影响客户群、价值主张、渠道、客户关系、收入来源、关键资源、关键伙伴关系和成本结构。

采用区块链可以解决消费者的产品质量不确定性问题，因为区块链技术可以迫使供应链成员提供透明的供应链信息。Saberi 等（2019）确定了区块链技术和可持续供应链管理的关系。他们认为，采用区块链技术可以追踪供应链中的可持续行为，并提升产品轨迹的透明度。区块链技术通过实现透明度、可见性，以及智能化操作等来提高供应链绩效。此外，区块链还被用于提高数据质量。Choi 和 Luo（2019）评估了区块链技术在提高时装供应链需求预测质量中的作用。他们发现，使用区块链可以提高社会福利。区块链还被用来识别产品的真实性，Choi（2019）开发了一个分析模型，研究基于区块链的平台如何确保产品的真实性，以及区块链的使用如何影响消费者和钻石行业的公司。Montecchi 等（2019）认为，使用区块链可以提供产品出处知识，即关于产品的来源、生产、修改和保管等信息。他们开发了一个出处知识框架，并展示了产品信息保障的增强和感知风险的降低过程。Shen 等（2022）探讨了企业使用区块链对打击假货的影响，考虑了利用区块链来解决质量信息不对称的问题。Pun 等（2021）探讨了制造商投资建立区块链平台这一基础设施。

采用区块链可以提高供应链绩效。Xu 和 Choi（2021）研究了存在跨渠道效应的情况下，区块链技术对平台利润的影响。Choi 和 Shi（2022）讨论了使用区块链帮助打车平台在一些非常规时期为消费者提供安全服务的情形。Dutta 等（2020）认为区块链在改善供应链运作方面有巨大的潜力，具体包括追溯、业务流程的再设计到提高安全性。他们整合了 178 篇文章，分析了区块链的使用对供应链运营管理的影响；提出了伴随区块链的使用所产生的机遇、社会影响以及区块链未来的发展趋势与挑战。Wang 等（2021）讨论了如何使用区块链来克服供应链数据共享中的障碍，如不信任、隐私问题、数据滥用以及实体间共享数据的不对称等。Hastig 和 Sodhi（2020）研究了实施供应链可追溯系统的运营管理，发现通过建立区块链平台，溯源系统可以有效地遏制非法行为、提高可持续发展绩效、提高运营效率、加强供应链协调以及预测市场趋势，并分析了区块链平台的依赖有效性、技术成熟度、企业间的合作以及完善的管理制度，这篇文章为使用区块链来建立追溯系统的企业提供了规范。Sundarakani 等（2021）从供应链管理中的大数据角度，研究了工业 4.0 环境下的区块链应用。采用案例研究的方法考察了区块链在跨境货物运输中的应用以及在液体化学品物流公司中的应用，发现在不同的案例下，区块链的效果有所差异。

8.1.6　小结

区块链技术因其在数据安全、数据处理效率等方面的显著优势，近年来不断应用于服装、食品等行业的供应链运营中。本节首先描述了区块链技术的基本概念和主要特征，指出它在供应链应用中的信息透明性与可追溯性将助力提升行业管理规范、效率以及企业声誉，而且有可能对商业模式产生重大影响。其次，通过在时尚供应链中的区块链技术应用研究综述，得出它具有确保时尚产品的真实性和可持续发展的功能。进一步总结指出区块链技术在共享供应链管理中能够提供关键技术支持，进而在促进实现供需匹配、提供信用保障、简化交易，以及商业模式革新等方面将会发挥重要的作用。最后，着重综述了近年来学术界关于区块链技术在供应链信息披露活动中的作用机理和实现效果。总而言之，区块链技术在服装供应链管理中的重要应用价值已经在业界和学术界获得了广泛的认同。

8.2　区块链技术应用于服装销售平台的优化分析

8.2.1　引言

当前，利用线上的服装产品交易十分普遍，相关的知名交易平台包括全球在线零售商亚马逊、淘宝全球购、京东全球售等，共享经济创造了服装产品网上营销的一个生态系统（Wen and Siqin, 2020）。区块链是一种新兴的、创新的、颠覆性的技术，可以减少由产品质量不对称等原因引起的道德风险问题（Babich and Hilary, 2020）。许多公司开发了一种基于区块链技术的可扩展协议，使消费者能够获得值得信赖的、跟踪产品质量的供应链信息（Choi, 2019; Choi and Luo, 2019）。根据《福布斯》发布的 2023 年全球区块链 50 强排行榜及其分析，2022 年全球加密货币市场规模下跌 38%，但是仍有数十家企业在加码区块链技术。目前，区块链是识别产品质量的独特解决方案，可有效防止转售中的道德风险问题。当然，区块链不是披露产品质量的唯一解决方案。RFID 等传统技术也可以提供质量披露。但是，消费者可能不会完全信任它，因为 RFID 信息可以被个人修改，但区块链不能。区块链提供了一个值得信赖的独特“证书”，以显示历史产品质量信息，如产品使用了多长时间、谁使用了它，以及如何使用它。此外，区块链数据不能被个人修改或改变。近年来，区块链在许多行业的应用越来越普及，越来越多的产品被区块链所整合。

由于电子商务的快速发展，越来越多的商品，特别是高价值的二手商品，如奢侈时装、钻石和车辆等，主要在网上销售，而不是在实体店或跳蚤市场。这一动向在出行受限等非常规时期尤其明显（Choi, 2019）。在线平台提供了一个“货架”并声明利润分享部分的分成比例，以诱导贡献者寄售他们的产品进行转售。例如，在线市场 The RealReal 让贡献者通过其平台寄售和销售二手奢侈品时装和手袋。如果产品被售出，零售商与贡献者分享收入。因此，The RealReal 在供应链中会与新产品供应商竞争。时尚零售商 Patagonia 创建了一个在线平台 Worn Wear，贡献者可以在其中交易二手服装，并获得在线或商店信贷，最高可达产品转售价值的 50%（Agrawal et al., 2019）。巴塔哥尼亚创造了一个合作性的供应链系统，其中销售新产品和销售二手产品呈竞合关系。本章后续将以二手服装产品为例进行论述。

销售二手产品是有争议的，因为它会扰乱新产品业务（Feng et al., 2019）。

传统观念暗示，二手产品的引入会伤害新产品的渠道。本节主要讨论在竞争或合作的供应链中，平台如何决定定价和寄售策略。在研究通过在线市场（如 Patagonia 和 The RealReal）销售二手产品的真实做法时，我们注意到如下五个方面。

（1）使用区块链实现了质量披露（Babich and Hilary，2020）。如果不使用区块链，二手产品的真实质量对消费者和新产品的供应商来说是未知的。使用区块链后，真实的质量就被大家知道了。

（2）在线市场中存在网络效应（Chen et al.，2020）。如果有更多的贡献者、更多的消费者知道二手产品市场的存在，消费者会更愿意购买二手产品（Anderson et al.，2014）。

（3）该平台使用寄售合同来诱导贡献者通过平台销售其产品（Choi et al.，2020b）。与平台的实际做法一致，给定寄售合同和价格，贡献者根据他们在残值和收入方面的效用决定是否接受通过平台出售他们的产品。

（4）平台决定二手产品的价格。贡献者将他们的二手产品邮寄并托付给平台。作为产品专家，平台接收产品，对其进行评估，然后决定价格。

（5）在线平台可以是独立的，也可以与供应商整合（Agrawal et al.，2019）。平台 The RealReal 是一家独立公司，接受任何品牌的产品。相比之下，Patagonia 收集自己的二手产品并在自己的网站上转售。因此，一个平台可以是去中心化的，也可以是与供应商横向整合的。

区块链技术适用于销售二手产品的在线平台，主要原因如下：首先，在电子商务中，使用先进的信息技术可以解决二手产品的质量信息不对称问题，质量信息不对称对于在线销售二手产品来说是非常重要的，消费者无法根据描述和照片来区分产品的质量；其次，消费者会充分信任来自区块链的信息，因为区块链提供了一个值得信赖的、独特的"证书"来显示历史产品质量信息。

8.2.2　相关研究综述

二手产品被转卖，会与新产品竞争。Ghose 等（2006）研究了网络平台上的新书和二手书销售。他们发现，对于网络消费者来说，二手书对新书的替代性很差，而引入二手书销售可以提高消费者剩余。本节研究也考虑了二手产品和新产品在质量差异方面的产品替代性。Choi 等（2018）从收藏者类型和零售竞争方面研究了如何有效地收集二手产品。Mutha 等（2019）考虑了一个渠道优化问题，其中不同质量条件的二手产品被出售给第三方再制造者。他们表明，在供应链的不同质量水平方面，存在着结构性的最优分类。Feng 等（2019）建立了一个两期模型，以评估在第一期销售的产品成为第二期与新产品竞争的二手产品时的最佳生产量和质量。他们发现，市场上二手产品的存在会减少总的生产量，但会提高产品质量。Esenduran 等（2020）专注于二手电子产品的在线转售渠道。他们发现，贡献者在向网络平台出售二手产品时，对价格、付款时间和网上评级非常敏感。之前的文献尚未研究新旧产品的质量信息非对称性。本节主要评估新产品的真实质量、二手产品的感知质量以及二手产品的真实质量之间的差异对消费者的影响。

Ryan 等（2012）认为在线市场是一个为买家和卖家牵线的中介机构。他们确定了关于零售商在市场参与费和收入分享合同等方面的最佳决策。Yan 等（2018）研究了网络零售商和传统零售商加入共同市场来销售产品的意愿。他们发现，高额的平台费并不能有效激励网络零售商加入市场平台。Tian 等（2018）研究了电子商务中市场和转售商的互动。他们发现，订单履行成本和上游竞争强度都会影响市场、转售商及其混合体的最佳选择。Xiao 和 Xu（2018）研究了在线零售商如何选择合适的能力水平以便从卖家提取全部盈余。他们发现，销售损失罚款合同可以完成上述两个目标，但佣金合同不能。Li 等（2019）研究了有信息传播的在线平台的进攻性定价策略。Choi 和 He（2019）评估了租赁服务对在线平台上时尚产品运营的影响。他们发现，收入分享合同比固定服务收费方案更有效。Lin 等（2019）研究了电子商务平台上有竞争的产品捆绑策略。Gong 等（2019）研究了一个由强大的网络零售商和预算有限的卖家组成的在线共享经济系统。Du 等（2019）研究了一个平台主导的广告问题，其中两个制造商在平台市场上进行竞争。Liu 等（2020）研究了市场规模和数据驱动的营销如何影响供应链中网络平台的表现。Cai 等（2021）评估了平台支持的供应链运作的有效合同设计。Wen 和 Siqin（2020）研究了产品质量的不确定性是如何影响共享经济平台的。他们发现，平台提高产品质量并不总是明智的。在本节中，以二手产品销售的真实实践为动机，考虑到如果不采用区块链，产品质量信息对不同的供应链成员是不对称的。

先进的技术创新正在加速在线市场平台的发展。Steinker 等（2017）探讨了实时天气预报信息对在线平台运营的价值。他们发现，在夏季、周末和极端天气的日子里，阳光、温度和雨水等天气状况对日常销售有很大影响。Chu 等（2020）研究了一个在线电子商务平台上显示的动态产品排名系统。Choi 等（2020b）研究了消费者风险厌恶对按需服务平台的影响。他们认为，区块链对改善定价策略很有价值，因为信息不对称被披露了。由于区块链可以帮助向消费者提供二手产品的质量披露，本节主要研究其使用对在线市场中二手产品销售的影响。

区块链技术不仅在产地、材料和生产方面提供供应链的透明度，而且在产品用户和使用方法上也提供了透明度（Babich and Hilary，2020）。大量的研究考察了区块链技术对供应链的影响。Chod 等（2020）记录了区块链如何在供应链中实现透明度和财务利益。Wang 等（2019b）采用感觉理论探讨了行业专家所认为的区块链对供应链的好处。Choi（2019）通过均值方差法研究了区块链技术对全球供应链风险分析的影响。Saberi 等（2019）探讨了供应链如何利用区块链技术来实现治理社区和消费者的可持续性。Min（2018）认为，区块链也是一种点对点的信息技术，在风险和不确定性方面增强供应链的弹性。质量信息不对称可能导致消费者信念的风险和不确定性。本节将主要评估区块链在在线市场中的二手产品质量披露方面的价值。区块链是一种技术，其中信息在一个可扩展的协议中，只能由授权消费者访问（Choi，2019；Choi and Luo，2019）。Choi（2019）研究了如何使用区块链来确保供应链中的钻石鉴定和认证。Choi 和 Luo（2019）研究了区块链对可持续时尚供应链中数据质量改善的价值。他们的结果显示，使用区块链技术有利于提升社会福利，但无益于供应链利润。Choi 等（2020a）研究了一个由两个竞争性租赁服务平台组成的系统，在区块链上披露产品质量信息。他们发现，如果产品利润率较高，平台更有可能实施区块链进行质量披露。此外，他们还探讨了在供应链中使用托运合同的价值，这与本节所考虑的供应链中的寄售合同类似。但不同的是，本节将考虑二手产品销售中平台和贡献者之间的寄售合同。

8.2.3　模型描述

考虑一个由贡献者、在线平台和供应商组成的供应链（supply chain，SC）。贡献者通过寄售的方式在平台上销售二手物品，供应商直接向消费者出售高质量的新商品，并与平台竞争，贡献者出售低质量的二手商品。经过质量检查，平台保留质量高于一定标准的产品，并退回质量低于标准的产品。我们把接受的二手产品的平均产品质量表示为 $q(0 < q < 1)$。这种设置与现实世界商业部门的普遍做法是一致的。例如，亚马逊仓库交易中，由亚马逊提供的在线二手产品平台检查二手产品的质量，并保留满意的产品用于转售。新产品的质量水平被规范化为 1。被接受的二手（旧）产品的价格为 p_o，新产品的价格为 p_n。假设二手产品的价格不能高于新产品的价格，即 $p_o \leqslant p_n$。这个假设对于大多数产品来说是现实的，除了限量版的产品。本节模型假定二手产品可以是高独特性的产品，但不像限量版产品那样独特。贡献者获得的寄售收入为 τp_o，平台得到剩余的 $(1 - \tau) p_o$。$\tau(\tau \in (0,1))$ 是贡献者可以获得的销售价格的百分比。为了简化模型，这里将供应商的生产成本归一为 0。

在没有区块链的去中心化供应链中，消费者和供应商都认为二手产品的平均质量水平是 $\hat{q}(0 < \hat{q} < 1)$，但贡献者和平台知道二手产品的真实质量水平 $q(0 < q < 1)$。在没有区块链的集中式供应链中，消费者认为二手产品的平均质量水平是 $\hat{q}$，但贡献者、平台和供应商共享二手产品的真实质量水平 q。如果二手产品嵌入了区块链信息，则每个人都知道它的真实质量 q。

假设贡献者和消费者的市场规模分别为 N 和 M，其中，N 和 M 为正数。贡

献者的效用是 $U_c = \tau p_o - s$ ，其中 τp_o 是他通过平台销售二手产品获得的收入，s 是残值，它遵循均匀分布 $s \sim U(0,1)$ （Anderson et al.，2014）。与网络平台的实际做法一致，这里认为寄售合同中的收入分享部分是外生的。当 $U_c > 0$ 时，贡献者愿意通过平台销售。因此，将平台上的贡献者数量表示为 $d_c = \tau p_o N$ 。

决策顺序如下：首先，贡献者将二手产品邮寄给平台进行质量检查。平台保留满意的二手产品，退回不满意的产品。其次，关于区块链的披露效应，在去中心化的供应链中，如果不使用区块链，供应商根据二手产品的感知质量来决定新产品的价格。如果使用区块链，供应商会根据真实的质量决定新产品的价格。在供应商的定价决定之后，在去中心化的供应链中，平台决定二手产品的零售价格。在横向整合的集中式供应链中，无论是否使用区块链，整合后的公司都知道二手产品的真实质量，并根据真实质量决定新产品的价格，决定二手产品的价格。最后，贡献者确认交易，平台出售二手产品。

8.2.4　无区块链下的基准决策模型

本节主要考虑没有实施区块链的情况。消费者在平台上购买二手产品的效用是 $U_o = \hat{q} v - p_o + a d_c$ ，从供应商那里购买新的产品的效用是 $U_n = v - p_n$ ，其中 $\hat{q}$（$0 < \hat{q} < 1$）是消费者对二手产品的平均感知质量水平。这里， a 意味着贡献者的数量对二手产品消费效用的影响，意味着如果有更多的贡献者，那么消费者更有可能参与二手产品消费（Anderson et al.，2014）。请注意，由于没有区块链的质量信息不对称，供应商不知道二手产品的真实质量，对二手产品的感知质量水平与消费者相同。消费者根据自己的效用来选择新产品或二手产品。消费者最多购买一种效用较高且为非负值的产品。当二手平台供不应求时，只要消费者的效用不为负数，他就会转而购买新产品，因为他无法购买二手产品。

因此，对平台和供应商的实际市场需求分别为

$$
d_o = \begin{cases} \left(\dfrac{p_n - p_o + a d_c}{1 - \hat{q}} - \dfrac{p_o - a d_c}{\hat{q}} \right) M, & d_c \geqslant d_o \\ d_c, & d_c < d_o \end{cases}
$$

$$
d_n = \begin{cases} \left(1 - \dfrac{p_n - p_o + a d_c}{1 - \hat{q}} \right) M, & d_c \geqslant d_o \\ \left(1 - \dfrac{p_o - a d_c}{\hat{q}} \right) M - d_c, & d_c < d_o \end{cases}
$$

平台根据真实质量水平 q 来确定其二手产品的价格。因此，其实际市场需求为

$$d'_o = \begin{cases} \left(\dfrac{p_n - p_o + ad_c}{1 - \hat{q}} - \dfrac{p_o - ad_c}{\hat{q}} \right)M, & d_c \geqslant d_o \\ d_c, & d_c < d_o \end{cases}$$

平台和供应商根据以下利润函数做出最佳决策：

$$\pi_o(p_o) = (1 - \tau)p_o d'_o \quad \text{且} \quad \pi_n(p_n) = p_n d_n$$

消费者和贡献者的市场规模比（M/N）是影响新产品和二手产品价格的关键。如果产品非常独特，二手产品的市场规模就小，新产品的市场规模就大；而如果产品不太独特，二手产品的市场规模就大，新产品的市场规模就小。因此，高（低）比率意味着，与贡献者相比，市场上存在大量（少量）的消费者。一个高独特性的产品（如奢侈时装）可能有少量的贡献者，但有大量的消费者（即 M/N 是高的）。一个大众产品（如教科书）可能有大量的贡献者。本节把这个比率定义为产品在市场上的独特性程度——即高（低）比率意味着产品的独特性程度高（低）。将情形 A 定义为销售低独特性产品，情形 B 定义为销售高独特性产品。

定理 8-1　令 $T = \dfrac{\tau(1-\hat{q})\hat{q}p_o^A}{\hat{q}p_n^A - (1 - Na\tau)p_o^A}$。当 $N < \dfrac{1}{a\tau}$ 时，得出平台和供应商的最佳决策解如下。

（1）销售低独特性的产品（情形 A：$\dfrac{M}{N} \leqslant T$），$p_o^{A*} = \dfrac{q(1-\hat{q})}{2(1 - Na\tau)(2 - \hat{q})}$，

$p_n^{A*} = \dfrac{1-\hat{q}}{2-\hat{q}}$，$\pi_o^{A*} = \dfrac{Mq(1-\tau)(2\hat{q}-1)(1-\hat{q})}{4(1-Na\tau)(2-\hat{q})^2\hat{q}}$，且 $\pi_n^{A*} = \dfrac{M(2+q-2\hat{q})(1-\hat{q})}{2(2-\hat{q})^2}$。

（2）销售高独特性的产品（情形 B：$\dfrac{M}{N} > T$），$p_o^{B*} = p_n^{B*} = \dfrac{M\hat{q}}{2(M(1-Na\tau)+N\tau)}$，

$\pi_o^{B*} = \dfrac{M^2\hat{q}^2(1-\tau)\tau}{4(M(1-Na\tau)+N\tau)^2}$，且 $\pi_n^{B*} = \dfrac{M^2\hat{q}^2}{4(M(1-Na\tau)+N\tau)}$。

（3）$d_o^{A*} > d_o^{B*}$ 当且仅当 $q < \dfrac{\hat{q}(2M(1-Na\tau)+2N\tau-\hat{q}(2-\hat{q})\tau)}{M+N(\hat{q}-Ma)\tau}$；$d_o^{A*} < d_o^{B*}$ 当且仅当 $q < \hat{q}$。

（4）T 随着 τ 递增。

研究发现，如果销售低独特性的产品，平台为二手产品设定的价格要比新产品低。如果销售高独特性的产品，平台为二手产品设定的价格与新产品的价格相同。这些结果是直观的，因为如果一个产品非常独特，即市场上有大量的消费者想要这个产品，供应商就会忽略二手产品的真实质量，并以与新产品相同的价格出售。因此，如果二手产品的独特性不强，平台就会提供差异化的定价策略；如果二手产品的独特性很强，平台就会提供统一的定价策略。此外还发现，当二手产品的真实质量水平相对较低时，对低独特性的二手产品的实际需求将高于高独

特性的产品。这是因为低质量水平有助于降低价格，从而更显著地增加对低独特性二手产品的需求。同时，对低独特性产品的新产品的需求将被低质量水平所挤压，因为更多的消费者将购买二手产品。

此外，在寄售合同下，收入分享部分影响着平台的定价策略。具体来说，如果寄售部分相对较大，平台更有可能对新产品采取差别定价策略；如果寄售部分相对较小，平台更有可能对新产品采取统一定价策略。如果收益分成比例较低，则贡献的数量较少，产品的独特性较高。因此，在收集和销售二手产品时，平台应仔细设计寄售的收入分享部分和定价策略。

结论 8-1 （1）销售低独特性的产品：① π_n^{A*} 递减于 $\hat{q}$ 但是递增于 q；② π_o^{A*} 首先递增然后递减于 $\hat{q}$ 与 q。

（2）销售高独特性的产品，π_n^{B*} 与 π_o^{B*} 递增于 $\hat{q}$ 但与 q 不相关。

当供应商销售低独特性产品（如大众产品）时，如果二手产品的真实质量高，利润就会提高，但如果感知的质量低，利润就会减少。有两个潜在的原因。第一，如果二手产品的真实质量较高，那么它们的价格就会更高。因此，更多的消费者选择购买新产品，供应商的利润就会增加。第二，如果感知到的产品质量较高，两种产品之间的竞争就会更加激烈。因此，消费者选择购买高质量的二手产品，供应商的利润就会减少。

平台更喜欢中等感知和中等真实质量的二手产品，而不是极高或极低感知或真实质量的产品。这个结果是反直觉的，因为常识可能让人认为高质量的二手产品应该受到平台的欢迎。当真实质量较低或感知质量较高时，平台倾向于设定较低的价格。在感知到的质量差异（即二手产品的感知质量较低）下，供应商也可能被二手产品所迷惑而设定较低的价格，这样供应商和平台的利润都会降低。真实的质量差异（即二手产品的真实质量较低）导致二手产品的价格较低，可能降低平台的边际利润。因此，平台更有可能出售中等质量的二手产品，而不是高质量的。

如果平台销售高独特性产品（如奢侈品），那么二手产品的真实质量对供应链的表现没有影响，但如果二手产品的感知质量较高，供应商和平台的利润都会增加。这一结果是直观的，因为高独特性产品在平台上面临着短缺的情况，无论真实的质量水平如何，平台总是提供统一的定价策略（即平台为二手产品和新产品设定相同的价格）。然而，更高的感知质量会导致价格的提高。供应商和平台的利润都可以通过提高价格而得到改善。

8.2.5　区块链技术下的优化决策

本节主要考虑实施区块链的情况。在这种情况下，二手产品的真实质量在供应链中是透明的,这意味着二手产品的质量信息对平台、供应商和消费者是对称的。因此,产品质量方面的道德风险问题可以通过使用区块链来解决。在这种情况下,二手产品平台和供应商的实际需求是

$$d_o' = \begin{cases} \left(\dfrac{p_n - p_o + ad_c}{1-q} - \dfrac{p_o - ad_c}{q} \right)M, & d_c \geqslant d_o' \\ d_c, & d_c < d_o' \end{cases}$$

$$d_n' = \begin{cases} \left(1 - \dfrac{p_n - p_o + ad_c}{1-q} \right)M, & d_c \geqslant d_o' \\ \left(1 - \dfrac{p_o - ad_c}{q} \right)M - d_c, & d_c < d_o' \end{cases}$$

以上公式用上角标 "'" 来表示在使用区块链的情况下二者的实际需求,以区别于无区块链的情况。供应商为运营区块链支付固定成本(F),平台和供应商通过决定最优价格来最大化自己的利润:

$$\bar{\pi}_o(p_o) = (1-\tau)p_o d_o' \text{ 且 } \pi_n(p_n) = p_n d_n' - F$$

定理 8-2　令 $T = \dfrac{\tau(1-q)q\bar{p}_o^{\mathrm{A}}}{q\bar{p}_n^{\mathrm{A}} - (1-Na\tau)\bar{p}_o^{\mathrm{A}}}$,当 $N < \dfrac{1}{a\tau}$ 时,平台和供应商的最佳决策解如下。

(1)销售低独特性的产品(情形 A:$\dfrac{M}{N} > \bar{T}$),$\bar{p}_o^{\mathrm{A*}} = \dfrac{q(1-q)}{2(1-Na\tau)(2-q)}$,

$\bar{p}_n^{\mathrm{A*}} = \dfrac{1-q}{2-q}$,$\bar{\pi}_o^{\mathrm{A*}} = \dfrac{Mq(1-\tau)(1-q)}{4(1-Na\tau)(2-q)^2}$,且 $\bar{\pi}_n^{\mathrm{A*}} = \dfrac{M(1-q)}{2(2-q)} - F$。

(2)销售高独特性的产品(情形 B:$\dfrac{M}{N} \leqslant \bar{T}$),$\bar{p}_o^{\mathrm{B*}} = \bar{p}_n^{\mathrm{B*}} = \dfrac{Mq}{2(M(1-Na\tau)+N\tau)}$,

$\bar{\pi}_o^{\mathrm{B*}} = \dfrac{M^2 q^2(1-\tau)\tau}{4(M(1-Na\tau)+N\tau)^2}$,且 $\bar{\pi}_n^{\mathrm{B*}} = \dfrac{M^2 q^2}{4(M(1-Na\tau)+N\tau)} - F$。

(3)$\bar{T}$ 随着 τ 递增。

随着区块链的使用,平台在销售高独特性产品时提供统一的定价策略(即为二手产品设定与新产品相同的价格),但在销售低独特性产品时提供差异化定价策略(即为二手产品设定比新产品更低的价格)。此外,如定理 8-1 所述,当寄售合同中的收入分享部分足够低(高)时,平台更有可能提供统一(差异)定价策略。

结论 8-2　有区块链技术下:

(1)$\bar{\pi}_o^{\mathrm{A*}}$ 与 $\bar{\pi}_n^{\mathrm{A*}}$ 随 q 递增;

（2）$\bar{\pi}_o^{B*}$ 与 $\bar{\pi}_n^{B*}$ 随 q 递增。

上述结果为有质量披露的二手产品销售提供了重要见解。首先，回顾在不使用区块链的情况下，对于低独特性的产品，适度的感知质量水平对平台来说是最好的，但不一致的是，低感知质量水平对供应商来说是最好的。随着区块链的使用，每个人都知道二手产品的真实质量。区别于结论 8-1（无区块链），从结论 8-2 中发现，通过使用区块链，当产品唯一性较低时，平台和供应商都能从二手产品的较低真实质量中获益。当质量信息透明和对称时，二手产品的高质量增加了市场竞争，这对供应链成员的利润都有损害。

随着区块链的使用，对于高独特性的产品，平台和供应商都从销售高质量的二手产品中获益。这个结果与没有区块链的情况（即结论 8-1）是不同的。原因如下：首先，如果消费者认可二手产品的高质量，供应商和平台都会提高价格以匹配高质量；其次，在购买高独特性的产品时，消费者会忽略高价格。

图 8-1 显示了收入分享比例和二手产品的真实质量水平如何共同影响供应链的整体表现。可以观察到，对于低独特性的产品，如果二手产品的真实质量水平较低，而收入分享比例较高，那么供应链的绩效就会随着横向整合而恶化。同样，当产品的独特性程度相对较高时，如果二手产品的真实质量水平较低，横向整合会损害供应链的总利润。这一结果可以解释为，在集中式供应链中，当二手产品的真实质量水平较低时，会降低价格，这损害了供应商和平台的利润率。因此，对于没有区块链的供应链来说，不一定要把二手产品平台和供应商整合在一起，这是不可取的。平台和供应商在做定价决策时，应同时考虑到产品质量和收益分成部分。

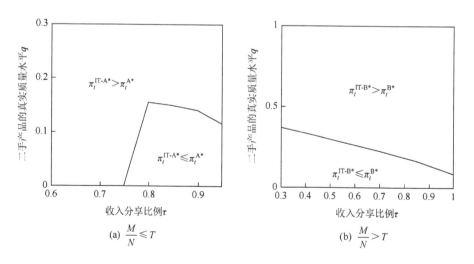

图 8-1　收入分享比例和二手产品的真实质量水平如何共同影响供应链的整体表现

8.2.6　小结

由于产品销售中的质量信息不对称是其核心问题之一,而区块链技术优势可以有效地解决产品质量信息披露中的这一问题,因而本节主要探讨区块链技术在二手产品销售平台中的应用。通过构建相应的博弈分析模型,以及与无区块链技术下的基准决策模型进行对比分析,得出了平台与供应商在销售不同特质的产品下的最佳决策方案,以及二手产品的真实质量水平如何影响集中式和分散式供应链的总利润。

通过研究发现,区块链技术可以为共享经济中的定价决策做出贡献。具体而言,产品的独特性显著影响了二手产品和新产品的定价差异化。当销售低独特性产品时,平台对新产品采取差异化定价策略,而当销售高独特性产品时,平台对新产品采取统一定价策略。此外,分析发现,委托合同中贡献者和平台之间的收入分享部分对定价策略有关键影响。低收入分享部分促使平台提供统一的定价策略,而高收入分享部分则促使平台提供差异化的定价策略。此外,在质量偏好方面,在没有区块链的情况下,平台更倾向于销售具有适度感知和真实产品质量的二手产品,而不是质量极高或极低的产品。

参 考 文 献

Agrawal V V,Atasu A,van Wassenhove L N. 2019. OM forum—new opportunities for operations management research in sustainability[J]. Manufacturing & Service Operations Management,21（1）: 1-12.

Anderson E G,Parker G G,Tan B. 2014.Platform performance investment in the presence of network externalities[J]. Information Systems Research,25（1）: 152-172.

Babich V,Hilary G. 2020. OM forum—distributed ledgers and operations: What operations management researchers should know about blockchain technology[J]. Manufacturing & Service Operations Management,22（2）: 223-240.

Cai Y,Choi T M,Zhang J. 2021. Platform supported supply chain operations in the blockchain era: Supply contracting and moral hazards[J]. Decision Sciences,52（4）: 866-892.

Castillo M,Schifrin M. 2020. Forbes blockchain 50[EB/OL]. [2020-02-19]. https://baijiahao.baidu.com/s?id=1757882249 355156881&wfr=spider&for=pc.

Chang J,Katehakis M N,Melamed B,et al. 2018.Blockchain design for supply chain management[J]. Available at SSRN 3295440.

Chen Y J,Dai T L,Korpeoglu C G,et al. 2020. OM forum—innovative online platforms: Research opportunities[J]. Manufacturing & Service Operations Management,22（3）: 430-445.

Chod J,Trichakis N,Tsoukalas G,et al. 2020. On the financing benefits of supply chain transparency and blockchain adoption[J]. Management Science,66（10）: 4378-4396.

Choi T M. 2019.Blockchain-technology-supported platforms for diamond authentication and certification in luxury supply chains[J]. Transportation Research Part E: Logistics and Transportation Review,128: 17-29.

Choi T M, Luo S. 2019.Data quality challenges for sustainable fashion supply chain operations in emerging markets: Roles of blockchain, government sponsors and environment taxes[J]. Transportation Research Part E: Logistics and Transportation Review, 131: 139-152.

Choi T M, Shi X. 2022.On-demand ride-hailing service platforms with hired drivers during coronavirus (COVID-19) outbreak: Can blockchain help? [J]. IEEE Transactions on Engineering Management: 1-16.

Choi T M, Chow P S, Lee C H, et al. 2018. Used intimate apparel collection programs: A game-theoretic analytical study[J]. Transportation Research Part E: Logistics and Transportation Review, 109: 44-62.

Choi T M, Feng L, Li, R. 2020a. Information disclosure structure in supply chains with rental service platforms in the blockchain technology era[J]. International Journal of Production Economics, 221: 107473.

Choi T M, Guo S, Liu N, et al. 2020b. Optimal pricing in on-demand-service-platform-operations with hired agents and risk-sensitive customers in the blockchain era[J]. European Journal of Operational Research, 284 (3): 1031-1042.

Choi T M, He Y. 2019. Peer-to-peer collaborative consumption for fashion products in the sharing economy: Platform operations[J]. Transportation Research Part E: Logistics and Transportation Review, 126: 49-65.

Chu L Y, Nazerzadeh H, Zhang H. 2020. Position ranking and auctions for online marketplaces[J]. Management Science, 66 (8): 3617-3634.

DeAcetis J. 2021. Innovative blockchain technology creates new opportunities for the high-end fashion industry[EB/OL]. [2021-03-27]. https://hbantwerp.com/innovative-blockchain-technology-creates-new-opportunities-for-the-high-end-fashion-industry.

Dolgui A, Ivanov D, Potryasaev S, et al. 2020.Blockchain-oriented dynamic modelling of smart contract design and execution control in the supply chain[J]. International Journal of Production Research, 58 (7): 2184-2199.

Du S, Wang L, Hu L, et al. 2019. Platform-led green advertising: Promote the best or promote by performance[J]. Transportation Research Part E: Logistics and Transportation Review, 128: 115-131.

Dutta P, Choi T, Somani S, et al. 2020. Blockchain technology in supply chain operations: Applications, challenges and research opportunities[J]. Transportation Research Part E: Logistics and Transportation Review, 142: 102067.

Esenduran G, Hill J A, Noh I J. 2020. Understanding the choice of online resale channel for used electronics[J]. Production and Operations Management, 29 (5): 1188-1211.

Feng L, Zheng X, Govindan K, et al. 2019. Does the presence of secondary market platform really hurt the firm? [J]. International Journal of Production Economics, 213: 55-68.

Ghose A, Smith M D, Telang R. 2006. Internet exchanges for used books: An empirical analysis of product cannibalization and welfare impact[J]. Information Systems Research, 17 (1): 3-19.

Gong D, Liu S, Liu J, et al. 2019. Who benefits from online financing? A sharing economy e-tailing platform perspective[J]. International Journal of Production Economics, 222: 107490.

Hastig G M, Sodhi M S. 2020.Blockchain for supply chain traceability: Business requirements and critical success factors[J]. Production and Operations Management, 29 (4): 935-954.

Lenzing. 2020. Lenzing creates unprecedented level of traceability[EB/OL]. [2020-08-26]. https://www.lenzing.com/newsroom/press-releases/press-release/lenzing-creates-unprecedented-level-of-traceability.

Li F, Du T C, Wei Y. 2019.Offensive pricing strategies for online platforms[J]. International Journal of Production Economics, 216: 287-304.

Lin X, Zhou Y W, Xie W, et al. 2019. Pricing and product-bundling strategies for e-commerce platforms with competition[J]. European Journal of Operational Research, 283 (3): 1026-1039.

Liu W, Yan X, Li X, et al. 2020. The impacts of market size and data-driven marketing on the sales mode selection in an Internet platform based supply chain[J]. Transportation Research Part E：Logistics and Transportation Review，136：101914.

Min H. 2018. Blockchain technology for enhancing supply chain resilience[J]. Business Horizons，62（1）：35-45.

Montecchi M，Plangger K，Etter M. 2019.　It's real，trust me！Establishing supply chain provenance using blockchain[J]. Business Horizons，62（3）：283-293.

Morkunas V J，Paschen J，Boon E. 2019. How blockchain technologies impact your business model[J]. Business Horizons，62（3）：295-306.

Mutha A. Bansal S，Guide V D R. 2019. Selling assortments of used products to third-party remanufacturers[J]. Production and Operations Management，28（7）：1792-1817.

Pun H，Swaminathan J，Hou P. 2021. Blockchain adoption for combating deceptive counterfeits[J]. Production and Operations Management，30（4）：864-882.

Queiroz M M，Telles R，Bonilla S H. 2019. Blockchain and supply chain management integration：A systematic review of the literature[J]. Supply Chain Management：An International Journal，25（2）：241-254.

Ryan J K，Sun D，Zhao X. 2012. Competition and coordination in online marketplaces[J]. Production and Operations Management，21（6）：997-1014.

Saberi S，Kouhizadeh M，Sarkis J，et al. 2019. Blockchain technology and its relationships to sustainable supply chain management[J]. International Journal of Production Research，57（7）：2117-2135.

Shen B，Dong C，Minner S. 2022.Combating copycats in the supply chain with permissioned blockchain technology[J]. Production and Operations Management，31（1）：138-154.

Steinker S，Hoberg K，Thonemann U W. 2017. The value of weather information for e-commerce operations[J]. Production and Operations Management，26（10）：1854-1874.

Sundarakani B，Ajaykumar A，Gunasekaran A. 2021.Big data driven supply chain design and applications for blockchain：An action research using case study approach[J]. Omega，102：102452.

Tian L，Vakharia A J，Tan Y R，et al. 2018. Marketplace，reseller，or hybrid：Strategic analysis of an emerging e-commerce model[J]. Production and Operations Management，27（8）：1595-1610.

Wang Y L，Singgih M，Wang J Y，et al. 2019b. Making sense of blockchain technology：How will it transform supply chains？[J]. International Journal of Production Economics，211：221-236.

Wang Y，Han J H，Beynon-Davies P. 2019a.Understanding blockchain technology for future supply chains：A systematic literature review and research agenda[J]. Supply Chain Management：An International Journal，24（1）：62-84.

Wang Z Y，Zheng Z E，Jiang W，et al. 2021. Blockchain-enabled data sharing in supply chains：Model，operationalization，and tutorial[J]. Production and Operations Management，30（7）：1965-1985.

Wen X，Siqin T. 2020. How do product quality uncertainties affect the sharing economy platforms with risk considerations？A mean-variance analysis[J]. International Journal of Production Ecnomics，224：107544.

Xiao W，Xu Y. 2018. Should an online retailer penalize its independent sellers for stockout？[J]. Production and Operations Management，27（6）：1124-1132.

Xu X，Choi T. 2021.Supply chain operations with online platforms under the cap-and-trade regulation：Impacts of using blockchain technology[J]. Transportation Research Part E：Logistics and Transportation Review，155：102491.

Yan Y，Zhao R，Liu Z. 2018. Strategic introduction of the marketplace channel under spillovers from online to offline sales[J]. European Journal of Operational Research，267（1）：65–77.

Zhu Q，Kouhizadeh M. 2019. Blockchain technology，supply chain information，and strategic product deletion management[J]. IEEE Engineering Management Review，47（1）：36-44.

第 9 章　纺织行业资源分享——大数据分析视角

9.1　纺织行业发展概况

纺织行业是我国的优势行业。中国工程院 2020 年对我国制造业 26 个行业和制造业强国做了对比和分析，我国有 5 个行业处于世界先进水平，其中纺织行业处于世界领先水平（刘瑾，2022）。我国纺织纤维加工总量达 5800 万 t，占世界纤维加工总量的 50%以上，化纤产量占世界比重的 70%以上，2021 年纺织品服装出口额是 3156.9 亿美元，占世界服装出口额的三分之一以上。中国已经成为世界上规模最大、比较竞争优势最强的纺织制造基地。

纺织行业也是传统支柱产业和改革先锋行业。从历史上看，纺织行业是我国国民经济中最稳定的支柱行业部门。中华人民共和国成立之初，就集中财力、物力安排一系列纺织工业新基地和大型纺织工厂的建设，这些举国体制下的重大工程奠定了我国现代纺织工业体系的基础；进入 21 世纪以后，纺织行业成为中国市场化程度最高、竞争最充分、经济带动作用较大的行业之一，并发展出"世界工厂""衣被天下"的新局面。纺织行业中的服装、家用纺织品等民生用品，是中国社会最先告别"短缺经济"、最先由卖方市场转变为买方市场的工业经济领域。

纺织行业还是保障就业的基石行业。纺织行业与第一、二、三产业深度关联，具有很强的就业带动效应和产业延展性，创造了 2000 多万的直接就业岗位，是小微民营主体创业的重要空间。作为重要的创富产业，纺织行业具有多业态融合、产业关联紧密、产业纵深长的特征，不仅口径宽、易切入，也兼备高精尖、潜力大的属性。行业惠及 1 亿农民的生计，在满足人民生活需求、社会和谐稳定、推进共同富裕等方面作用明显。

自 2018 年中美贸易摩擦以来，俄乌冲突接踵而至，导致全球政治、经济、能源和行业供应链等危机重重，这些对中国的纺织行业造成了巨大冲击；同时，东南亚国家的成本优势和其他考量使其成为纺织产业转移的目标地点，上述综合因素使我国纺织行业竞争压力陡增；另外，中国纺织行业在领先的惯性中科技创新和模式创新的内生力量不足——这使得中国纺织行业陷入困局。如何破局？推行新范式下的资源分享是一条可行的脱困之道。

资源的优化配置是经济管理学科永恒的主题，随着互联网、大数据技术的成熟和应用的普及，分享经济作为一种资源配置的有效途径，越来越受到业界和学术界的重视。分享经济正在从消费领域延伸到企业生产、供应链层面,制造能力分享(McLaren and Agyeman,2015;Muñoz and Cohen,2017)、库存/仓储资源分享(Spiliotopoulou et al.,2016;Norde et al.,2016)、供应链资源分享(Caro and Martínez-de-Albéniz,2010)等方面的研究方兴未艾。然而,现有研究对于企业生产制造服务能力和资源分享利用的作用机理、理论依据尚缺乏深入、全面的探讨,也未概括出具有系统性的、成熟的理论体系。不论对于企业层面的资源分享,还是行业层面的资源分享研究,都十分有必要构建出一套科学的理论与方法。

　　本章拟从大数据理论切入,以新范式来研究中国纺织行业的资源分享问题,提出一套相对完善的理论方法体系。数字化是资源分享的基础,数字化要实现升级与创新,需要新的数据理论。人类已经来到了大数据时代(Gantz and Reinsel,2012),传统的决策范式在大数据环境下遇到了挑战,催生了新型的大数据决策范式,大数据能进一步激发行为洞察、风险预见和业务模式等方面的创新(陈国青等,2020)。大数据本身作为一类重要的战略性信息资源,复杂性、决策有用性、高速增长性、价值稀疏性、可重复开采性和功能多样性等管理特征,都为管理学研究提出了新的课题(杨善林和周开乐,2015)。大数据也引起了经济学研究范式与研究方法的变革,并且与社会科学其他领域在方法论上日益趋同,中国经济实践也为构建具有深厚学理基础的原创性经济理论体系提供了一个得天独厚的“富矿”(洪永淼和汪寿阳,2021)。杨善林等(2022)结合中国的医疗健康行业,提出了一套大数据驱动的知识服务方法论,提高了优质医疗资源的利用效率、基层医院的接诊能力、医疗机构的管理决策有效性。

9.2　大数据理论简明框架

　　世界不断演化,对数据的认识也日趋深化:从对信息爆炸的担忧,发展到对大数据金矿的期待。不论理论界还是实业界,都对大数据给予了高度关注。大数据的历史虽然不长,但人们对其的研究却非常丰富,已经演化为一个“大数据研究丛林”,最多的研究分为两类:一类研究是针对大数据的价值链,对数据生成、数据获取、数据存储和数据分析四个阶段进行深入、细致的研究,这类研究数量比较庞大(Hu et al.,2014);一类研究是针对大数据的应用进行的研究。

　　然而,“一千个研究者,就有一千种大数据”,大数据依然停留在一个“不言自明”的阶段,虽形成了一定的共识,但也面临着认识论困境、方法论困境、审美困境、技术困境、法律与道德两难、政治经济困境(Ekbia et al.,2015)。即使只是在管理应用层面上,随着数据范围和粒度的增大,大数据也会带来诸多的新问题(George et al.,2016)。

　　时至今日,实践和理论的双重挑战,迫使研究者逐本探源,来追问“大数据是什么"这个根本问题。Boyd 和 Crawford（2012）从 55 篇文献中梳理出了大数据的六个关键问题：大数据文化、大数据技术、应用大数据技术的学术研究、大数据分析和文化的融合、大数据乌托邦的神话、反大数据乌托邦。Chang 等（2014）提出了大数据与社会科学融合的趋势，并提出了计算社会科学范式转换的五个方向。Taylor（2016）指出数据是一种公共产品的理念所隐含的权力动力，并探讨了在数据的使用上采取特定的道德立场等一些问题。Herschel 和 Miori（2017）提出用康德主义、功利主义、社会契约论和德性论四种理论来尝试构建大数据的底层价值体系。Nunan 和 Domenico（2017）从事故理论出发，分析了大数据背后的伦理学意义。研究者的这些工作，从应用层面逐渐提炼出一系列"大数据理论"，非常有价值。

"大数据理论"，是面向大数据自身的理论体系。大数据内在地包括了三个要素：主体、客体和介质，主体是大数据的研究者和使用者，客体是要研究的事物，介质就是大数据。主体以大数据为介质认识、把握客体。所以，"大数据理论"既应该包括大数据主体的价值观、范式等，也应该包括对客体的定义和分类，还应该包括对大数据本质属性的挖掘与呈现。

9.2.1 面向大数据的事物分类

不同的维度有不同的分类，事物的分类也是如此，不同的角度，就有不同的分类。但当面向大数据时，事物的分类却可以实现聚焦。

在 McKinsey 公司的研究报告中，"大数据"指无法在一定时间范围内用常规软件工具进行捕捉、管理和处理的数据集合，是需要新处理模式才能具有更强的决策力、洞察发现力和流程优化能力的海量、高增长率和多样化的信息资产（Manyika and Chui，2011）。关于大数据的特性，最根本的是 Laney（2001）提出的"3V"模型：数据的增长是三维的，即大量（volume）、多样（variety）和高速（velocity）。从大数据的定义和特征可以发现，大数据问题都是"COM"问题：复杂（complex）、综合（overall）、多维（multidimensional），不能够采用简单的、孤立的、单一视角的方法来解决。

根据是否能够产生大数据，就可以进行面向大数据的事物分类，而本节提出的分类"标签"是：孤立或开放。

1. 事物的定义

定义 9-1　事物是自然界和社会中的现象和活动，是要素、关系和环境的集合，可表示为 $M(t,s) = \{F(t,s); R(t,s); E(t,s)\}$，其中要素 $F(t,s)$、关系 $R(t,s)$、环境 $E(t,s)$ 是关于时间 t 和空间 s 的函数。

2. 孤立事物的定义

定义 9-2　环境作用为常量的事物称为孤立事物。

孤立事物又可以分为两类，见定义 9-3 和定义 9-4。

定义 9-3　孤立简单事物。存在事物 $M(t,s)$：①拥有固定、有限的要素 $F(t,s)$，$F(t,s)$ 可以表达为一个要素常数 C^f，$F(t,s)=C^f$；②要素之间存在简单的关系 $R(t,s)$，时间 $t\in[t_0,t_1]$，$t_1-t_0=\Delta$，$s\in[s_0,s_1]$，$s_1-s_0=\varepsilon$，Δ 和 ε 是一个较小的数；③环境对事物的影响可以忽略，$E(t,s)$ 可以表示为空集 $\varnothing$；④ $M(t,s)=\{C^f;R(t,s);\varnothing\}$，这类事物即孤立简单事物。

定义 9-4　孤立复杂事物。存在事物 $M(t,s)$：①要素 $F(t,s)$ 是关于时间和空间的简单函数，时间 $t\in[t_0,t_1]$，$t_1-t_0=\Delta$，$s\in[s_0,s_1]$，$s_1-s_0=\varepsilon$，Δ 和 ε 是一个较小的数；②有复杂要素间的关系 $R(t,s)$，时间 $t\in[t_0,t_n]$，$t_n-t_0=\eta$，$s\in[s_0,s_n]$，$s_n-s_0=\mu$，η 和 μ 是一个较大的数；③环境对事物的影响可以忽略，$E(t,s)$ 可以表示为空集 $\varnothing$；④如果 $M(t,s)=\{F(t,s);R(t,s);\varnothing\}$，这类事物定义为孤立复杂事物，如围棋。

3. 开放事物的定义

定义 9-5　与环境难以分割，与环境互相渗透、互相影响的事物定义为开放事物。存在事物 $M(t,s)$：①要素 $F(t,s)$ 是关于时间 t 和空间 s 的函数；②有较为复杂的要素关系与环境关系 $R(t,s)$，时间 $t\in[t_0,t_n]$，$t_n-t_0=\eta$，$s\in[s_0,s_n]$，$s_n-s_0=\mu$，η 和 μ 是一个较大的数；③环境对事物的影响强烈而复杂，$E(t,s)$ 是一个复杂函数，时间 $t\in[t_0,t_n]$，$t_n-t_0=\eta$，$s\in[s_0,s_n]$，$s_n-s_0=\mu$，η 和 μ 是一个较大的数；④ $M(t,s)=\{F(t,s);R(t,s);E(t,s)\}$，这类事物定义为开放事物。

开放事物突破了一般系统论对系统的定义，即不把环境和事物完全割裂开来，而是强调事物与环境的动态交互演化关系。$M(t,s)=\{F(t,s);R(t,s);E(t,s)\}$ 可以随时间 t 演化为 $M'(t,s)$，也可以随空间 s 演化为 $M''(t,s)$。同时，事物与事物之间的关系也是相互作用的，如存在事物 $M(t,s)_1$ 与事物 $M(t,s)_2$ 互为环境。

4. 边界定义

定义 9-6　事物与环境的区隔称为边界。边界 $B(m)$ 具有以下特征。

（1）边界既不属于事物，也不属于环境：$B(m)\notin M(t,s)$，$B(m)\notin E(t,s)$。

（2）孤立事物的边界是确定的：$B(m)=C$。

（3）开放事物的边界具有可变性、模糊性和复杂性，受到事物、环境、关系的影响，可以表达为三者的函数：$B(m)=\{M(t,s);E(t,s);R(t,s)\}$。

9.2.2　大数据问题定义

孤立复杂事物 $M(t, s) = \{F(t, s); R(t, s); \varnothing\}$ 和开放事物 $M(t,s) = \{F(t, s); R(t, s); E(t, s)\}$ 所形成的一些问题，会成为大数据问题。

定义 9-7　需要用整体描述和外描述范式描述的问题，称为大数据问题。

1. 整体描述

定义 9-8　还原描述是指把整体事物分解来描述事物的数据分析范式。

定义 9-9　整体描述是指从事物整体来描述事物的数据分析范式。

还原描述通过层层分解把事物简化，简洁优美，是传统数据分析的基本范式。而整体描述则关注事物的整体系统特征，虽略显复杂，但对事物的揭示更加全面。科学史上，还原论和整体论的论辩一直存在，牛顿的三定律、麦克斯韦方程组、爱因斯坦的相对论等都是还原论的成就。在整体论方面，虽然东方哲学一直有整体论的传统，但现代科学的整体论代表则以贝塔朗菲一般系统论、普利高津的耗散结构理论、哈肯的协同学、艾根的超循环论等复杂性科学的提出为肇始。复杂性科学家提出的"把复杂性当成复杂性"的口号，是对还原论范式的一个革命性升级。

还原论和整体论的差别本质上是由数据量约束形成的。如果数据量足够大，则整体论所揭示的整体性、关联性、层次性、统一性、涌现性等系统属性也可以层层还原揭示出来，即转化为可还原的整体论。在大数据条件下，整体论和还原论可以实现统一，实现"还原描述 + 整体描述"的范式转换。最为经典的 K-means 聚类算法（Cover，1968）和最大期望（expectation maximization，EM）算法（Dempster et al.，1977）都是把所有研究事物看成一个整体，分析其属性簇并进行聚类，就可以看作整体描述方法。

整体描述能够对应孤立复杂事物所形成的大数据问题，研究路径如下。

（1）把所研究的事物定义为一个母系统的子系统，首先描述母系统。

（2）研究母系统各个子系统之间的关系。

（3）确定所研究事物的边界。

（4）根据母系统的整体特性和各个子系统的关系，进一步研究事物边界内的要素及其关系。

2. 外描述

定义 9-10　内描述是指通过事物的内在要素数据以及要素之间的关系数据来描述事物的分析范式。

定义 9-11　外描述是指通过环境变量数据来描述事物的分析范式。

在数据量有限的约束下，传统数据分析普遍采用内描述范式。内描述是分析事物、认识事物的主要方法与手段。尽管在这一条件下也有采用外描述的情形，但外描述并不流行。随着事物要素数据量、要素间的关系数据量以及环境数据量的增加和计算能力的发展，许多以往仅通过要素数据与要素间的关系数据无法描述的事物，现在可以用环境变量数据来加以描述。并且外描述方式与方法将越来越流行而成为主流方法。通过外描述与内描述的有效结合，人们认识事物的方法与手段有了很大的提高。这就使许多以往无法认识的事物的深入理解与处理成为可能。

主、客体的对立仅仅发生在反思的水平上，主、客体实际上是不可分的。所以，外描述也就是内描述的扩展，外描述超越原有内描述的局限，会带来不一样的真相。外描述和内描述的统一，是真实地把握这个世界的内在要求。所以，大数据催生出的外描述是第一个范式转换。

大数据分析的经典 K 最近邻（k-nearest neighbour，KNN）分类算法，初步体现了外描述的思想：如果一个样本在特征空间中存在 k 个最相似（即特征空间中最邻近）的样本，它们其中的大多数样本属于某一个类别，则该样本也属于这个类别（MacQueen，1967）。

外描述能够应对开放事物所形成的大数据问题，研究路径如下。

（1）基于所研究事物的立场，定义事物的环境，超越原有事物的立场与视角，以更长的时空、更复杂的系统关系来确定外部环境。

（2）把环境作为研究对象，展开研究、描述。

（3）从环境的研究结论中，根据演化的时空坐标，进一步描述短时间、小环境、简单关系的假设初始事物状态。

（4）研究确定既不属于假设初始事物，也不属于环境的边界，定义出大数据问题的范围和界限。

（5）对定义的大数据问题展开研究。

3. 定义解析

本节不直接研究事物对象而用描述范式来定义大数据问题，这是因为以下两点。

（1）虽然大数据问题产生于孤立复杂事物或开放事物，但不论是孤立复杂事物还是开放事物，均可能产生非大数据问题。

（2）范式与方法就是问题本身，整体描述或外描述所描述的问题一定是大数据问题，大数据问题一定要用整体描述或外描述来描述。

9.2.3　大数据环境下的几个基本公理

康德指出：在直观中一个物体的表象根本不包含能够属于一个对象自身的东西，而只包含某物的显象和我们由此被刺激的方式（康德，2004），即"物自体"是认识之外的不可认识之物。虽然不可认识，但还要认识，最理想的状态就是认识能够"无限接近"物自体，大数据为这种"无限接近"创造了可能。

不论是大数据的"大"，还是大量、多样和高速，都是大数据的外在特征，而大数据作为认识事物的新介质，目的是要更加无限接近康德所谈及的"物自体"，其内在必然具备与"物自体"相联系的本质属性。大数据的本质属性一定是"物自体"的属性，或者能反映出与"物自体"的关系。

采用整体描述和外描述范式是揭示大数据的本质属性的必由之路，但整体描述和外描述主要描述什么呢？是时间、空间与系统的两个一致性：整体、部分的一致性与环境、内部的一致性。基于此，本节提出如下四条公理。

1. 时间公理

时间公理：恰当的时间区间数据可以描述大数据问题。

时间是一切事物存在的境域，事物的阐释都可以依据"时间性"来进行（海德格尔，2015）。时间性是事物的本质属性，作为事物映射的大数据也有此属性，事物的时间属性通过大数据映射为一个恰当的时间区间。给定任意事物，必存在一个有限的时间阈值 T，使得在 $t \leqslant T$ 的时间范围内能够完整地刻画该事物。

2. 空间公理

空间公理：恰当的空间区间数据可以描述大数据问题。

空间性是事物的本质属性，作为事物映射的大数据也有此属性，事物的空间属性通过大数据映射为一个恰当的空间区间。给定任意事物，必存在一个有限的空间阈值 S，使得在 $s \leqslant S$ 的空间范围内能够完整地刻画该事物。

3. 系统公理

系统公理：恰当的系统内部关系数据可以描述大数据问题。

系统性是事物的本质属性，作为事物映射的大数据也有此属性，事物的系统属性通过大数据映射为恰当的系统关系区间（细粒化水平）。拓展事物的时空之后，必定要有海量数据才能描述其系统属性；同时，系统属性强调"描述"事物的内外部关系，不论是相关关系还是因果关系。

4. 一致（有界）公理

一致（有界）公理：恰当的有界数据与事物具备一致性，可以描述大数据问题。时间、空间、系统三公理是一致（有界）公理的特殊形式。

大数据之大，不单单是指数据量大，更主要的是表明其与所研究事物的一致性，它通过大数据映射为"真实"信息。事物边界决定了研究所需的大数据边界；若时间、空间无限延长放大，则系统整体将无限逼近于事物本身。

9.2.4　四个公理的作用总结

如图 9-1 所示，本节提出了一个面向大数据自身的简明"大数据理论"架构：面向大数据对事物进行了分类，定义了孤立复杂事物和开放事物，进而从对应的整体描述和外描述范式给出了大数据问题的定义，最后提出了大数据的四个公理。特别要说明以下三点。

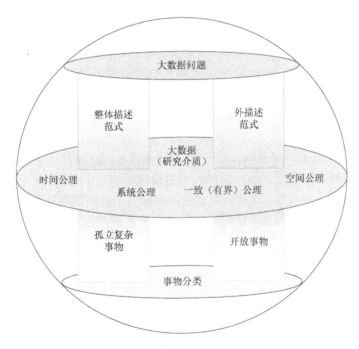

图 9-1　简明大数据理论架构

（1）当今时代科技的迅猛发展所产生的大数据，使整体描述和外描述成为可能，整体描述和外描述的内在机理则是四个大数据公理。

（2）对于开放事物，边界是解决大数据问题的关键之处。秉承"否定之否定"的原则，定义边界既不属于事物，也不属于环境，并在此基础上确定所研究事物的范围，避免大数据问题的过度简化或复杂化。

（3）随着大数据越来越引起人们的重视与思考，以往人类的主要研究与思考方法——因果分析（逻辑分析）的模式将被人们重新审视。逻辑分析所存在的问题在于任何逻辑分析都有一个起点，而这个起点的存在或正确与否将对逻辑分析的结果产生决定性的影响。对起点的论证将是极其困难的，所以用描述范式来定义大数据问题，隐含了范式即问题、问题即范式的定义思路。因而大数据问题与整体描述、外描述两种范式都可以作为分析的起点。

9.3　大数据研究范式

9.3.1　第四范式的认识论展开

图灵奖得主、关系型数据库的鼻祖吉姆·格雷（Jim Gray）曾提出将科学研究分为四类范式（paradigm），依次为：以实验归纳为主的"第一范式"（the first paradigm），记录和描述自然现象，其典型案例如钻木取火；以模型推演为主的"第二范式"（the second paradigm），利用模型归纳总结过去记录的现象，发展出"理论科学"，其典型案例如牛顿三定律、麦克斯韦方程组、相对论等；以计算仿真为主的"第三范式"（the third paradigm），对复杂现象进行模拟仿真，推演出越来越多复杂的现象，其典型案例如模拟核试验、天气预报等；数据密集型科学发现（data-intensive scientific discovery）的"第四范式"，整合理论、实验和计算，进而能在未知的情况下进行分析，发现其中的规律。

本节从认识论的视角，对第四范式的内涵做一个具体的展开：从认识的客体、认识的介质、认识的主体三个维度，剖析四种范式的演化路径。

1. 认识的客体——事物

世界是事物与认识的综合，对事物（客体）的定义是认识的初始假设，属于认识论范畴。

认识是主体通过某种介质把握客体的过程。认识可以分解为选定对象、切入对象、获取信息、分析信息、得到结论几步。不同的认识论范式如同用电子计算机断层扫描（computer tomography，CT）或用磁共振成像（magnetic resonance imaging，MRI）来检查病变，对事物的定义、切入方式是有差别的。

事物是兼具空间、时间、关系三个维度属性的存在，多维、纵深、累积、联系是事物的基本特征。事物有其空间属性，即一定的质料以特定空间结构的组合。

事物有其时间属性，即一定时间段的累积。事物有其关系属性，即与环境和其他事物存在相互作用的关系。

存在：历史的积累称为存在。历史的积累包括时间维、空间维和关系维三个维度。

将在：未来的趋向称为将在。

此在：认识当时所对应的存在称为此在。

第一范式的对象为短暂、表面、孤立的存在；第二范式的对象为短暂、深入、有联系的存在；第三范式的对象为长期、深入、有联系的存在；第四范式的对象为长期、整体、复杂的存在。

2. 认识的介质——数据

人类与数据的关系大致可以分为四个阶段。

1）第一范式的介质：基于微数据的现象存储

人类在语言文字出现之前，对数据的感知是现象存储，即可以记住居住环境、劳动场景、人群关系等。

现象存储阶段的特点是：数据量微少；形式单一、个人存储；数据不能够呈现给其他人。

此阶段对应人类认识世界过程的认识阶段。

2）第二范式的介质：基于小数据的符号表达

人类熟练使用语言后，首先用语言分享数据，进而用结绳记事等方式把数据以共享的形式存储和表达出来，文字出现后，数据的表达更为充分，如玛雅人使用三个符号：一点、一横、一个代表零的贝形符号就可以表示任何数字；玛雅人在历法方面则使用到了巨量数字单位，例如，其最大的纪年单位 1 阿托盾等于如今的 23 040 000 000 天。

符号表达阶段的特点是：是第一阶段的抽象与映射；数据量开始变大，但依然较少；数据可以共享；数据的形式开始多样。

此阶段对应人类认识世界过程的获取阶段。

3）第三范式的介质：基于中数据的算法提炼

随着科技的进步，人类所能支配的能量越来越大，对数据的获取、处理和应用能力越来越强，例如，在经济往来与金融计算、工程计算、天气预报与天文研究、有限元方法（工程测量）与微分方程求解（天气预报）、理论计算机科学与计算复杂性等方面，算法的研究越来越深入。

算法提炼阶段的特点是：通过算法对符号表达做了更为深入的抽象与提炼；出现了中量数据；算法已经自成体系，迅猛发展；与计算机的结合越来越密切，处理数据的能力越来越强。

此阶段对应人类认识世界过程的条件性获取阶段。

4）第四范式的介质：基于大数据的现实呈现

大数据时代最大的转变就是放弃对因果关系的渴求，取而代之的是关注相关关系。也就是说，只要知道"是什么"，而不需要知道"为什么"。从这个意义上看，大数据是直接返回到康德所提出的"物自身"，用大数据打通现象和"物自身"的鸿沟，把"物自身"更真实地呈现出来——在这个意义上，大数据就是一种"现量直观"。但需要说明的是，这种大数据的现实呈现不是静态和孤立的，"物自身"是一个动态而普遍联系的"存在"。

现实呈现阶段的特点是：海量数据；数据更强调整体性和全面性；需要新的范式、原理和方法；需要大量的能量或科技水平支撑。

3. 认识的主体——智能

智能可以呈现并被理解的称为认识，认识的四种范式是一个维度提升的过程。

第一范式的认识：由线及面。

第二范式的认识：由面及块。

第三范式的认识：由块及整。

第四范式的认识：由整及实。

人类认识世界的深度（科学方法）存在一个演化的过程，其过程体现出存在性和构造性两种论证过程。

1）存在性论证

人类认识这个世界的过程是一个漫长而复杂的过程，有许多的片段应该与植物与生物演化的过程有相近之处。对于自我存在与外部存在的认识是认识世界与自我的开始，这本身就是一个深刻的哲学与科学问题。对存在的理解与认识并不是一个简单的问题。笛卡儿"我思故我在"的思想给了许多哲人以启发。

从科学的角度论证一个事物或现象的存在是一项伟大的科学工作，其中也包括论证一个事物或现象的不存在。值得注意的是，所有的论证实际上都是有前提的（或隐含着某些前提），而这些前提是否成立往往需要更进一步的论证工作。对某些事物或现象存在的默认，对人的世界观、人生观、价值观都是有很强的暗示作用的。一旦发现以往的认知错误，进行修正就需要付出更加巨大的代价，并且可能经历一个较长的过程。人们在经过一个较长的试错过程后通常会对已经默认的暗示进行必要的修正。

2）构造性论证

科学的研究方法中，除了存在性论证外，还有一种构造性论证，就是给出一种方法论证事物或现象是可以拿出来的，并且给出了拿出来的方法。这样关于该论证的事物或现象的存在性就不言而喻了。更进一步，随着计算机的出现，在现实中许多需求不仅要可获取，而且要在限定的条件或限定的时间内获得所需要的结果。特别值得注意的是，从存在性到可获取性再到限定条件下的获取，这几个过程的实现是可以随着获取者的能量的增加逐步实现的。而获取者能量的要求也通常会随着新技术、新工艺的发现而逐渐降低。例如，计算机的发展从电子管到晶体管再到大规模集成电路。

在一定的时期内，人们从认识到事物的存在，到事物的可获取，再到限定的时间内可获取，其中所需要的能量会越来越大，当然，随着科技的进步，同样的认识深度所需要的能量会越来越少，三者之间有如图 9-2 所示的关系。

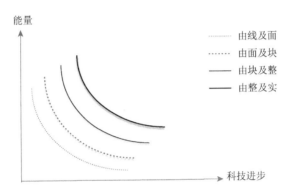

图 9-2　认识事物深度与所需能量及科技进步之间的关系

仔细观察这四种范式的演进可以发现，不同的研究范式针对的是不同的研究对象，随着范式的进步，所研究的问题或对象也越来越复杂。

前三个范式主要针对简单、孤立的问题，这类问题大多可以不考虑问题所处的环境或可以在一定的假设下完全孤立地加以描述与分析。而第四范式所针对的问题主要是与环境变量强相关（如经济、政治）或非简单的孤立问题（如围棋）。

四个范式与认识演化、数据演化是存在内在联系的，如表 9-1 所示，如果以数据演化为轴，则基于微数据的现象存储属于认识阶段，可归为第一范式；基于小数据的符号表达属于获取阶段，横跨第一范式和第二范式；基于中数据的算法提炼属于限定性获取，可归为第三范式；基于大数据的现实呈现也属于限定性获取，可归为第四范式。

表 9-1　认识、数据与范式三者演化的关系

对象演化	介质演化	认识演化	范式演化
短暂、表面、孤立的存在	基于微数据的现象存储	由线及面	第一范式
短暂、深入、有联系的存在	基于小数据的符号表达	由面及块	第二范式
长期、深入、有联系的存在	基于中数据的算法提炼	由块及整	第三范式
长期、整体、复杂的存在	基于大数据的现实呈现	由整及实	第四范式

9.3.2　大数据研究范式的转换

面对海量数据，传统的数据处理方法已经力不从心。那么，真正需要改变的仅仅是处理数据的方法吗？其实，怎么看待大数据，即大数据的价值观问题是首先要加以思考的。大数据事实上已经成为不同于传统数据的新生事物，刻画新事物需要有描述新范式。

1. 从内描述到外描述

内描述（以往范式）借助事物内在要素数据以及要素之间的关系数据，外描述（新兴范式）借助环境变量数据。内描述和外描述所刻画的事物是存在差别的，外描述会带来不一样的真相。外描述和内描述的统一，是真实地把握这个世界的内在要求。所以，大数据催生出的外描述是第一个范式转换。

2. 从还原描述到整体描述

还原描述把整体事物分解分层刻画；整体描述直接对事物整体进行刻画。在大数据条件下，整体论和还原论可以实现统一，实现"还原描述 + 整体描述"的范式转换。

3. 从降维描述到升维描述

降维描述是指主要通过把事物降维简化来刻画事物的数据分析范式；升维描述是指以复杂性应对复杂性，乃至增加维度来刻画事物的数据分析范式。

一般认为，降维描述通过降维简化的方法，是传统数据分析范式。升维描述以复杂性应对复杂性，往往被认为更全面的同时也更复杂。但应当看到，从事物刻画的角度看，升维本身可以理解为一个简化的过程——如初等数学中的复杂难题在高等数学中可以迎刃而解。当然，不论更复杂还是更简单，升维对数据量和计算能力要求都更高。大数据为升维描述创造了条件，升维描述和降维描述的交替使用，也将是大数据分析的新范式。

9.3.3　大数据问题的解决方法

1. 否定之否定方法

否定之否定方法是外描述和内描述范式相结合的、从空间公理和一致公理推演出的大数据处理方法，其流程如下。

（1）从所研究事物的环境入手，来定义和刻画所研究事物周围的事物。

（2）通过刻画不是所研究的事物，反过来剥离梳理出所研究的事物。

（3）所研究的事物轮廓清晰后，进一步研究其细节。

2. 由整体到个体（部分）方法

由整体到个体方法是还原描述和整体描述范式相结合的、从系统公理和一致公理推演出的大数据处理方法，其流程如下。

（1）把所研究的事物定义为一个母系统的子系统，首先刻画这个母系统。

（2）研究母系统各个子系统之间的关系。

（3）根据母系统的整体特性和各个子系统的关系，进一步研究所研究事物的内在要素及其关系。

3. 从环境到事物方法

对于一个开放系统，对环境的充分描述可以比较准确地把握事物属性。对所期望的结果，如果能创造合适的环境，则自然能达到所期望的结果，其流程如下。

（1）刻画事物的环境。

（2）把事物视为环境的一部分，从环境出发刻画事物。

（3）刻画事物的细节。

4. 先升维后降维方法

先升维后降维方法是从降维描述到升维描述范式相结合的，从时间公理、空间公理、系统公理和一致公理推演出的大数据处理方法，其流程如下。

（1）以更长的时间长度、更广阔的外部环境、更复杂的系统关系视角来刻画所研究的事物。

（2）刻画所研究事物的演化状态。

（3）根据演化的时空坐标，进一步刻画短时间、小环境、简单关系的事物状态。

9.4　纺织行业的整体描述与外描述

9.4.1　资源分享下的边界描述

企业层面的资源分享是指企业与其他企业有偿或无偿地使用或占用资源，通过优化资源配置效率来促进企业福利的增加。行业层面的资源分享是指行业内各企业、子系统或者一个行业与其他行业或者一个区域与其他区域，有偿或无偿地使用或占用资源，通过优化资源配置效率来促进行业福利的增加。

边界描述是大数据范式的关键环节，如果边界太大，出现冗余信息，会使研究难度倍增；如果边界太小，对象描述不完全，则得不到正确结果。因为数据是事物的映射，所以边界描述首先表现为边界的数据描述。

按照大数据研究范式，资源分享会引发事物边界发生迁移，主要可以分为以下三种情况。

1. 行业内企业间资源分享的边界

定义 A、B 均为行业 T 内的企业。研究对象 A 因与 B 的资源分享，二者的并集就成为新的研究对象 A'。A' 的边界就是资源分享下的新边界，该边界依然处于行业边界之内。对 A' 用数学符号刻画如下：

$$A' = A \bigcup B, \quad A \subset T, B \subset T, A' \subset T$$

案例 1：棉纺供应链上的库存分享边界。

如图 9-3 所示，在棉纺供应链上，存在染整企业 A 和棉纺企业 B，在供应链中二者没有直接的供销关系。染整企业 A 因环保政策，产量比设计产能减少 30%，仓储面积产生了 200 000m² 左右的剩余，拟通过资源分享实现一定的收入提高。棉纺企业 B 因市场等因素，棉花和纱线库存增加，需要额外 80 000～120 000m² 的波动库存。因 A、B 企业是同一家织造企业 C 的客户和供应商，A 企业把仓储资源以市场价格分享给 B 企业，B 企业将部分棉纱存放在 A 仓库。织造企业 C 在送坯布至 A 企业染整时，不再空车返回，而是根据棉纺企业 B 的指令，装运棉纱返回织造企业。A 企业实现了仓储资源分享并获得了市场化收益，B 企业获取了比之第三方仓储的空车配货更优惠的折扣。

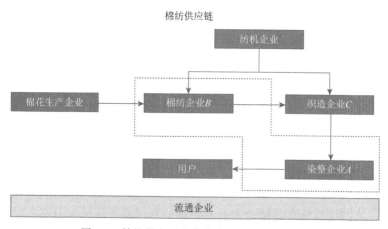

图 9-3 棉纺供应链上的库存分享边界示意图

在此资源分享过程中，染整企业 A 和棉纺企业 B 由只是互为环境，在仓储管理方面转化为一个整体：A 企业的库存管理，由自身的进产销存数据拓展为要加上 B 企业的进产销存数据。问题边界拓展，数据边界也拓展。不过在拓展后，A 和 B 企业库存管理的新边界依然在纺织行业的边界之内。

2. 行业与行业外企业间资源分享的边界

定义 A 为行业 T 内的企业，D 为行业 T 之外的企业，后者可看作企业 A 的环境。因研究对象 A 与 D 的资源分享，二者的并集为一个整体，成为新的研究对象 A'。A' 的边界就是资源分享下的新边界，该边界拓展了行业边界。对 A' 用数学符号刻画如下：

$$A' = A \cup D, \quad A \subset T, D \not\subset T, T' = T \cup D, A' \subset T'$$

案例 2：企业跨行业的库存分享边界。

案例 1 中的染整企业 A，在行业内向 B 企业进行仓储能力分享后，还有 $100\ 000\text{m}^2$ 左右的仓储能力剩余。因 A 企业隔壁有一家光伏行业的石墨企业 D，近年来仓储需求增长较快，自身仓储能力不足，所以 A 企业向 D 企业分享了 $100\ 000\text{m}^2$ 的仓储资源。

在此资源分享过程中，A 企业和 D 企业由只是互为环境，在仓储管理方面转化为一个整体：A 企业的库存管理，由自身的进产销存数据拓展为要加上 D 企业的进产销存数据。问题边界拓展，数据边界也拓展。

如图 9-4 所示，在拓展后，A 和 D 企业库存管理形成的新边界，已经越过了纺织行业（T）的原有边界，形成了纺织行业新的边界（$T \cup D$）。A 企业的库存主要受到纺织行业内部要素的影响，D 企业的库存主要受到光伏行业内部要素的影响，但因二者的整体性，纺织行业与光伏行业的边界形成了新的交集（$A \cup D$）。当只有个别企业进行资源分享时，这种边界交集对两个行业影响不大，但当资源分享的企业越来越多时，行业边界的交集会越来越大，两个行业的交互影响增强，行业边界的确定难度也相应增加。

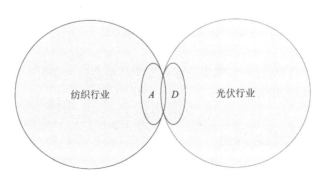

图 9-4　企业跨行业的资源分享边界示意图

3. 行业与环境间资源分享的边界

定义 E_1 为行业 T_1 的部分环境，E_1 为其他行业或者其他国别等环境。研究对象 T_1 因与环境 E_1 的资源分享，二者的并集为一个整体，成为新的研究对象 T_1'。T_1' 把环境 E_1 转化为研究对象，其边界就是资源分享下行业的新边界，该边界拓展了行业边界。对 T_1' 用数学符号刻画如下：

$$T_1' = T_1 \bigcup E_1, \quad T_1 \subset T_1'$$

案例3：跨行业的物流资源分享边界。

很显然，纺织行业和物流行业是两个独立的行业，二者往往被视为对方的环境。随着物流行业的发展，越来越多的纺织行业企业选择第三方物流企业提供物流服务；同时，纺织行业企业的很多仓储、园区等资源也被很多物流企业分享。这种双向的资源分享流动，达到一定阈值，两个行业就由互为外部环境转换为一定的整体性。例如，在2021年，海运价格暴涨10倍，对纺织行业形成较大的冲击，其根本原因在于二者已经形成了较强的内在整体性。

在跨行业的资源互动分享中，纺织行业 T_1 和物流行业 T_2 在物流管理方面转化为一个整体：T_1 行业的物流管理，由行业内部的供应链数据拓展为要加上 T_2 行业的供应链数据。从物流管理问题角度，行业边界变为 $T_1 \bigcup T_2$，数据边界也相应拓展，如图9-5所示。

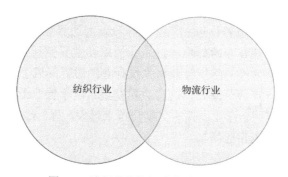

图9-5　跨行业的资源分享边界示意图

跨行业的资源分享边界，确定的难点在于环境在何种条件下转化为整体，需要科学的外描述模式和方法。

9.4.2　纺织行业的整体描述

纺织行业作为一个影响国计民生的重要行业，非常显著地表现出系统特征的

"二象性"：一种特征是行业独立性，即行业与其他行业具有较为明显的区别——该区别有时候表现为形式的，有时候表现为内容的；一种特征是行业开放性，即行业与外部环境互相作用、互相影响——该作用和影响都是内容的。接下来，首先用整体描述来刻画纺织行业的独立性特征，包括母系统描述、子系统描述、边界和要素描述三个部分。

1. 母系统描述

行业是从事相同性质的经济活动的所有单位的集合。广义的纺织行业主要是指从事以下经济活动的所有单位的集合：天然纤维或化学纤维的生产；纺织纤维预处理、纺纱、织造和针织机械的制造；用天然纤维或化学纤维加工而成各种纱、丝、绳、织物及其色染制品；将各种天然或合成高分子材料经过生产、加工制得服装产品及其饰品。

根据《国民经济行业分类》（GB/T 4754—2017）的说法，纺织行业范围很广，完整包括 31 个制造业中的 3 个：纺织业、纺织服装与服饰业、化学纤维制造业，还包括专用设备制造业中的纺织专用设备制造，以及与批发业、交通运输、仓储相关的纺织流通。从系统论的角度，纺织行业母系统可以分解为 12 个子系统：纺织机械子系统、化学纤维子系统、棉纺织子系统、毛纺织子系统、丝绸子系统、印染子系统、针织子系统、长丝织造子系统、家用纺织品子系统、产业用纺织品子系统、服装与服饰子系统、纺织流通子系统。

上述子系统共同构成一个整体的纺织产业母系统，其背后的机理是具有共同的多重系统属性。

（1）需求指向一致性：纺织产业的需求从最初的"衣食住行"的"衣"，拓展为服装、装饰、流行产品、家用纺织品需求，进一步发展为高性能纤维材料、纺织复合轻结构材料、生物医用纺织品等产业用纺织品需求，虽然需求形态不断升级，但需求指向具有逻辑的一致性。

（2）制造工艺相似性：纺织产业的核心制造工艺包括纤维制造、纺织、印染、制成品制造，各子系统都可以归类于其中的某一个或几个工艺。

（3）资源禀赋同质性：作为资源加工型产业，纺织产业对棉、毛、麻、丝等天然纤维资源，以及生产化学纤维的化石原料资源依赖性大；同时，纺织产业兼具劳动密集型和资金密集型特点——纺织产业各子系统在资源禀赋方面表现出较强的同质性。

（4）市场竞争开放性：作为国有企业改革脱困的突破口，1997 年中国纺织行业率先进行市场化改革，目前已经成为市场化程度最高的行业之一。在国内市场中，各个子系统充分竞争；在国际市场上，虽然存在一些国际贸易壁垒，但总体上各子系统也都充分参与了国际市场竞争。

2. 子系统描述

纺织行业系统的 12 个子系统，按照纺织行业供应链的作用可以分为 4 类，如图 9-6 所示。

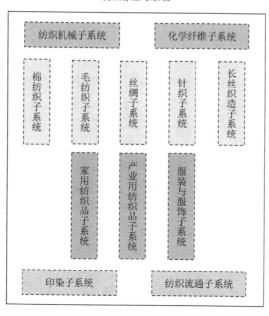

图 9-6　纺织行业系统整体描述示意图

第一类：纺织行业供应链上游子系统，包括纺织机械子系统和化学纤维子系统，为下游子系统提供生产设备和生产原料。

第二类：纺织行业供应链中游子系统，包括棉纺织子系统、毛纺织子系统、丝绸子系统、针织子系统、长丝织造子系统，生产纺织行业供应链的中间产品。

第三类：纺织行业供应链下游子系统，包括家用纺织品子系统、产业用纺织品子系统、服装与服饰子系统，生产纺织行业供应链的终端产品。

第四类：纺织行业供应链基础子系统，包括印染子系统、纺织流通子系统，为纺织行业其他子系统提供印染、物流和商贸支持。

作为整体纺织行业母系统的子系统，存在以下特征。

（1）产业网络：类际之间存在明确的供应链合作关系，类内子系统也存在行业或企业的竞合关系，各子系统构成了一个密切联系的产业网络。

（2）边界开放：各个子系统之间的边界较为模糊，很多企业都是跨子系统的，如民营纺织业龙头之一的山东魏桥创业集团，一个企业就涉足了棉纺、针织、服装、印染、纺织流通等多个子系统。

（3）数据易获：从 1949～1993 年的纺织工业部、轻工业部，1993～2001 年的中国纺织总会、纺织工业局，到 2001 年转设的中国纺织工业协会和 2011 年开始的中国纺织工业联合会，纺织行业一直有官方或半官方的主管部门。因此，从信息经济学的视角，纺织行业内部各子系统规模以上企业的全局信息和本地信息获取都比较充分，未来子系统行业数据获取也比较容易。

　　3. 边界和要素描述

　　本节要研究的是纺织行业的资源分享问题，从整体描述立场，即以纺织行业母系统作为边界，研究母系统内部各子系统的资源分享问题。

　　从整体描述的视角，纺织行业的资源要素（因货币资源理论上可以直接转化为所有资源，所以不单独分析）可以分为以下几种。

　　原料资源：包括原材料和能源动力资源。

　　生产资源：包括生产设备、生产能力等资源。

　　物流资源：包括仓储、搬运、运输等资源。

　　销售资源：包括国际贸易和国内销售两类资源。

　　科技资源：包括实验室、科研设备、中试基地的硬科技资源和组织、管理理论及技术、信息等软科技资源。

　　知识产权和商誉资源：包括著作权、专利权、商标权和商誉资源。

　　数据资源：包括行业和企业所产生的实体数据、交易数据、行为数据和统计结果数据，以及用以产生、加工、存储和使用数据的各种资源。

　　人力资源：生产、流通、科技、管理等各类企业和行业从业人员。

　　借鉴资源基础理论，将纺织行业资源划分为三类：原料资源等硬资源，生产、物流、销售、科技、数据等软资源，以及人力资源。

9.4.3　纺织行业的外描述

　　前面用整体描述刻画了纺织行业的独立性特征，接下来用外描述来刻画纺织行业的开放性特征，包括环境描述、边界描述两个部分。

　　1. 环境描述

　　环境可以采用不同角度进行描述，以大数据理论为基础，可以用时间环境、空间环境和系统环境来描述。

　　时间环境：能够表征纺织行业在发展中次序特征的环境是时间环境，包括历史环境、现实环境和未来环境。

空间环境：能够表征纺织行业在发展中结构特征的环境是空间环境，包括自然地理环境以及附带的行业资源环境。对于中国的纺织行业来说，空间环境既包括行业所依托的土地、河流、海洋等自然环境，矿产、能源等硬资源环境，也包括周边国家的纺织行业的资源禀赋和发展态势等国际行业环境。

系统环境：能够表征纺织行业在发展中关系特征的环境是系统环境，包括政治、经济、社会文化、科学技术等宏观环境，政策、市场、金融、贸易等中观环境，人力资源、软资源、供应链等微观环境，系统环境是纺织行业最关键的环境。

纺织行业的时间环境、空间环境和系统环境不是孤立存在的，而是"一即三、三即一"地交织、整合在一起，按照前面构建的大数据理论框架，环境描述也并不是要把所有的环境要素都纳入研究，而是根据所要研究问题的需要，根据问题演化的时空坐标，进一步确定短时间、小空间、简单关系的行业外描述范围（如图9-7中的立方体）。通过环境描述，纺织行业不再是单纯地从行业内部来描述，而是把外部环境纳入了行业描述，可以更好地呈现纺织行业的开放性，对行业的刻画也更加真实。

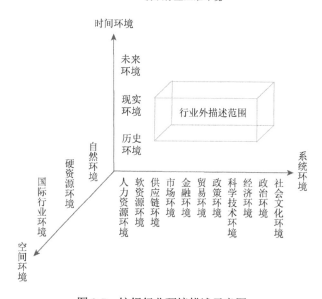

图 9-7　纺织行业环境描述示意图

2. 边界描述

确定了大致的行业描述范围，还需要进一步地准确描述范围的边界。落实到纺织行业的资源分享问题，拟采用如下边界描述。

时间边界：考虑在计划经济时代纺织行业不存在市场化资源分享，所以时间边界的起点设定为 1978 年 12 月；第二个关键里程碑是加入世界贸易组织的 2001 年 12 月；第三个关键里程碑是中美贸易摩擦正式开始的 2018 年 9 月，第四个关键里程碑是新冠疫情暴发的 2019 年 12 月；将现实时间边界定为 2023 年度，考虑行业长期预测的有效性，不妨把研究的时间终点设定为 10 年之后。

空间边界：一方面，大数据理论框架下的行业资源分享要突破单一国家资源的限制；另一方面，也要考虑资源分享的空间的制约特质。所以不妨将自然环境边界和国际行业环境设定为亚洲；硬资源环境设定为全球（资源供应全球一体化）。

系统边界：系统环境的要素众多，对纺织行业的影响呈现为非线性形态的"关系"，边界不如时间和空间那样清晰，因此系统边界的确定最为复杂。面向资源分享问题，宏观环境采用粗粒度边界，即政治、经济、社会文化、科学技术等采用概要性关系界定；中观环境采用与行业密切相关程度来确定界限，即聚焦纺织行业来为政策、市场、金融、贸易等环境划界；人力资源、软资源、供应链等微观环境边界确定则力求精准。

9.5 纺织行业资源分享的模式创新

9.5.1 整体描述下的资源分享模式

遵循大数据理论中的时间、空间、系统三公理，纺织行业的整体与部分具有一致性，整体描述可以对纺织行业的各子系统及供应链的次序、结构、关系进行科学刻画。从整体描述出发，纺织行业的资源分享主要出现在行业企业内部和行业供应链网络之中，涉及各种不同类型的资源及供应链的不同环节，如图 9-8 所示。

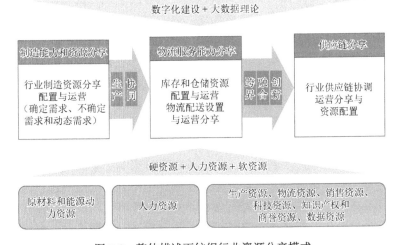

图 9-8 整体描述下纺织行业资源分享模式

　　如图 9-8 所示,在数字化建设和大数据理论架构的基础上,纺织行业所进行的硬资源、软资源和人力资源的分享,现阶段主要涉及制造能力和资源分享、物流服务能力分享和供应链分享。分享模式考虑纺织行业供应链上下游活动,从资源、能力、服务分享视角,首先进行分享经济环境下纺织行业相关企业的分享制造资源配置,并对定制部件研究基于特定加工能力的个性化定制产品和生产能力配置;接下来,考虑行业内制造生产与物流服务跨界融合,分享库存商品和闲置仓储资源配置、匹配物流配送社会化资源,并将企业运营活动扩展到分享经济下企业协同的供应链协调。

1. 制造能力和资源分享

　　在分享经济环境下企业通过实现合理配置纺织行业各企业的制造设备资源、制定自有设备对外分享使用的时间方案,以及决策外部分享设备的租借计划,以优化在生产需求低谷与高峰时期的资源调度,最大化企业制造资源的利用率或者最小化制造服务的总成本。具体地,可以结合企业生产制造需求特征,分别对确定性需求、不确定需求和动态需求情形下的企业资源配置及使用制定分享调度方案。

　　在确定性生产需求条件下,纺织行业企业在根据生产需求信息制订作业计划方案时,往往依赖于制造资源的配置情况。在分享经济环境下,各企业不仅可以利用自有设备资源,而且可以通过分时租借外部设备来应对制造资源的临时性短缺;同时,也可以将自有资源向外分享出租,提升设备的利用率。例如,给定企业某一周期内的生产需求计划,可以研究确定在既定的加工环境下,如何优化资源配置方案、制订资源使用计划和分享方案,以实现最大化完工利润或者最小化总制造成本的优化目标。依据生产需求和制造资源约束建立优化模型,对比分析在不同资源配置下的设备分享与租借选择,以及对于内外部资源的整体调度最优方案;类似地,分析在给定资源分享状态下,企业自有设备的最佳配置水平决策。在上述需求信息完全已知的基础上,进一步综合考虑设备资源需要开展定期维护保养活动的这一实际因素,实现在该情景下企业资源调度以及资源分享方案的设计调整。具体地,可根据不同设备的维护特征要求,针对设备保养时间节点有硬时间窗、软时间窗要求的两种情形,分别论证相关问题的解性质特点,并设计最佳调度方案。

　　纺织行业企业的生产实践中,因为内外部各种影响因素的交叉作用,产品市场需求往往存在着不确定性,从而使企业在制订生产计划以及制造资源分享调度方案时,需要在信息不完全的状态下做出具有良好鲁棒性的决策,使其结果逼近最优的分享调度效果。当考虑客户订单需求量呈现波动的情景时,可将其刻画为客户订单需求处于某个固定波动区间内的情形确定方案。例如,可以采用最大最小后悔值的方法构建资源分享配置与调度模型，通过描绘由有限个需求波动情景组成的集合，并在该集合中设计具有最小最大后悔值的资源分享调度策略。如果考虑客户订单的需求量信息已知，但是订单的下单时间具有不确定性的一类情形，可整理分析所有不确定情形下的资源分享调度方案集合，并研究确定如何对可行域进行有效的收缩。

市场各个渠道的信息获取往往随时间的临近而更加充分，市场需求信息相应地变得更加接近实际。因此，纺织企业常常依据生产需求或者需求预测信息的动态变更，不断调整或者重新制订短期的资源分享调度方案。针对客户需求订单呈动态逐个到达的情形，对相应的资源分享调度决策问题，可运用在线理论工具进行刻画，确定在订单释放时刻如何实时决策该订单的加工启动时间，根据当前计划资源需求量以及内外部资源的单位时间运行成本差异性，同时决策在紧后时间段内企业外部资源的租借数量或者自有资源对外分享比例，总体上实现局部最低制造成本；基于有限贪婪思想，设计出具有竞争性的在线资源分享调度方案。考虑到企业在获取市场需求信息或者预测需求的时候，可以通过增加投入的手段更早地获取准确的需求信息；再进一步探讨企业具有有限预测需求能力的情形，构建半在线调度模型以及设计具有竞争性的调度优化策略。对比分析成本投入的增量和调度效果的改进程度，判断决策是否应当追加投入来提升预测水平，以及追加投入的最佳水平。

2. 物流服务能力分享

纺织行业物流分享分为库存、仓储资源分享和物流配送资源分享两方面。

随着"互联网＋"的深入推进，分享经济理念下的"共享库存""分享仓储"等新型经济形态正在国内外兴起。共享库存实质上是共享商品库存和仓储资源。从分享经济的角度来看，无论哪家企业的库房产品或资源，都是以成品的形式存在的，都是一种社会资源，在任何一个库房里周转慢了或闲置久了，都是一种社会资源的浪费。因此，共享库存作为分享经济的细分行业，本质上也是剩余产品和闲置资源的重新配置。然而，在资源重新配置的过程中，如何深度整合、共享和优化配置库存和仓储资源是分享经济下纺织行业企业面临的重要问题。因此，可从三个方面促进物流库存仓储资源的优化配置：①基于共享仓的库存优化分配；②基于全渠道剩余库存转运的共享库存优化分配；③基于云仓的闲置仓储资源的动态优化配置，展开关于共享库存和仓储资源的优化配置和运营策略的研究。

共享仓是一种类似"互联网＋库存运营"的实体平台，其不仅提供库存产品信息，同时还为客户提供库存运营服务。目前国内一些实力强的企业通过细分领域的库存共享，在满足需求外，将多余的库存进行分配，以形成规模效应。然而面对各市场的需求信息，共享仓如何决定期初库存水平，如何激励真实需求信息的共享，以优化整个库存系统的收益是基于共享仓的库存优化分配的关键问题。所以，可以从无协调机制和基于转移价格协调机制两方面进行解决。

以上是基于共享仓实体平台的库存共享策略。现实中可能并没有一个明确的库存分享平台，而是通过全渠道剩余库存转运来实现共享库存再分配的情形。随着"互联网＋"的发展，线上线下全渠道库存的不确定性更为明显。而由于种种原因，企业的仓储能力通常是不平衡的。例如，在节假日、"双十一"等热销期，需求不确定性很大，但零售商不可能为热销期建立更多的库存。此时，如果纺织行业企业能够共享库存，零售商横向之间、线上线下渠道纵向之间转运剩余产品，既可减小热销期的缺货率，也可降低淡季的积压率，提高库存的周转率。但不论是横向转运还是线上线下渠道间库存的纵向转运，都将产生额外的转运成本等，由此带来库存系统总成本如何变化、哪些因素影响分享库存控制绩效，以及转运下分享库存最优订货和收益如何变化等问题。对此可进一步采取剩余分享库存横向转运最优分配策略和全渠道剩余分享库存纵向转运最优分配策略。

在供应链仓储环节，除了库存商品分享外，还包括仓储闲置资源的分享，侧重线下资源分享的"云仓"模式是一种行业仓储资源分享的有效手段。"云仓"主要是利用云计算、大数据等先进技术及管理方式，对闲置仓储资源，如叉车、托盘、货架、仓库等进行分享，实现闲置仓储资源的优化配置和最大化利用。然而由于闲置仓储资源具有动态性、分散性，不同时空范围的闲置资源各异，因而基于云仓的闲置仓储资源配置是动态变化的复杂过程，需要进一步通过建立仓储资源最优配置动态模型等方法，合理配置，以使需求方能够快速找到合适的仓储资源和服务，分担配置过程中的成本，以激励供应方提供更多的闲置仓储资源。

物流配送资源分享，是指纺织行业企业物流资源配置和运营基于互联网平台，调配社会闲置配送资源，完成物流配送任务，以满足行业企业不确定的物流订单需求。在新兴的移动互联网＋配送模式下，企业共享物流配送可以借助社会配送人力资源和设备，而社会配送人力资源作为配送资源供应方存在着极大的不确定性，分享物流配送平台又存在着激烈的竞争；同时，时间和价格因素对社会配送资源配置有着很大的影响。因而，根据纺织行业企业物流配送分享的社会化特点，需要科学地刻画分享物流社会配送人员的损失规避行为特征，构建分享物流社会配送人员的损失规避价值函数，设计社会配送人员的激励机制，调控企业分享物流社会配送资源供应。

3. 供应链分享

从上游的纺织机械子系统和化学纤维子系统到下游的家用纺织品子系统、产

业用纺织品子系统、服装与服饰子系统,纺织行业包括 4 类 12 个子系统,供应链
(特别是短生命周期产品,如时尚服装)的生产准备期长,销售周期短;其供应链
涉及环节多,上下游相互牵制明显。例如,时尚服装产品的生命周期包括时尚产
生、买手跟进、准备生产、时尚流行、销售热卖等几个阶段。从生产的角度来说,
服装企业需要对根据需求信息在历次订货会的逐步更新、穿插产能准备及接收订
单进行生产等进行决策。同时,服装产品的订单有淡季和旺季之分,不同企业的
需求(获取)也有差异,预先准备的产能(资源)可能过剩或不足。通过分享供
应链资源,可提高生产开机率,统一接单调配,集中打样,实现资源和需求的分
享。因而,在分享经济背景下,纺织行业供应链成员间能够通过有效的产能、信
息以及资源的分享,重构供应链成员之间的关系,实现快速响应的协调运营策略。
因此,纺织行业企业在供应链中的协调运营和资源配置就显得尤为重要。

纺织行业供应链(特别是时尚供应链)的产品流行趋势和信息对企业是否
进行快速响应的运营机制决策至关重要。在分享经济背景下,服装买手与成衣
商、辅料商之间信息资源的分享也渐成规模,由此引发供应链的运营机制面临
新的调整和决策。供应链可以通过对市场近距离的把握和预测分享,实现对上
游生产和订货的精准运营。因此,需要设计出兼顾快速响应和效率响应的协调
机制,使供应链进行正确的运营决策的选择,从而提高分享经济背景下的供应
链运营效率。协调运营机制要考虑到不同供应链结构中零售商预测信息分享时的
运营机制选择。

资源的所有权与使用权分离是分享经济的主要特征。纺织行业供应链成员之
间的资源配置会产生相应的成本,由此引发分享背景下的供应链资源配置问题。
所以,应考虑使用权分离对供应链资源配置机制进行设计,进而考虑长期分享合
作对供应链配置机制进行帕累托改进。

对于分享经济下新型供应链运营与资源配置问题,研究的重点在于对其特征
进行数学描述,分析影响其运营效率的内在机理以及不同分享策略下供应链成员
的动态博弈关系,研究分享经济环境下供应链资源配置与租金之间的权衡;并设
计分享经济下长期合作共享供应链的协调及帕累托改进机制。

9.5.2　外描述下的资源分享模式

遵循大数据理论中的时间、空间、系统、一致有界四公理,纺织行业的内部
与环境具有一致性,属于开放事物,应采用外描述和整体描述结合的描述方法进
行刻画,相应的资源分享模式也应从外描述和整体描述结合出发。如图 9-9 所示,
外描述下的资源分享模式分为三个阶段:第一阶段,对开放的纺织行业进行时间
描述、空间描述和系统描述;第二阶段,确定纺织行业外描述的边界,为纺织行

业的开放性"划界",把开放事物的纺织行业转化为孤立复杂的整体性事物;第三阶段,按照前文中的整体描述和外描述界定的新范围转化为整体描述的纺织行业资源分享模式,实现纺织行业资源配置效率提升。

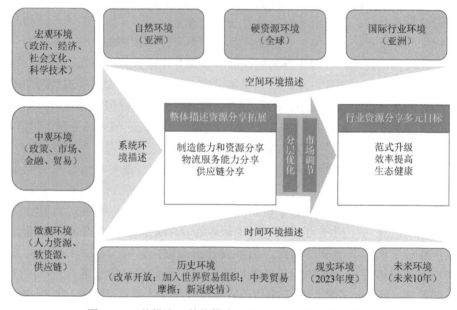

图 9-9   "外描述 + 整体描述"的纺织行业资源分享模式

1. 面向"二象性"的"外描述 + 整体描述"资源分享模式

前文论及,纺织行业显著地表现出系统特征的"二象性":行业独立性和行业开放性。面向行业独立性,整体描述下的纺织行业资源分享可以实现行业帕累托改进;同时,纺织行业与环境难以分割,与环境互相渗透、互相影响,表现出很强的开放性,这意味着行业环境中的很多资源是有机会被分享优化实现行业福利增加的。因此,外描述的资源分享需要加以考虑。

理论上,外描述是通过环境变量数据来进行时间描述、空间描述和系统描述,遍历描述所有环境要素,实现对纺织行业"不失真"的刻画。现实中还是需要取舍,通过确定恰当的纺织行业外描述范围,来兼顾真实刻画与可操作性:此外描述范围一方面能够充分地考虑纺织行业与环境之间的开放性,实现尽量真实地刻画;一方面又考虑到可操作性,把描述限定为一定范围。新确定的纺织行业外描述范围,是把该范围的环境要素归入了行业系统之中,形成了一个重构的整体性纺织行业系统。面对此重构的纺织行业系统,就回到了整体描述下纺织行业资源分享模式,进行制造能力和资源分享、物流服务能力分享和供应链分享。

　　"外描述＋整体描述"资源分享模式下，首先考虑纺织行业与环境的动态交互演化关系，运用经济学、社会学、系统科学、管理科学、大数据科学等多学科理论方法，从三个维度拓展纺织行业的传统边界，对纺织行业资源分享问题进行了重新定义；外描述完成了问题重构，整体描述则把纺织行业的 12 个子系统统合为一个整体，进而在此基础上考虑纺织行业和资源配置新特性，围绕生产、物流、供应链等主要运营环节，运用运筹优化理论、最优控制理论、博弈论及随机规划等方法工具，对企业共享制造资源配置调度、共享库存资源配置、共享物流配送以及供应链协调运营等给出资源分享的机制与策略。

　　按照"外描述＋整体描述"资源分享模式，我国纺织行业现阶段的一些困难将得以转化。按照中国商务部网站的信息，在 2022 年 1～8 月，越南纺织服装业出口额约 302 亿美元，同比增长近 20%。如果从竞争视角看，越南等国的纺织产业强劲增长，确实已经成为我国的威胁和对手，但如果以"外描述＋整体描述"的分享模式观察，东南亚国家的行业竞争可以转化为机会和伙伴。现阶段，不但我国纺织产业面临着一些困难，东南亚国家虽然市场份额有所增加，但也面临外国直接投资波动、供应链不完整、基础设施不完善、营商环境不成熟、劳动力资源（不论是管理人才还是产业工人）相对不足等问题。依照传统观点，东南亚国家是我国纺织产业的外部环境，但事实上我国与东南亚国家的纺织行业之间强渗透、强影响，目标市场一致，政策、金融、贸易等较为容易协同，又由于空间相邻，硬资源、软资源、人力资源的互通性较强，所以完全可以把亚洲国家的纺织行业理解为一个整体。这个新的亚洲纺织服装行业系统会因为整体性而实现资源分享，会因为资源分享而增强整体性。如此，我国与东南亚国家的纺织行业的竞争关系，就转化为亚洲纺织行业内部的资源分享优化问题，实现整个亚洲纺织行业的共赢。2021 年 3 月，我国率先批准《区域全面经济伙伴关系协定》，协议 2022 年 1 月 1 日已经生效，这为亚洲纺织行业的资源分享提供了制度保障。

　　2. 大数据公理下的纺织行业资源分享准则

　　时间、空间、系统、一致有界 4 个大数据公理为纺织行业资源分享确立了两个准则。

　　（1）分层优化。因时间、空间、系统三个公理，首先把纺织行业的资源分享问题分为三个层次：外描述→整体描述→资源分享，即由外描述确定描述边界和范围，由外描述范围展开整体描述，由整体描述进行资源分享。资源分享建立在数字化和大数据建设的基础上，提高资源分享效率的核心在于分享，如可以综合运用经济学前景理论、运筹优化理论、委托代理理论、博弈论、最优控制理论、网络传播理论、本体论形式化表达、线性及非线性规划方法、随机规划方法等诸多理论方法,对纺织行业资源分享新模式的科学问题构建相关优化模型展开研究。具体地,可以对所构建的混合整数规划模型、随机规划模型、博弈模型、在线调度模型、众包物流配送模型等,利用拉格朗日松弛技术、分支定界法、启发式算法,以及元启发式算法等优化方法技术进行求解,再结合数值仿真实验分析进行实际验证。

（2）市场调节。时间、空间、系统、一致有界四个公理明确了一个事实,纺织行业环境要素数据体量庞大,获取不可穷尽,所得到的行业外描述范围虽然拓展了原系统的边界,却仍然属于一个短时间、小空间、简单关系的"局部"整体,对纺织行业的开放性只能做到近似刻画。正如百年前米塞斯、哈耶克等经济学家所指出的,对复杂经济问题难以获取全局信息,只能获取本地信息,加上目标多元,所以难以利用全局经济计算,最好的优化方法是"试错"的市场调节。宏观上,纺织行业资源分享也只能依靠市场调节。

分层优化与市场调节看似矛盾,但恰恰是纺织行业资源分享缺一不可的准则。因数字化、互联网、大数据技术的发展,局部、微观、实时的优化能够显著提升资源分享配置效率；因全局信息不可获取、机器智能和人类智能的局限,全局、宏观、长期的资源配置一定要依靠市场调节来加以完成。不能因为数据不完备、能力不充分就忽视分层优化的作用；更不能因为数据海量、技术升级就妄图只依赖优化技术而放弃市场调节的力量。分层优化与市场调节的动态平衡,是实现纺织行业资源分享目标的重要保证。

3. "外描述＋整体描述"的纺织行业资源分享目标

纺织行业资源分享目标首先是管理范式升级。前三种范式主要针对孤立简单事物,第四范式所针对的问题主要是与环境变量强相关的事物或孤立复杂事物。纺织行业兼具环境开放性和独立性,现有管理却落于前三种范式,"外描述＋整体描述"就属于第四范式——实现行业的管理范式升级,这是纺织行业资源分享的目标之一。

效率提高是纺织行业资源分享的最显性目标。纺织行业企业旨在解决资源稀缺,提高资源配置效率,实现帕累托改进,提升行业企业效益,获取更好的发展。具体来说,针对纺织行业企业运营和资源配置新特征存在的具体实际问题,纺织行业资源分享的外描述和整体描述是需要我们重点解决的；并在此基础上进行科学优化；明确资源分享在行业中的适用边界和条件；引导行业企业采用合理的资源分享策略；探索分享经济责任、成本分摊模式；提升我国纺织行业企业在分享经济下运营管理和生产、服务资源利用等方面的综合管理水平。

纺织行业资源分享的第三个目标是行业发展生态健康。行业生态系统是由占据不同生态位的各个企业组成的,每个企业都是行业生态系统的一员,各成员以共同发展为目标，以合作与分享组成经济共生体（Moore，1993）。全球经济滑坡、逆全球化大潮、疫情、战争等环境变化导致纺织行业竞争加剧、行业生态系统平衡被打破，对行业影响深远。拥有一个健康的行业生态系统，是纺织行业实现斯密定理"市场规模扩大→分工和专业化程度加强→技术进步和创新→经济增长"正循环的基本保障。而推动"外描述＋整体描述"的纺织行业资源分享，实现跨国别、跨子系统、跨企业的资源优化配置，建立利益激励和制度约束的模式创新，这可以实现为行业企业重构健康生态系统的目标。

9.6　本章小结

我国纺织产业已经发展成为总量规模世界第一的产业，是传统支柱产业和改革先锋行业，也是保障就业的基石行业。在逆全球化浪潮、全球经济低迷等外部环境变动中，纺织行业自身也面临竞争加剧、无重大科技和模式突破的困局，通过资源分享可以助力纺织产业突破瓶颈制约再上新台阶。本节研究得到以下主要结论。

（1）面向大数据自身的"大数据理论"，提出了一个简明理论架构：首先把事物分为孤立简单、孤立复杂和开放三类；针对后两类事物，用整体描述和外描述定义了大数据问题；最后提出时间、空间、系统、一致有界四个大数据公理，解析整体描述与外描述的内在属性。

（2）纺织行业具有独立性和开放性的"二象性"，大数据理论架构下的整体描述和外描述可以进行科学刻画：整体描述对应独立性，外描述对应开放性；整体描述涵盖 4 类 12 个子系统，外描述从时间环境、空间环境、系统环境展开。

（3）遵循大数据理论中的时间、空间、系统三公理，整体描述资源分享模式的目标主要是提高效率；主要内容包括制造能力和资源分享、物流服务能力分享和供应链分享；主要路径是分层优化；方法为各种优化方法。

（4）遵循大数据理论中的时间、空间、系统、一致有界四公理，"外描述＋整体描述"资源分享模式的目标包括范式升级、提高效率和生态健康；主要内容包括外描述、整体描述、资源分享优化；准则是分层优化与市场调节的动态平衡；方法则采用多学科交叉、定性定量结合。

参 考 文 献

陈国青，曾大军，卫强，等.2020. 大数据环境下的决策范式转变与使能创新[J]. 管理世界，36（2）：95-105，220.
海德格尔 M.2015. 存在与时间[M]. 陈嘉映，王庆节，译.北京：商务印书馆.
洪永淼，汪寿阳.2021. 大数据如何改变经济学研究范式？[J]. 管理世界，37（10）：40-56，72
康德 I.2004. 纯粹理性批判[M]. 李秋零，译.北京：中国人民大学出版社.

刘瑾. 2022. 纺织工业走在世界前列[N]. 经济日报，2022-06-21（9）.

杨善林，丁帅，顾东晓，等. 2022. 医疗健康大数据驱动的知识发现与知识服务方法[J]. 管理世界，38（1）：219-229.

杨善林，周开乐. 2015. 大数据中的管理问题：基于大数据的资源观[J]. 管理科学学报，18（5）：1-8.

Boyd D，Crawford K. 2012. Critical questions for big data[J]. Information，Communication & Society，15（5）：662-679.

Caro F，Martínez-de-Albéniz V. 2010. The impact of quick response in inventory-based competition[J]. Manufacturing & Service Operations Management，12（3）：409-429.

Chang R M，Kauffman R J，Kwon Y. 2014.Understanding the paradigm shift to computational social science in the presence of big data[J]. Decision Support Systems，63：67-80.

Cover T M. 1968.Rates of convergence for nearest neighbor procedures[C]. Proceedings of the Hawaii International Conference on Systems Sciences，Western Periodicals，Honolulu：413-415.

Dempster A P，Laird N M，Rubin D B. 1977. Maximum likelihood from incomplete data via the EM algorithm[J]. Journal of the Royal Statistical Society Series B：Statistical Methodology，39（1）：1-22.

Ekbia H，Mattioli M，Kouper I. 2015. Big data，bigger dilemmas：A critical review[J]. Journal of the Association for Information Science and Technology，66（8）：1523-1545.

Gantz J，Reinsel D. 2012. Extracting value from chaos[EB/OL]. [2012-11-14].https://www.yumpu.com/ en/document/ view/3703408/extracting-value-from-chaos-emc.

George G，Osinga E C，Lavie D，et al. 2016. Big data and data science methods for management research[J]. Academy of Management Journal，59（5）：1493-1507.

Herschel R，Miori V M. 2017. Ethics & big data[J]. Technology in Society，49：31-36.

Hu H，Wen Y G，Chua T S，et al. 2014. Toward scalable systems for big data analytics：A technology tutorial[J]. IEEE Access，2：652-687.

Laney D. 2001. 3D Data management：Controlling data volume，velocity and variety[EB/OL]. [2022-08-15]. http:// www.doc88.com/p-7465431389347.

MacQueen J.1967. Some methods for classification and analysis of multivariate observations[C]. Proceedings of the fifth Berkeley Symposium on Mathematical Statistics and Probability，1（14）：281-297.

Manyika J，Chui M，Brown B. 2011. Big data：The next frontier for innovation，competition，and productivity[EB/OL]. [2011-05-01]. https://www.mckinsey.com/capabilities/mckinsey-digital/our-insights/big-data-the-next-frontier-for-innovation.

McLaren D，Agyeman J. 2015.Sharing Cities：A Case for Truly Smart and Sustainable Cities[M].Cambridge：MIT Press.

Moore J F. 1993. Predators and prey：A new ecology of competition[J]. Harvard Business Review，71（3）：75-86.

Muñoz P，Cohen B. 2017. Mapping out the sharing economy：A configurational approach to sharing business modeling[J]. Technological Forecasting and Social Change，125：21-37.

Norde H，Özen U，Slikker M. 2016. Setting the right incentives for global planning and operations[J]. European Journal of Operational Research，253（2）：441-455.

Nunan D，Domenico M D. 2017. Big data：A normal accident waiting to happen？[J]. Journal of Business Ethics，145（3）：481-491.

Spiliotopoulou E，Donohue K，Gürbüz M Ç. 2016. Information reliability in supply chains：The case of multiple retailers[J]. Production and Operations Management，25（3）：548-567.

Taylor L. 2016. The ethics of big data as a public good：Which public？Whose good？[J]. Philosophical Transactions Series A，Mathematical，Physical，and Engineering Sciences，374（2083）：20160126.